Baedeker

Allianz  **Reiseführer**

W0229189

Andalusien

www.baedeker.com

Verlag Karl Baedeker

TOP-REISEZIELE ★ ★

Die Liste der Sehenswürdigkeiten ist lang, doch wo liegen die Highlights in Andalusien? Egal ob Strände oder Berge und Weite im Hinterland, Naturparks oder lebendige Städte, trutzige Burgen oder maurische Paläste – wir haben für Sie zusammengestellt, was Sie auf keinen Fall versäumen dürfen!

1 ★★ Úbeda
Perle der Renaissance-Architektur mit einem einmaligen Altstadtbild und idealer Ausgangspunkt für einen Ausflug in die Sierra de Cazorla. ▸ **Seite 188**

2 ★★ Baeza
Hoch über dem Tal des Guadalquivir liegt die Bilderbuch-Renaissancestadt mit reizvollen Plätzen und Straßen. ▸ **Seite 184**

3 ★★ Sierra de Cazorla
Zerklüftete Berge, felsige Schluchten, dicht bewaldete Täler und Wanderfalken – in die wildromantische Bergwelt werden sich Wanderer verlieben. ▸ **Seite 412**

4 ★★ Sevilla
Die Nächte in den Bars feiern, tagsüber die Prachtbauten bestaunen und, wenn man zur Semana Santa kommt, mitleiden und danach wild tanzen – wer diese Dinge tut, hat Sevilla erlebt. ▸ **Seite 382**

5 ★★ Carmona
Landstädtchen mit mehrtausendjähriger Geschichte und einer herausragenden römischen Nekropole mit Gräbern aus dem 2. Jh. v. Chr. bis zum 4. Jh. n. Chr. ▸ **Seite 207**

6 ★★ Medina Azahara
Die Ruinen der Kalifenpalaststadt aus dem 10. Jh. zeugen von einem der prunkvollsten

Herrschersitze der Welt, den Abd ar-Rahman III. nach seiner Lieblingsfrau Al-Zahra »die Blume« nannte. ► Seite 332

7 ✶✶ Córdoba

Das einstige »Konstantinopel des Westens« glänzt mit der mehr als 1000 Jahre alten Mezquita, einem der großartigsten Denkmäler islamischer Baukunst auf westeuropäischem Boden und Höhepunkt jeder Andalusienreise. ► Seite 215

8 ✶✶ Coto de Doñana

Im größten Naturreservat Europas jagt noch der Luchs, das Vogelparadies beherbergt 360 Vogelarten in Pinienwäldern, Sümpfen und Lagunen. ► Seite 238

9 ✶✶ Ronda

Atemberaubend über einer Schlucht liegt die kleine Stadt der großen Stierkämpfer – Ernest Hemingway und Orson Welles waren auch schon da. ► Seite 365

10 ✶✶ El Torcal

Der Naturpark bietet ein aufregendes Naturschauspiel mit seiner wild zerklüfteten Karstlandschaft. ► Seite 175

11 ✶✶ Granada

Die zu Füßen der Sierra Nevada gelegene Stadt erinnert an Tausendundeine Nacht: Das Erbe der Kalifen sind die prächtige Alhambra und der Albaícin, das malerische alte Maurenviertel. ► Seite 256

12 ✶✶ Sierra Nevada

Zu der gewaltigen, oft schneebedeckten Gebirgskette gehören die höchsten Gipfel der Iberischen Halbinsel. ► Seite 418

13 ✶✶ Cueva de Nerja

Die berühmten bizarren Tropfsteinhöhlen sind märchenhaft beleuchtet und im Sommer Schauplatz für ein Festival mit Ballett und Musik. ► Seite 346

14 ✶✶ Gibraltar

Die Felsenhalbinsel lockt mit ihrer exotischen Lage, Pubs und zollfreiem Einkauf, denn Gibraltar gehört seit 1704 den Engländern. ► Seite 255

15 ✶✶ Jerez de la Frontera

Andalusien pur bietet Jerez mit Flamenco, den Sherry-Bodegas und der Königlich-Spanischen Hofreitschule. ► Seite 303

16 ✶✶ Costa de la Luz

Sonnenverwöhnte Küste mit langen idyllischen Stränden, feinstem Sand und klarem Wasser. ► Seite 235

Caños de Meca

Südspanisches Licht ist laut Gautier wie der »Kampf zwischen dem Blau des Himmels und dem silbrigen Schimmern des Meeres«.

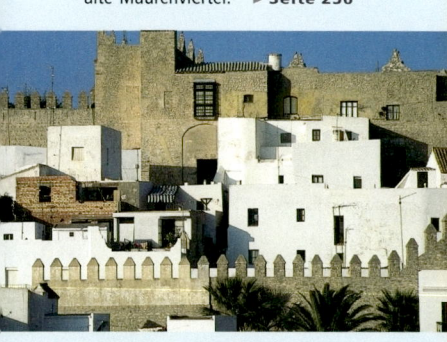

Vejer de la Frontera
Weißes Dorf in herrlicher Lage

DIE BESTEN BAEDEKER-TIPPS

Die Highlights Andalusiens zu kennen, ist wichtig für eine gelungene Reise. Richtig spannend aber wird es, wenn man ein bisschen mehr weiß als die meisten anderen: die besten Andalusien-Tipps von Baedeker.

! Baden wie der Kalif

Gutes für Leib und Seele tut man sich im maurischen Hammam von Córdoba.
▸ **Seite 67**

! Einmal Höhlenmensch sein

... in Quartieren, deren größter Komfort der offene Kamin ist.
▸ **Seite 124**

! Alles Öl

Dass es zum Olivenöl viel zu erzählen gibt, ist klar, wenn man weiß, dass es 712 Olivenarten gibt. ▸ **Seite 184**

! Eine Bootsfahrt

Cádiz wird auch als »Señorita del Mar« bezeichnet, denn sie wird von drei Seiten vom Meer umspült – man sollte sie mal vom Wasser aus gesehen haben.
▸ **Seite 200**

! Solo mit Aussicht

Den zartbitteren Muntermacher mit Weitblick genießen ... ▸ **Seite 210**

! Alhambra im Mondlicht

Unvergesslich bleibt ein nächtlicher Spaziergang durch den Nasridenpalast.
▸ **Seite 262**

Alhambra
Höhepunkt maurisch-arabischer Baukunst in Europa

Tapas
Eine Institution seit 1670 ist das Rinconcillo in Sevilla.

🔋 Frische Forellen

... lässt man sich auf der idyllischen Terrasse des Landgasthofes Venta Riofrío im Dorf Riofrío schmecken.
▶ **Seite 282**

🔋 Wie die Ritter

schläft man im Parador von Jaén – im Castillo de Santa Catalina hoch über der Stadt mit wunderbarem Ausblick auf die Olivenhügel   ▶ **Seite 282**

🔋 Klassische Gitarre

Spanische Gitarrenmusik auf höchstem Niveau wird im Geburtsort von Andrés Segovia geboten.   ▶ **Seite 315**

🔋 Verführungen

... wird man in Medina Sidonia, der Hochburg des süßen Handwerks, erliegen.
▶ **Seite 339**

🔋 Strandgalopper

Die Pferderennen am Strand von Sanlúcar sollte man sich nicht entgehen lassen.
▶ **Seite 380**

🔋 Tapas in Sevilla

Gehen Sie in eine Tapas-Bar, bestellen Sie ein Gläschen und Tapas dazu, halten Sie ein Schwätzchen – manchmal braucht es wenig, um glücklich zu sein.
▶ **Seite 403**

🔋 Auf ins Tablao

Was in einem Tablao geboten wird? Flamenco, was sonst!   ▶ **Seite 410**

🔋 Whalewatching

... ist in der Meerenge zwischen Tarifa und Afrika mit einer Schweizer Meeresforschungsorganisation möglich.
▶ **Seite 423**

Flamenco
Ein absolut mitreißender Tanz mit Feuer, Leidenschaft, Wut und Stolz

Hammam
In Córdoba sieht es genauso aus wie ein Badehaus im Vorderen Orient.

Bedeutendster spanischer Maler des 17. Jh.s – Diego Velázquez
▶ **Seite 79**

HINTERGRUND

Maurisch: Schriftfries in der Alhambra
▶ **Seite 65**

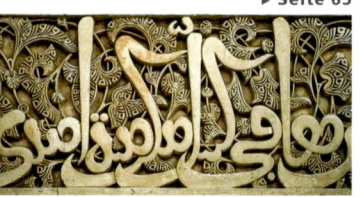

PRAKTISCHE INFORMATIONEN

TOUREN

REISEZIELE VON A bis Z

Preiskategorien

► **Hotels (Doppelzimmer)**
Luxus: über 180 €
Komfortabel: 120 – 180 €
Günstig: 60 – 120 €

► **Restaurants (Hauptgericht)**
Fein & teuer: über 20 €
Erschwinglich: 12 – 20 €
Preiswert: unter 12 €

*Die bedeutendsten
Umzüge der Semana Santa
finden in Sevilla statt.*
▶ **Seite 386**

nachdenken • klimabewusst reisen

atmosfair ⤳

*Ein Gefühl von Weite:
Sonnenblumenfeld in der
andalusischen Provinz →*

Hintergrund

KURZ UND KNAPP, VERSTÄNDLICH
GESCHRIEBEN UND SCHNELL NACHZU-
SCHLAGEN: WISSENSWERTES ÜBER
ANDALUSIEN UND SEIN MAURISCHES
ERBE, ÜBER LAND UND LEUTE, WIRT-
SCHAFT UND POLITIK, GESELLSCHAFT
UND ALLTAGSLEBEN.

»SO KOMM … UND SCHAU«

Die Worte, mit denen der Maure Ibn Zamrak im 14. Jahrhundert in seine Heimatstadt Granada einlud, in die Königin der andalusischen Städte, lassen sich erst recht als Einladung nach ganz Andalusien verstehen.

Was gibt es nicht alles zu schauen in Al-Andaluz: den heiteren, dem Leben zugewandten Glanz der maurischen Paläste und die düster-schwermütige, jenseitsgerichtete Strenge christlicher Kathedralen, die Ocker- und Brauntöne karger Landschaften und das bunte Farbenspiel der Gärten und Orangenhaine, hitzeflirrende Sonnenblumen- und Getreidefelder und eine von Olivenbäumen gesprenkelte, bis

zum Horizont reichende Hügellandschaft, blaues Meer und schneebedeckte Gipfel, stille weiße Dörfer, schroffe Burgen und stolze Städte wie Granada, Córdoba und Sevilla. Granada ist mit seiner außerordentlich reizvollen Lage am Fuße der Sierra Nevada, mit seiner Geschichte, die Islam und Christentum in einzigartiger Weise vereint, und seinen prachtvollen Baudenkmälern wie der Alhambra einer der Hauptanziehungspunkte Andalusiens. Auch Córdoba erlebte seine größte Blüte während der Herrschaft des maurischen Geschlechts der Omaijaden – es war Großstadt mit unzähligen Moscheen, Paläs-

Das Erbe der Kalifen

Ein Spaziergang durch die Generalife-Gärten hinter der Alhambra erfrischt und entspannt.

ten, öffentlichen Bädern, Schulen, Hochschulen und sogar Straßenbeleuchtung – das Zentrum der islamischen Kultur des Westens und eine der fortschrittlichsten Städte Europas, in der sich Kalif Abd Ar-Rahman III. (891–961) mit der Mezquita ein einzigartiges Denkmal gesetzt hat. Und Sevilla, Andalusiens Kapitale, hat man nur dann wirklich erlebt, wenn man zur Semana Santa in der Stadt war.

Maurisches Erbe

Was Andalusien so faszinierend anders macht als andere südliche Landschaften, sind Hinterlassenschaften der Araber und Mauren. Sie gaben dem Land nicht nur seinen Namen, sondern verwirklichten in den 700 Jahren ihrer Anwesenheit eine Hochkultur, die vom Geist

Andalusien fern der Küste
*Schneebedeckte Berge, malerische Dörfer und ein weiter
Horizont wie hier auf der Hochebene von Guadix prägen
das Hinterland.*

Semana Santa
*Die Karwoche wird in ganz Andalusien,
aber in Sevilla besonders prunkvoll gefeiert.*

Costa de la Luz
*»Küste des Lichts« wird sie genannt,
weil die Sonne den Atlantik glitzern lässt.*

Corrida
*Ob man den Stierkampf als brutal betrachtet
oder tatsächlich als »arte de lidiar«, die »Kunst,
den Stier zu bannen« – aus Andalusien ist er
nicht wegzudenken.*

Giralda
*»Ein Lächeln auf dem Antlitz des Lebens«
nannte Stefan Zweig Sevilla – die Giralda
ist das Wahrzeichen der Stadt.*

Flamenco
*Gefühlstiefer Gesang, explosiver Tanz
und fulminantes Gitarrenspiel erzählen
von Liebe, Stolz und Schmerz.*

der Toleranz zwischen Moslems, Juden und Christen lebte. Wissenschaft, Künste und Poesie erblühten in al-Andaluz in einer in Europa bis dahin unbekannten Weise und strahlten weit in den restlichen Kontinent aus – wer weiß schon, dass die Mauren das Verfeinern der Speisen mit Kräutern und Gewürzen und angenehme Tischsitten nach Europa brachten?

Temperament und Leidenschaft

Doch nicht allein in großartigen Kulturdenkmälern wie der Alhambra in Granada und der Mezquita von Córdoba hat sich die Kultur des Orients im Süden Europas manifestiert, auch in Alltag und Lebensweise der Andalusier ist das maurische Erbe zu spüren – etwa in der Stille der Mittagshitze, die man am besten in einem schattigen und kühlen Patio verbringt.

Andalusien wiederum einzig auf die maurische Tradition zu reduzieren, hieße aber dem Land nicht gerecht werden. Man zehrt nicht nur von diesem Erbe. Andalusien ist natürlich auch all das, was man sich unter »Spanien pur« vorstellt: Corrida, Flamenco, Caballeros, Señoritas und Sherry, zuhauf geboten in den touristischen Hochburgen und doch kaum andalusisch. Wenn man sich aber in die weniger aufgeregten Ecken des Landes wagt, wird man mit ein bisschen Glück erleben, was sich hinter den Stereotypen verbirgt – etwa in einer kleinen Bodega, in die man seinen Imbiss selbst mitbringt. Nach zwei, drei Copas trockenen Finos wird man sehen, wie die so stolzen, manchmal fast abweisenden Andalusier auftauen, dem Fremden ein

Tapas-Bars
Schinken, Sherry und Oliven – in den Bars wird nicht nur gegessen und getrunken, sondern gelebt.

Gläschen spendieren und ihm gar etwas von ihrem Brot und Schinken anbieten. Und wenn der Abend fortschreitet, steht der eine oder andere vielleicht auf, fängt an zu tanzen, die übrigen klatschen mit und, tatsächlich, hier und da ruft man »Olé«. So geht es zu in einem Land, in dem das Leben erst beginnt, wenn anderswo in Europa schon das Licht ausgemacht wird.

Fakten

Große Teile Andalusiens sind agrarisch geprägt, auch wenn der Tourismus heute eine der Hauptsäulen der Wirtschaft ist. Zwar spürt man noch die Wurzeln einer uralten bäuerlichen Kultur, doch prägen weite Olivenplantagen, Sonnenblumenfelder sowie endlos scheinende Plastikfolienmeere, unter denen Gemüse gezogen wird, die Landschaft.

Natur und Umwelt

Geografische Gliederung

Andalusien teilt sich in die zwei großen Naturräume **Hochandalusien** mit dem schmalen Streifen der Costa del Sol und **Niederandalusien**. Im Norden hat Andalusien auch Anteil an der die kastilische Hochebene begrenzenden Sierra Morena.

Hochandalusien setzt sich zusammen aus den beiden in West-Ost-Richtung parallel verlaufenden Gebirgszügen des Betischen Innengürtels (Cordillera Penibética) und des Betischen Außengürtels (Cordillera Subbética), die von der gleich orientierten Innerbetischen Beckenflucht getrennt werden. Sie sind das Ergebnis alttertiärer Auffaltungsprozesse **vor ungefähr 37–38 Millionen Jahren**, die auch die Pyrenäen haben entstehen lassen. Steppen, Weiden, auch Macchiengestrüpp überziehen die geröllbedeckten Bergregionen; in tieferen Lagen gedeihen Korkeichen- und Kastanienwälder.

Hochandalusien

Die Gebirge des inneren Gürtels erstrecken sich vom Río Guadiaro, der ca. 20 km nördlich von Gibraltar ins Mittelmeer mündet, bis zum Cabo de Palos an der Küste von Alicante. Im Westen dominieren die Kalk- und Tonschieferberge der »Masse von Málaga«, die in der Sierra de Tolox mit 1919 m ü. d. M. ihren höchsten Punkt erreicht und mit der Jurakalklandschaft des Torcal de Antequera **eine der eindrucksvollsten Gebirgslandschaften Spaniens** verweist. Das Valle de Lecrín markiert den Einschnitt, hinter dem nach Nordosten zu die Sierra Nevada bis zum Pico de Veleta und zum Mulhacén (3481 m ü. d. M.) aufsteigt, **dem höchsten Gipfel Festland-Spaniens** (höchster: Pico del Teide, Teneriffa, 3718 m ü. d. M.). Sie findet ihre Fortsetzung in der Sierra de Baza und der Sierra de los Filabres, die jedoch nicht über 2300 m ü. d. M. hinausgehen. Südlich davon trennt ein niedrigerer Küstengebirgsstreifen die Mittelmeerküste ab. Er reicht von der Sierra Bermeja im Westen über die Sierra de Gádor bis hin zur Sierra de Alhamilla (höchster Punkt: 2242 m ü. d. M.), der einzigen natürlichen Wüsten Europas. Zwischen dem Küstengebirge und der Sierra de Gádor schneidet das Tal des Río Guadalfeo ein und bildet die **Terrassenlandschaft der Alpujarras**.

◀ Cordillera Penibética

Die andalusische Mittelmeerküste ist gekennzeichnet durch die nur wenige Kilometer hinter dem Küstenstreifen aufragenden Gebirge – vom Strand sieht man z. B. durchaus die **schneebedeckten Gipfel der Sierra Nevada** – und relativ kurze, immer wieder von Felsvorsprüngen unterbrochene Sand- und teilweise Kiesstrände. Sie unterteilt sich in die von der Spitze von Gibraltar bis in den Osten der Provinz Málaga reichende, allseits bekannte Costa del Sol und die im Westen

◀ Mittelmeerküste

←Kein seltener Anblick: Sonnenblumenfelder prägen neben Olivenbaumplantagen das Landschaftsbild in der Provinz.

Von der andalusischen Mittelmeerküste, hier bei Nerja, sind die Gipfel der Sierra Nevada zu sehen.

um das Cabo de Gata herumführende östliche Costa de Almería; für den dazwischen liegenden kurzen Abschnitt in der Provinz Granada hat sich der Name Costa Tropical eingebürgert.

Cordillera Subbética ▶ Die Höhenzüge des äußeren Betischen Gürtels verlaufen nördlich des Innengürtels vom Campo de Gibraltar mit dem markanten Jurakalkfelsen von Gibraltar (425 m ü. d. M.) als Auftakt in steil aufragenden, von Norden nach Süden sich erstreckenden Erhebungen um die Masse von Málaga herum, um in der **schroffen Sierra de Grazalema** einen ersten Kulminationspunkt zu finden. Sie werden nach Nordosten in den kaum weniger scharfen Spitzen der über 2000 m ü. d. M. aufsteigenden Sierras de Cazorla y Segura, **wo der Río Guadalquivir entspringt**, fortgesetzt.

Innerbetische Beckenflucht ▶ Zwischen diesen beiden Hauptgebirgszügen ist die Innerbetische Beckenflucht eingesenkt, die von West nach Ost von ca. 400 m auf letztlich 1300 m ü. d. M. ansteigt. Sie besteht aus den Beckenlandschaften der Serranía de Ronda, wo der Río Guadelevín sich einen atemberaubenden Durchbruchzum Río Guadiaro hin geschaffen hat, den Hochbecken von Antequera, der fruchtbaren Zentrallandschaft der Vega von Granada und schließlich den Becken von Guadix und Baza.

Niederandalusien Der zweite große Naturraum, Niederandalusien, umfasst im Wesentlichen das Becken des Guadalquivir, das sich in lang gezogener Dreiecksform zwischen der Sierra de Morena im Norden und den hochandalusischen Gebirgen im Süden ausdehnt.

Atlantikküste ▶ Im Westen bestimmt die Küste des Atlantik, die **Costa de la Luz**, das Landschaftsbild. Prägend sind ein bis zu 100 m breiter Dünenstreifen mit endlos scheinenden Stränden und die »marismas«, das Marschengebiet nördlich des Río Guadalquivir, der hier bei Sanlúcar de Barrameda den Atlantik erreicht. Bei Huelva findet ein weiteres Marschengebiet um die Mündung der aus dem Erzgebiet wie Aracena kommenden Río Tinto und Río Odiel, ebenso im Süden an der Bucht von Cádiz, in die der Río Guadalete fließt.

Dem Küstenstreifen schließt sich die Campiña an, das wellige Hügelland beidseits des Guadalquivir, im Sommer **eine der heißesten Zonen Europas** mit Temperaturen oft über 40 °C. Die immer noch großen Weideflächen für Kampfstiere und andalusische Pferde werden hier zunehmend durch künstlich bewässerte Weizen- und Gemüsefelder, Weingärten und Zitrusfruchtplantagen verdrängt.

◀ Campiña

Nach Nordosten hin schließt die von ca. 900 m auf 1300 m ü. d. M. ansteigende, rund 250 km lange Hochebene der Loma de Úbeda Niederandalusien ab. Diese Landschaft im Osten der Provinz Jaén ist charakterisiert durch **sanft geschwungene Hügel** mit Getreidefeldern und Olivenplantagen, in der Ferne begrenzt von **jäh aufragenden Bergspitzen**.

◀ Loma de Úbeda

Im Norden der Guadalquivirebene steigt als natürliche Grenze zur Kastilischen Hochebene (Meseta) die Sierra Morena auf. Das dünn besiedelte, **von Kork- und Steineichenwäldern bedeckte Gebirge** erstreckt sich über die Provinzen Huelva, Córdoba und Jaén und erreicht in seinem höchsten Punkt 1323 m ü. d. M. Von alters her führt die wichtigste Verbindung von Kastilien nach Andalusien über den 1009 m hohen Desfiladero de Despeñaperros (»Hundefelsabsturz«) durch diese abgeschiedene, einst wegen ihrer **Räuberbanden** gefürchteten Landschaft.

Sierra Morena

Andalusien ist nicht mit Wasser gesegnet. Die großen Flüsse führen sechs Monate im Jahr unterdurchschnittliche Wassermengen; viele kleinere trocknen in den heißen Sommern gänzlich aus. Entlang des Innerbetischen Gebirgsgürtels verläuft die Hauptwasserscheide zwischen Atlantik und Mittelmeer. Dem Atlantik fließt der Río Guadalquivir (von arab. »großer Fluss«) zu, der Hauptstrom Andalusiens. Er entspringt in 1369 m

Gewässer

> **❓ WUSSTEN SIE SCHON …?**
>
> ■ Der längste Fluss Andalusiens ist der Guadalquivir mit 650 km Länge.

Höhe in der Sierra de Segura, teilt sich bald nach Sevilla in ein **Delta** auf, das die »marismas« des **Coto de Doñana** bildet und ergießt sich bei Sanlúcar de Barrameda in einer 3 km breiten Mündung in den Golf von Cádiz. Von der Mündung bis Sevilla, wo sich die Gezeiten noch bemerkbar machen, kann er sogar von Hochseeschiffen befahren werden. In der Provinz Huelva fließen Río Tinto und Río Odiel in den Atlantik, bei Cádiz mündet der Guadalete. Die größten Mittelmeerzuflüsse sind der Río Guadiaro und der Río Guadalhorce, der bei Málaga mündet.

Hier wächst das grüne Gold Andalusiens:
Die Provinz Jaén ist das größte Olivenanbaugebiet der Erde.

Eine wichtige Rolle für die Bewässerung und Energiegewinnung spielen die **Stauseen**, vor allem wiederum der Guadalquivir: Die Stausysteme an seinem Oberlauf und an den Zuflüssen aus der Sierra Morena (u. a. Laguna de las Yeguas bei Andújar und Embalse Puente Nuevo nördlich von Córdoba) und der Sierra Nevada (Embalse de Iznájar / Río Genil) fassen mehrere Milliarden Kubikmeter Wasser. Auch entlang des Río Guadalete und des Río Guadalhorce sind große Speicherseen aufgestaut worden.

Wassermangel Ausbleibender Regen von 1991 bis 1995 hatte gezeigt, wie fragil der Wasserhaushalt Andalusiens ist. Stellenweise katastrophale Ausmaße nahmen aber auch die Niederschläge der folgenden drei Winter an, die verregnete Ernten brachten. Wasserrationierungen sind 1996 zwar aufgehoben worden, doch ist das Problem damit nicht gelöst. Denn der **Wasserverbrauch** steigt nach wie vor – weniger durch duschende Touristen und ständig grün gehaltene Golfplätze, sondern vor allem durch die Ausbreitung der oft ineffektiv betriebenen Bewässerungskulturen, die an Stelle traditioneller, wenig Wasser benötigender Früchte mit bewässerungsintensiven Pflanzen wie Baumwolle, Mais oder Zuckerrüben bebaut werden: 80 % des Wassers werden in der Landwirtschaft verbraucht! Der 2001 verabschiedete Nationale Wasserplan, der den Bau eines gigantischen Kanal- und Staudammnetzes vom Ebro-Delta nach Murcia und weiter in die Region Almería vorsah, wurde 2004 von der frisch gewählten Regierung Zapatero ad acta gelegt. Sie setzt nun auf den Bau von 26 weiteren Meerwasserentsalzungsanlagen; doch verbessert werden müssen auch die Be-

Klima Andalusien

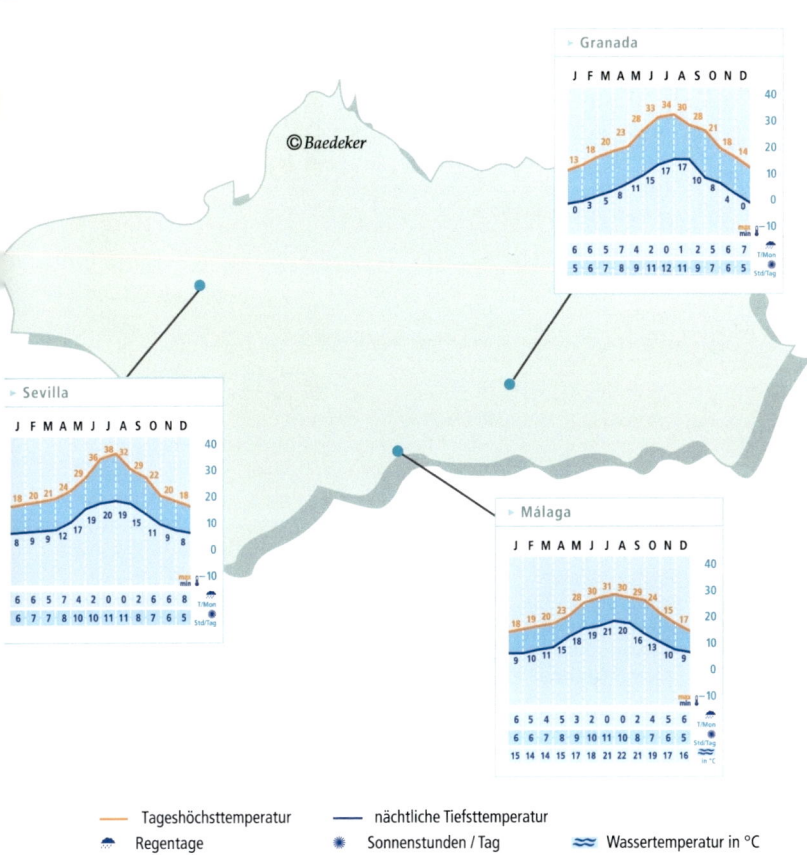

	Tageshöchsttemperatur		nächtliche Tiefsttemperatur
	Regentage		Sonnenstunden / Tag	Wassertemperatur in °C

wässerungsmethoden, illegale Bewässerungsflächen müssen geschlossen und der außerordentlich niedrige Wasserpreis erhöht werden – doch gerade Letzteres lehnt die Landwirtschaft ab.

Klima

Wie ganz Spanien ist auch Andalusien vom Mittelmeerklima geprägt, das allgemein durch trockenheiße Sommer und feuchtmilde Winter sowie – abseits der Küsten – durch große tages- und jahreszeitliche Temperaturunterschiede gekennzeichnet ist. Besonders erfreulich ist die außergewöhnlich **hohe Zahl von Sonnenstunden**, die an der Cos-

Sonnenland

ta del Sol und der Costa de la Luz mit 3000 Stunden pro Jahr spanische Spitzenwerte erreicht. Dass die Sonne von Anfang Mai bis Mitte Oktober fast ununterbrochen scheint, ist das Verdienst des Azorenhochs, welches mit einem kräftigen Keil atlantische Tiefdruckgebiete auf Distanz hält. Durch die Südverlagerung des Hochs im Herbst können Regengebiete ab Mitte Oktober bis Ende April häufiger auch Andalusien erreichen. Aber selbst in den feuchtesten Monaten November und Dezember beträgt die Sonnenscheindauer noch bis zu 60 % der astronomisch möglichen Zeit und ist damit größer als im deutschen Sommer.

Temperaturen im Sommer

Nicht ohne Grund nennt man Andalusien auch »die Bratpfanne Europas«, übersteigen die Tagestemperaturen im Landesinneren doch an über 100 Tagen im Jahr die 30 °C-Marke: Von Juni bis September erreicht das Quecksilber im Binnenland durchschnittlich 32 bis 36 °C; im Juli und August sind solche Werte selbst für das rund 700 m hoch gelegene Granada typisch. An einzelnen Tagen kann es aber auch noch deutlich heißer werden, besonders in Niederandalusien, wo in der Senke des Guadalquivir, der **heißesten Region Europas**, die Werte zwischen Mitte Juni und Mitte August an durchschnittlich 10 Tagen 40 °C oder mehr betragen. Nur in Küstennähe ist es etwas kühler, denn hier sorgt der tagsüber aufkommende Seewind für eine Linderung der Sommerhitze.

Herbst, Winter und Frühling ▶

Wesentlich angenehmer sind Frühjahr und Herbst, aber auch der Winter, der durch die schützende Wirkung der Sierra Nevada und Sierra Morena vor kalten Nordwinden besonders mild ist. Das gilt vor allem für die Küsten, wo Atlantik und Mittelmeer mit Temperaturen nicht unter 14 °C wie eine Warmwasserheizung wirken. Daher erreichen hier die Tagestemperaturen auch im kältesten Monat Januar gewöhnlich noch 16 bis 18 °C; nachts kühlt es sich kaum unter 9 °C ab. Anders landeinwärts: Bei ähnlichen Tageswerten wie an den Küsten geht das Thermometer im Binnentiefland auf durchschnittlich 5 °C, im mittleren Bergland auf nahe 0 °C zurück. Auf richtiges **Winterwetter** trifft man oberhalb von 2000 m: In den Hochlagen der Sierra Nevada werden bis zu 50 Schneefalltage im Jahr beobachtet und von Ende Oktober bis Anfang Juni tragen die höchsten Gipfel eine geschlossene Schneedecke oder Schneeflecken.

Besonderheit im äußersten Süden ▶

Eine klimatische Besonderheit ist, dass ausgerechnet im äußersten Süden des europäischen Festlands zwischen Tarifa und Gibraltar die Sommer mit durchschnittlich 22 bis 24 °C am kühlsten und die Winter mit durchschnittlich 12 °C am mildesten sind. Der Grund: An diesem weit vorspringenden Küstenabschnitt ist der mäßigende Einfluss des sehr gleichmäßig temperierten Atlantikwassers (max. 20 °C; min. 15 °C) besonders groß. Dazu weht häufig ein starker Wind aus Osten (**»Levante«**) oder Westen (**»Poniente«**), der durch die Düsenwirkung der Meerenge zusätzlich angefacht wird. Dabei bilden sich in der Bucht von Gibraltar Leewirbel, die kleineren Booten gefährlich werden können.

Wüstenhaft: Das Cabo de Gata ist das trockenste Gebiet Europas.

Die Wassertemperaturen sind vom Atlantik geprägt, dessen kühle Strömungen sich durch die Straße von Gibraltar bis zur östlichen Costa del Sol auswirken. Dabei gilt: **je weiter östlich, desto wärmer**. Am wärmsten ist das Wasser Mitte August, wenn am Golf von Cádiz durchschnittlich 21 °C, an der Costa del Sol bei Málaga 22 °C und an den Stränden von Almería 23 °C gemessen werden. Am kühlsten ist das Meer Anfang März mit 14 bis 15 °C.

Die Cordillera Bética ist für die Feuchtigkeit bringenden Westwinde ein markanter Regenfänger. Viele Gebiete im ostseitigen Lee der Gebirgszüge sind daher ausgesprochene Trockenräume mit einem **steppenhaften Landschaftsbild**. Extrem gering fallen die Niederschläge an der östlichen Costa del Sol aus, wo geradezu wüstenhafte Bedingungen herrschen und am Cabo de Gata die **trockenste Klimastation Europas** liegt. Nach Südwesten steigen die Werte an. Juli und August sind als Dürremonate praktisch niederschlagsfrei, während der meiste Regen von November bis Januar und im April fällt. Aber selbst dann ist das Regenrisiko mit 10 bis 20 % an den Küsten und maximal 30 % im Binnenland und an der Straße von Gibraltar noch sehr gering. Ausgesprochene Schlechtwetterperioden sind selten, einzelne Unwetter mit kräftigen Regenfällen besonders im Herbst und Winter jedoch häufiger.

Auch Spanien leidet zunehmend unter den Folgen der globalen Klimaänderungen. Ausbleibende oder zu geringe Winterniederschläge führen seit Beginn der 1980er-Jahre zu steigender **Wasserknappheit**. Doch die eigentliche Gefahr droht aus den Bergen. Ausbleibende Winterniederschläge lassen die Schneedecke auf den Gipfeln der Sierra Nevada immer mehr schrumpfen, was schwer wiegende Folgen für die Wasserversorgung der Trockengebiete Ostandalusiens hat, liefert die Schneeschmelze bisher doch genügend Brauch- und Trinkwasser zur Versorgung der Großstädte, Touristenzentren und Bewässerungskulturen, die teilweise schon im vollariden Klimabereich liegen. Moderne Gartenbau- und Bewässerungstechnik mit Unter-Plastik- und Fruchtbaumkulturen mit Avocados und Chirimoyas haben die Landwirtschaft in den 1980er-Jahren revolutioniert (▶ Abb. S. 30). Dies alles steht bei einem anhaltenden Trend zur Trockenheit, den Klimawissenschaftler für den gesamten Mittelmeerraum vorhersagen, auf dem Spiel.

Pflanzen und Tiere

Die riesigen Wälder, die Iberien einst bedeckten, fielen schon in der Antike erbarmungslosen Abholzungsaktionen zum Opfer. Charakteristisch sind in den niedrigeren Zonen Stein- und Korkeichenwälder und die »dehesas«, mit Stein- und Korkeichen locker bestandene Grasflächen, auf denen Ziegen, Rinder und Schweine weiden. Auch exotische Gewächse wie **Agaven**, die meterhohe Blütenstände ausbilden, gedeihen in diesen Zonen. Darüber trifft man auf Rot- und Schwarzkiefernbestände mit einem Unterwuchs aus aromatischen Sträuchern und Kräutern wie Rosmarin, Wacholder, Weißdorn und Ginster. Eine Besonderheit ist die **Pinsapotanne,** eine endemische Tannenart, die nur in der Sierra de Grazalema vorkommt. Die oberen Regionen der Sierra Nevada beherrschen robuste Straucharten mit wenigen Einstreuungen alpiner Gräser und Kräuter, die die sog. »Igelheide« bilden.

Die Zwergpalme wächst nur hier.

Im östlichen Hochandalusien in der Provinz Almería dominieren die Halfa- und Espartogräser, die zu traditionellen Flechtarbeiten verwendet werden. An den Hängen gedeihen auch Macchien mit dem typischen Bewuchs von mediterranen Kräutern und Sträuchern sowie Feigenkakteen, die oft als Zäune zwischen den Parzellen gepflanzt werden. Eine ebenfalls endemische Art ist hier die häufig anzutreffende **Zwergpalme.**

Entlang der Costa del Sol sieht man mediterrane Palmenarten. In ◄ Mittelmeerküste
großflächigen, bewässerungsintensiven Kulturen werden Zitrusfrüchte und Gemüse gezogen; kleiner fallen die vor allem an der Costa
Tropical zu findenden Plantagen für Zuckerrohr und Bananen aus.
In den hoch gelegenen, aber klimatisch sehr günstigen Alpujarras gedeihen in großen Terrassengärten Zitrusfrüchte, Gemüse und Wein.

Auch in der Pflanzenwelt Niederandalusiens trifft man Waldgemein- ◄ Niederandalusien
schaften aus Stein-, Kork- und Lusitanischer Eiche an. Diese Forma-
tion war prägend für die jenseits des Küstensaums liegende Hügellandschaft, ist aber zusehends zu Macchien aus Zistrosen, Pistazien,
Myrte, Erdbeerbaum und verschiedenen Kräutern degeneriert. Im
atlantischen Küstenstreifen gedeihen hinter den Dünen die Reben
für den Sherrysowie Pinien und Eukalyptusbäume, die jedoch das
Produkt von Aufforstungsmaßnahmen sind. Charakteristisch für die
»marismas« sind auf salzigen Böden gedeihende Pflanzen wie die
Stranddistel. Weite Teile Niederandalusiens bedecken endlose Reihen
von Olivenbäumen, die bis in die Regionen Hochandalusiens reichen
und das **größte Olivenanbaugebiet der Welt** ausmachen.

In Andalusien sind in den Ausläufern der Sierra Morena **Wölfe und** **Tiere**
Luchse vertreten. Nur in den Flussmarschen des Coto de Doñana leben noch der außerordentlich seltene **Pardelluchs** und das Ichneu- ◄ Säugetiere
mon, eine Schleichkatzenart. Auch Ginsterkatzen, Fischotter und der
Iberische Steinbock zählen zu den gefährdeten Tieren. Aus der Landschaft nicht wegzudenken ist die alte Rasse der halbwilden **Kampf-**
stiere (»toros bravos«), die vor allem im Südwesten in der Provinz
Cádiz im alten Land der Großgrundbesitzer gezüchtet wird.

Original und Kopie: »Toros bravos« und der populäre Osborne-Stier

Vögel ▶   In die einsamen Bergregionen haben sich Kaiser-, Stein- und Zwergadler zurückgezogen; hier kann man nicht selten auch Mönchs- und Gänsegeier beobachten. In den »marismas« leben **unzählige See- und Wasservögel**, darunter die einzige europäische Brutkolonie der Purpurralle, Reiher, rare Entenarten wie Moor- und Ruderente sowie Rostgänse. Hinzu kommen Flamingos und im Coto de Doñana Kaiser- und Schlangenadler, ab und an auch Fischadler sowie die Blauelster. Vielfach sieht man Weißstörche, auch Kraniche; viel seltener sind die Schwarzstörche.

Reptilien und Amphibien ▶   Die Reptilien- und Amphibienwelt ist u. a. vertreten mit Schlangenarten (Stülpnasenotter, Eidechsennatter), Geckos, Wasser- und Sumpfschildkröten sowie Feuersalamandern.

Naturschutz- gebiete   19 ökologisch wertvolle Gebiete sind in Andalusien geschützt – das sind knapp 17 % seiner Gesamtfläche, womit die Region Spitzenreiter in Spanien ist. Zwei Gebiete – ▶ Coto de Doñana und ▶ Sierra Nevada – können sich als Nationalpark ausweisen, die übrigen sind als »Parque natural« (Naturpark) deklariert, in denen eingeschränkte landwirtschaftliche Nutzung möglich ist.

Bevölkerung · Politik · Wirtschaft

Bevölkerungs- struktur   Der Großteil der andalusischen Bevölkerung konzentriert sich um die Provinzhauptstädte, in den Zentren des Tourismus und in den landwirtschaftlich intensiv genutzten Gegenden. Entsprechende **Ballungsräume** sind daher Sevilla (Großraum ca. 1 Million Menschen), die Mittelmeerküste um Málaga (ca. 650 000) und das Industriegebiet um Cádiz (ca. 600 000). Am spärlichsten besiedelt sind die Sierra Morena, die Gebirgszüge der Betischen Kordilleren und die Wüstengebiete in Ostandalusien. Die Alterspyramide in den Dörfern wird allmählich auf den Kopf gestellt, weil die Jungen ihre Heimat Richtung Málaga, Sevilla oder Madrid verlassen, um sich in den Großstädten ihr Einkommen zu sichern.

Religion   Der größte Teil der Andalusier bekennt sich zum Katholizismus; gering ist der Anteil von Moslems, Juden und Protestanten. In den nordafrikanischen Exklaven Ceuta und Melilla spielt der Islam eine größere Rolle; auch in Granada wächst die islamische Gemeinde.

Gitanos   Die Gitanos (**Roma**) stammen ursprünglich aus Nordwestindien, von wo sie schon im Mittelalter auswanderten. Über Nordafrika kamen sie mit den Mauren nach Spanien, wo heute ca. 600 000 leben. Entgegen landläufiger Vorurteile ziehen nur wenige tatsächlich noch über Land. Viele haben sich in der Provinz Granada niedergelassen. Hohe Arbeitslosigkeit, keine Berufsausbildung, weit verbreiteter Analphabetismus, geringe Lebenserwartung und hohe Säuglingssterb-

Zahlen und Fakten *Andalusien*

Lage
► Südspanien

Fläche
► 87 268 km²
  (etwas mehr als 17 % der Gesamtfläche
  Spaniens; annähernd so groß wie
  Portugal)

Küstenlänge
► 800 km

Bevölkerung
► Größte Städte:
  Sevilla (704 000 Einw.),
  Málaga (568 300 Einw.),
  Córdoba (328 200 Einw.),
  Granada (236 200 Einw.)
► Einwohnerzahl:
  Mit rund 8,3 Mio. Einw. (17,9 % der
  Bev. Spaniens), darunter etwa 600 000
  Gitanos (Roma; 1,5 % der spanischen
  Bevölkerung) und etwa 200 000 Afri-
  kaner, ist Andalusien die am stärksten
  bevölkerte der 17 autonomen Regionen
  Spaniens.
► Bevölkerungsdichte:
  95 Einwohner je km²
  (Deutschland: 231 je km²)

Sprache
► Spanisch

Religion
► 95 % Katholiken
► 5 % Moslems, Juden und Protestanten

Verwaltung
► Hauptstadt:
  Sevilla
► Regierung: »Junta de Andalucía«:
  Sie ist für Kultur-, Bildungs-, Gesund-
  heits- und Infrastrukturpolitik zustän-
  dig; seit 1982 regiert die heute sozial-
  demokratisch orientierte PSOE (Partido
  Socialista Obrero Espanol). Die Wahlen
  vom Juni 2008 bescherten der PSOE
  trotz Verlusten erneut eine absolute
  Mehrheit.

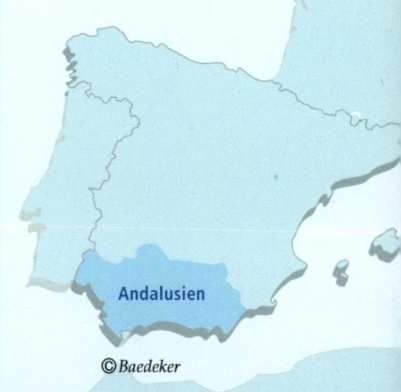
©*Baedeker*

► Andalusien ist die südlichste und
  zweitgrößte (nach Castilia-León) der
  17 Autonomen Gemeinschaften des
  Königreichs Spanien.
► 8 Provinzen (Huelva, Sevilla, Córdoba,
  Jaén, Cádiz, Málaga, Granada,
  Almería), dazu kommen die nord-
  afrikanischen, von marrokanischem
  Hoheitsgebiet umschlossenen Exklaven
  Ceuta und Melilla; Gibraltar ist als
  Kronkolonie Teil Großbritanniens.

Wirtschaft
► Pro-Kopf-Einkommen (2008): 18 500 €
  (Gesamt-Spanien: 23 400 €)
► Arbeitslosenquote: 14 % (2007)
► Wirtschaftsstruktur (Anteil am BIP,
  2007): Dienstleistungen 70 %,
  Industrie und Baugewerbe 22,7 %,
  Landwirtschaft 4,6 %.
► Tourismus: 25,5 Mio. Besucher (2006),
  Jahr, davon ca. 2 Mio. aus Deutschland

*Die andalusischen
Farben sind Grün
und Weiß. Das
Wappen zeigt
Herkules als
»Gründer«
Andalusiens.*

Andalusien Provinzen

lichkeit kennzeichnen die Situation des Volkes, dem speziell Andalusien mit dem Flamenco einen bedeutenden Beitrag zu Kultur und Folklore zu verdanken hat. Die Integration in die Gesellschaft stößt zum einen auf anhaltende Ressentiments in der Bevölkerung, zum anderen auf Widerstände seitens der Gitanos, die – mangels gesellschaftlicher Anerkennung – an ihren Traditionen festhalten und ihr ausgeprägtes Zusammengehörigkeitsgefühl bewahren wollen.

Illegale Einwanderer In den vergangenen Jahren ist die Zahl der illegalen Einwanderer, die gegen hohe Summen von Schleppern über die Meerenge von Gibraltar gebracht werden, sprunghaft angestiegen. Nicht wenige dieser überwiegend aus Marokko, aber auch aus Schwarzafrika, Pakistan, Irak und Palästina stammenden Menschen haben dabei ihr Leben verloren. Ohne gültige Aufenthaltspapiere haben sie keine Chance, in Spanien reguläre Arbeit zu bekommen, so dass sie sich allerhöchstens als Tagelöhner auf den Gemüse- und Obstplantagen etwas verdienen können – unter **erbärmlichsten Arbeits- und Lebensbedingungen**, wie man auch als Tourist etwa in der Provinz Almería feststellen kann. Die spanischen Behörden versuchen des Problems durch verstärkte Patrouillenfahrten auf der Meerenge Herr zu werden. Die Grenzzaun von Ceuta und Melilla nach Marokko hin wurden von drei auf sechs Meter erhöht, nachdem 2005 mehrere Tausend Illegale versucht hatten, die Grenzanlagen zu stürmen.

Religiöse Andacht und die Lust am Feiern schließen sich nicht aus bei der Semana Santa.

Seit Oktober 1981 ist Andalusien Autonome Gemeinschaft. Sitz der »Junta de Andalucía« ist Sevilla. Zwar sind die Kompetenzen der spanischen Zentralregierung in Madrid umfassender als die der deutschen Bundesregierung, dennoch kann man die Autonomen Gemeinschaften durchaus mit deutschen Bundesländern vergleichen.

Verwaltung

Wirtschaft

Andalusien gehört zu den weniger entwickelten Regionen Spaniens. Noch immer gibt es eine große Zahl landloser Saisonarbeiter, die nur zur Erntezeit als Tagelöhner (»jornaleros«) Arbeit finden und sich dabei auch verstärkt der Konkurrenz afrikanischer Immigranten gegenüber sehen – Anlass für fremdenfeindliche Ressentiments. Staatliche Unterstützung für die Zeiten ohne Arbeit gibt es nicht. Kein Wunder also, dass die Schwarzarbeit blüht.

Eine arme Region

Zwar profitiert Andalusien durchaus von der positiven Entwicklung der spanischen Wirtschaft, auch fehlt es nicht an Unterstützung – ein großer Teil der EU-Hilfen für Spanien fließt nach Andalusien –, doch stehen einem echten Aufschwung **strukturelle Probleme** entgegen. Dazu gehören nach wie vor besonders die Besitzverhältnisse in der Landwirtschaft, wo, bei 270 000 Betrieben insgesamt, die Hälfte der bebauten Fläche sich in der Hand von ca. 9000 Großgrundbesitzern befindet. Diese wiederum profitieren natürlich auch vom EU-Geldsegen: Allein 6 % der Gelder aus Brüssel teilen sich die 200 größten Agrarbetriebe.

Wie von Christo eingepackt: das »mar plástico« in der Provinz Almería

Landwirtschaft Die **Haupterzeugnisse** der andalusischen Landwirte sind Weizen, Oliven, Gemüse und Obst sowie Wein. Wo nur Trockenfeldbau betrieben werden kann, findet man hauptsächlich Weizen, Hafer, Gerste, Bohnen und Kichererbsen, aber auch Mais. Die Olivenbaumkulturen Niederandalusiens bedecken ca. ein Drittel des Ackerlands. Die Regionen um Jerez de la Frontera, Málaga, Montilla-Moriles und Huelva sind die Schwerpunkte des Weinbaus; Kork wird vor allem in der Sierra Morena gewonnen.

Dass weite Teile Andalusiens Agrarland sind, ist jedoch nur durch **groß angelegte Bewässerung** möglich, wobei die Anbauflächen im Guadalquivirbecken sowie in den Provinzen Huelva und Almería von großer Bedeutung sind. Hier werden Zitrusfrüchte, Sonnenblumen, Kartoffeln, Zuckerrüben, Baumwolle und selbst Reis angebaut. Die Provinzen Almería (Tomaten, Gurken, Bohnen, Paprika, Melonen) und Huelva (Erdbeeren) sind dank der Bewässerung unter Plastikfolie, die mehrere Ernten pro Jahr ermöglicht, zu einem Schwerpunkt des spanischen Gemüsebaus geworden und versorgen große Teile Europas mit ihren Produkten – sie machen **80 % des spanischen Gemüseexports** aus. Mit einer durchschnittlichen Jahresproduktion von 300 000 t auf einer Anbaufläche von 7500 Hektar ist Spanien der **größte europäische Erzeuger von Erdbeeren** und nach den USA sogar der zweitgrößte der Welt. 95 % der spanischen Produktion stammen aus Huelva. Die Methoden allerdings sind ökologisch fraglich, denn an Schädlingsbekämpfungsmitteln wird nicht gespart; sie sind sozial bedenklich, denn der größte Teil der Arbeiter sind legal oder illegal eingewanderte Afrikaner, die unter Dritte-Welt-Bedingungen leben. Schließlich ist auch die Landschaft verschandelt: Nicht umsonst wird das Anbaugebiet um Almería **»Mar plástico«** genannt, denn viele Kilometer weit ziehen sich die Foliengewächshäuser dahin.

Viehwirtschaft

Nur noch relativ geringe gesamtwirtschaftliche Bedeutung hat die Viehwirtschaft. Große Schafherden nutzen die Sierra Morena als Sommerweidegebiete. Milchviehhaltung, Pferde- und Kampfstierzucht wird auf den Weiden der Marismas betrieben. Traditionelle Ziegenhaltung trifft man noch in Hochandalusien an; Schweinezucht, insbesondere die Eichel-Schweinemast, ist traditionell in der Sierra Morena und den Sierras Béticas zu Hause. Wurde der **Fischfang** noch in den 1950er-Jahren in jeder Küstensiedlung betrieben, so haben heute die Ausbreitung des Tourismus, die Überfischung traditioneller Fischgründe und die Beschränkung der Fang-

Archaisch anmutende Feldbestellung in der Provinz Jaén

quoten die Fischerei sehr stark zurückgehen lassen. Die wichtigsten Standorte sind Huelva, Cádiz, Algeciras, Málaga, Almuñecar und Motril; angelandet werden Sardinen, Sardellen, Tunfisch und Tintenfische. An die Stelle traditioneller Fischerei tritt vor allem in der Provinz Cádiz die Fisch- und Meeresfrüchtezucht in Aquafarmen.

Bergbau

Zwar ist Andalusien reich an Bodenschätzen, doch hat die Weltmarktsituation den andalusischen Bergbau in eine Krise gestürzt. Noch von einiger Bedeutung sind die kupferhaltigen Schwefelkieslagerstätten in den Provinzen Sevilla und Huelva, vor allem im Gebiet des Río Tinto.

Solar- und Windenergie

Wirtschaftliche Perspektiven ergeben sich für Andalusien aus der **Nutzung erneuerbarer Energien**, für die es sehr günstige klimatische Bedingungen bietet wie z. B. für das Sonnenkraftwerk von Tabernas bei Almería. Besondere Bedeutung hat auch die Erzeugung von Windenergie in den Gebirgen zwischen Tarifa und Algeciras erlangt: Andalusien liefert 20 % der gesamten durch Windkraft gewonnenen Energiemenge in Spanien.

Industrie

Die Industrie ist nach wie vor relativ schwach vertreten. Sevilla entwickelte sich zum wichtigsten Industriezentrum. Dort konzentrieren sich nicht nur Industrien der Nahrungs- und Genussmittelbranche, sondern auch Hüttenwerke und Metallverarbeitung. In Algeciras und Huelva hat sich chemische und petrochemische Industrie angesiedelt, in Cádiz wird Schiffsbau betrieben. Hinzu kommen traditionelle Produktionszweige wie die Meersalzgewinnung, vor allem in der

Provinz Almería, und die Aufbereitung von Erzen. Das Hightech-Zeitalter ist bislang an Andalusien fast vorbeigegangen; die Hoffnung, im Gefolge der Weltausstellung von 1992 in Sevilla ein spanisches Silicon Valley zu schaffen, hat sich nicht erfüllt.

Baugewerbe ► Die Bauwirtschaft gibt etwas mehr als 20 % der Beschäftigten Arbeit. Die Zeiten des gnadenlosen Zubetonierens der Küste sind zwar vorbei, doch der Bau anspruchsvollerer Ferienanlagen garantiert zumindest saisonal den Arbeitsplatz.

Tourismus Der Tourismus ist der mit Abstand wichtigste Wirtschaftsfaktor Andalusiens. Die Zahlen sprechen für sich: Die Touristen geben jährlich ca. 14 Mrd. € aus. Damit sicherten sie ca. 258 000 direkt oder indirekt im Tourismus Beschäftigten den Arbeitsplatz.

Der Aufstieg zum **Ferienparadies** begann zaghaft in den 1950er-Jahren mit den ersten Charterflügen und entwickelte sich ab den 1960er-Jahren zum wichtigsten Devisenbringer. Kerngebiet ist nach wie vor die Costa del Sol beiderseits von Málaga, wo sich Ferienzentren wie Torremolinos, Fuengirola, Marbella, Estepona, San Roque, Almuñecar, Motril, Castell de Ferro, Roquetas de Mar und Aguadulce aneinander reihen – allesamt einst verschlafene Fischerdörfer, die binnen kurzem zu Hotelstädten für Zigtausende mutierten. Diese Entwicklung löste zum einen eine Völkerwanderung Arbeit Suchen-

Zwanzig Millionen Touristen besuchen Andalusien jedes Jahr.

der an die Küste aus und führte zum anderen schließlich dazu, dass heute **80 % aller Uferflächen Andalusiens verbaut** sind. Dem versuchte man 1988 mit dem Küstengesetz (»Ley de Costa«) zu begegnen, wonach bis 100 Meter hinter dem Strand und einen Kilometer von Flussmündungen entfernt nicht mehr gebaut werden darf. Anfang der 1990er-Jahre erlebte Andalusien seine erste **Tourismuskrise**, Folge des ungebremsten Expansionismus, der mehr auf Masse als auf Qualität setzte und z. B. Kläranlagen kaum vorsah. Das wurde inzwischen nachgeholt: Mussten 1990 noch 33 Strände wegen schlechter Wasserqualität geschlossen werden, gibt es seit 1997 überhaupt keine Verbote mehr.

Die Zukunft des Tourismus in Andalusien wird sehr davon abhängen, ob es gelingt, eine umweltverträgliche Entwicklung nachhaltig durchzusetzen und ob die Bemühungen der Regierung Erfolg haben, qualitativ bessere, individuellere Ferienerlebnisse anzubieten, die auch das reiche Hinterland mit einbeziehen.

Geschichte

Viele Völker prägten Andalusien: Phönizier, Griechen, Karthager, Kelten, Römer, Westgoten. Am nachhaltigsten erwies sich der Einfluss der Mauren. Sie brachten Andalusien zu kultureller Blüte – während der Zeit ihrer Herrschaft war Al-Andalus dem übrigen christlichen Spanien in ökonomischer, künstlerischer und wissenschaftlicher Hinsicht weit überlegen.

Von der Vorgeschichte bis zur arabischen Invasion

8.–6. Jh. v. Chr.	Reich von Tartessos
237 v. Chr.	Die Karthager dringen nach Spanien vor.
219–206 v. Chr.	Zweiter Punischer Krieg; im Friedensschluss 201 v. Chr. verzichtet Karthago auf iberischen Besitz.
27 v. Chr.	Unter Augustus entsteht die Provinz Baetica mit ungefähr den Grenzen des heutigen Andalusien.
100 n. Chr.	Christianisierung der Iberischen Halbinsel setzt ein.
507–711	Die Westgoten herrschen von Toledo aus.
711	Landung der Araber

Die **ersten kulturellen Zeugnisse** menschlicher Besiedlung sind Höhlenmalereien aus dem Paläolithikum (25 000–10 000 v. Chr.), gefunden u. a. in der Cueva de la Pileta bei Ronda und in der Cueva de Nerja an der Costa del Sol. Erste stadtähnliche Anlagen schafft die der Megalithkultur (3000–2000 v. Chr.) zuzurechnende Kultur von Los Millares. Dazu sind auch die ein Jahrtausend später entstandenen großen **Grabanlagen bei Antequera** zu rechnen. In etwa diese Zeit fällt auch der Anfang der Glockenbecherkultur (ca. 2000–1500 v. Chr.), die in der heutigen Provinz Almería eines ihrer größten Siedlungszentren hatte.

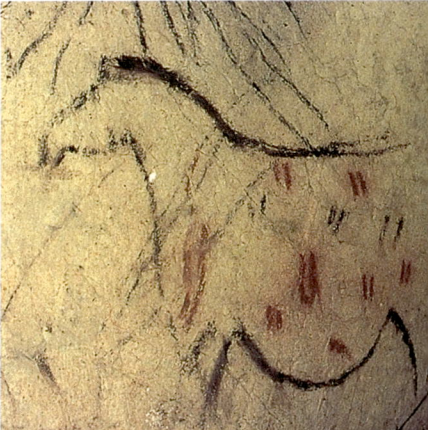

Prähistorische Wandmalereien in der Cueva de la Pileta

Die antike Vorstellungswelt endet an der Meerenge von Gibraltar bei den »Säulen des Herkules« – dem Djebel Moussa auf afrikanischer und dem Felsen von Gibraltar auf europäischer Seite. Die Phönizier wagen sich als erste darüber hinaus und gründen um 1100 v. Chr. die Handelsstadt **Gadir (Cádiz), die älteste Stadt Europas**. Malaka (Málaga), Sexi (Almuñecar) und Abdera (Adra) folgten. **Phönizier**

Vom legendären Reich von Tartessos, von den meisten Historikern räumlich in der Gegend der Guadalquivir-Mündung und in seiner **Tartessos**

← *Maurische Bogenformen in der Mezquita von Córdoba*

Blüte zeitlich etwa vom 8. bis 6. Jh. v. Chr. angesiedelt, zeugen Grab-
hügel. Die wichtigsten Berichte des von manchen mit Atlantis gleich-
gesetzten Reichs stammen aus späteren griechischen (Herodot) und
römischen Quellen, die Tartessos übereinstimmend als Erzlieferanten
Griechen ▶ für Phönizier und Griechen nennen. Letztere, hauptsächlich klein-
asiatische Ionier aus der phokäischen Kolonie Massalia (Marseille),
legen seit 700 v. Chr. an der Mittelmeerküste einige Häfen an, darunter Mainake beim heutigen Torre del Mar.

Karthager   Die Griechen halten sich nur ein Jahrhundert lang. Seit 600 v. Chr.
werden sie von den Karthagern verdrängt. Deren Konflikt mit Rom
greift auch nach Iberien über, denn nach dem Verlust Siziliens im
Ersten Punischen Krieg (237 v. Chr.) konzentrieren sich Hamilkar
Barkas, Hasdrubal und Hannibal auf Iberien und dringen von Süden
her bis zum Ebro vor. Diese Grenze wird von Rom anerkannt.

219 – 206 v. Chr.   Zu Beginn des Zweiten Punischen Kriegs zerstört Hannibal das mit
Zweiter Punischer   den Römern verbündete Sagunt. Diese dringen daraufhin immer tie-
Krieg ▶   fer in karthagisches Gebiet ein und erreichen 208 v. Chr. bei Baecula
(Bailén) den Guadalquivir. Die Niederlage Karthagos ist zwei Jahre
später mit dem Sieg des Publius Cornelius Scipio bei Ilipa (Alcalá del
Río) besiegelt. Scipio siedelt unweit des Schlachtfeldes seine Vetera-
nen an; daraus entsteht **Itálica**. Im Friedensschluss mit Rom 201
v. Chr. verzichtet Karthago auf den iberischen Besitz.

Römer   Die Römer teilen Iberien in die Provinzen »Hispania citerior« im
Nordosten und »Hispania ulterior« im Südwesten. 45 v. Chr. besiegt
Julius Caesar im Römischen Bürgerkrieg bei Munda (südwestlich
von Córdoba) die Söhne und Anhänger des Pompeius und wird Dik-
tator im Römischen Reich. Bei der Neugliederung der Iberischen
Halbinsel unter Augustus entsteht 27 v. Chr. auch die **Provinz Baetica**
(nach dem von den Römern »Baetis« genannten Guadalquivir), die
ungefähr die Grenzen des heutigen Andalusien hat. Hauptorte sind
Hispalis (Sevilla), Corduba (Córdoba) und Itálica. Bereits ab ca. 100
n. Chr. setzt die Christianisierung der Iberischen Halbinsel ein.

Vandalen   Während der Völkerwanderung werden zu Beginn des 5. Jh.s für etwas mehr als 20 Jahre die aus Ostgermanien gekommenen Vandalen
in Südspanien sesshaft. Sie setzen 429 unter Geiserich nach Nordafrika über und gründen dort ein Reich. In Andalusien hinterlassen sie
so gut wie nichts, doch verdankt es ihnen seinen Namen – er rührt
vom arabischen »al-Andalus« her, einer Ableitung aus dem gotischen
»landahlauts« (= landlos) als Bezeichnung für die Vandalen.

Westgoten   König Eurich (466 – 484), Herrscher des von Theoderich begründeten Tolosanischen Westgotenreichs, dehnt die westgotische Herrschaft nach Spanien aus. Nach der Niederlage der Westgoten gegen
Chlodwig im Jahr 507 bei Poitiers ziehen sie sich völlig nach Spanien
zurück und herrschen bis 711 von Toledo aus. Von 551 an haben sie

sich der Byzantiner zu erwehren, die die Südküste Spaniens erobern, bis sie 624 wieder hinausgedrängt werden können. Unter Rekkared I. lösen sich im dritten Konzil von Toledo die Westgoten vom Arianismus (der nur die Gottähnlichkeit Christi anerkennt) und bekennen sich zum Katholizismus (der die Gottgleichheit Christi postuliert).

Der arabische Feldherr **Tarik Ibn-Sijad** überquert im Jahr 711 mit einem 7000 Mann starken Heer die Meerenge von Gibraltar und landet in der Nähe des heutigen Tarifa.

711 Landung der Araber

Al-Andalus

Juli 711	Tarik besiegt Roderich in der Schlacht von Jerez de la Frontera.
732	Karl Martell besiegt die nach Frankreich vordringenden Muslime bei Tours und Poitiers.
756–929	Emirat von Córdoba
929–1031	Kalifat von Córdoba
1086–1147	Herrschaft der Almoraviden, einer muslimischen Sekte aus Marokko
1147–1212	Herrschaft der marokkanischen Dynastie der Almohaden

Die Soldaten Tariks treffen auf einen durch die inneren Zwiste geschwächten Gegner. Im Juli schlagen sie das Westgotenheer unter König Roderich entscheidend in der siebentägigen Schlacht bei Jerez de la Frontera. In den darauf folgenden drei Jahren erobern die muslimischen Heere bis auf die Berge Asturiens, Galiciens und des Baskenlands fast die gesamte Iberische Halbinsel. Als »Al-Andalus« bildet das Gebiet eine **Provinz des Kalifats der Omaijaden** von Damaskus. Zunehmend strömen weitere Muslime ein, darunter auch viele nordafrikanische Berber aus der ehemaligen römischen Provinz Mauretanien, weswegen verallgemeinernd nur noch von den »Mauren« die Rede ist. Der Siegeszug der Muslime wird erst 732 durch Karl Martells Sieg bei Tours und Poitiers gestoppt.

Eroberung Iberiens

◄ Juli 711 Schlacht von Jerez de la Frontera

Der nach Al-Andalus geflüchtete Omaijade Abd ar-Rahman I., einziger Überlebender seines Geschlechts im Kampf gegen die Abbasiden aus Bagdad, begründet 756 das **Emirat von Córdoba**, das die ganze Pyrenäenhalbinsel umfasst. Neue Kulturen (Reis, Zucker u. a.), künstliche Bewässerung und wachsende Seiden- und Waffenproduktion ermöglichen eine hohe wirtschaftliche und kulturelle Blüte. Die Mauren üben im Allgemeinen gegenüber den unter ihnen lebenden Christen (Mozaraber) und Juden religiöse Toleranz. Viele Christen treten zum Islam über und nehmen arabische Sprache und Sitten an.

756–929 Emirat von Córdoba

Wichtige Schlachten zwischen Mauren und Christen

Navas de Tolosa
1212

Córdoba
1236

Martos Jaén
1275 1246

Écija
Sevilla 1275
712
1248

©Baedeker

Granada
1492

Almería
1489

Jerez
711

Málaga
1487

Cádiz
1263

Río Salado
1340

Gibraltar 1309
1333
1462

711 Siege der Mauren

Tarifa
1292 1344 Algeciras

1492 Siege der Christen

785 beginnt Abd ar-Rahman I. als äußeres Zeichen seiner Herrschaft mit dem Bau der **Moschee in Córdoba**. Er stirbt 788.

Von Anbeginn aber regt sich, ausgehend von den nicht besetzten Gebieten in den Bergen Asturiens im Norden der Iberischen Halbinsel, der Widerstand der Christen gegen die Mauren, so dass sich das Emirat in ständigem Abwehrkampf befindet.

929 – 1031 Kalifat von Córdoba

Abd ar-Rahman III. ernennt sich 929 zum Kalifen – ein ungeheuerer Vorgang, denn als Kalif und damit rechtmäßiger Nachfolger des Propheten wird in der islamischen Welt eigentlich nur der Kalif von Bagdad anerkannt. Die maurische Kultur erreicht aber dennoch ihren Höhepunkt in Andalusien, der sich am deutlichsten in der 936 begonnenen Palaststadt Medina Azahara äußert. Auch im Kampf gegen die vorrückenden Christen ist der Kalif erfolgreich: 930 erobert er Toledo; ein Jahr darauf greift er sogar nach Nordwestafrika (bis Tahert), das 979 aber wieder verloren geht. Unter **Almansur** (»der Sieger im Namen Allahs«), dem Großwesir des Kalifen Hisham II., erlebt Spanien die **höchste militärische Machtentfaltung der Mauren**: Er erobert nacheinander Barcelona (985), León (987) und Santiago de Compostela (997). Mit seinem Tod 1002 zeichnet sich schon das Ende ab, das mit dem Sturz des letzten omaijadischen Kalifen Hisham III. 1031 besiegelt wird. Das Kalifat löst sich in mehr als 20 unabhängige Emirate (»Taifas«) auf, die meist untereinander zerstritten sind.

Die Uneinigkeit der Muslime nützen die Christen. Alfons VI. von Kastilien erobert 1085 Toledo und bedroht Sevilla. Der dortige Emir ruft 1086 Jûsuf Teschuf zu Hilfe, den Führer der in Nordafrika ansässigen, fundamentalistischen Berbersekte der Almoraviden. In kurzer Zeit drängen sie die Christen zurück und vereinen den islamischen Südteil Spaniens mit ihrem nordafrikanischen Reich.

1086 – 1147 Almoraviden

Die ebenfalls berberischen Almohaden unter Abd al-Mumin erobern das Almoravidenreich. Fortwährend müssen sie Kämpfe gegen die christlichen Reiche führen und erringen dabei 1195 in der Schlacht von Alarcos den letzten großen Sieg der Muslime über die Christen. Dennoch entfalten sie eine rege Bautätigkeit – in ihrer Hauptstadt Sevilla entstehen der Alcázar und die Moschee, von der heute noch die Giralda steht.

1147 – 1212 Almohaden

Die Reconquista

1212	Schlacht bei Navas de Tolosa; Beginn der Reconquista mit dem Sieg christlicher Heere über die Almohaden
1236	Christliche Eroberung von Córdoba
1248	Christliche Eroberung von Sevilla
1238 – 1492	Nasridisches Königreich Granada
2. 1. 1492	Die Katholischen Könige ziehen in Granada ein.

Der Almohadenkalif Mohammed en-Nasir erleidet 1212 bei Navas de Tolosa gegen die verbündeten Heere von Kastilien, Aragón und Navarra eine schwere Niederlage, die den Untergang der islamischen Herrschaft und die endgültige Rückeroberung durch die Christen (»reconquista«) einläutet. Es entstehen wieder kleinere Teilstaaten, die den Zerfall jedoch nicht aufhalten können. Die Mauren verlieren gegen Ferdinand III. den Heiligen und Alfons X. den Weisen u. a. Córdoba (1236), Sevilla (1248) und Cádiz (1263).

Vorrücken der Christen

Als letztes maurisches Gebiet kann sich über einen längeren Zeitraum das 1238 von Mohammed ibn al-Ahmar aus dem Geschlecht der Beni Nasr gegründete Königreich von **Granada** halten. Es reicht von Gibraltar bis Almería. Seine Hauptstadt ist die reichste Stadt der Halbinsel und zugleich ihr kulturelles Zentrum; mit der im 14. Jh. erbauten **Alhambra** hinterlassen die Nasriden ein einmaliges Zeugnis ihrer Herrschaft. Mit den Christen wird 1246 ein brüchiger Friede durch die Unterwerfung unter Kastilien erkauft, dem die Nasriden tributpflichtig werden; bei der Eroberung von Sevilla 1248 zieht Granada sogar auf der Seite der Christen ins Feld. Diese setzen die Politik der Nadelstiche fort. Zwar siegt König Mohammed II. mit Hilfe

1238 – 1492 Nasridisches Königreich Granada

? **WUSSTEN SIE SCHON …?**

■ ... warum manche Ortschaften den Beinamen »de la Frontera« (an der Grenze) tragen? Er erinnert daran, dass sie im Lauf der Reconquista, die 1492 mit der Eroberung von Granada endete, an der ständig sich verändernden und umkämpften Grenzlinie zwischen Mauren und Christen lagen.

des Merinidensultans Abu Jûsuf von Marokko 1275 noch einmal über die Kastilier bei Écija und Martos, 1292 aber verliert Granada Tarifa und 1309 Gibraltar (das 1333 zurückgewonnen wird und bis 1462 maurisch bleibt). 1340 erleidet der mit dem marokkanischen Sultan verbündete Jûsuf I. eine schwere Niederlage am Río Salado nördlich des heutigen Vejer de la Frontera. 1344 ziehen die Kastilier in Algeciras ein.

Mit der Heirat von Isabella von Kastilien und Ferdinand von Aragón (**die »Katholischen Könige«**) im Jahr 1479 vereinigen sich die beiden großen spanischen Königreiche. Das Paar ist fest entschlossen, die Muslime zu verdrängen. Den Mauren erwächst ein übermächtiger Gegner. 1481 beginnt der offene Krieg zwischen Kastilien-León und Granada, das durch die Thronstreitigkeiten zwischen Muley Hassan (reg. 1464 – 1482) und Abu abd-Allah (Boabdil, reg. 1482 – 1492) innerlich geschwächt ist. 1487 stehen die Spanier in Málaga. Granada ist damit vom Meer abgeschnitten und wird 1491 belagert.

2. Januar 1492 Am 2. Januar 1492 ziehen die Katholischen Könige in Granada ein. Der **letzte maurische Herrscher Boabdil** zieht sich nach Afrika zurück. Mit ihm gehen fast acht Jahrhunderte islamischer Kultur in

2. Januar 1492: Die Mauren übergeben Granada den Katholischen Königen.

Südspanien zu Ende. Die anschließende Vertreibung mehrerer Hunderttausend Mauren und Juden bedeutet einen schweren Rückschlag für die weitere wirtschaftliche Entwicklung und das kulturelle Leben Spaniens.

Die Zeit der Habsburger und Bourbonen

1492	Kolumbus landet in der Neuen Welt und begründet damit das spanische Kolonialreich.
1496	Spanien fällt an die Habsburger.
1700–1873	Herrschaft der Bourbonen
1713	Gibraltar wird den Briten zugesprochen.
1808	Napoleonische Truppen besetzen ganz Spanien mit Ausnahme von Cádiz.
1812	Verfassung von Cádiz
1814	Vertreibung der Franzosen, Rückkehr zum Absolutismus
1820	Volksaufstand, Wiederannahme der Verfassung von Cádiz.
1834–1876	Karlistenkriege

Kolumbus entdeckt die Neue Welt

Noch vor dem Einzug in Granada schließt Isabella von Kastilien mit Christoph Kolumbus einen Vertrag, der ihm die Suche nach der Westroute nach Indien ermöglicht. Andalusische Häfen werden zum Ausgangspunkt seiner vier **Entdeckungsfahrten**: 1492 segelt er von Palos de la Frontera los, 1493 von Cádiz, 1498 von Sanlúcar de Barrameda und 1502 noch einmal von Cádiz.

Habsburgischer König

Die Heirat von Isabellas Tochter Johanna der Wahnsinnigen mit Philipp dem Schönen bringt Spanien 1496 an die **Habsburger**.

Goldenes Zeitalter

Die **Entdeckung der Neuen Welt** begründet das spanische Kolonialreich. Von Andalusien aus wird die Verbindung mit den Kolonien gehalten, deren unermessliche Reichtümer zuerst hier ankommen und Handel, Gewerbe und in dessen Gefolge auch die Kunst zu hoher Blüte bringen – nicht umsonst wird das 16. Jh. auch als das Goldene Zeitalter Andalusiens bezeichnet. Am meisten profitiert davon **Sevilla**, wo die Gold- und Silbergaleonen nach der Überquerung des Atlantiks anlegen. 1503 wird die Stadt Sitz der Casa de la Contratación, der ausschließlich für den Handel mit den neuen Kolonien zuständigen Kammer. 1519 sticht von hier aus der Portugiese Magellán zur **ersten Weltumsegelung** in See. Unter Karl V. (reg. 1516–1556), zugleich deutscher Kaiser, erreicht das habsburgische Reich seine

Entdecker der Neuen Welt: Kolumbus

größte Ausdehnung. Er verewigt seine Herrschaft mit dem Bau seines Palasts auf der Alhambra in Granada und der Errichtung der Kathedrale inmitten der Moschee von Córdoba.

Für die nach der Eroberung von Granada gebliebenen Mauren, den sog. **Morisken**, ist das Zeitalter alles andere als golden. Viele ziehen sich in die Alpujarras zurück. Ständig von der Kirche unter Druck gesetzt, 1502 gar mit der Zwangstaufe bedroht, versuchen sie, ihre Situation durch Aufstände zu verbessern, so 1568 bis 1570 in den Alpujarras, den Philipp II. blutig niederschlagen lässt. Von 1609 an werden die letzten Morisken und auch **die Juden endgültig vertrieben**.

Mit Karl II. stirbt 1700 der letzte Habsburger, ohne die Nachfolge geregelt zu haben. Mit Philipp V. besteigt ein Bourbone den spanischen Thron. Darüber entbrennt der Spanische Erbfolgekrieg – Philipp V. und Frankreich einerseits, Karl von Habsburg und Großbritannien andererseits –, in dessen Verlauf die Briten 1704 **Gibraltar** erobern, das ihnen 1713 im Frieden von Utrecht zugesprochen wird. Dafür akzeptieren sie die Bourbonenherrschaft. Unter deren Regierung verarmt Andalusien zusehends; die Kluft zwischen Großgrundbesitzern und landlosen Bauern wird immer größer. Der Reichtum aus den Kolonien fließt nur noch spärlich; auf dem versandenden Guadalquivir erreichen die Schiffe nicht mehr Sevilla. 1717 wird die Casa de la Contratación von dort nach Cádiz verlegt. Der seit 1767 unter dem von der Aufklärung beeinflussten Karl III. unternommene Versuch, zur Wiederbelebung der Landwirtschaft deutsche Bauern in der Sierra Morena anzusiedeln, scheitert.

1700–1873
Bourbonen

Napoleon und
die Folgen

In der Seeschlacht vor dem Cabo de Trafalgar vernichtet die englische Flotte am 21. Oktober 1805 unter der Führung von Admiral Nelson die vereinigte französisch-spanische Flotte. Die frankreichhörige Politik des Königshauses führt 1808 zum Aufstand; napoleonische Truppen besetzen Spanien und sehen sich unvermittelt einem Guerillakampf gegenüber. Nur das andalusische Cádiz wird nicht erobert; bei Bailén werden die Franzosen im Juli 1808 erstmals in Europa besiegt.

Vor Napoleon nach Cádiz geflohene Parlamentarier beschließen 1812 eine **liberale Verfassung**, die u. a. Presse- und Meinungsfreiheit garantiert und die Gewaltenteilung festschreibt. Nach der Vertreibung der Franzosen 1814 und der Wiedereinsetzung des spanischen Königtums verwirft Ferdinand III. diese jedoch und kehrt **zur alten absolutistischen Ordnung** zurück.

Die Liberalen geben sich damit aber nicht geschlagen. 1820 zettelt Rafael de Riego Nuñez in Cádiz einen Volksaufstand an, der den König zunächst wieder zur Annahme der Verfassung zwingt. Von der »Heiligen Allianz« geschickte französische Truppen schlagen den Aufstand 1823 nieder. Die für ihr Bekenntnis zur Freiheit hingerichtete Mariana Piñedaaus Granada wird zur Volksheldin.

Auf dem Weg zur Ersten Republik

Während der um die Thronfolge entbrannten Karlistenkriege (1834 bis 1839, 1847 – 1849, 1872 – 1876) **verpasst Spanien den Anschluss an die Industrialisierung**. Andalusien gerät ökonomisch mehr und mehr ins Hintertreffen; vor allem die Lage der Landarbeiter verschlechtert sich dramatisch.

◀ Karlistenkriege

Im letzten Viertel des 19. Jh.s gewinnt aus diesem Grund sozialistisches und anarchistisches Gedankengut mehr und mehr Anhänger unter den Landarbeitern, die ihrer Not in Aufständen und Streiks Ausdruck geben.

Von der Ersten Republik bis zum Tod Francos

1873 – 1874	Erste Spanische Republik; nach ihrer Zerschlagung Restaurierung der Monarchie
1923 – 1930	Diktatur unter General Primo de Rivera
1936 – 1939	Spanischer Bürgerkrieg
1939 – 1975	Herrschaft Francos

Die Erste Spanische Republik währt nur von 1873 bis 1874. Nach ihrer Zerschlagung durch General Pavía wird die Monarchie restauriert. Die Lage in Andalusien bessert sich nicht: 1910 wird die erste anarcho-syndikalistische Gewerkschaft Andalusiens gegründet. Zur selben Zeit beginnt die verstärkte Auswanderung nach Nordamerika. Von 1923 bis 1930 regiert **General Primo de Rivera** mit Billigung König Alfons' XIII. diktatorisch.

Republik und Restauration

An der Front von Málaga im Spanischen Bürgerkrieg

Unter Franco

1936–1939
Spanischer
Bürgerkrieg ▶

Nach der Abdankung Alfons' XIII. wird die Zweite Spanische Republik gebildet. 1936, am Vorabend des Bürgerkriegs, siegt die Volksfront bei den Parlamentswahlen in Andalusien. Im Spanischen Bürgerkrieg ist Andalusien **Aufmarschgebiet** der aus Marokko unter General Franco kommenden aufständischen Truppen. Franco betritt bei Barbate wieder spanischen Boden. Morón nahe Sevilla ist einer der wichtigsten Stützpunkte der deutschen Legion Condor, die Franco unterstützt. Der Westen Andalusiens steht auf der Seite der Nationalisten, während der Osten die Republik verteidigt.

Der Sieg im Bürgerkrieg bringt dem »Caudillo« Francisco Franco die **uneingeschränkte Herrschaft** über Spanien. Demokratie- und Autonomiebestrebungen werden unterdrückt. Politisch orientiert sich Franco am Westen. Durch Stützpunktabkommen mit den USA gelingt es Spanien 1953, **Wirtschaftshilfe** in Millionenhöhe zu erhalten. Die Amerikaner bekommen den Luftwaffenstützpunkt Morón und den Hafen Rota, den sie zu einer riesigen Marinebasis ausbauen. 1954 wird in Marbella der »Marbella Club« eröffnet. Damit beginnt der **Aufstieg der Costa del Sol zur Ferienregion**, die in den 1960er- und vor allem in den 1970er-Jahren immensen Zulauf erhält.

Neue Demokratie

1975	Tod Francos und Rückkehr Spaniens zur Demokratie.
1992	Weltausstellung EXPO in Sevilla.
2005	Mehrere Tausend Illegale stürmen die Grenzzäune um Ceuta und Melilla.

Der Weg zur Autonomie

Nach dem Tod Francos 1975 beginnt die Rückkehr Spaniens zur Demokratie. Der Bourbone **Juan Carlos** wird spanischer König und unterstützt nachhaltig den Demokratisierungsprozess. Am 15. Juni 1977 finden erstmals seit 1936 wieder **demokratische Wahlen** statt; bereits 1978 erlebt Andalusien die ersten Demonstrationen für seine Autonomie. 1981 entscheidet sich in einem Referendum die Mehrheit der Andalusier für ein Autonomiestatut. Bei den ersten Wahlen zu einem andalusischen Regionalparlament 1982 gewinnen die Sozialisten. Aus den gesamtspanischen Wahlen gehen ebenfalls die Sozialisten als Sieger hervor; mit Felipe González aus Sevilla wird ein Andalusier Ministerpräsident.

Weltausstellung

Anlässlich der 500-Jahr-Feier der Entdeckungsfahrt des Kolumbus richtet Sevilla die Weltausstellung EXPO '92 aus. Die Gelder werden auch zur Verbesserung der andalusischen Infrastruktur verwendet. Es entstehen u. a. die Ost-West-Autobahn Sevilla – Almería und eine Bahnstrecke für den Hochgeschwindigkeitszug AVE von Madrid nach Sevilla. Der erhoffte nachhaltige Wirtschaftsaufschwung, insbesondere die Ansiedlung von Hightech-Industrien, bleibt aus.

Wirtschaft

Der Tourismus muss zu Beginn der 1990er-Jahre Einbußen hinnehmen – zu sehr hatte man auf hemmungsloses Wachstum gesetzt. Der Bau gepflegter Uferpromenaden und von Kläranlagen sowie die **Umorientierung** auf qualitätsvollen, ökologisch verträglichen Tourismus lassen zur Jahrtausendwende die Zahlen wieder steigen.

Innenpolitik

Zunehmend hat Andalusien mit dem Problem illegaler Einwanderer zu kämpfen. Nachdem 2005 mehrere Tausend Menschen versucht haben, von Marokko die Grenzanlagen der Exklaven Ceuta und Melilla zu überwinden, werden diese erheblich verstärkt. Trotzdem wagen bis in die jüngste Vergangenheit viele Verzweifelte den Durchbruch oder versuchen, per Boot über die Straße von Gibraltar zu kommen.

Kunst und Kultur

Wodurch zeichnet sich maurisch-islamische Kunst aus? Was sind die typischen Merkmale des Mudejarstils? Wer war der bedeutendste spanische Maler des 17. Jh.s? Bemerkenswerte Kunst- und Baudenkmäler der phönizischen, römischen, maurischen, jüdischen und christlichen Vergangenheit sind erhalten geblieben und gewähren Einblicke in ein Stück authentisches Andalusien.

Kunstgeschichte

Glossar S. 432

Frühgeschichte und Altertum

Bei Málaga und bei Huelva, aber auch im Landesinneren bei Ronda wurden die ältesten »künstlerischen Äußerungen« früher Bewohner des heutigen Andalusien gefunden. Diese Menschen haben vor allem Zeichnungen und Felsritzungen hinterlassen, die sich auf Unterseiten von Felsvorsprüngen und in Höhlen über **20 bis 25 Jahrtausende** erhalten haben. Tiere waren die bevorzugten Motive dieser Jäger, doch hat man auch Handabdrücke und bis heute unklare Symbole gefunden. Da die Bildnisse in den eher abgelegenen Teilen der Höhlen zu finden sind, nimmt man an, dass sie keine dekorierende, sondern eher eine kultische Funktion erfüllten. Die Höhlen von Pileta und Nerja, beide in der Provinz Málaga, sind am reichsten mit derartigen Zeichnungen ausgestattet.

Höhlenmalereien der Steinzeit

Die Überreste von Los Millares in der Sierra de Gádor sind, wenn auch nicht in ihrer Erhaltung, so doch in ihrer Ausdehnung, die wichtigsten Zeugnisse der Megalithkultur im 3. Jt. v. Chr.; ein gutes Jahrtausend später entstanden die Dolmen von Antequera.

Megalithkultur

Ende des 3., Anfang des 2. Jt.s v. Chr. nahm eine europaweit wirkende Kultur ihren Anfang an der andalusischen Küste. Die frühen Bewohner der Iberischen Halbinsel legten ihren Toten verzierte Keramikbecher in Glockenform mit ins Grab, dazu oft eine knöcherne oder steinerne Armschiene, die als Schutz vor der zurückschnellenden Bogensehne diente. Diese Menschen, oder zumindest ihre Kulturtechniken, eroberten schnell den gesamten mitteleuropäischen Raum – von England über Frankreich und Deutschland bis Ungarn wurden solche Becher aufgefunden.

Glockenbecher-kultur

Kupfer, neben Zinn der Grundstoff für Bronze, kam in reichen Lagerstätten in Andalusien vor. Zu Beginn des 2. Jt.s v. Chr. entstanden auf dieser Grundlage Handelsbeziehungen zwischen Südspanien, Ägypten und der Ägäis. Zu jener Zeit brachte die in der Provinz Almería entdeckte »El Argar-Kultur« (2200 – 1500 v. Chr.), ein Bergbau, Metallhandwerk und Landwirtschaft treibendes Volk, mit ihren wenig dekorierten Werkzeugen, Waffen und Keramik eine eigenständige Formensprache hervor.

Kupfererz und mediterraner Handel

Cádiz, die älteste Stadt Spaniens, wurde im 11. Jh. v. Chr. von den Phöniziern in ihrer damals westlichsten Kolonie als »Gadir« gegründet. Auch Málaga und Córdoba gehen auf diese Zeit zurück. Die lo-

Phönizier, Griechen, Karthager

← *Zu maurischen Zeiten plätscherte in den heute restaurierten Badeanlagen von Jaén angenehm warmes Wasser.*

kalen Museen, besonders in Cádiz, vor allem aber das Archäologische Museum in Madrid, zeigen die kulturgeschichtlichen Zeugnisse dieser Epoche. Im 7. Jh. v. Chr. begannen die Griechen und Karthager weitere Städte an der Mittelmeerküste anzulegen. Südspanien wurde zum wichtigen Metall- und Erzlieferanten und auch zum **Handelsstützpunkt** der damaligen Weltmächte. Deren Einfluss zeigt sich stark in Keramik und Skulptur der Iberer, deren bedeutendste Hinterlassenschaft der Kopf der Dame von Baza ist.

Römer Im Friedensschluss mit den Römern nach dem Zweiten Punischen Krieg mussten die Karthager alle ihre Gebiete auf der Iberischen Halbinsel an Rom abgeben – für die andalusische wie auch für die

gesamtspanische Kultur ein Ereignis von höchster Bedeutung. Fortan prägte die römische Kultur das Land. Die allerdeutlichste Hinterlassenschaft der Römer ist natürlich die **spanische Sprache** selbst. Und zumindest für die heutige Autonome Gemeinschaft Andalusien gelten sogar noch ähnliche Grenzen: Andalusien entspricht in seinen Ausmaßen in etwa der römischen Provinz Baetica. Die Einführung römischer Kultur bedeutete vor allem das **Vorantreiben von Zivilisationstechniken**. Straßen, Brücken, Wasserleitungen, Tempel, Theater und Thermen wurden gebaut und Bewässerungssysteme angelegt. Wichtigster Ausgrabungsort ist das bereits 207 v. Chr. gegründete **Itálica** in der Nähe von Sevilla. Die römischen Besatzer bildeten dort die politische und gesellschaftliche Oberschicht und richteten ihren Kunstgeschmack

Das Museo de Cádiz besitzt eine Sammlung römischer Skulpturen.

sehr stark am »reichsrömischen« Vorbild aus, so dass in Baetica nicht der so genannte provinzialrömische »Mischstil« wie in anderen römischen Provinzen entstand. Weitere bedeutende Grabungen sind in Bolonia bei Tarifa und in der Nekropole von **Carmona** durchgeführt worden.

Frühes Christentum

Völkerwanderung Im Jahr 325, dem Jahr des Konzils von Nicäa, war das Christentum auch in Baetica bereits weit verbreitet. Der berühmte Sarkophag von Écija, der in der dortigen Kirche Santa Cruz als Altar dient, stammt aus jener Zeit. Die in der Folge Baetica durchziehenden Stämme prägten vor allem das Kunsthandwerk; die Vandalen allerdings, die Baetica auf dem Weg nach Nordafrika plündernd durchquerten, hinterließen künstlerisch und kulturell nahezu nichts.

Die Westgoten (span. »visigodos«), mit den Römern zunächst verbündet, beherrschten das südspanische Gebiet nahezu 300 Jahre lang (418 – 711), brachten aber keine neuen künstlerischen Anregungen zuwege. Unter ihrer frühfeudalen Herrschaft wurden vor allem Kirchen gebaut. An Bauformen verwendeten sie neben den vorgefundenen römischen Elementen vor allem byzantinische, koptische und syrische Details wie Hufeisenbogen und Steingewölbe. Von einiger Bedeutung ist die Kalendariumssäule in der Kirche Santa María in Carmona. **Westgoten**

Maurische Kunst und Kultur

Von der Eroberung Südspaniens 711 durch Tarik bis zur Übergabe der Stadtschlüssel der letzten maurischen Bastion Granada 1492 an die Katholischen Könige hat die maurisch-islamische Kultur780 Jahre lang die Kunstproduktion in Andalusien bestimmt. Ihr Einfluss währte allerdings noch viel länger; auch die spätere Kunst der Region beruft und bezieht sich klar auf die maurische Epoche, teilweise bis in die heutige Zeit. **Jahrhunderte-langer Einfluss**

? WUSSTEN SIE SCHON …?

- Wegen des jahrhundertelangen Einflusses des Arabischen gingen 4000 Vokabeln in die spanische Sprache ein. Selbst jenes für unsere Ohren spanischste aller spanischen Wörter – »Olé« – geht auf »Allah« zurück.

Obwohl der Islam zur Zeit der maurischen Invasion in Andalusien noch keine 100 Jahre alt war, hatte er bereits eigene, zum Teil synthetisierte Kunstmerkmale herausgebildet: Es gibt im Islam z. B. keine Kultbilder. So wurde auch kein Unterschied gemacht zwischen der Kunst, die kultischen und derjenigen, die profanen Zwecken diente; sie hatte primär eine schmückende Aufgabe. Flächen bedeckende ornamentale Verzierungen sind daher vorherrschend. Die Ornamente, als Bildhauerarbeit oder auch stuckreliefartig geschaffen, dominieren vor allem in der Fassadenarchitektur. Gipsstuck wurde entweder geschnitten oder, wo sich die Muster wiederholen, mit Modeln geformt. Eine dritte Verzierungstechnik waren aus Backsteinen gemauerte Rautenmuster, die **»ajaracas«**. Im Innenbereich fanden die Ornamente an den Decken und vor allem an den landestypischen bunten Wandfliesen, den **»azulejos«**, ihren Niederschlag. Darstellungen von Menschen und Tieren sind sehr selten, die Ornamentik bezieht ihre Motive vorwiegend aus dem pflanzlichen und dem geometrischen Bereich. Oft werden auch arabische Schriftzeichen mit Lobpreisungen Allahs oder einzelner Herrscher in die Ornamente mit einbezogen. **Merkmale der maurisch-islamischen Kunst**

Bogenformen

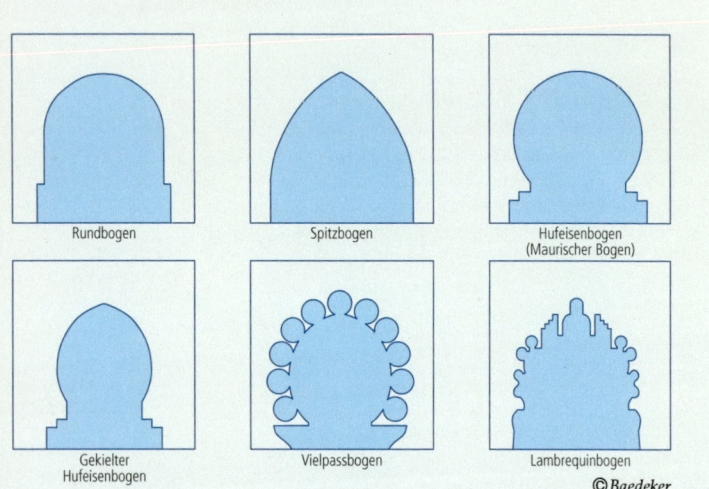

Rundbogen

Spitzbogen

Hufeisenbogen
(Maurischer Bogen)

Gekielter
Hufeisenbogen

Vielpassbogen

Lambrequinbogen

© *Baedeker*

Wesentlichstes Merkmal der maurischen Baukunst sind jedoch die **vielfältigen Bogenformen**, vor allem der Hufeisenbogen, der, in vielen Varianten bei jeglicher Bauaufgabe angewendet, bereits in westgotischer Zeit in Iberien bekannt war. Aus dieser Grundform wurde z. B. das charakteristische, aus zwei Hufeisenbögen bestehende Zwillingsfenster (»ajimez«) entwickelt. Säulen, oft zweitverwendete römische **Spolien**, gliedern in Moscheen, Privathäusern und Palästen die Innenräume oder grenzen überdachte Wandelgänge zu den Innenhöfen ab. Die kunstvolle Gestaltung der Decken hat ebenfalls zu einem spezifischen Deckentyp, der reich beschnitzten Kassettendecke (**»artesonado«**), geführt. Ihren Höhepunkt fand die Steinmetz-, Stukkateurs- und Vergolderkunst in den Stalaktitengewölben, die vor allem in der Alhambra in Granada, aber auch in der Capilla Villaviciosa in der Mezquita von Córdoba noch zu bestaunen sind.

Das Emirat der Omaijaden

Schon 712 wurde **Córdoba** Sitz der maurischen Emire. Die herausragende Blüte der maurisch-andalusischen Kultur begann mit der Ankunft Abd ar-Rahmans I., dem letzten Überlebenden der arabischen Omaijadendynastie, im Jahr 756 aus Damaskus. Er ließ 785 den ersten Abschnitt der **Mezquita** beginnen, dem heute größten noch existenten (ehemaligen) islamischen Gotteshaus nach der Moschee von Mekka. Dieser Bau folgte der omaijadischen Tradition mit quadrati-

Feingliedrige Stuckarbeiten mit Liebe zum Detail schmücken die Alhambra von Granada. →

schem Grundriss und Vorhof. Im Unterschied zum gängigen Bild des bleistiftförmigen Minaretts hatten die Türme für den Muezzin in Andalusien eine quadratische Grundform und waren mit Backsteinmustern verziert, hierin der Bauweise im nordafrikanischen Maghreb folgend. Wichtigster Platz in der Moschee war der **Mihrâb**, die nach Mekka ausgerichtete Gebetsnische. Vom kanzelartigen Mimbar wurde das Freitagsgebet gehalten.

Das Kalifat Al-Andalus Im Jahr 929 ernannte sich Emir Abd ar-Rahman III., der inzwischen sein spanisches Emirat wirtschaftlich und politisch aufs Beste konsolidiert hatte, in Córdoba zum Kalifen. Unter seiner Regierung erreichte das maurische Spanien mit Córdoba als Zentrum seinen **kulturellen Höhepunkt**. Medizin, Dichtkunst, Astronomie, Mathematik, aber auch Luxus, Komfort und Lebensart erlebten eine Blüte, wie sie die restliche Welt jener Epoche nicht kannte. In diese Zeit fällt die Gründung der Palaststadt **Medina Azahara** unweit von Córdoba, deren heutige Reste ein äußerst eindrucksvolles Bild des Repräsentationsdrangs des Kalifen zeigen.

Almohaden Der letzte omaijadische Kalif wurde 1031 gestürzt und das Kalifat in mehr als 20 unabhängige Teilstaaten aufgelöst, von denen etliche jedoch 1039 von der nordafrikanischen Berberdynastie der Almoraviden wieder geeint wurden. Diese nahmen ihren Sitz in **Sevilla**. Ihre Nachfolger, die Almohaden, errichteten dort unter dem Emir Abu Jakûb Jusuf 1172 eine prächtige Moschee, die wohl mit der von Córdoba vergleichbar war. Ihre Stelle nimmt heute die Kathedrale ein; lediglich das Minarett, die Giralda, das heutige Wahrzeichen der Stadt, blieb leicht verändert erhalten und ist ein überragendes Beispiel für die Minarettform des westlichen Islam.

Granada Auch in Granada machte sich 1031 eine neue Herrscherdynastie selbstständig, die Ziriden. Sie residierten auf dem Alhambraberg, allerdings in einem Vorgängerbau des heutigen Palasts. Dieser wurde erst unter den Nasriden erbaut. Mohammed I., der 1232 an die Macht kam, begann mit den ersten Abschnitten im östlichen Teil. Inzwischen war jedoch die Reconquista schon weit vorgedrungen; Mohammed erkannte die Zeichen der Zeit und verbündete sich mit Ferdinand III. Dieses Bündnis trug zwar dazu bei, dass auch Sevilla 1248 von den Christen eingenommen werden konnte, gewährleistete aber auch, dass das islamische Königreich Granada noch fast 250 Jahre lang neben den christlichen Reichen existieren und dort – heute vor allem repräsentiert durch die Alhambra – eine noch differenziertere künstlerische Entwicklung stattfinden konnte. Der **Patio de los Leones**, unter Mohammed V. in der zweiten Hälfte des 14. Jh.s gestaltet, zeigt diese Entwicklung hin zu einer noch filigraneren Formensprache in Architektur und Dekor und, durch den Löwenbrunnen, hin zu einer figürlichen Darstellung, was auch die zunehmende Öffnung gegenüber christlicher Kunst zeigt.

Christlich-abendländische Kunst vor 1492

Zeugnisse der romanischen Kunst und Architektur, die im 11. und 12. Jh. im christlichen Europa vorherrschend war, finden sich in Al-Andalus kaum. Dennoch existieren in früh zurückeroberten Gebieten einige Bauwerke und Steinmetzarbeiten. So steht in Cantillana, einem kleinen Städtchen in der Nähe von Carmona, noch die kleine romanische Ermita San Bartolomé. Einige Klöster hatten auch im moslemischen Al-Andalus weiterexistiert und in ihren Buchmalereiwerkstätten neben den karolingischen Handschriften und dem großen Vorbild des Beatus-Kommentars (Kommentar zur Apokalypse des Mönchs Beatus von Liébana aus dem 8. Jh.) auch die grafischen Elemente aus Arabien rezipiert. Diese eigene Formensprache christlich geprägter Kunst, jedoch mit arabischen Elementen vermischt, erhielt ihren Namen nach den so genannten **Mozarabern**, den Christen unter moslemischer Herrschaft.

Romanik und mozarabischer Stil

Das heutige Andalusien wurde bis auf das Königreich Granada in der ersten Hälfte des 13. Jh.s von christlichen Königen erobert. Der Kirchenbau, vielfach auf den Plätzen zerstörter Moscheen, war den neuen Regenten vordringliche Bauaufgabe.

Gotik

Doch auch Klöster wurden gezielt angesiedelt, um möglichst schnell die Dominanz der »neuen« Religion auch städtebaulich sichtbar werden zu lassen.

In allen großen Städten entstanden vom 14. bis 16. Jh. gotische Kathedralen, darunter die **größte gotische Kirche der Welt**, die fünfschiffige **Kathedrale von Sevilla**, 1402 an Stelle der erst 200 Jahre alten Moschee begonnen und im Wesentlichen um 1500 vollendet. Als Monument des Sieges des Kreuzes über den Halbmond ist sie mit einer riesigen skulptierten Portalanlage an der Westseite ausgestattet worden. Das ehemalige Minarett der almohadischen Moschee (»Giralda«) blieb mit kleinen Veränderungen stehen. Stilprägendes Merkmal des Innenraums ist, wie in allen spanischen Kathedralen, der im Langhaus vor dem Altarraum freistehende Chor.

Stern- und Netzgewölbe zieren die Kathedrale von Sevilla.

Mudejar-Stil

»Estilo mudéjar« wird nach dem arabischen Wort »mudejalat« (»unterworfen«) der **Stil der unterlegenen Mauren** genannt. Die katholischen Eroberer waren nach Jahrhunderten des Kampfes vorwiegend im Kriegshandwerk geübt. Eine ausreichende Zahl eigener Handwerker, Künstler und Baumeister stand nicht zur Verfügung und so wurden vor allem die unterjochten maurischen Meister mit den neuen Bauaufgaben betraut. Das Ergebnis dieser gelungenen Vermischung gotischer und arabischer Formenelemente, später auch mit denen der Renaissance, ist in Andalusien **vor allem in Sevilla** zu bewundern. Vor allem im Bereich der Baukunst und im Kunsthandwerk ist dieser Stil fassbar, am schönsten in dem um 1360 für Pedro den Grausamen begonnenen Alcázar. Die damit beauftragten Handwerker und Künstler aus Granada brachten ihre Erfahrungen vom Bau der Alhambra mit und bauten in wenigen Jahrzehnten den Palast des christlichen Herrschers unter Verwendung von Spolien aus Córdoba und Medina Azahara. Die Casa de Pilatos zeigt eine Umsetzung dieses Stils am Beispiel eines reichen Sevillaner Privathauses.

Wabenförmiger Stuck im Patio de los Leones der Alhambra in Granada

Isabellinischer Stil

1492 zogen die Katholischen Könige Isabella und Ferdinand in Granada ein. Die Neue Welt war gerade entdeckt, die Ablehnung und der Rassismus gegenüber den Mauren und Juden gestiegen, und so wurden immer mehr **französische und flämische Meister** ins Land geholt. Es begann ein vor allem in der Skulptur bemerkbarer Stileinfluss des Nordens. An den Terrakottaskulpturen der Westfassade der Kathedrale von Sevilla, vom bretonischen Bildhauer Lorenzo Mercadante und von Pedro Millán geschaffen, ist diese Entwicklung bereits schon vor 1492 ablesbar. Überreiche filigrane Verzierungen sind charakteristisch für diesen »Isabellinischen Stil«.

Von der Renaissance zum Klassizismus

Architektur

Einen Palast im reinen Stil der italienischen Renaissance (span. »renacimiento«) baute der Bramante- und Michelangelo-Schüler Pedro Machuca 1526 für Karl V. auf dem Gelände der Alhambra. Die

Reichtümer der Neuen Welt hatten dem spanischen Königshaus auch zu großem politischen Gewicht verholfen. Entsprechend kam für die Kunstproduktion ein neuer Schub, der sich vor allem im Profanbau niederschlug. Beispiele hierfür sind die Renaissancepaläste in Úbeda und Baeza, dort insbesondere der Palacio de Jabalquinto.

Die gliedernden Elemente der Renaissance zusammen mit dem dichten und hoch komplexen Ornament des Mudejar-Stils werden als **»plateresk«, »in der Art eines Silberschmiedes«** (span. »platero«) bezeichnet. Das Rathaus von Sevilla (1527 – 1564) sowie der Kapitelsaal und die Sakristei der dortigen Kathedrale sind Beispiele dieser in Architektur und Wandflächengestaltung umgesetzten Formensprache, der Baumeister der Capilla Real in Granada, Enrique de Egas, und Diego de Siloé, der die Kathedralen von Granada und Málaga erbaut hat, sind ihre berühmtesten Vertreter. Dem Kirchenbau sind jedoch noch einige gotische Reminiszenzen anzumerken.

Durch Philipp II. und die Heilige Inquisition wurden nicht nur die letzten christianisierten Mauren (»moriscos«) und Juden vertrieben und damit der Kulturvielfalt enormer Schaden zugefügt, auch in der Kunstpolitik und im Zeitgeist waren Wandlungen eingetreten. Weltmachtbewusstsein, gepaart mit Asketismus und religiösem Fanatismus, verbannten für einige Jahrzehnte das überreiche Ornament zugunsten einer **schlichten Monumentalität** von der Fassade (»Desornamentado«). In der Malerei jener Zeit finden sich nicht mehr die sonst in der Renaissance so beliebten mythologischen Themen wieder. Luis de Morales (um 1505 – 1585) z. B. bevorzugte leidbetonte und ausschließlich **christliche Themen** wie »Pietà«, »Mater Dolorosa« oder »Ecce Homo«. Seine Werke sind in jeder Kunstsammlung der andalusischen Provinzstädte vertreten.

Vor allem aber in den dunklen, ernsten Gesichtern der Porträtmalerei äußert sich der Geist dieser Epoche. Der Grieche **El Greco**, der 1579 das Probebild »Der Traum Philipps II.« malte, fand mit seinem darauf folgenden Werk für den Escorial bei Madrid wegen seiner grellen Farbgestaltung kein Gefallen beim König und erhielt keine weiteren Aufträge. Dies hinderte ihn jedoch nicht, in kirchlichen Diensten seine tief mystischen Darstellungen und Lichtvisionen umzusetzen und so den **spanischen Manierismus** zur Blüte zu bringen. El Greco hatte jedoch vor allem in Toledo gewirkt. In Sevilla, dem einzigen andalusischen Ort, an dem sich ein auch politisch bedeutendes Bürgertum gebildet hatte, waren noch andere ausländische Manieristen tätig, so der Holländer Pedro de Campaña (Pieter de Kempeneer).

Die höfische und aristokratische Kunstnachfrage verschob sich jedoch spätestens seit dem Bau des Escorial immer stärker in die junge Hauptstadt Madrid. Die Kunstgeschichte Andalusiens ist von diesem Zeitpunkt an kaum mehr von der Gesamtspaniens zu trennen.

Das 17. Jh. wird das **»Goldene Zeitalter«** der spanischen Kunst genannt, obwohl das Land politisch wie ökonomisch einen Niedergang

Malerei im 16. und 17. Jh.

Bartolomé Murillo:
»Die kleine Obsthändlerin«

erlebte. Die Goldlieferungen aus Amerika inflationierten die Binnenwirtschaft; Hungersnöte der ärmeren Bevölkerung waren die Folge. Dafür profitierten Königshaus, Aristokratie, Kirche und in zweiter Linie auch die Kunst vom Kolonialismus. Die Malerei dieser Zeit war vor allem an Caravaggio und Correggio orientiert; die Auftragsbücher der Künstler waren voll.

Francisco de Zurbarán (1598 – 1664), der »Maler der Mönche«, und **Bartolomé Esteban Murillo** (1618 – 1682) sind die bedeutenden Vertreter der Stil bildenden **Malerschule von Sevilla**. Zurbarán hat die spanische Malerei nach José de Ribera (in Neapel wirkend) und Francisco de Herrera d. Ä. bis zu dem Zeitpunkt angeführt, von dem an Velázquez ihr Weltgeltung verschaffte. Neu war ab den 1630er-Jahren seine Abkehr von den starken Hell-Dunkel-Kontrasten. Seine Qualitäten erkannte nicht nur der Kartäuserorden als sein Hauptauftraggeber. 1632 wurde er zum Hofmaler des Königs ernannt, bekam Staatsaufträge und machte Karriere, bis dann gegen 1645 / 1650 Murillo ihn als Hofmaler überflügelte. Das Museo de Cádiz besitzt die wichtigste Sammlung von Zurbarán-Gemälden in Andalusien. Murillo, der Kinder aus dem Volk in seinen reizvollen Genrebildern und Alltagsdarstellungen genauso liebenswürdig und warmherzig darstellte wie Heilige und deshalb als der volkstümlichste Maler Spaniens gilt, stammte ebenso aus Sevilla wie auch der etwas ältere Diego Velázquez de Silva (1599 – 1660).

Die Schule von Madrid

Nach Madrid verschlug es **Diego Velázquez** schon bald nach seiner Ausbildung, die er noch in Sevilla u. a. bei Francisco Pacheco absolvierte. Seit 1623 am Hof tätig, wurde er zum bedeutendsten spanischen Maler des 17. Jahrhunderts. Sein Talent und die unabhängige Stellung am Hof ermöglichten ihm, ganze Genres zu revolutionieren, neue Themen einzuführen und mit seiner stärker realistischen Bildauffassung neue Wege zu gehen. Er wirkte vor allem in Madrid und in Italien. Im Erzbischöflichen Palast und natürlich im Museo de Bellas Artes in Sevilla, der zweitgrößten Gemäldegalerie Spaniens, hängen einige seiner Gemälde; die bedeutendsten allerdings, wie **»Las Meniñas«**, die berühmte Darstellung der spanischen Königsfamilie inklusive seinem eigenen Porträt, sind im Prado von Madrid zu sehen (►S. 79).

Die Bildhauerei hat in Andalusien namhafte Künstler hervorge-bracht, die sich ausschließlich mit **religiösen Themen** befassten. Un-ter ihnen ragt Alonso Cano (1601 – 1667) hervor, der die Fassade der Kathedrale von Granada schuf und zahlreiche Mariendarstellungen hinterließ. Von Pedro de Mena (1628 – 1688) stammt das Chorge-stühl der Kathedrale von Málaga; Martínez Montañés (1568 bis 1646) hatte sich teilweise auf Prozessionsfiguren spezialisiert. **Bildhauerei**

Der barocke Baustil, der den Des-ornamentado-Stil ablöste, der **Churriguerismus**, ist nach seinem wichtigsten Vertreter benannt: **José de Churriguera** (1665 – 1725). Im-mer üppiger wurde die figurale Ausgestaltung, die vor allem im puttenüberschwemmten Altarreta-bel ihren Höhepunkt fand. Luis de Arévalos' Ausgestaltung der Sakris-tei der Cartuja in Granada gilt als herausragendes Beispiel des Chur-riguerismus.

Mit der Ausbreitung des Jesuiten-ordens setzte sich auch das Bestre-ben durch, dem Volk ein eindringliches Spektakel zu bieten: prachtvolle Altäre, gold- und sil-bergeschmückte Retabeln und die kostbar gekleidete »virgen«, die Jungfrau, die noch heute bei Pro-zessionen v. a. in der Semana Santa ihre Bedeutung hat.

Der churriguereske Altar der Jungfrau von El Rocío

In der zweiten Hälfte des 18. Jh.s bediente sich der Absolutismus vielfach ausländischer Künstler. Neben **Tiepolo** und seinem Sohn, beide nur wenige Jahre in Madrid tätig, war es vor allem **Anton Ra-phael Mengs**, der in der neu gegründeten Akademie San Fernando den akademischen Klassizismus verkörperte. **Rokoko und Klassizismus**

Eine Solitärstellung nimmt vor diesem Hintergrund Francisco de Goya y Lucientes (1746 – 1828) ein. In einer Phase, in der die höfi-sche und akademische Kunst Spaniens keineswegs mehr europaweit tonangebend war, begann er mit einer »modernen« Auffassung von Kunst zu arbeiten. Goya schlug zunächst ebenfalls eine Karriere in der Academia San Fernando ein, konnte aber schon bald den Thron-folger Karl IV. für sich einnehmen und wurde Hofmaler. Mit Anda-lusien hatte er bezeichnende Kontakte: 1792 reiste er nach Cádiz, wurde dort von einer schweren Krankheit erschüttert und war von nun an taub. Dieser Einschnitt wird allgemein als der Anstoß zu sei- **Goya**

Goyas »Hl. Justa und Rufina« in der Kathedrale von Sevilla

ner eigenen, neuen Kunstauffassung gewertet. Eine zweite Reise führte ihn schon 1796 nach Sanlúcar de Barrameda, wo er im Landhaus der Herzogin von Alba weilte, mit der er – unter Kunsthistorikern allerdings umstritten – wohl ein Verhältnis hatte. Aus dieser Zeit existieren Skizzenbücher, die im Prado in Madrid aufbewahrt werden. Goyas Bedeutung liegt vor allem in seiner **neuen realistischen Auffassung**, einer Weltsicht, die nach der Französischen Revolution, die die gottgegebene Absolutheit der Machtverhältnisse in Frage gestellt hatte, bestimmend wurde und die er als erster umsetzte. Seine wichtigsten Werke in Andalusien sind die Gemälde der Stadtheiligen von Sevilla, Justa und Rufina, in der Kathedrale von Sevilla.

Vom 19. Jahrhundert bis heute

Im 19. Jh. wurde in Andalusien zwar enorm viel gebaut, jedoch erreichte die klassische und historistische Architektur kaum größere Bedeutung. Ähnlich verhält es sich auch im bildhauerischen Bereich. Auch die Malerei spiegelt die politisch aufgewühlten Zeiten kaum wider – doch vielleicht ist es gerade der **geschönte Folklorismus**, der sich als eine Reaktion auf »unsichere Zeiten« entlarvt, indem er ein romantisierendes Andalusienbild »malte«, ein Andalusien der »majas«, der »bandoleros« und der »toros«. Die wirkliche Situation des Landes, das mit dem zunehmenden Verlust der Kolonien im 19. Jh. wirtschaftlich am Boden lag, wurde nicht in der Kunst dargestellt. Der spanische Philosoph Ortega y Gasset formulierte dazu: »Die Kunst ist nicht in der Lage, die Schwere unseres Lebens zu ertragen«. Erst um die Jahrhundertwende trat in Granada der Maler Rodríguez Acosta (1878 – 1941) auf, der einen neuen Realismus vertrat.

In Córdoba war **Julio Romero de Torres** (1885 – 1930) hoch berühmt. Er stellt als Maler der bis heute noch auf Stierkampfplakaten und in der Werbung verwendeten idealtypischen sinnlichen andalusischen Frauengestalten eine in Andalusien singuläre Figur zu Beginn des 20. Jh.s dar. Schon zu Lebzeiten war er bei seinen Zeitgenossen und insbesondere Zeitgenossinnen so beliebt, dass, so die Legende, Hunderte von Frauen bei seiner Beerdigung die Straße säumten und weinten.

Erwähnt werden muss natürlich der berühmteste Maler und Andalusier, der in Málaga geborene Pablo Picasso (►Berühmte Persönlichkeiten), der vor allem in Frankreich lebte und dort Welt-Kunstgeschichte machte.

Picasso

1929, 31 Jahre nach dem Verlust aller Kolonien, fand in Sevilla die Ibero-Amerikanische Ausstellung statt. Dazu legte man den Parque de María Luisa an und errichtete gewaltige Bauwerke, vor denen sich heute noch fast jede Hochzeitsgesellschaft fotografieren lässt. Aníbal González (1876 – 1929) war der Architekt der **Plaza de España**, einer halbkreisförmigen Platzanlage um den eklektizistischen Palacio Central. Alle historischen Stile der spanischen Geschichte sollten in diesem Gebäude vertreten sein; ein arabisch angehauchter regionaler Historismus mit deutlichen Renaissance-Anleihen sollte die immer noch große Bedeutung der Nation vermitteln.

Ibero-Amerikanische Ausstellung Sevilla 1929

In der Architektur setzen einige Bauten für die EXPO '92 in Sevilla neue Akzente, so zum Beispiel der Bahnhof Santa Justa der Architekten **Cruz und Ortiz** oder die extravagante Puente de la Barqueta von **Santiago Calatrava** – Brückenarchitektur assoziiert man in Spanien mit Modernität.

EXPO-Architektur

Während der Zweiten Republik wie auch unter dem Franco-Regime konzentrierte sich das spanische Kunstschaffen auf die industriellen Regionen im Norden und die Hauptstadt Madrid. Erst seit den 1970er-Jahren versuchten andalusische Bildhauer und Maler wieder internationalen Anschluss zu bekommen. Verschiedene Künstlergruppen haben sich vor allem in Sevilla formiert. Der politische

Jüngste Vergangenheit

Calatravas Puente de la Barqueta ist als stützenlose Hängebrücke konstruiert.

Übergang zur Demokratie in Spanien, der sich in den 70er- und 80er-Jahren vollzog, brachte vielfältige Kunstrichtungen hervor, die sich nun – ohne politische und ideologische Funktion – auf gesellschaftliche Entwicklungen bezogen. Da man die zeitgenössische Kunst als Synonym für Fortschritt und Modernität sah, wurde sie nicht nur toleriert, sondern auch gefördert. In ganz Spanien wurden neue Ausstellungszentren wie das **Centro Andaluz de Arte Contemporáneo in Sevilla** geschaffen. In den 1980er- und frühen 1990er-Jahren bestimmten fast ausschließlich Maler und Bildhauer die Szene. Sie folgten den unterschiedlichsten Richtungen, vom Expressionismus bis hin zur Konzeptkunst. Bekanntere Namen heute sind Guillermo Paneque (geb. 1963), Guillermo Pérez Villalta (geb. 1948), Luis Gordillo (geb. 1934), der mit seiner Synthese aus Figuration und Abstraktion großen Einfluss auf jüngere spanische Maler hat, Ferran García Sevilla (geb. 1949) und Miquel Barcélo (geb. 1957).

Andalusische Festkultur

Zu Festen gibt es immer einen Anlass

»Ein Volk, das viel leidet, singt auch viel.« In diesem andalusischen Sprichwort mag eine Erklärung für die geradezu sprichwörtlich gewordene »fiesta«-Freudigkeit der Andalusier anklingen. Wo und wann diese Feste stattfinden, zeigt der Veranstaltungskalender auf S. 99 ff.

Semana Santa

Weihrauch und Orangenblüten

Für den außen stehenden Betrachter ist die Semana Santa, die **Karwoche**, überraschend und verwirrend. Zwei Düfte beherrschen in diesen Tagen vor Ostern die Städte und Dörfer und führen gleichsam in eine scheinbare Unvereinbarkeit von Gegensätzlichem ein: Weihrauch und Orangenblüten. Der erste symbolisiert die Passion Christi, der zweite drückt den Festcharakter und das Erwachen des Frühlings aus. Das **Mit-Leiden** und das Buße-Tun vermengen sich zum Teil mit höchst weltlicher **Lebensfreude** und Ausgelassenheit.

Aus jeder Kirche kommt eine Prozession

Die Straßen vieler Dörfer und natürlich die der großen Städte verwandeln sich dann in eine einzige große Bühne prächtigster Prozessionen. Vor allem gegen Ende der Semana Santa defilieren mancherorts Tausende von »nazarenos« mit ihren Spitzkappen und Kutten zu allen Tages- und Nachtstunden. In Sevilla zählt man inzwischen über 50 Prozessionen. Die Züge werden jeweils von einer »cofradia«, der **religiösen Bruderschaft** einer Pfarrei, durchgeführt. Im Mittelpunkt einer Prozession steht der »paso«, das oft tonnenschwere Tragegestell mit Christusskulpturen, ganzen Passionsszenen oder auch mit Marienfiguren (»virgen«) darauf. Bis zu dreißig Träger, die »costaleros«, werden für ein einziges Tragegestell gebraucht; sie sind, un-

Prozession als Teamarbeit mit Hunderten von Kilos Last

ter Tüchern verborgen, während der stundenlangen Prozession zu einem einzigen rhythmischen Körper zusammengeschweißt. Der Geschicklichkeit der »costaleros« gilt denn auch alle Aufmerksamkeit – vor allem zu Beginn der Prozession. Durch die teils sehr engen Kirchenportale werden die Schreine hinausgetragen und Applaus begleitet die Träger, wenn es ihnen gelingt, nirgendwo anzustoßen. In Reihen setzen sich dann die Nazarener mit ihren Kerzen in Bewegung. Trommelschlag und Ostermärsche begleiten die Prozession.

Ganz anders ist es, wenn die Madonna, als Königin dargestellt, auftaucht. Diese Schreine (»paso de palio«) sind über und über mit brennenden Kerzen, Blumen und getriebenem Silberwerk, oft auch einem majestätischen Baldachin geschmückt. Bis zu drei Meter lange Schleppen aus kostbarsten Stoffen mit aufgestickten Preziosen umgeben die Madonnenfigur und bilden durch all den Luxus geradezu den Kontrapunkt zum leidenden Christus. Die Gottesmutter ist als kindhafte Mädchenfigur (span. **»virgen«**) gestaltet, mit barock-realistischem Gesicht, das durch Glasaugen und Tränen noch betont wird. Die Zuschauer feiern ihre »virgen« lauthals mit »bonita«-Rufen, loben ihre Schönheit und trinken Wein zu ihrer Ehre.

»Romerías« – festlich-fröhliche Pilgerzüge

In fast jedem andalusischen Dorf wird mindestens ein Mal im Jahr eine »romería« begangen. Diese nach Rom benannten Wallfahrten führen zu den oft inmitten der freien Landschaft gelegenen »santuarios«, kleinen Kapellen oder Kirchen, die dort aus Anlass von Marienerscheinungen oder sonstigen Wundertaten errichtet wurden. Über Spaniens Grenzen hinaus bekannt geworden ist die Wallfahrt zum Marienheiligtum von ▶El Rocío.

In jedem Dorf eine »romería«

Nach der Wallfahrt am »santuario« angekommen, werden Lager aufgeschlagen, über offenen Feuern eine Paella zubereitet. Meist noch am Abend wird als religiöser Höhepunkt eine Messe zelebriert, bei der die Pilger sich der Andacht und der Verehrung der Marienfigur hingeben. Doch der Rest der Nacht gehört der »fiesta«. Bis zum Morgengrauen wird üppig gegessen, getrunken und getanzt.

Wallfahrt, Andacht und Fest

◀ weiter auf S. 64

Bei den Gitanos, den Zigeunern, sind Kastagnetten verpönt. Eine »bailaora«, eine echte Tänzerin, akzeptiert sie niemals als Ersatz für das rhythmische Händeklatschen ihrer Mitspieler, den »toque de palmas«.

AUF DER SUCHE NACH EL DUENDE

In Jerez de la Frontera gibt es einen Lehrstuhl für »Flamencología«; Fachliteratur zum Thema füllt ganze Schränke, und fast jeder in Andalusien hat zum Flamenco eine Meinung. Trotzdem erhält man auf die Frage, was Flamenco denn sei, was die »arte« eines Sängers oder einer Tänzerin ausmache, kaum eine konkrete Antwort – am ehesten noch erfährt man, was Flamenco garantiert nicht ist.

Flamenco ist nicht »nur« Musik, Tanz und Gesang, für die Kenner ist er Ausdruck einer Lebenshaltung. Die **historischen Quellen**, aus denen der Flamenco seinen Charakter schöpfte, sind so vielfältig wie die Geschichte Andalusiens. Maurische Einflüsse und Anlehnungen an byzantinische liturgische Musik wurden in ihm ebenso entdeckt wie Strukturen mittelalterlicher Romanzen. Gesichert ist lediglich, dass die Zigeuner Andalusiens, die **Gitanos**, den größten Einfluss auf ihn ausübten; noch heute entstammen die besten Flamencokünstler Zigeunersippen. Sie begründeten vor ca. 200 Jahren die Urform des heutigen Flamenco, doch wurde er damals nur im Familienkreis getanzt und vor allem gesungen. Zu Beginn des 20. Jh.s trat er aus diesem ethnischen Zusammenhang heraus, wurde auf Festen aufgeführt und ab den 1920er-Jahren durch die **Cafés cantantes** weiter verbreitet. In allen andalusischen Städten gibt es Flamencoschulen und selbst im Ausland – häufig in Japan (!) – lernen Begeisterte die Rhythmen und Bewegungen in Gesang und Tanz auszudrücken.

Flamenco ist keine Folklore

Flamenco als Volkstanz, als Folklore zu sehen, ist eine irrige Meinung, auch wenn die **Kommerzialisierung** immer mehr Musik und Tanzrhythmen hervorbringt, die zwar dem Flamenco entlehnt sind, mit dessen ursprünglichem Charakter jedoch kaum etwas gemein haben. Er ist vielmehr eine Kunstform und es gelingt nur wenigen, in ihr zur Vollendung zu gelangen.

El Cante jondo

Es gibt insgesamt dreißig **Liedformen**, von denen nicht alle tanzbar sind und die in den andalusischen Provinzen ihren Ursprung haben – so stammt die Bulería aus Jerez, die Alegría aus Cádiz, die Malagueña wird vor allem in Málaga gesungen. Allen diesen Formen gemein – mag der Inhalt von Freude oder Leid erzählen – ist **El Cante jondo**, die Gefühlstiefe der Musik und des Gesanges. Die Themen

sind dem Alltag entnommen: Liebe, Schmerz, der verlorene Sohn, die Missernte, das Glück, einen Freund gefunden zu haben – sie werden in einer metaphernreichen und gleichzeitig einfachen und eindringlichen Sprache besungen. Für den Tanz gilt dasselbe. Hinter dem **Stakkato der Stiefel** ist Wut und Stolz versteckt, die schmeichelnden **Bewegungen der Hände** und Finger drücken Zärtlichkeit oder Werbung aus. So wie die Zuhörer mit den Gefühlen des Sängers eins werden sollen und ein Schauer manchen erfasst, der in einem vielstimmigen, befreienden **»Olé!«** am Ende des Liedes wieder aufgelöst wird, so soll der Körper des Zuschauers die Bewegungen des Tänzers mitleben. Dann sind die Grenzen von Gesang und Tanz überschritten, und der Flamenco hat seinen **»duende«**, seinen Dämon gefunden, wie es der Schriftsteller Federico García Lorca ausgedrückt hat.

Im Flamencokleid »Sevillana« tanzend zieht man die Blicke auf sich.

Die »feria« – das große Sommerfest

Ursprung Andalusiens »ferias« haben ihren Ursprung fast immer in den seit
dem 19. Jh. abgehaltenen Viehmärkten. Einmal im Jahr versammelten sich die Bauern in den Städten und Dörfern, um ihre Tiere feil
zu bieten. Heute ist dieser Anlass der »ferias« weit gehend verloren
gegangen; der »fiesta«-Charakter steht im Vordergrund, auch wenn
die Festtrachten und die berittenen »señoritos« noch immer das Ko-
lorit vergangener Zeiten widerspiegeln.
Während in den kleineren Orten jeweils nur ein großes buntes Zelt
aufgebaut wird, entstehen in den Großstädten regelrechte **Zeltstädte**.
Viele der »Häuschen« sind jedoch nicht für jedermann zugänglich;
in ihnen bleibt die »bessere Gesellschaft« der Stadt unter sich.

Bühne der Selbstdarstellung Der große spanische Denker Ortega y Gasset sprach einmal von der
»Neigung der Andalusier, sich darzustellen und Schauspieler ihrer
selbst zu sein«: Die »ferias« sind die ideale Bühne dazu. In den Gassen zwischen den Zeltreihen promenieren morgens die Angehörigen
der »großen Familien« Andalusiens auf ihren eleganten Pferden aus
den berühmtesten Zuchten. Die Männer mit breitkrempigen »som-
breros« und im kurzen Bolero-Jäckchen, hinter sich auf der Kruppe
des Pferdes ihre Damen im mit Rüschen und Volants überhäuften
Flamencokleid, lassen alte Großgrundbesitzermentalität aufleben.

Stierkampf Zu jeder »feria« gehört der Stierkampf, der aus Andalusien nicht
wegzudenken ist (►Baedeker Special S. 370).

Maurisches Leben in Andalusien

Maurische Stadtkultur

Fast acht Jahrhunderte lang waren die Mauren in Spanien präsent und ließen **eine der blühendsten Kulturen** entstehen, die auch die europäische Zivilisationsgeschichte bedeutend beeinflusste und die eine für das Mittelalter erstaunliche Toleranz kannte: In Al-Andalus lebten Moslems, Christen und Juden ohne allzu große Gegensätze zusammen. Obwohl der Islam die vorherrschende Religion war, zwangen die neuen Herren weder Christen noch Juden zur Konversion; lediglich eine Sondersteuer wurde ihnen abverlangt. In den ersten Jahren nach der Invasion nutzten Moslems und Christen die christlichen Gotteshäuser sogar gemeinsam. In gewisser Weise war diese dem damaligen christlichen Abendland an wissenschaftlichem Erkenntnisdrang, staatlicher Organisation, Lebensart und zivilisatorischer Raffinesse weit überlegene Gesellschaft sogar die Folge des engen Austausches eben dieser drei Religions- und Kulturkreise. Die Gelehrten des maurischen Spanien hatten die Philosophie des antiken Griechenland aufgenommen, brachten die besten Mathematiker ihrer Zeit hervor, entwickelten komplizierteste Bewässerungsanlagen und perfektionierten die Papierherstellung. Vor allem im heutigen Andalusien, in den großen Städten wie in den kleinsten Dörfern, lebt das Erbe dieser einzigartigen Kultur weiter – nicht nur an den noch vorhandenen Monumenten, sondern auch in den Gassen der Altstädte, in den »patios« der Häuser, auf den kleinen »plazas« der Stadtviertel und selbst an manchen Gewohnheiten der Andalusier sind »maurische« Ursprünge augenscheinlich ablesbar.

Toleranz als Grundlage der Hochkultur

Der Städtebau des maurischen Spanien ähnelte demjenigen in Nordafrika und im Mittleren Orient. Das Zentrum der Stadt bildete die ummauerte **»medina«** mit dem Hauptplatz, dem als Residenz der Kalifen dienenden Alcázar und der Hauptmoschee. Vor den nachts verschlossenen Mauern lagen die Außenviertel. So auch in Córdoba: Die gepflasterten Hauptstraßen der Kernstadt führten zu den Stadttoren; die restlichen öffentlichen Wege bildeten ein Labyrinth aus kleinen Plätzen und Gassen, die alle paar Meter Richtung und Breite änderten oder auch abrupt endeten. Die Wichtigkeit einer Stadt maß man an der Anzahl ihrer Stadttore. Die »medina« von Córdoba hatte derer sieben, und nicht weniger als 21 Außenviertel umfingen die Kernstadt. Insgesamt gab es fast 500 kleinere Moscheen in der Stadt. Die großen Städte verfügten über gemauerte Abwassersysteme, zahlreiche Trinkwasserbrunnen und öffentliche Bäder. So zählte man zur Zeit des Kalifats in Córdoba mit seinen 300 000 Einwohnern fast 800 Brunnen – es war die damals bevölkerungsreichste und modernste Stadt Europas. Gewerbe und Handel waren zünftisch organisiert und meist jeweils in einer Straße oder in einem Stadtviertel zusammenge-

Frühe städtebauliche Kultur

fasst. Heute noch heißen viele Gassen in den Altstädten Andalusiens nach den Zünften: »calle lineros« – die Straße der Leinenweber, »calle armas« – die Straße der Waffenschmiede ...

Die Gassen waren eng bebaut, damit die unerträglich heiße sommerliche Sonne nicht einfallen konnte. Von außen sahen die Häuser schlicht, beinahe karg aus und gaben wenig Aufschluss über den sozialen Status ihrer Bewohner. Zweigeschossig erbaut, besaßen auch die ärmeren Häuser einen **»patio«**, der Licht und Luft eintreten ließ und **Zentrum des Familienlebens** war. Im unteren Geschoss befanden sich die Schlafräume, nur eine schmale Treppe führte in den oberen Bereich, der für die Frauen reserviert war. In die kühlenden, bis zu einem Meter dicken Mauern waren Nischen eingebaut, die zur Aufbewahrung des Hausrats benutzt wurden. Schränke, Stühle und Tische kannten die Mauren nicht. Das Leben fand auf Teppichen über dem gekachelten Boden statt; die Kleider wurden in Truhen aufbewahrt.

In engen Gassen bleibt es kühler: auf dem Albaicín in Granada

»siesta« im Sommer, »brasero« im Winter

Man weiß aus Poesie und Liedern der damaligen Zeit, dass das Leben während der Sommermonate um die Mittagsstunden erlahmte. Die drückende Hitze zwang die Menschen, sich in die mit Tüchern und Pflanzen beschatteten »patios« zurückzuziehen. Erst nach Sonnenuntergang begann das öffentliche Leben wieder zu pulsieren, dauerte dann bis in die späte Nacht hinein an. Die Sommertage waren zweigeteilt in Al-Andalus und auch heute ist es noch so – die oft zitierte spanische »siesta« findet hier ihre natürliche und auch historische Erklärung. Trotz des milden Klimas war im Winter eine Wärmequelle notwendig. Die stattlicheren Häuser, die über Bäder verfügten, leiteten das heiße Wasser in Tonröhren durch die Fußböden. Die Ärmeren besaßen große tönerne oder metallene Schalen (»brasero«), in denen Holzkohle glühte.

Maurisch-arabische Badekultur

Waschen als Ritus

Die Mauren schätzten die Reinlichkeit des Hauses, der Kleidung und des Körpers. Sicherlich waren die rituellen Waschungen vor dem Gebet in der Moschee mit ein Grund für diese **hohe kulturelle Bewer-**

tung der Hygiene. In den stattlicheren Häusern war das »Badezimmer« ein überaus wichtiger, höchst ästhetisch ausgestatteter Raum und oft war darin eine aus einem Marmorblock gehauene Wanne zu finden. Die Paläste dagegen verfügten über eigene Thermen, wie sie heute zum Beispiel noch in der Alhambra in Granada zu sehen sind. Schließlich gab es noch die öffentlichen Bäder: Für das Córdoba des 10. Jh.s schätzt man 600 solcher Einrichtungen, die allen Bevölkerungsschichten zugänglich waren – was einem Badehaus für je 500 Stadtbewohner entspräche. In ihrem Aufbau imitierten die Badehäuser die **römischen Thermen**. Morgens hatten die Männer Zutritt, nachmittags die Frauen. Zuerst tauchte man in ein Becken mit heißem Wasser, dann in eines mit warmem und zuletzt ging man ins kalte Wasser. Seifen und Handtücher konnten erworben werden, Masseure boten ihre Dienste an. Die Wände und Böden waren oft mit farbigen Fliesen oder gar mit Marmor ausgekleidet und teilweise sogar über Heißlufröhren beheizbar.

◄ Öffentliche Badehäuser

Aus Córdoba wird darüber hinaus von einem »Schönheitsinstitut« berichtet: Die distinguierten Cordobeserinnen konnten hier den Umgang mit Klingen, Pasten und Wachsen zum Entfernen von Körperhaaren üben und wurden in den Gebrauch von Zahnpasten und »Zahnbürsten« aus Pflanzenwurzeln eingeführt – wohlgemerkt: im 10. Jahrhundert! Und nach dem Bad wurden die Körper stark parfümiert.

! *Baedeker* TIPP

Baden wie der Kalif

... kann man im Hammam von Córdoba, der im Stil eines maurischen Bades eingerichtet und zwischen der Mezquita und der Plaza del Potro zu finden ist. Voranmeldung ist erforderlich (Corregidor Luis de Cerda, 51; Tel. 957 48 47 46).

Die restaurierten Bäder in Jaén geben eine Vorstellung davon, wie hoch in Al-Andalus Körperhygiene und -kultur geschätzt waren. Dagegen war im christlichen Abendland das Wasser bis weit in die Neuzeit hinein ein Element, das aus sittlichen Gründen nur selten mit dem Körper Kontakt hatte. Auch im wieder christlich gewordenen Spanien setzten sich Kirchenleute sogleich gegen den »unsittlichen« Gebrauch der Badehäuser ein.

Christliche Prüderie verbietet die Badekultur

Maurische Technologie und Wissenschaft

Die konsequente Förderung der Wissenschaften führte zu einer **Fülle von Entdeckungen und Erkenntnissen**, die teilweise erst wieder in der Renaissance rezipiert wurden.

An den Wänden die frommen Leitlinien der Bauherren: Schriftfries in der Alhambra

**Bewässerungs-
technik und
Windmühlen**

Die Talniederungen des Landes waren sehr fruchtbar, es fehlte jedoch an Wasser. Die Mauren perfektionierten die römische Technik der Bewässerungslandwirtschaft, indem sie tiefe Brunnen bohrten und das Wasser durch unterirdische Kanalsysteme zu den Feldern führten. Riesige Schöpfräder, durch die Strömung der Flüsse angetrieben, förderten das Wasser auf höher gelegene Flächen, von wo aus es wiederum über Kanäle auf die Äcker geleitet wurde. War die Kraft eines Flusses nicht nutzbar, wurden Maultiere zum Betreiben der Schöpfbrunnen eingesetzt. Manche solcher »noria« genannten Brunnen sind heute noch in der kastilischen Hochebene zu finden.

Wind wurde genutzt für Windmühlen, die sich der Windrichtung anpassen ließen. In Vejer de la Frontera gibt es noch einige davon.

Der immer perfektere Umgang mit dem Wasser führte auch zu skurrilen Erfindungen wie den **hydraulischen Automaten**: Figuren aus Ton und Bronze mit einem System aus Leitungen, Gegengewichten und Schiebern im Inneren wurden in manchen Palästen als »stumme Diener« installiert. Auf Hebeldruck gossen sie Getränke ein, reichten das Handtuch oder machten sonstige Bewegungen.

**Kühlen der
Getränke**

Doch das größte technologisch zu bewältigende Problem war die Hitze. Für Lebensmittel gab es eine Art »Kühlschrank«. In den Bergregionen bei Granada sammelten Eishändler im Winter den Schnee ein, verdichteten ihn in tiefen Felsspalten und verkauften das **Eis** in den Städten. Zum Kühlen der Getränke wurden bauchige, aus porösem Ton gebrannte Krüge benutzt. Ein Teil des Wassers konnte durch die poröse Wandung der gefüllten Gefäße »schwitzen« und verdunsten, wodurch die zur Kühlung notwendige Kälte entstand.

Waffentechnik

Auch ein Kapitel der Schattenseiten menschlichen Erfindungsgeists geht auf Al-Andalus zurück: Im jahrhundertelangen Kampf gegen die Christen setzten die Heere des maurischen Spanien **zum ersten Mal in Europa Kanonen** auf dem Schlachtfeld ein.

**Fortschrittliche
Medizin**

Eine der fortgeschrittensten Wissenschaften war die Medizin. Die Diagnostik, auf Hippokrates aufbauend, wurde verbessert, und es wurden **chirurgische Eingriffe** vorgenommen. Narkose, Desinfektion und das Schließen der Wunden mit Darmfäden waren allgemein praktizierte Methoden. Ärzte wie **Averroes** sezierten Leichen und leiteten davon ihre Theorien über den menschlichen Organismus ab. Die Studien von Abulcasis (10. Jh.) wurden in mehrere Sprachen übersetzt. Noch im 16. Jh. dienten diese Texte den Medizinern der Renaissance als Grundlage ihrer Forschungen und Traktate.

Eine ausgedehnte Papierindustrie und eine Wertschätzung des geschriebenen Wortes hatten Bibliotheken hervorgebracht, deren Bücher teilweise den Untergang der maurischen Kultur überlebt haben.

Bibliotheken

Kehrseiten

Das Bild würde aber täuschen, wollte man den Blick allein auf den hohen Zivilisationsgrad richten. Insgesamt gesehen war der Lebensstandard der einfachen Bevölkerungsschichten niedriger als im Mittleren Orient. Weizen war Grundnahrungsmittel und nur durch den Verzehr von Linsen, Kichererbsen und Bohnen konnte der Eiweißbedarf gedeckt werden; Fleisch war ein Luxusgut.

Karge Ernährung

Auch blühte der Handel mit Sklaven. Von den Überfällen auf christliche Gebiete wurden Knaben und Frauen als Kriegsbeute mitgeschleppt und auf den Märkten verkauft. Galizierinnen waren besonders gefragt als Konkubinen für die Harems; Schwarzafrikaner waren aufgrund ihrer Körperkraft begehrte Arbeitssklaven.

Sklavenhandel

Trotz einer allgemein verfassten Rechtsprechung, die auf dem Koran fußte, war die Bevölkerung häufig der Willkür von Richtern ausgesetzt. Abd ar-Rahman II. musste während seiner Regierungszeit nicht weniger als elf höchste Richter abberufen (»qádí«), da sie sich des Verstoßes gegen den Koran schuldig gemacht hatten.

Rechtsunsicherheit

Immer wieder gab es fundamentalistische Strömungen, die die Freizügigkeit des Denkens einschränkten oder den Lebensstandard der Elite als »ungesetzlich« im Sinne des Koran betrachteten. Das Ende des Kalifats von Córdoba führten von fundamentalistischen Berbergruppen angefachte Bürgerkriege herbei. Die Bibliothek von über 400 000 Bänden, die Al-Hakam II. aufgebaut hatte, wurde zensiert und Tausende von Büchern gingen lange vor der christlichen Inquisition in Flammen auf.

Fundamentalismus

Berühmte Persönlichkeiten

Von welchen andalusischen Häfen startete Kolumbus seine Expeditionen in die Neue Welt? Wer trieb die moderne spanische Lyrik auf einen Höhepunkt? Wen bezeichnet man als den »Gitarrengott« des Flamenco? Kurze Geschichten über Menschen, die Andalusien prägten.

Abd ar-Rahman I. (731 – 788)

Abd ar-Rahman I. wurde in Damaskus geboren, musste jedoch im Jahr 750 von dort als einziger Überlebender des von den Abbasiden an den Omaijaden verübten Massakers fliehen. Über Marokko gelangte er nach Al-Andalus, wo er 756 das vom Kalifen von Bagdad unabhängige Emirat und spätere Kalifat von Córdoba gründete. Seine Kämpfe gegen das Heer Karls des Großen 778 im Tal von Roncesvalles sind in das **Rolandslied** eingegangen; als Emir von Córdoba veranlasste er den Bau der großartigen Moschee.

Emir von Córdoba

Abd ar-Rahman III. (889 – 961)

Unter Abd ar-Rahman III. erlebte Al-Andalus seine größte politische und kulturelle Blüte. Seit 912 Emir und seit 929 selbst ernannter Kalif von Córdoba, dadurch Rivale des Kalifen von Bagdad, drängte er die christlichen Königreiche von León und Kastilien über den Ebro zurück und machte sie 951 tributpflichtig. In Nordafrika besiegte er die Fatimiden und beherrschte den nordwestlichen Maghreb.

Kalif von Córdoba

Almansur (940 – 1002)

Almansur, mit vollständigem Namen Abu 'Amir Muhammad ibn Abi 'Amir al-Ma'afiri, war über zwanzig Jahre lang der unumschränkte Herrscher von Al-Andalus, obwohl formell »nur« Großwesir des Kalifen Hisham II. Sein Ehrename Almansur (arab. »Sieger im Namen Allahs«) und sein Beiname »Geißel der Christenheit« charakterisieren diesen Mann, der über zwei Jahrhunderte nach der Invasion der Mauren den Machtbereich des Islam wieder auf fast die gesamte Iberische Halbinsel ausdehnte. Almansur wurde bei Tolox in der heutigen Provinz Almería geboren. Unter Kalif al-Hakam II. Präfekt einer Provinz, stieg er 976 unter dessen Sohn Hisham II. zum Administrator des Reiches auf. 979 wurde er Großwesir und degradierte Hisham II. bald zur Bedeutungslosigkeit. Von **Medina Azahara** aus regierte er das Kalifat und dehnte es in über 50 Kriegszügen wieder weit nach Norden aus; er eroberte 985 Barcelona und 997 Santiago de Compostela. Er starb während eines Feldzugs in der Festung »Medina Selim«, dem heutigen Medinaceli.

Großwesir

Averroes (1126 – 1198)

Der in Córdoba geborene Averroes (Abu l-Walid Muhammad; auch Ibn Rushd), Spross einer moslemischen Juristenfamilie, war **Richter** in Sevilla und **Leibarzt am Hof der Almohaden** in Marokko. Außer als Verfasser juristischer Werke und einer Gesamtdarstellung der Medizin erlangte er größte Bedeutung als der **Aristoteles-Kommentator**

Gelehrter

←Paco de Lucía revolutionierte das Flamenco-Gitarrenspiel.

des Mittelalters schlechthin und als Begründer der nach ihm benannten averroistischen Lehre, die nachhaltigen Einfluss auf die latei-
nisch-christliche und jüdische Philosophie ausübte. Die aristotelische
Lehre von der Existenz einer in allen Menschen waltenden Vernunft
(»nous«) und von der Ewigkeit der Welt interpretierte Averroes als
»denkenden Geist« unabhängig von der menschlichen Existenz. Diese Weltsicht war für ihn im Koran wirksam. Ihm folgend, versuchten
zahlreiche christliche und jüdische Theoretiker die Vereinbarkeit von
Philosophie auch mit ihrer Religion zu beweisen. Zu den Gegnern
des Averroismus zählten Albertus Magnus und Thomas von Aquin.
Averroes starb 1198 in Marrakesch.

Boabdil (gest. 1527)

König von Granada Es ist nicht bekannt, wann **der letzte König von Granada**, Abu abd-
Allah, von den Christen Boabdil oder »el rey chico« (»der kleine Kö-
nig«) genannt, geboren wurde. Jedenfalls war er Sohn des Königs
Muley Hassan und dessen Frau Aischa. Seine Jugend prägten die
Auseinandersetzungen zwischen dem Vater und seiner Geliebten, der
Christin Soraya einerseits und seiner Mutter und dem Geschlecht
der Abencerrajen andererseits. Diese wollten Boabdil auf den Thron
heben, doch Muley Hassan erfuhr von der Verschwörung und ließ
Mutter und Sohn im Comares-Turm auf der Alhambra einsperren.
Sie konnten sich jedoch befreien und nach Guadix fliehen. Nur wenig später beendete ein Aufstand die Herrschaft Muley Hassans und
1482 bestieg Boabdil den Thron. Nachdem er die Christen bei Loja
und Ajarquía geschlagen hatte, belagerte er 1483 Lucena, wo er jedoch in Gefangenschaft geriet und nach Córdoba gebracht wurde.
Die Katholischen Könige zwangen ihn zur Unterwerfung. Sein Onkel
Abu abd-Allah Muhammad el Zagal versuchte die Mauren gegen die
vordrängenden Christen zu einen und zwang Boabdil an seine Seite,
was die Katholischen Könige als Verrat auslegten und deshalb 1486
Loja angriffen. Wiederum wurde Boabdil gefangen genommen, wiederum musste er sich unterwerfen und sich zudem gegen El Zagal
stellen, den er auch mit Unterstützung der Christen besiegte. Dennoch forderten diese 1490 die Übergabe Granadas; als Boabdil ab-
lehnte, wurde ihm aufs Neue Vertragsbruch vorgeworfen und die Belagerung begann. Am 2. Januar 1492 zogen die **Katholischen Könige**
in die Stadt ein. Boabdil verließ seine Heimat am 6. Januar und zog
sich in die Alpujarras zurück, doch wurde er 1493 erneut vertrieben
und fand Zuflucht beim König von Fez in Marokko. In dessen
Diensten fiel er 1527 in einer Schlacht.

Camarón de la Isla (1950 – 1992)

Flamenco-Sänger José Monge Cruz war ein schmächtiger, blonder, unscheinbar
anmutender Gitano aus Isla del León/San Fernando in der Provinz
Cádiz, weshalb ihn sein Onkel »Camarón« nannte, nach den fast

durchsichtigen kleinen Krabben, die aus dem Atlantik vor Cádiz gefischt werden. Der Sohn eines Schmieds hatte mit acht Jahren seinen ersten Auftritt als Flamenco-Sänger und schon damals erkannten die Experten, dass er wie kein anderer den »duende« ausdrücken konnte. Es begann eine beispiellose Karriere, die ihn zum **größten »cantaor« der Gegenwart** werden

ließ und ihm 1975 den Nationalpreis für Gesang der Flamencoschule von Jerez de la Frontera eintrug. Er blieb zunächst beim traditionellen Gesang, vor allem während der kongenialen Zusammenarbeit mit dem Gitarristen **Paco de Lucía**. Später ließ er Elemente des Jazz und des Rock einfließen und schuf einen von ihm so genannten »flamenco rock gitano«. Als einer der wenigen Gitanos hatte er es geschafft, Anerkennung auch in der Welt der »payos«, der Nichtgitanos, zu finden, doch blieb er immer seiner Herkunft treu. Zur Beerdigung in seinem Heimatdorf folgten 50 000 Menschen dem Sarg.

Manuel de Falla (1876 – 1946)

Komponist

Der in Cádiz geborene Komponist Manuel de Falla lebte von 1914 an in Granada. Seine Wurzeln in der spanischen Volksmusik prägten in klaren Formen seine wichtigsten Werke, die Oper »La Vida breve« (1905) und das Ballett »El Amor brujo« (1915). Daneben schrieb er zahlreiche Lieder und Klavierstücke. Manuel de Falla übersiedelte 1939 nach Argentinien, wo er in Alta Gracia starb. Er ist in der Kathedrale seiner Geburtsstadt Cádiz begraben.

Federico García Lorca (1899 – 1936)

Schriftsteller

Mit Federico García Lorca und anderen Schriftstellern der »Dichtergeneration von 1927« strebte die moderne spanische Lyrik einem letzten Höhepunkt vor Ausbruch des Bürgerkriegs zu. In Fuente Vaqueros in der Provinz Granada geboren, studierte er Philosophie, Literatur und Jura, hielt sich 1929/1930 in New York und Kuba auf und übernahm 1931 die Leitung der Wanderbühne »La Barraca«, die in der Provinz die spanischen Klassiker auf die Bühne brachte. Seine eigenen Dramen – am bekanntesten sind »Bernarda Albas Haus« und **»Bluthochzeit«** – spielen oft in andalusischer Umgebung. Ein zentrales Thema seiner Lyrik war ebenfalls die andalusische Heimat, ihre Landschaft und Kultur, ihre Mythen, die Leidenschaftlichkeit der Bewohner, insbesondere der »gitanos«, wie sie vor allem in »Romancero gitano« zum Ausdruck kommt. Federico García Lorca wurde am 19. August 1936, kurz nach Beginn des Bürgerkriegs, in Viznar von Falangisten ermordet. Eines seiner bekanntesten Gedichte:

*Durch Oliven und Orangen
strömt der Guadalquivir.
Die zwei Flüsse von Granada
stürzen sich vom Schnee zum
Weizen.
O Liebe, die ging und nicht
kam!*

*Der Guadalquivir hat Bärte
von der Farbe des Granates.
Aber Klage sind und Blut
die zwei Flüsse von Granada.
O Liebe, in Lüften vergangen!
Einen Weg für Segelschiffe
hat Sevilla. Doch Granada –
auf den Wassern von Granada
rudern einsam nur die Seuf-
zer.
O Liebe, die ging und nicht
kam!
Wind im Haine der Orangen,*

*hoher Turm, Guadalquivir.
Dauro und Genil sind
Türmchen,
die schon bei den Teichen
enden.
O Liebe, in Lüften vergangen!
Wer wohl sagt, das Wasser
trüge
Schreie, die wie Irrlicht zuck-
en.
O Liebe, die ging und nicht
kam!
Nein, es trägt Orangenblüten,
trägt Oliven, Andalusien,
deinen beiden Meeren zu.
O Liebe, in Lüften vergangen!*

**Federico García Lorca:
Kleine Balladen von den
drei Flüssen
(1931)**

Washington Irving (1783 – 1859)

Schriftsteller Dem amerikanischen Schriftsteller Washington Irving, in New York geboren, ist es zu verdanken, dass in Europa das Interesse an der Alhambra in Granada und damit am maurischen Erbe Spaniens überhaupt erwachte. Nach mehreren Jahren in Schottland – bei Walter Scott – und in Deutschland kam Irving 1826 nach Spanien, wo er drei Jahre blieb.

1829 unternahm er eine Reise von Sevilla nach Granada; dort wohnte er vier Monate lang auf der Alhambra in den Gemächern Karls V. Seine Eindrücke schrieb er in dem **Reisebericht »Die Alhambra«** nieder, der 1832 erschien. Das Buch hatte eine große Wirkung auf die Zeitgenossen, so dass mehr und mehr Reisende nach Granada kamen. Von 1842 bis 1845 kehrte Irving als Botschafter seines Landes noch einmal nach Spanien zurück.

Isidor von Sevilla (um 560 – 636)

Kirchenlehrer Isidor, in Cartagena geboren, wurde im Jahr 600 zum Bischof von Sevilla ernannt. Er gilt als der letzte der abendländischen Kirchenväter, der durch seine theologischen Schriften wie »Sententiarum libri tres«, einem Lehrbuch über Ethik und Dogmatik, bis ins hohe Mittelalter wirkte. Darüber hinaus verfasste er Chroniken und historische Werke wie »Historia Gothorum«, eine Geschichte der Westgoten, und mit den 20-bändigen »Etymologiae« eine Enzyklopädie des Wissens seiner Zeit. Er tat sich aber auch als Judenfeind hervor und bereitete mit seinen Predigten und seiner Schrift »De fide catholica contra Iudaeos« den Nährboden für Pogrome.

Juan Ramón Jiménez (1881 – 1958)

Juan Ramón Jiménez gilt als der bedeutendste Vertreter des **Schriftsteller** spanischen Modernismus und war richtungsweisend für die ihm nachfolgenden Schriftstellergenerationen. In Moguer als Sohn eines Weinhändlers geboren, war sein Leben geprägt von depressiven Phasen und Erkrankungen, die als starke Gefühlsimpressionen Eingang in sein Werk fanden, in dem er oft auf landschaftliche und volkstümliche Motive seiner Heimat zurückgriff. Sein größter Erfolg wurde der 1917 erschienene Roman **»Platero y Yo«** (»Platero und ich«), die Geschichte eines kleinen Esels in seiner Heimatstadt Moguer. 1951 siedelte Jiménez nach Puerto Rico über. 1956 erhielt er den **Nobelpreis** für Literatur.

Christoph Kolumbus (1451 – 1506)

Der aus Genua stammende Seefahrer Christoph Kolumbus kam **Seefahrer** 1476 in die portugiesische Hauptstadt Lissabon. Dort untersuchte er die Möglichkeiten, den seit der Antike erwähnten Seeweg nach Indien zu finden, fand aber bei der Krone kein Interesse. So zog er nach Spanien, wo ihm im **Kloster La Rábida** der Beichtvater der spanischen Königin Isabella ein Empfehlungsschreiben mitgab. Mit ihr schloss er einen Vertrag, der die geplante Seereise zusicherte und ihm den Rang eines Großadmirals und Vizekönigs der zu entdeckenden Gebiete verlieh und darüber hinaus 10 % des Erlöses des Unternehmens garantierte. Am 3. August 1492 verließen die Karavellen »Santa María«, »Pinta« und »Niña« den Hafen von **Palos de la Frontera** an der andalusischen Atlantikküste. Am 12. Oktober sichteten die Seefahrer die Insel Guanahani in der Bahamagruppe; später erreichten sie Kuba und Haïti. Drei weitere Fahrten von andalusischen Häfen aus schlossen sich an: Von **Cádiz** aus fuhr Kolumbus zu den Kleinen Antillen, nach Puerto Rico und Jamaika (1493 – 1496), von **Sanlúcar de Barrameda** erreichte er die Nordküste Südamerikas (1498 – 1500) und wiederum von Cádiz aus segelte er nach Honduras und Panama (1502 – 1504). In Spanien allerdings zeigte man sich enttäuscht, dass er nicht das reiche Indien gefunden hatte, sondern ein vermeintlich unkultiviertes, von Wilden bewohntes Land, das keinerlei wirtschaftlichen Nutzen versprach. So blieb Kolumbus Zeit seines Lebens der Erfolg versagt – selbst die von ihm entdeckte Neue Welt erhielt den Namen eines anderen, des Italieners Amerigo Vespucci. Und nicht einmal sein Begräbnisort ist gesichert – sowohl Sevilla als auch die dominikanische Hauptstadt Santo Domingo reklamieren das Kolumbus-Grab für sich.

Bartolomé de Las Casas (1474 – 1566)

Der Dominikanermönch Bartolomé de Las Casas, der »Apostel der **»Apostel der** Indianer«, wurde in Sevilla als Sohn eines Kaufmanns geboren. 1502 **Indianer«**

reiste er nach Kuba, wo er solch schlimme Eindrücke von der Behandlung der Indianer gewann, dass er sich fortan für sie einsetzte. Er unternahm vierzehn Seereisen in die Neue Welt, um die Lage der Ureinwohner zu studieren. Seine dabei gewonnenen Eindrücke münzte er in praktische Vorschläge um, die er u. a. Karl V. unterbreitete. Tragischerweise regte er auch an, Sklaven aus Afrika einzuführen, da sie körperlich robuster seien – was er später bitter bereute. Als seine Bemühungen nichts fruchteten, zog er sich 1523 für zehn Jahre in das Dominikanerkloster von La Hispaniola (Kuba) zurück und verfasste zwei Abhandlungen über die Geschichte Westindiens. Nachdem er 1539 in Nicaragua spanische Soldaten zur Fahnenflucht veranlasst hatte, wurde er nach Spanien zurückbeordert. In den nun folgenden vier Jahren schrieb er sein wohl berühmtestes Werk, »Brevísima relación de la destrucción de las Indias occidentales« (»Kurzgefasster Bericht von der Verwüstung der Westindischen Länder«). Er erreichte 1542 schließlich die Verkündung der **»Neuen Gesetze«**, die den Indianern weit reichenden Schutz gewähren sollten, 1545 aber schon widerrufen wurden. 1543 kehrte er als Bischof des mexikanischen Chiapas nach Amerika zurück; 1547 war er jedoch wieder in Spanien. 1550 stellte er sich im kastilischen Valladolid noch einmal in einer berühmt gewordenen Disputation seinen Gegnern. Bartolomé de las Casas starb in Madrid, ohne jemals wieder in Amerika gewesen zu sein. Sein Grab ist nicht bekannt, auch kein Denkmal erinnert in Spanien an ihn. In Mittelamerika jedoch wird ihm noch heute sehr große Verehrung entgegengebracht.

Paco de Lucía (geb. 1947)

Gitarrist Paco de Lucía, als Francisco Sanchez Gomez in Algeciras geboren, kann mit Fug und Recht als der **bedeutendste Flamenco-Gitarrist der Gegenwart** bezeichnet werden. Ausgestattet mit einer grandiosen Spieltechnik, besticht er als Sologitarrist ebenso wie als Begleiter von Sängern, vor allem des legendären **Camarón de la Isla**. Als musikalischer Grenzgänger arbeitete er auch mit Jazzgrößen wie Al DiMeola, Larry Corryell und John McLaughlin zusammen. Für Carlos Sauras Film »Carmen« schrieb er die Musik.

Moses Maimónides (1135 – 1204)

Gelehrter Der in Córdoba geborene Moses Maimónides (Rabbi Mose ben Maimon, gen. Rambam) war das geistige und zeitweise auch das amtliche Oberhaupt der jüdischen Gemeinde in Ägypten. Er beschäftigte sich eingehend mit Astronomie, Mathematik, Philosophie und Medizin. 1148 musste seine Familie vor den Verfolgungen der Almohaden aus Andalusien fliehen; 1167 kam er nach Ägypten, wo er Leibarzt des Sohns von Sultan Saladin und fünf Jahre später Vorsteher der jüdischen Gemeinde wurde. Maimónides verfasste medizinische Abhandlungen; vor allem aber schrieb er einen Kommentar zur ersten

Niederschrift der jüdischen Religionsgesetze, der »Mischna«, die er in »Mischne Tora« (»Wiederholung des Gesetzes«) für Jahrhunderte verbindlich kodifizierte. Mit seinem **Hauptwerk »More Nevuchim«,** in dem er auf den erst durch die Philosophie ergründbaren tieferen Sinn der Offenbarung verweist, wirkte er auf die christliche Scholastik, namentlich auf Albertus Magnus und Thomas von Aquin.

Manolete (1917 – 1947)

Manuel Rodríguez Sánchez, genannt »Manolete«, Spross einer Stierkämpferfamilie aus Córdoba, war **der populärste Torero seiner Zeit.** Nach seiner zehnjährigen Ausbildung triumphierte er von 1940 an in allen großen Arenen Spaniens und Lateinamerikas, von den »aficionados« seiner ruhigen Kampfweise wegen gerühmt. Er erfand eine neue Schrittfolge, die ihm zu Ehren »La manoletina« genannt wird. Das Ende seiner Karriere und seines Lebens begegnete ihm in Linares in Gestalt des Stiers »Islero«, der ihn bei einer Corrida auf die Hörner nahm. Im Stierkampfmuseum von Córdoba sind viele persönliche Gegenstände Manoletes ausgestellt.

Torero

Pablo Picasso (1881 – 1973)

Pablo Picasso, der in Málaga geborene Maler, Bildhauer, Grafiker und Keramiker, gilt als **der bedeutendste Künstler der Moderne.** Nach ersten Lehrjahren bei seinem Vater studierte er an den Akademien von Barcelona und Madrid und siedelte 1904 nach Paris über. Zunächst bestimmten melancholisch-anmutige Bilder sein frühes Werk, das entsprechend den von ihm hauptsächlich verwendeten Farben in Blaue und Rosa Periode eingeteilt wird.
Mit seinem Epoche machenden Schlüsselwerk, den 1907 vollendeten **«Demoiselles d'Avignon«** schuf er die Voraussetzungen für den Kubismus. Nach dem Ersten Weltkrieg kehrte er zur figürlichen Darstellung zurück und näherte sich den Surrealisten. Illustrationszyklen nach antiken Texten, Werke, die sich mit dem Spanischen Bürgerkrieg, mit Kriegszerstörung auseinandersetzen – z. B. **»Guernica«**, eines seiner berühmtesten Gemälde –, Stierkampfdarstellungen und Porträts waren nun die Hauptthemen.
Nach dem Zweiten Weltkrieg beschäftigte sich Picasso intensiv mit Keramik und Grafik. Sein Gesamtwerk zeigt seine Souveränität im Umgang mit der Kunstgeschichte, mit der eigenen Geschichte und mit den verschiedensten künstlerischen Mitteln und Techniken; nicht zuletzt hierin liegt die Einzigartigkeit seines Werkes begründet. Er starb im französischen Mougins.

Künstler

Mariana Piñeda (1804 – 1831)

In Spanien gilt sie als Volksheldin, verehrt in vielen Liedern, Gedichten und Bildern. Federico García Lorca setzte ihr in seinem gleichna-

Liberale Revolutionärin

migen Drama ein Denkmal. Die in Granada geborene Mariana Piñeda entstammte der unstandesgemäßen Verbindung eines adligen Ka-
pitäns und einer Landarbeiterin. Mit 14 Jahren lernte sie einen sehr
viel älteren Mann, einen Vertreter des Liberalismus, kennen und lie-
ben. Liberalen Ideen anzuhängen und entsprechende Forderungen
zu vertreten war zur Zeit der Restauration unter der Herrschaft des
absolut regierenden Ferdinands VII. lebensgefährlich.

Als Piñedas Mann nach wenigen Jahren starb, stand sie mit zwei kleinen Kindern alleine da. Trotzdem verfolgte sie weiterhin die Miss-
stände in ihrem Land, wies auf Unterdrückung und Gewalt hin und
geriet selbst in große Schwierigkeiten. 1828 verhalf sie einem als Re-
volutionär Verurteilten zur Flucht und wurde ab diesem Zeitpunkt
von der Polizei überwacht.

Schließlich wurde sie verhaftet und nach standhafter Weigerung,
dem Richter sexuell zur Verfügung zu stehen oder Namen ihrer liberalen Mitverschwörer preis zu geben, zum Tod verurteilt und mit der
Garotte erdrosselt.

Seneca (um 4 v. Chr. – 65 n. Chr.)

**Dichter und
Philosoph**

Lucius Annaeus Seneca wurde im römischen Córdoba als Sohn des
Rhetorikers Seneca d. Ä. geboren. Nach einer Rhetorik-Ausbildung
und einem Aufenthalt in Ägypten wurde er Quästor unter Caligula.
Kaiserin Messalina ließ ihn 41 n. Chr. nach Korsika verbannen, von
wo er acht Jahre später von Kaiserin Agrippina zurückgeholt wurde,
um ihren Sohn Nero zu erziehen. In den Anfangsjahren dessen Regierungszeit war Seneca Neros engster Vertrauter, wandte sich jedoch
zunehmend von ihm ab, bis ihn der Kaiser schließlich der Teilnahme
an der Pisonischen Verschwörung verdächtigte und zum Selbstmord
zwang.

Die stoische Weise war für ihn die Idealform menschlicher Existenz.
Seine philosophischen Hauptwerke sind die »Epistulae morales ad
Lucilium« und die »Naturales quaestiones« mit naturwissenschaftli-
chen Erörterungen und moralischen Reflexionen. Als Tragödiendich-
ter kam es ihm darauf an, die fatalen Folgen menschlicher Leiden-
schaften zu zeigen.

Trajan (53 – 117)

**Römischer
Kaiser**

Marcus Ulpius Traianus, in Itálica in der römischen Provinz Baetica
geboren, war der erste Kaiser Roms, der aus einer Provinz stammte.
Im Jahr 98 übernahm er die Herrschaft über das Weltreich, das
durch seine Feldzüge in Dakien (etwa das heutige Rumänien) und in
Arabien im Jahr 106 und im Krieg gegen die Parther 114 bis 117 mit
der Eroberung von Armenien, Assyrien und Mesopotamien seine
größte Ausdehnung erreichte. Von der Eroberung von Dakien kündet noch heute die Trajanssäule in Rom auf dem Forum Traianum.
Trajan starb in Selinus in der Provinz Anatolien.

Im berühmten Gruppenbildnis »Las Meniñas« verewigte sich Velázquez am linken Bildrand selbst.

Diego de Silva y Velázquez (1599 – 1660)

Maler

Velázquez, in Sevilla geborener Schüler von Pacheco de Río, war der bedeutendste spanische Maler des 17. Jahrhunderts. Seine künstlerische Entwicklung lässt sich in drei Perioden einteilen: In seiner sevillanischen Frühzeit malte er, beeinflusst von Caravaggio, religiöse Themen und andalusische Volkstypen. 1623 wurde er nach Madrid berufen, wo er Philipp IV. porträtierte und bald zum **Hofmaler** aufstieg. Sein erster Italienaufenthalt von 1629 bis 1631 veränderte unter dem Eindruck der Kunst Tizians und Tintorettos seine Malerei, die nun in kräftigen Farben oft wenig schmeichelnde Porträts der königlichen Familie und eines seiner Hauptwerke, »Las Lanzas« (»Die Übergabe von Breda«; 1634 / 1635), hervorbrachte. Seine zweite Italienreise 1649 bis 1651 beeinflusste wiederum seinen Stil, indem er sich zu einem Vorläufer des Impressionismus entwickelte, der die flüchtigen Eindrücke von Licht und Farbe auf der Leinwand festhielt. Doch auch die Porträtmalerei gab er nicht auf: 1656 entstand eines seiner bekanntesten Werke, **»Las Meniñas«** (»Die Infantin Margarita mit Hofstaat in der Werkstatt des Künstlers«), auf dem er Mitglieder des Königshauses beim Modellsitzen und vor allem sich selbst, hinter der Leinwand hervorschauend, porträtierte. Das Museo de Bellas Artes in Sevilla besitzt die bedeutendste Sammlung seiner Gemälde in Andalusien.

Praktische Informationen

WELCHE SPEZIALITÄTEN DER ANDALUSISCHEN KÜCHE SOLLTEN SIE PROBIERT HABEN? WAS GIBT ES AN ANDALUSISCHEM KUNSTHANDWERK ZU KAUFEN? WO ERLEBT MAN AUTHENTISCHEN FLAMENCO? LESEN SIE ES NACH – AM BESTEN SCHON VOR DER REISE!

Anreise · Reiseplanung

Anreisemöglichkeiten

Mit dem Auto Die kürzeste Anfahrt mit dem Auto erfolgt durch Frankreich auf der Rhônetal-Autobahn und weiter über Perpignan. Bei Le Perthus/La Jonquera fährt man über die französisch-spanische Grenze, dann geht es auf der Mittelmeerautobahn weiter über Valencia bis Alicante, danach auf der A-7 / E-15 via Murcia bis Almería. Die Autobahnen in Frankreich und Spanien sind gebührenpflichtig.

Mit dem Flugzeug Im Linien, Low Cost- und Charterverkehr werden von vielen deutschen Flughäfen sowie aus Österreich und der Schweiz Málaga, Almería, Sevilla und Jerez de la Frontera angeflogen; weitere Verbindungen bestehen auch über Madrid oder Barcelona.

Mit der Bahn Wer die lange Anreise mit der Bahn nicht scheut, fährt entweder über Paris – Madrid – Córdoba – Sevilla oder über Genf – Narbonne – Cerbère/Port-Bou – Barcelona – Granada. Die schnellere Variante ist die Anfahrt via Madrid und von dort mit dem Hochgeschwindigkeitszug AVE. Autoreisezüge verkehren von Bilbao oder Barcelona nach Málaga. Auskunft bei der Deutschen Bahn AG.

Andalusien Bahnverbindungen

Die Hauptstrecken unterstehen der **Staatsbahn RENFE** (Red Nacional de los Ferrocarriles Españoles). Das Schienennetz in Andalusien ist nicht sehr engmaschig, sodass Bahnfahrten Zeit raubend werden können. Dafür sind die Preise deutlich niedriger als in Deutschland. Über viele Sondertarife und Ermäßigungen informiert die unten angegebene RENFE-Website (www.renfe.com).

Von Madrid verkehrt der **Hochgeschwindigkeitszug AVE** (Tren de Alta Velocidad) jeweils via Córdoba nach Sevilla (ca. 2,5 Std.) und nach Málaga (ca. 3 Std.).

> ! **Baedeker** TIPP
>
> **Al-Andalus Express**
>
> Ein besonderes, wenn auch teures Erlebnis ist eine 6-Tage-Fahrt mit dem nostalgischen Luxuszug Al-Andalus (zwischen März und November) von Sevilla über Córdoba und Granada nach Jerez de la Frontera bzw. umgekehrt. Der Zug hat u. a. einen Küchen-, zwei Restaurant-, einen Bar-, einen Saal- und Spielewagen sowie sieben Schlafwagen für insgesamt 74 Reisegäste. Im Fahrpreis enthalten sind Stadtbesichtigungen und Mahlzeiten an Al-Andalus Expressin den erwähnten Städten, die Teilnahme an Festen und Veranstaltungen sowie Abendessen und Übernachtung im Zug (Auskunft und Buchung in Deutschland bei allen DER-Reisebüros).

Touringbusse der Deutschen Touring Gesellschaft fahren von mehreren Städten Deutschlands in viele andalusische Städte. **Mit dem Bus**

Ein- und Ausreisebestimmungen

Reisende aus Deutschland, Österreich und der Schweiz benötigen für die Einreise einen gültigen Personalausweis oder einen Reisepass. Kinder unter 16 Jahren benötigen einen Kinderausweis oder müssen im Reisepass der Eltern eingetragen sein. Wer einen **Ausflug nach Marokko** plant, braucht auf jeden Fall einen Reisepass. **Personalpapiere**

Nationaler Führerschein und Kraftfahrzeugschein werden bei Bürgern aus EU-Staaten anerkannt und sind mitzuführen; bei Schadensfällen wird die Internationale Grüne Versicherungskarte verlangt. Kraftfahrzeuge müssen, sofern sie kein EU-Nummernschild haben, das ovale Nationalitätskennzeichen tragen. **Fahrzeugpapiere**

Wer Haustiere mitnehmen will, benötigt ein amtstierärztliches **Gesundheitszeugnis**, das höchstens zwei Wochen alt sein darf, sowie eine Bestätigung der Tollwutimpfung auf Deutsch und Spanisch. Die Impfung muss mindestens 21 Tage zurückliegen, darf aber nicht länger als zwölf Monate vor der Einreise erfolgt sein. **Haustiere**

Im gemeinsamen Wirtschaftsraum der Mitgliedsstaaten der Europäischen Union ist der Warenverkehr für private Zwecke weit gehend zollfrei. Es gelten lediglich noch gewisse obere Richtmengen (z. B. für Reisende über 17 Jahren 800 Zigaretten, 10 l Spirituosen und 90 l Wein). Bei Stichproben durch die Finanzbehörden ist glaubhaft zu machen, dass die Waren wirklich nur privaten Zwecken dienen. **Zollbestimmungen**

▶ ANREISE

FLUGHÄFEN

Aeropuertos Españoles y
Navegación Aérea
www.aena.es
Tel. 913 211 000

▶ **Almería**
Aeropuerto de Almería
(8 km östlich Richtung Níjar)
Verkehrsanbindung: Bus, Taxi

▶ **Jerez de la Frontera**
Aeropuerto de Jerez de la Frontera
(8 km nordöstlich)
Verkehrsanbindung: Bus, Taxi

▶ **Málaga**
Aeropuerto Internacional
de Málaga Pablo Picasso
(8 km südwestlich)
Verkehrsanbindung: Zugverkehr
Málaga – Fuengirola, Bus, Taxi

▶ **Sevilla**
Aeropuerto de San Pablo
(12 km östlich)
Verkehrsanbindung: Bus, Taxi

BAHNAUSKUNFT DEUTSCHLAND

▶ **Deutsche Bahn ReiseService**
Tel. 0180 5 99 66 33, www.bahn.de

BAHNAUSKUNFT SPANIEN

▶ **RENFE**
Tel. 902 32 03 20
www.renfe.es (spanisch / englisch)

ANREISE MIT DEM BUS

▶ **Deutsche Touring Gesellschaft**
Am Römerhof 17
D-60486 Frankfurt am Main
Tel. (069) 79 03 50
www.touring.de

Wiedereinreise in die Schweiz
Für die Schweiz gelten folgende Freimengengrenzen: 250 g Kaffee, 100 g Tee, 200 Zigaretten oder 50 Zigarren oder 250 g Tabak, 2 l Wein oder andere Getränke bis 22 % Alkoholgehalt sowie 1 l Spirituosen mit mehr als 22 % Alkoholgehalt. Souvenirs dürfen in die Schweiz bis zu einem Wert von 100 sfr zollfrei eingeführt werden.

Krankenversicherung

Gesetzliche Krankenkassen
Auch im EU-Ausland müssen die gesetzlichen Krankenkassen die Kosten für ärztliche Leistungen erstatten. Dem behandelnden Arzt muss die **Krankenversicherungskarte** vorgelegt werden.In vielen Fällen sind dennoch ein Teil der Behandlungskosten bzw. spezielle Medikamente selbst zu zahlen. Gegen Vorlage der Quittungen übernimmt die Krankenkasse im Heimatland dann ggf. die Erstattung.

Private Reisekrankenversicherung
Da die Kosten für ärztliche Behandlung und Medikamente in der Regel teilweise vom Patienten zu tragen sind und die Kosten für einen evtl. Rücktransport von den Krankenkassen grundsätzlich nicht übernommen werden, empfiehlt sich der Abschluss einer zusätzlichen Reisekrankenversicherung.

Ausgehen

In Andalusien finden das ganze Jahr über Flamenco-Festivals statt (www.andaluciaflamenco.org). Hier werden Tablaos genannt, wo am ehesten noch authentischer Flamenco geboten wird. Und da einen nicht nur Flamenco im Speziellen, sondern das andalusische Nachtleben im Allgemeinen in Ausgehlaune versetzt, sind die Hotspots der Städte genannt.

 ## AUSGEHADRESSEN

ALMERÍA

Musikbars befinden sich rund um die C. San Pedro.

► **Irish Tavern**
Plaza González Egea, 4
Bar mit Terrassenplätzen.

► **La Clásica**
Poeta Villaespesa, 4
Salsa und Pop im Innenhof.

► **Peña El Taranto**
Tenor Iribarne
Authentischer Flamenco, meist wochenends.

ARCOS DE LA FRONTERA

► **Peña de Flamenco de Arcos**
Plaza de la Caridad, 4
Tel. 956 70 12 51
Flamenco.

CÁDIZ

In der Altstadt trifft man sich vor Mitternacht in der C. Zorilla am Plaza de la Mina, rundum sind Bars und Kneipen. Im Winter verlagert sich dieser Treffpunkt etwas nach Osten um die Plaza San Francisco/C. Rosario. Junge Leute gehen wochenends bis in die Morgenstunden auf der Halbinsel Punta San Felipe im Norden der Plaza España aus. Im Sommer ab Mitternacht geht die Post ab um die Plaza Glorieta – am Paseo Marítimo findet man genügend Discos und Bars; auch im Winter gut besucht ist die C. General Muñoz Arenilla.

CÓRDOBA

Aktuelles zum nächtlichen Geschehen erfährt man in der englischen Zeitung »Córdoba in ...«.
Viel los ist in der Neustadt meistens in der C. Cruz Conde nördlich der Plaza de las Tendillas sowie um die Avenida Tejares und die Avenida Gran Capitán.

► **Tablao Cardenal**
C. Torrijos, 10
Tel. 957 48 31 12
Der Tablao gegenüber der Mezquita bietet ab 22.30 Uhr klassischen Flamenco unter freiem Himmel.

GRANADA

Nachtschwärmer gehen in die Straßen nördlich der Kathedrale, etwa in die C. Granada. Mehrere Discos und Bars gibt es in der C. Pedro Antonio im Westen des Stadtzentrums; am Wochenende geht es westlich der Plaza Nueva hoch her.

i Das lohnt sich:

- Almería: »La Clásica«, Salsa und Pop
- Córdoba: »Tablao Cardenal«, Flamenco unter freiem Himmel
- Granada: »El Camborio«, Szenetanzlocation mit Gartenterrasse und Alhambra-Blick
- Sevilla: »La Imperdible«, Café-Bar mit großem Programm von Flamenco bis Jazz

▶ El Camborio

Camino del Sacromonte
Ab Mitternacht wird in der szenigen Tanzlocation mit Gartenterrasse und Blick auf die Alhambra gefeiert.

▶ Zambra Gitana La Rocío

Camino del Sacromonte, 79
Tel. 958 22 71 29
In einer weiß gekalkten Höhle mit familiärer Atmosphäre kann man täglich um 22.30 Uhr eine Flamencoshow erleben.

HUELVA

Im Sommer geht es zum Feiern zur Punta Umbría. Kneipen gibt es entlang der C. Concepción, der C. Berdigón und der Avda. Pablo Rada im Norden der Plaza de los Monjas. Lebhaft geht es auch um die Plaza de la Merced und die Plaza Dos de Mayos zu.

JAÉN

Einige schöne alte Bars mit Flair befinden sich nordwestlich der Kathedrale auf der C. Cerón und den Straßen Arco del Consuelo und Bernardo López. Tapas-Bars locken auf die C. Nueva. Das Nachtleben an sich, zudem mit Livemusik, spielt sich eher um Bahnhof und Universität ab.

JEREZ DE LA FRONTERA

Schöne Wochenendnächte kann man in Jerez nahe der Stierkampfarena, entlang der Straßen Pastora und Cádiz und um die Plaza Canterbury erleben.

▶ Tablao Lagá de Tio Parilla

Plaza del Mercado, s/n
Tel. 956 33 83 34
Der Tablao bietet gute Flamencoshows ab 22.30 Uhr – statt Eintritt zahlt man hier für das erste Getränk nach Showbeginn einen saftigen Preis.

MÁLAGA

Schauplätze des quirligen Nachtlebens sind die Plaza de la Merced und nördlich der Kathedrale, die Straßen C. Granada und die C. Beatas sowie südlich der Stierkampfarena das Gebiet um die Plaza Uncibay und in Malagueta. Im Sommer ist außerdem an der Küste in der Vorstadt Pedregalejo und auf deren Hauptstraße Juan Sebastián Elcano etwas los.

MARBELLA

Im Zentrum Marbellas geht es nachts um die Plaza Puente de Roda, die C. Pantaleón und die Plaza Africa bunt zu. Gefeiert wird an der Avda. Ramon y Cajal und im Yachthafen, dem Puerto Deportivo. Die nicht mehr ganz Jungen vergnügen sich um die C. Camilo José Cela. Discos liegen eher außerhalb, meist in den Edelhotels: Etwa zehn Kilometer Richtung Málaga geht man im Sommer im Hotel Don Carlos in die Disco »Oh! Marbella«. Schöne und Reiche treffen sich im »La Notte« am Camino de la Cruz zwischen Marbella und Puerto Banús. Die größte Disco an der

Costa del Sol, »Dreamers«, erreicht man über die erste Ausfahrt in Puerto Banús. Der Jet-Set trifft sich im Millionärshafen Puerto Banús in den edel-exklusiven Bars. In den Touristinformationen gibt es den »Guía Marbella – Día y Noche«, den spanisch/englischen Veranstaltungsführer.

SEVILLA

Am Wochenende wird man im Barrio Santa Cruz in den Kneipenrevieren der C. Mateos Gago und der C. Argote Molina was erleben, ebenso um die Plaza de la Gavida und die Plaza del Salvador. Livemusik gibt es oft um die Plaza Alfalfa und entlang der Alameda de Hércules (die Alternativszene trifft sich im Habanilla Café, im Fun Club gibt es Rockkonzerte) sowie in der C. Tarifa. Von den Bars um die Plaza de Toros hat man einen schönen Blick auf den Guadalquivir. Im Sommer spielt sich das Nachtleben hauptsächlich auf der östlichen Uferseite zwischen der Puente de Triana und der La Barqueta-Brücke ab.

► **Antigüedades**
C. Argote de Molina, 10
Musikbar, ausgestattet mit Gemälden und Skulpturen.

► **Blue Moon**
C. J. A. Cavestany, s/n
Am Wochenende Live-Jazz
(im August geschl.).

Um authentischen Flamenco zu erleben muss man zur richtigen Zeit am richtigen Ort sein – meist beginnt das andalusische Herz erst nach der Show in kleiner Runde zu schlagen.

Gefeiert wird meist vor den Bars, nicht drinnen.

► **El Choza**
Ricardo Palma, 133
Tel. 954 63 08 26
unregelmäßig von Mai bis Okt.
José Domínguez bietet in seinem
Haus »echten« Flamenco.

► **La Carbonería**
Levíes, 20
Tel. 954 56 37 55
Livemusik, oft auch Flamenco.

► **La Imperdible**
Plaza San Antonio de Padua, 9
Quirlige Café-Bar mit vielen
Veranstaltungen, u. a. Livejazz und
mittwochs Flamenco.

► **Los Gallos**
Plaza Santa Cruz, 11
Tel. 954 21 69 81
Jeden Tag Flamencoshows um
21.00 und 23.30 Uhr im berühm-
testen Tablao der Stadt (weitere
Tablaos ►Sevilla).

► **Teatro de la Maestranza**
Paseo de Cristóbal Colón, 22
Tel. 954 22 65 73
Das Theater, knapp 100 Meter von
der berühmten Stierkampfarena
entfernt, bringt Opern, Jazz- und
Klassikkonzerte auf die Bühne.

Auskunft

▶ WICHTIGE ADRESSEN

IN DEUTSCHLAND
► **Spanisches
Fremdenverkehrsamt**
Kurfürstendamm 63
D-10707 Berlin
Tel. (030) 882 65 43
Fax (030) 882 66 61
E-Mail: berlin@tourspain.es

Grafenberger Allee 100
D-40237 Düsseldorf
Tel. (0211) 680 39 80
Fax (0211) 680 39 85
E-Mail: dusseldorf@tourspain.es

Myliusstr. 14
D-60323 Frankfurt am Main
Tel. (069) 72 50 33
Fax (069) 72 53 13
E-Mail: frankfurt@tourspain.es

Schubertstr. 10
D-80336 München
Tel. (089) 53 07 46 11
Fax (089) 53 07 46 20
E-Mail: munich@tourspain.es

► **Prospektversand**
Tel. (06123) 991 34
Fax (06123) 991 51 34

IN ÖSTERREICH

▶ **Spanisches Fremdenverkehrsamt**
Walfischgasse 8
A-1010 Wien
Tel. (01) 512 95 80, Fax 512 95 81
E-Mail: viena@tourspain.es

IN DER SCHWEIZ

▶ **Spanisches Fremdenverkehrsamt**
Seefeldstr. 19
CH-8008 Zürich
Tel. (044) 253 60 50, Fax 252 62 04
E-Mail: zurich@tourspain.es

▶ **Office national espagnol du tourisme**
15, Rue Ami-Levrier
CH-1201 Genève
Tel. (022) 731 11 33, Fax 731 13 66
E-Mail: ginebra@tourspain.es

IN ANDALUSIEN

Zu unterscheiden sind städtische Fremdenverkehrsbüros, meist Oficina de Turismo genannt, und regionale Büros der Regierung von Andalusien (Oficina de Turismo de la Junta de Andalucía) – Adressen ▶Reiseziele von A bis Z.

▶ **Landesweite Telefonauskunft**
Tel. 901 30 06 00
Hier erhält man Öffnungszeiten von Museen und Sehenswürdig-keiten, Hotels etc.; in Englisch und Französisch.

KONSULATE IN ANDALUSIEN

▶ **Deutschland**
Generalkonsulat
Ed. Eurocom, Mauricio Moro Pareto, 2–5
E-29006 Málaga
Tel. 952 36 35 91, Fax 952 32 00 33
www.malaga.diplo.de

▶ **Österreich**
Honorarkonsulat
Alameda de Colón, 26–2
E-29001 Málaga
Tel. 952 60 02 67, Fax 952 22 90 89

Honorarkonsulat
Alcalde Isacio Contreras, 1
E-41003 Sevilla
Tel. 954 98 74 76, Fax 954 98 74 77

▶ **Schweiz**
Konsulat
Apartado de Correo, 7
E-29080 Málaga
Mobiltel. 645 01 03 03
E-Mail: malaga@honorarvertre-tung.ch

INTERNET

▶ **www.spain.info/de**
Website der spanischen Fremdenverkehrsbehörde mit umfassenden Reiseinformationen.

▶ **www.tourspain.es**
Website der spanischen Fremdenverkehrsbehörde für Touristikfachleute.

▶ **www.andalucia.org**
Die Website der andalusischen Tourismuszentrale umfasst vieles: Informationen über sehenswerte Orte, Bademöglichkeiten, Hotels, Verzeichnisse von Golfplätzen, Sporthäfen und Casas Rurales ....

▶ **www.andalucia.com**
Alles, aber auch wirklich alles über Andalusien. Auf Spanisch und Englisch.

▶ **www.juntadeandalucia.es**
Website der andalusischen Regierung, auch mit gutem Touristikteil.

▶ **www.legadoandalusi.es**
Schöne Routenvorschläge für Andalusien.

▶ **http://cvc.cervantes.es**
Das Online-Fenster zur spanischen Sprache, Literatur und Kultur.

▶ **www.icom.museum/vlmp/spain.html**
Internetadressen zu den bedeutendsten Museen Spaniens (Engl., Span.).

▶ **www.esp.andalucia.com**
Kommerzielle, sehr ausführliche Website zu allen touristischen Aspekten

▶ **www.parador.es**
Hier kann man sich umfassend über Paradores informieren, die einzelnen Gebäude, Paläste oder Burgen anschauen und buchen.

▶ **www.sherry.org**
Alles über Sherry (nur Englisch).

▶ **www.spanien.com**
Hübscher, sehr detailreicher Internet-Reiseführer in Deutsch.

▶ **www.vinos.de**
Schön gestaltete Website mit umfassenden Informationen über spanische Weine und Sherry.

Badeurlaub

Badefreuden Die andalusische Küste erstreckt sich auf 836 km Länge am Mittelmeer (**Costa del Sol**) und am Atlantik (**Costa de la Luz**). Badespaß ist also garantiert, zumal sehr viele Strände mit Duschen und Strandbars aufwarten können.

Strandwarndienst Die wichtigsten Badestrände werden überwacht; die jeweils aktuelle Lage wird durch farbige Flaggen angezeigt:
grün = Baden uneingeschränkt erlaubt
gelb = Baden gefährlich
rot = Baden verboten

Qualität der Strände An der gesamten Costa del Sol und in den größeren Badeorten der Costa de la Luz werden die Strände durch die Gemeinden sauber gehalten.
In den 1990er-Jahren, nachdem Klagen laut geworden waren, haben insbesondere die Badeorte an der Costa del Sol Maßnahmen zur Regeneration der Strände und zur Verbesserung der Umweltsituation ergriffen. So wurden z. B. neue Strandpromenaden angelegt und vor

Sommer, Sonne, Sand und ein Strawberry Daiquiri – süßes Badeleben an der Costa del Sol bei Nerja

allem der Bau von Kläranlagen vorangetrieben. An vielen Stränden weht die **Blaue Flagge** der Stiftung Umwelterziehung in Europa, die auf sauberes Wasser und eine gute Infrastruktur hinweist. Sie wird auf Bewerbung der jeweiligen Gemeinde vergeben, was Umweltverbände kritisieren. Weht an einem Strand keine Blaue Flagge, heißt dies also noch lange nicht, dass er schlecht ist. Über alle mit der Blauen Flagge gekennzeichneten Strände kann man sich im Internet unter www.fee-international.org informieren.

Während der Sommersaison hat das spanische Umweltministerium ein **Infotelefon** eingerichtet, und es gibt ein Formular, mit dem Mängel und Klagen über mit der Blauen Flagge ausgezeichnete Strände gemeldet werden können. Wöchentlich aktualisierte Informationen über alle Strände und deren Wasserqualität können unter Tel. 915 97 65 77 eingeholt werden. Der spanisch- und englischsprachige Telefondienst ist in den Sommermonaten werktags von 8.00 bis 15.00 Uhr besetzt.

! *Baedeker* TIPP

Atlantikküste

Die Costa de la Luz besitzt vorzügliche, ausgedehnte Sandstrände in zum Teil noch unberührten Dünenlandschaften. Zwischen Tarifa und Sanlúcar de Barrameda erstrecken sich rund 40 Strände, die zu den schönsten der andalusischen Küste zählen.

Die **westliche Costa del Sol** (Costa de Málaga) ist geprägt durch die **großen Touristenzentren** wie Torremolinos, Marbella, Fuengirola und Estepona, deren Strände zwar gut instand gehalten, aber oft sehr überfüllt sind.

Mittelmeerküste

Die Strände der **östlichen Costa del Sol** zwischen Rincón de la Victoria und Castell de Ferro liegen z.T. in Felsbuchten und bestehen größtenteils aus feinem Kiessand. Die **Küste von Almería** besitzt ca. 45 Strände. Während an der Bucht von Almería weit gehend der **Massentourismus** herrscht, findet man vor allem östlich vom Cabo de Gata noch wunderbare, **wenig frequentierte Naturstrände**.

Die **Küste von Huelva** besitzt u. a. mit der Playa de Castilla einen großen Strand aus **feinem weißen Sand**. Lediglich in der direkten Umgebung von Huelva lässt die Wasserqualität zu wünschen übrig.

Andalusien für Menschen mit Behinderung

Andalusien gehört nicht gerade zu den Vorreitern in Sachen Behindertenservice, aber die Lage verbessert sich. Die meisten der großen Hotels sowie Paradores und Jugendherbergen als auch Einrichtungen entlang der Autobahnen sind behindertengerecht. Das Hauptproblem stellt der Öffentliche Nahverkehr dar – Busse und Züge sind nur mit Mühe für Rollstuhlfahrer nutzbar; jedoch ist ein Großteil der Taxifahrer hilfsbereit. Auch Behindertentoiletten sind rar.

 WICHTIGE ADRESSEN

IN DEUTSCHLAND

▶ **Bundesarbeitsgemeinschaft der Clubs Behinderter und ihrer Freunde**
Langemarckweg 21
D-51465 Bergisch Gladbach
Tel. (022 02) 98 998 11
www.bagcbf.de

▶ **Bundesverband Selbsthilfe Körperbehinderter e. V.**
Altkrautheimer Str. 20
D-74238 Krautheim
Tel. (06 294) 42 810
www.bsk-ev.org

IN SPANIEN

▶ **ECOM (Federation of Spanish private organizations for the disabled)**
Gran Vía de las Corts
Catalanas 562 principal, 2a
E-08011 Barcelona
Tel. 934 51 55 50

▶ **Centro Estatal de Minusválidos Físicos**
Luis Cabrera, 63
E-28002 Madrid
Tel. (0034) 917 44 36 00
www.cocemfe.es
Hier bekommt man eine Broschüre mit behindertengerechten Hotels.

Drogen

Spanien gilt als einer der Hauptkanäle, durch den Haschisch (»chocolate«) aus Nordafrika und Kokain aus Lateinamerika tonnenweise in die EU gelangen – oft ist die Rauschgiftmafia schneller als die Polizei. Drogenhandel ist vor allem in den Groß- und Hafenstädten verbreitet, insbesondere in Málaga, Cádiz und Algeciras.
Vor Drogenbesitz muss ausdrücklich gewarnt werden, da er hart bestraft wird. Auch sollte man sich davor hüten, von neu gewonnenen Bekannten »Päckchen an Freunde« nach Deutschland oder aus den nordafrikanischen Exklaven Ceuta und Melilla nach Spanien mitzunehmen, da die Gefahr besteht, auf diese Weise als Drogenkurier benutzt zu werden.

Elektrizität

Das spanische Stromnetz führt 220 Volt Wechselstrom. In den großen Hotels sind meist Europanorm-Gerätestecker verwendbar; ansonsten benötigt man mitunter einen Adapter.

Essen und Trinken

In Spanien wird erst ab ca. 13.30 Uhr zu Mittag gegessen, zum Abendessen geht man frühestens gegen 21.00 Uhr. Restaurants bieten mittags i. d. R. ab 13.00 Uhr, abends ab 21.00 Uhr warme Küche. **Essenszeiten**

Das Frühstück (desayuno) wird meistens in einer Bar eingenommen. Es besteht zumeist aus einem Kaffee und einem Toast bzw. einem kleinen Kuchen oder **Churros** (Schmalzgebäck). **Mahlzeiten**
Hotels in Touristenorten bieten ein umfangreicheres Frühstück oder ein Büffet. Mittagessen (comida bzw. almuerzo) und vor allem Abendessen (cena) sind umso reichlicher und die Andalusier nehmen sich gerne viel Zeit dafür – drei oder sogar vier Gänge sind an der Tagesordnung.

Charakteristisch ist die Verwendung von Olivenöl und Knoblauch. Aus maurischer Zeit stammen die typischen Gewürze der andalusischen Küche wie Pfeffer, Zimt, Muskatnuss, Kreuzkümmel und Safran. Andalusien ist berühmt für seinen frittierten Fisch, Meeresfrüchte, Krusten- und Schalentiere, luftgetrockneten Schinken, Gazpacho und Eierspeisen. Überall in den Bars werden in kleinen Schälchen Tapas angeboten (►Baedeker-Special S. 94; ►Auswahl siehe Sprache, Speisekarte).

¡VAMOS AL TAPEO!

Denkt man an Tapas, denkt man an Bars – manche Bars bieten mindestens fünf Spezialitäten des Hauses an mit marktfrischen Zutaten von Käsestreifen und eingelegten Oliven über luftgetrockneten Schinken, kleine gebackene Tintenfische sowie Nierchen in Sherry bis zu gebackenen Champignons.

In andalusischen Bars kommen und gehen die Leute, bestellen ohne Eile unter einem Himmel voller Schinken, halten ein Schwätzchen und bleiben meist nicht lange. Zum Bier, Sherry oder Wein werden Schälchen mit zwei, drei herzhaft-leckeren **Appetithäppchen**, die in einer langen Reihe am Tresen ausgestellt sind, serviert. Von denen kann und soll man sich nicht satt essen, sie machen lediglich das Gläschen, die Unterhaltung und das Leben genussvoller und halten den Kopf klarer. Tapa bezeichnet also nicht die Art, sondern die **Menge des Essens**. Man kann sie aber auch als ración (Portion) für mehrere Personen oder als media ración (halbe Portion) für eine Person bestellen. Woher der Begriff Tapa kommt, ist nicht unumstritten: Am ehesten bezeichnete er wohl das Stück Brot oder die Scheibe Wurst, die in andalusischen Bodegas, zuerst in Sevilla, im 18. Jh. als **Deckel (tapa)** auf ein Weinglas gelegt wurde zum Schutz vor Staub und Fliegen. Mit Sicherheit jedoch meint Tapa ein Gericht, das ein Getränk begleitet. Das **tapeo**, die Tradition des Tapas-Essens, ist Sache der ganzen Familie. Die andalusische Tapas-Kultur verbreitete sich nach der Diktatur des Generals Primo de Rivera, der ein eingefleischter Tapas-Liebhaber war, in den 1920er-Jahren über ganz Spanien.

Was gibt's?

Vor dem eigentlichen Essen, das später – frühestens um 21.00 Uhr, oft erst gegen 23.00 Uhr – kommt, geht man Tapas essen, um die Wartezeit zu überbrücken. Zieht man von Bar zu Bar und probiert jedesmal eine andere Tapa-Köstlichkeit, lernt man nicht nur deren Vielfalt kennen, sondern kann danach ohne weiteres auf eine Hauptmahlzeit verzichten. Ab und zu werden sie noch nach alter Sitte unaufgefordert und kostenlos zum Getränk gereicht.

»Über das Schicksal mancher Bar entscheidet der Ruf ihrer Tapas.«

Der mäßige Alkoholgenuss, das Trinken als soziales Ritual der Annäherung und des entspannten Miteinanders hängt mit den Tapas zusammen, die in unzählig verschiedener Form angeboten werden – je nach Fantasie der Küche. Es gibt Eier- und Teiggerichte, in welche in den Tortilla al Sacromonte Lammhirn und Hammelhoden eingebacken sind; ebenso reicht man Tapas in Form von Gemüse, Obst und Salaten, beispielsweise Coliflor al ajo arriero (Blumenkohl auf Maultiertreiberart) oder Bananen-, Dattel- und Backpflaumenspieße; als Fleischgerichte wie Cabrito a la pastoril (Zicklein auf Hirtenart) oder Callos a la andaluza (Kutteltopf) und Fischgerichte wie Rape al vino blanco y naranja (Seeteufel in Weißwein und Orange) sowie Schalentiere wie Almejas en Jerez (Venusmuscheln in Sherry). Freunde treffen sich in der Bar; man lädt kaum zu sich nach Hause ein, sondern zieht gemeinsam von Bar zu Bar. Bezahlt wird immer rundenweise. Abgerechnet wird in sehr traditionellen Bars noch mit Kreide auf dem Holztresen.

Speisen

Eierspeisen Ein spanischer Klassiker ist die **Tortilla**, ein Omelette aus Eiern und Kartoffeln, das vielfach variiert werden kann. Typisch sind die **Revueltos**, Rühreier, die mit allerlei Gemüsen oder Meeresfrüchten fast überall angeboten werden. **Huevos a la flamenca** sind Eier, die auf Tomatenscheiben, Wurst, Schinken, Kartoffeln und verschiedenem Gemüse roh aufgelegt und im Ofen erhitzt werden.

 Baedeker TIPP

Salmorejo

Wer Gazpacho mag, sollte unbedingt dessen leckere Córdobeser Variante namens Salmorejo probieren, eine dicke Suppe, die mit Schinken und Ei garniert erfrischend kalt in vielen Restaurants serviert wird.

Gazpacho Eine für den heißen Sommer typische andalusische Spezialität ist der Gazpacho, eine Suppe aus Öl, Knoblauch, Tomaten, Paprika und Gurken, die kalt und in zahllosen Abwandlungen serviert wird.

Fischgerichte Besonders vielfältig sind in Andalusien natürlich die Fischgerichte, aber auch sonstiges Meeresgetier wie Gambas, Langusten und Krebse sind fast immer frisch zu haben. Die besten Krusten- und Schalentiere der andalusischen Küste gibt es in der Provinz Cádiz. Gambas de Huelva sind besonders gut und frisch, da sie nicht mit dem Treibnetz gefangen werden. Nicht weniger berühmt ist der andalusische Bratfisch (pescado frito), der an Frittierständen verkauft wird. Berühmt sind die Forellender Sierra Nevada.

Fleischgerichte Cocido andaluz ist ein Eintopfgericht, das vor allem aus Kichererbsen, Fleischstücken, Kartoffeln, Bohnen und verschiedenem anderem Gemüse variiert werden kann. Einen Versuch wertsind auch Nieren in Jerez-Wein (riñones al jerez) und Ochsenschwanz (cola bzw. rabo de toro). Eine Spezialität der Provinz Jaén ist die würzige Blutwurst (morcilla), die gerne warm gegessen wird.

Schinken Die luftgetrockneten Schinken Andalusiens sind eine Delikatesse. Der Zusatz **»jamón ibérico de bellota«** garantiert, dass die Schinken von frei lebenden Schweinen der Rasse »cerdo ibérico« stammen, die sich von Eichelnernähren, was seinen Preis hat. »Jamón serrano« ist zwar auch luftgetrocknet, kann aber von Schweinen aus Mastbetrieben stammen. Die Schinken aus **Jabugo** (Provinz Huelva) und **Trevélez** (Provinz Granada) sind unübertroffen. Man isst sie stilecht dünnund vor allem handgeschnitten.

Die andalusische Küche verwendet viel Gemüse wie Tomaten, Paprika, Gurken, Artischocken und Zwiebeln. Zu den traditionellen Gerichtenzählen Spinat aus Jaén (Espinacas al estilo de Jaén), Cazuela de habas verdes (Bohneneintopf) und Habas con jamón (Bohnen mit Schinken), eine Spezialität aus Granada.

Gemüse

Orangen-, Mandarinen- und Zitronenbäume gibt es in Andalusien reichlich. Auch Feigen, Datteln, Mandeln und Pinienkerne sind überall erhältlich.

Obst und Früchte

Süßes Gebäck ist sowohl zum Dessert als auch zwischendurch sehr beliebt, wobei das meiste auf **maurischen Ursprung** zurückgeht. Als Nachspeise werden oft Flan (Pudding mit Karamellsoße) und süße Eidotter angeboten. Früchte und Eistorten (tarta helada) sind eine Alternative. Eine sehr üppige Spezialitätsind Churros con chocolate, frittiertes Gebäck aus Brandteig, das in heiße Schokolade getunkt und vor allem zum Frühstück gegessen wird.

Desserts und Kuchen

Getränke (bebidas)

Außer den üblichen Erfrischungsgetränken gibt es oft frisch gepresste Fruchtsäfte. Das bekannteste Mineralwasserkommt aus Lanjarón in der Sierra Nevada.
Nach dem Essen oder zwischendurch nimmt man gerne einen **Café solo** (Espresso). **Café con leche** (Milchkaffee) wird eher zum Frühstück getrunken; **Café cortado** ist Kaffee mit wenig Milch.
Mittlerweile beliebter als Wein ist Bier, etwa ein San Miguel oder ein Mahou. Wer ein Bier vom Fass möchte, bestelle **»una caña«**.
Nach dem Essen trinkt man einen Brandy, meist aus Jerez de la Frontera oder El Puerto de Santa María, oder einen Anis-Schnaps.

Wein und Sherry ▶Baedeker Special S. 308

Restaurants und Bars

In den Touristenzentren und größeren Städten gibt es eine unüberschaubare Zahl von **Restaurants**, auch mit internationaler Küche. Sucht man authentische und typisch andalusische Gerichte, ist man oft in einfacheren Lokalen in kleineren Orten oder auf dem Land am besten bedient.

Die **Bar** ist einer der Mittelpunkte des Lebensin Spanien, selbst jedes

 Preiskategorien

■ Die in diesem Reiseführer im Kapitel »Reiseziele von A bis Z« empfohlenen Restaurants sind in folgende Preiskategorien eingeteilt (ein Hauptgericht ohne Getränke):

Fein und teuer: ab 20 €
Erschwinglich: ab 10 – 20 €
Preiswert: unter 10 €

Dorf hat oft mehrere davon. Hier trifft man sich zum Frühstück, zur Mittagspause, am Nachmittag zum Domino bei Kaffee, Bier, einem »fino« oder Anis und des Abends zieht man von Bar zu Bar, um die Tapas zu probieren.

Für den **kleinen Hunger** gibt es neben Tapas auch Sandwiches und »bocadillos« (mit Schinken, Wurst oder Käse belegte Brötchen oder Stangenweißbrote).

Feiertage · Feste · Events

GESETZLICHE FEIERTAGE

▶ **1. Januar**
Año Nuevo (Neujahr)

▶ **6. Januar**
Reyes Magos (Dreikönigsfest)

▶ **28. Februar**
Día de Andalucía (zur Volks-
abstimmung über die Autonomie)

▶ **19. März**
San José (Josefstag)

▶ **1. Mai**
Día del Trabajo (Tag der Arbeit)

▶ **24. Juni**
San Juan (Hl. Johannes der Täufer;
Namenstag des Königs)

▶ **29. Juni**
San Pedro y San Pablo

▶ **25. Juli**
Santiago (Apostel Jakobus)

▶ **15. August**
Asunción (Mariä Himmelfahrt)

▶ **12. Oktober**
Día de la Hispanidad
(Entdeckung Amerikas)

▶ **1. November**
Todos los Santos (Allerheiligen)

▶ **6. Dezember**
Día de la Constitución
(Verfassungstag, spanischer
Nationalfeiertag)

▶ **8. Dezember**
Immaculada Concepción
(Mariä Empfängnis)

▶ **25. Dezember**
Navidad (Weihnachten)

BEWEGLICHE FEIERTAGE

▶ **Viernes Santo (Karfreitag)**
▶ **Corpus Christi (Fronleichnam)**

*Bedrohlich – Kapuzenmänner
bei der Semana Santa*

⏵ VERANSTALTUNGSKALENDER

Bedeutung und Eigenart der Feste in Andalusien sind im Kapitel Kunst und Kultur ausführlich beschrieben (▶S. 60).

JANUAR

▶ **Granada**
Mit dem »Día de la Toma« erinnert Granada an die endgültige Vertreibung der Mauren im Jahr 1492 (2. Januar).

▶ **Almerímar**
Romería de la Virgen del Mar: Meereswallfahrt (erster Sonntag im Januar).

FEBRUAR/MÄRZ

▶ **Cádiz / Málaga**
Mit Umzügen, Festwagen und Stiertreiben wird ausgelassen Karneval gefeiert.

KARWOCHE (SEMANA SANTA)

Die Karwoche wird in ganz Andalusien feierlich begangen. Besonders lohnend sind:
Aguilar de la Frontera (besonders am Karfreitag)
Almuñécar
Antequera
Arcos de la Frontera
Baena (besonders Mittwoch bis Karfreitag)
Cádiz
Castro del Rímo (besonders in der Morgendämmerung des Karfreitag)
Córdoba
Granada
Huelva
Jaén
Jerez de la Frontera (besonders am Mittwoch)
Málaga
Montilla
Motril (besonders Mittwoch bis Karsamstag)
Osuna
Ronda
Sevilla (das Nonplusultra der Semana Santa)
Úbeda
Utrera

i Die sieben tollsten Feste

- Cádiz (Februar): »Karneval«, gilt als der wildeste in Andalusien
- Sevilla (Karwoche): »Semana Santa«, mit den beeindruckendsten Prozessionen überhaupt
- Córdoba (Mai): »Festival de los Patios«, die schönsten blumengeschmückten Innenhöfe.
- El Rocío (Pfingsten): »Romería del Rocío«, eine der ausgelassensten Wallfahrten.
- Nerja (Juli): »Sommerfestival«, Musik und Ballett in der Höhle
- Sanlúcar de Barrameda (August): »Pferderennen«, am Strand (!)
- Ronda (September): »Fiestas de Pedro Romero«, Fest mit Corridas und mehr

OSTERN

▶ **Arcos de la Frontera**
Encierro de Aleluya (Stiertreiben auf offener Straße; Ostersonntag).

▶ **Vejer de la Frontera**
Fiesta del »Toro Embolao« (populäres Stiertreiben auf offener Straße; Ostersonntag).

APRIL

▶ **Andújar**
Romería de la Virgen de la Cabeza (Wallfahrt, letzter So. im April).

▶ **Sevilla**
Feria de Abril (Beginn zwei
Wochen nach Ostern)

MAI

▶ **Córdoba**
Cruces de Mayo (am 1. Maiwochenende; auf den Straßen werden
Altäre mit Maikreuzen aufgebaut,
vor denen abends getanzt und
gefeiert wird)
Festival de los Patios Córdobéses
(in der Woche nach dem ersten
Maiwochenende; der schönste Innenhof wird prämiert)

▶ **Granada**
Cruces de Mayo (Maikreuze;
erstes Maiwochenende).

▶ **Jerez de la Frontera**
Feria del Caballo (Pferdemarkt).

▶ **El Puerto de Santa María**
Feria de Primavera (Frühlingsfest;
21.–25. Mai).

▶ **Sanlúcar de Barrameda**
Feria de la Manzanilla (Sherry-
Fest; letzte Maiwoche).

PFINGSTEN

▶ **El Rocío**
Romería del Rocío
Eine der bedeutendsten Wall-
fahrten Spaniens (▶Baedeker-
Special S. 362).

JUNI

▶ **Granada**
Ende Juni (bis Juli) beginnen die
Internationalen Musik- und Tanz-
festspiele mit Konzerten in den
Palästen der Alhambra.

▶ **Ronda**
Romería de la Virgen de la Cabeza
(Wallfahrt, 14. Juni).

▶ **Utrera**
Fiestas de San Juan (24. Juni).

JULI

▶ **Cabra**
Romería Nacional de los Gitanos
(Zigeunerwallfahrt; ein Sonntag
im Juli).

▶ **Nerja**
Sommerfestival (2. Julihälfte; Musik und Ballett in den Cuevas).

AUGUST

Ab August beginnen die meisten
Ferias, ursprünglich Viehmarkt-
tage, die immer mit Stierkämpfen
verbunden sind.

▶ **Aguilar de la Frontera**
Feria real (6.–10. August).

▶ **Alcalá de Guadaira**
Feria (erstes Wochenende nach
dem 15. August).

▶ **Algeciras**
Feria (15. August).

▶ **Almería**
Feria (22.–31. August).

▶ **Almuñécar**
Feria (Mitte August).

▶ **Antequera**
Feria (18.–25. August).

▶ **Huelva**
Feria (Fest des Kolumbus; erste
Augustwoche).

▶ **Linares**
Feria (Corridas de Toro; 27. August bis 1. September).

▶ **Málaga**
Feria (1. Augusthälfte).

▶ **Sanlúcar de Barrameda**
Pferderennen an den Stränden.

SEPTEMBER

▶ **Carmona**
Romería de la Virgen de Gracia (Wallfahrt, 1. Sonntag im September).

▶ **Granada**
Romería del Albaicín (Wallfahrt, 29. September).

▶ **Jerez de la Frontera**
Fiesta del Vino (Weinlesefest).

▶ **Lora del Río**
Romería de la Virgen de Setefilla

(Wallfahrt, 8. September).

▶ **Montilla**
Fiesta del Vino (Weinlesefest; Anfang September).

▶ **Ronda**
Feria y Fiestas de Pedro Romero.

▶ **Tarifa**
Feria (erster So. im September).

OKTOBER

▶ **Almodóvar del Río**
Feria (erster So. im Oktober).

▶ **Jaén**
Feria de San Lucas (um 18. Okt.).

Schöner leiden als in der Karwoche in Sevilla kann man sonst nirgends.

Geld

Euro Seit dem 1. Januar 2002 ist der Euro in Spanien ebenso wie in Deutschland, Österreich und neun weiteren Staaten der Europäischen Union das offizielle Zahlungsmittel (1 sfr = 0,61 €).

Geldautomaten Geldautomaten sind mit mehrsprachigen Bedienungshinweisen ausgestattet. An ihnen kann man mit der Bankkarte und mit gängigen Kreditkarten in Verbindung mit der Geheimnummer abheben.

Kreditkarten Banken, Hotels, Autovermieter, viele Restaurants und Geschäfte akzeptieren die gängigen Kreditkarten, vor allem Visa und Mastercard. Bei Verlust von Kreditkarten sollte man sofort die jeweilige Kartenorganisation benachrichtigen.

Was tun bei Kartenverlust? Seit Herbst 2005 gibt es in Deutschland eine einheitliche Notrufnummer: Unter Tel. 116 116 (aus dem Ausland mit Vorwahl 00 49!) können Bank- und Kreditkarten, Handys und Krankenkassenkarten gesperrt werden.

Gesundheit

Apotheken Apotheken (span. farmacias) sind in Spanien durch ein grünes Kreuz auf weißem Grund gekennzeichnet. Sie haben in der Regel Mo. – Fr. 9.30 – 13.30 und 16.30 – 20.00 sowie Sa. 9.00 – 12.30 Uhr geöffnet. Apotheken mit Notdienst entnimmt man dem Anschlag »**Farmacia de Guardia**«, der in jeder Apotheke aushängt, oder den Zeitungen.

Ärztliche Hilfe Ärztliche Hilfe und medizinische Versorgung sind gewährleistet; nur in sehr ländlich-abgeschiedenen Gegenden kann der Weg zu einem Arzt länger werden. In akuten Krankheitsfällen wendet man sich an die Notfallstation (**urgencia**) des nächstgelegenen Krankenhauses.

Krankenversicherung ▶Anreise · Reiseplanung

Mit Kindern unterwegs

Andalusier sind in der Regel Kindern gegenüber sehr aufgeschlossen. Sie sind in Hotels, Cafés, Bars und Restaurants herzlich willkommen. Oft wird man noch kleinste andalusische Kinder um Mitternacht herumtollen sehen, dafür schlafen die Kleinen nachmittags zur Zeit der größten Hitze ein paar Stunden! Größere Kinder werden sicher ihren Spaß in den Freizeit- (Isla Mágica in ▶Sevilla) oder Aquaparks sowie im Tiergehege bei Estepona (Selwo Aventura) haben. Helle Begeisterung wird man mit einem Besuch in Mini-Hollywood in der Nähe von ►Almería ernten, wo Western gedreht werden.

 ## ADRESSEN FÜR KINDER

FREIZEIT- UND NATURPARKS

► **Reserva Natural**
in Castillo de las Guardas
60 km nordwestl. von Sevilla
Öffnungszeiten:
tgl. 10.30 – 17.00 Uhr
Zu Fuß, im Auto oder mit einer kleinen Bahn bekommt man auf einer Rundtour Elefanten, Nashörner und Giraffen zu sehen.

► **Crocodiles Park**
C/Cuba, 14, Torremolinos
www.crocodile-park.com
Öffnungszeiten: tgl. ab 10.00 Uhr bis zum späten Nachmittag
Wie der Name schon sagt – ein Park voller Krokodile.

► **Selwo Aventura**
Autovía Costa del Sol, km 162,5
bei Estepona
www.selwo.es
Öffnungszeiten: tgl. ab 10.00 Uhr, Jan. geschl., Nov., Dez. unregelmäßig geöffnet

AQUAPARKS

► **Aquopolis**
Öffnungszeiten:
Mitte Juni – Anf,. Sept. tgl. ab 12.00 Uhr
www.aquopolis.es
Im Osten Sevillas gelegen; die Buslinie 55 hält direkt vorm Haupteingang.

► **Aqua Tropic**
Paseo Marítimo / Playa de Velilla, Almuñécar
www.aqua-tropic.com
Öffnungsgzeiten:
Juni – Sept. tgl. ab 11.00 Uhr
Direkt am Strand gelegen.

► **Selwo Marina**
Parque de la Paloma, Benalmádena
www.selwomarina.es
Öffnungszeiten: tgl. ab 10.00 Uhr, s. a. Selwo Aventura
Wasserpark mit beliebter Delfinshow

i Die vier Knüller für Kinder

- Sevilla: »Isla Mágica«, durch Wasserfälle rauschen, vergessene Tempel entdecken, Seeschlachten erleben (s. Foto)
- Bei Estepona: »Selwo Aventura«, gelungene Mischung aus Jahrmarkt und Zoo
- Bei Almería: »Mini Hollywood«, Kulissenort zum Drehen von Wildwestfilmen mit Shows
- Granada: »Parque de las Ciencias«, meistbesuchtes Museum Andalusiens

MUSEEN FÜR KINDER

► **Aventura Minaparque**
Plaza Ernest Lluch,
Minas de Riotinto
Öffnungszeiten: tgl. 10.30 – 15.00,
16.00 – 19.00 Uhr
Zum Besuch gehören ein Gang
durch das Bergwerksmuseum, die
Besichtigung der größten offenen
Mine Europas und eine Zugfahrt
entlang des Río Tinto.

► **Parque de las Ciencias**
Avda. del Mediterráneo, s/n
Granada
Öffnungszeiten:
Di. – Sa. 10.00 – 19.00,
So. 10.00 – 15.00 Uhr
Technisches Mitmach-Museum:
Naturwissenschaften zum Anfassen und Ausprobieren.

Knigge

Höfliche Spanier Spanier sind in der Regel höfliche Menschen und diese Höflichkeit durchzieht auch ihr alltägliches Handeln. Sie diskutieren gern und ausgiebig, hören sich geduldig andere Meinungen an und versuchen natürlich auch zu überzeugen. Wort- und gestenreich, aber nie besserwisserisch. Wenn beispielsweise im Büro jemand behauptet: »Unser neuer Kollege heißt Pedro«, dann würde niemand direkt widersprechen und sagen: »Nein, nein, er heißt José.« Die spanisch-elegantere Antwort wäre: »José oder Pedro?« Wenn einer Bitte, einem Wunsch oder einer Forderung widersprochen werden muss, wird es für den höflichen Spanier schwierig. Ein schroffes »Nein!« wird man auch dann niemals hören. Ein Beispiel: Ein Fremder fragt in irgendeinem kleinen Ort seinen Pensionswirt nach der nächsten Autovermietung. Dieser weiß natürlich, dass weit und breit keine existiert, wird das aber niemals so sagen, stattdessen äußert er: »Das wird schwierig.« Im Klartext heißt das allerdings: »Das kannst du vergessen!«

Die Bar als Wohnzimmer **Einladungen** werden schnell und gern ausgesprochen, aber man lädt nur ganz selten nach Hause ein. Als Ersatz fungiert die Bar oder das Restaurant. Man bleibt jedoch nicht allzu lange, sondern zieht lieber rasch ein Haus weiter. Spanier gehen nicht gern allein aus, lieber in kleinen oder auch größeren Gruppen. Bringt jemand einen Freund zum abendlichen Treff mit, so wird dieser schnell integriert und gehört sofort dazu. Das gilt auch für Ausländer, da gibt es kaum Berührungsängste. Aber eine tiefere Freundschaft darf niemand erwarten, der mit einem »Ruf mich doch mal an« verabschiedet wird. Man muss der Aufforderung nicht gleich am nächsten Tag nachkommen.

Einer für alle Ganz anders geht man in Spanien mit dem Bezahlen der Rechnung in einer Bar oder einem Restaurant um. Hier zahlt immer einer für alle. Zieht eine Gruppe durch mehrere Lokale, ist jeder einmal dran.

Unter 100 m² Kneipenfläche darf geraucht werden.

Penibel auseinander gerechnet wird nicht, **Großzügigkeit** ist gefragt. Als Ausländer in einer spanischen Gruppe wird es schon einmal schwierig, beim Bezahlen an die Reihe zu kommen. Immer ist irgendjemand schneller gewesen.

Im Restaurant gilt noch eine andere Regel: Niemals zu Fremden an einen Tisch setzen. Eine Frage wie **»Ist hier noch frei?«** wird nicht gestellt. Aber auch an einen freien Tisch setzt man sich nie einfach so. Grundsätzlich bleibt man zunächst im Eingangsbereich des Restaurants stehen. Binnen Sekunden kommt der Oberkellner, fragt nach der Personenzahl und unterbreitet Tischvorschläge. Dann werden die Gäste zum gewählten Platz geleitet und die Speisekarte gereicht.

»Ist hier noch frei?«

So ganz nebenbei wird im Restaurant nach der **Rechnung** gefragt. Die kommt auf einem kleinen Tellerchen platziert, der Kellner entfernt sich wieder. Irgendwer greift beiläufig zur Rechnung, wirft einen Blick darauf und legt Kreditkarte oder ein paar Scheine auf den Teller. Genauso beiläufig wird der Kellner zurückkommen und mit einem gemurmelten »Gracias« das Tellerchen mitnehmen. Nach einiger Zeit kommt er erneut, schiebt mit einem abermaligen »Gracias« das Tellerchen samt Wechselgeld zum Bezahler. Der ignoriert dieses noch für einige Sekunden, steckt dann das Wechselgeld ein und lässt eine bestimmte Summe als Trinkgeld auf dem Teller liegen. Erst wenn die gesamte Tischrunde das Lokal verlassen hat, holt der Kellner das Trinkgeld-Tellerchen ein letztes Mal.

Rituale auch beim Bezahlen

In Spanien ist das Rauchen in allen öffentlichen Gebäuden sowie am Arbeitsplatz untersagt. Gastronomische Betriebe mit einer Ausschankfläche von über 100 m² müssen Raucherzonen einrichten; Wirte, die darunter bleiben, können zwischen Raucher- oder Nichtraucherlokal entscheiden – meist sehr raucherfreundlich, denn fast 90 % aller Betriebe fallen in diese Kategorie.

Rauchen

Literaturempfehlungen

Romane und Erzählungen

Rafael Alberti: Der verlorene Hain. Suhrkamp, Frankfurt am Main. Alberti beschreibt in diesem Roman seine jungen Jahre in Cádiz.

Federico García Lorca: Bluthochzeit. Reclam, Ditzingen und Suhrkamp, Frankfurt am Main.
Drama in drei Akten über eine Familientragödie bei Rodalquilar am Cabo de Gata.

ders.: Gedichte. Insel und Suhrkamp, beide Frankfurt am Main.

Théophile Gautier: Reise in Andalusien. dtv, München.
Der Bericht des französischen Romantikers von seiner 1840 unternommenen Reise durch Andalusien ist ein Klassiker der Reiseliteratur, scharfzüngig und temperamentvoll.

Juan Goytisolo, Alfred Andersch, Antonio Muñoz Molina u. a.: Andalusische Ansichten. Jenior, Kassel.
Andalusien in literarischen Texten aus sechs Jahrzehnten.

Juan Goytisolo: Campos de Níjar. Jenior, Kassel.
Goytisolo bereiste in den 1960er-Jahren die Region um das heute von der Monokultur für Gemüse unter Plastik geprägte Cabo de Gata und notierte seine Eindrücke.
ders.: La Chanca. Jenior, Kassel.
Erzählung aus dem Gitano-Viertel von Almería.

Ernest Hemingway: Tod am Nachmittag. Rowohlt, Reinbek.
Nicht direkt ein Andalusienbuch, aber literarisches Standardwerk über den Stierkampf aus der Sicht des Aficionados. Mit einer Schilderung von Ronda.

Juan Ramón Jiménez: Platero und ich. Insel, Frankfurt am Main.
Der Nobelpreisträger aus Moguer philosophiert mit seinem Esel.

James A. Michener: Die Kinder von Torremolinos. Goldmann, München.
Junge Leute aus aller Welt machen sich auf nach Torremolinos – dort scheint schließlich immer die Sonne... Immer noch lesenswerte Schilderung der Gefühlswelt von jungen Leuten in der Aus- und Aufbruchstimmung der Hippiezeit, über eine Generation, der die Suche nach dem Sinn des Lebens wichtiger war als Wohlstand und bürgerliche Geborgenheit.

Gedichte

Kurt Ochs (Hrsg.): Poetischer Andalusien-Führer. Wissenschaftliche Buchgesellschaft, Darmstadt.

Lyrische Rundreise durch sechs Jahrhunderte Andalusien mit Gedichten von Federico García Lorca, Pablo Neruda, Luis de Góngora u. a.

Gerald Brenan: Südlich von Granada. Jenior, Kassel.   Geschichte
Brenan lebte von 1920 bis 1934 in dem Alpujarras-Dorf Yegen. »Das Archiv einer inzwischen untergegangenen Lebensweise« (DIE ZEIT).

Antonio Gala: Die Handschrift von Granada. Eichborn, Frankfurt am Main.
Historischer Roman über die letzten Tage des maurischen Granada in Form eines fiktiven Tagebuchs von König Boabdil.

Washington Irving: Erzählungen von der Alhambra. Editorial Sanchez, Granada.
Deutsche Ausgabe des Klassikers der Alhambra-Literatur, 1832 vom Amerikaner Irving nach einem längeren Aufenthalt in der verfallenden Alhambra verfasst. Er weckte damit wieder das internationale Interesse an diesem architektonischen Juwel.

María Rosa Menocal: Die Palme im Westen. Kindler, Berlin.
Die Yale-Professorin schreibt kenntnisreich und kurzweilig über Muslime, Juden und Christen im alten Andalusien.

Antonio Muñoz Molina: Stadt der Kalifen. Rowohlt, Reinbek.
Literarischer Streifzug durch die Kalifenhauptstadt Córdoba auf dem Höhepunkt ihrer Blüte.

DuMont Bildatlas Nr. 93 Andalusien: Mairdumont, Ostfildern.   Bildband
Stimmungsvolle Bilderreise durch den Süden Spaniens.

Medien

Zeitungen aus Deutschland, Österreich und der Schweiz sind in Andalusien vor allem in den Touristenhochburgen an der Costa del Sol erhältlich; es gibt sie meist einen Tag nach Erscheinen, manchmal sogar noch am selben Tag. Abseits der Küsten, auch in Städten wie Sevilla oder Granada, muss man Glück haben.   Zeitungen

Auf Wunsch erhält man von der Deutschen Welle das jeweils aktuelle Programm der auch in Spanien zu empfangenden Sendungen mit genauen Sendezeiten und gültigen Frequenzangaben (Deutsche Welle Hörerpost, D-53110 Bonn, E-Mail: info@dw-world.de).   Deutsche Welle

Das staatliche spanische Fernsehen (Radio Televisión Española, RTVE) bietet zwei Programme (La primera, La 2); Privatsender sind u. a. Antena 3, Telecinco und der Abo-Kanal Canal Plus. In den Ge-   Fernsehen nuss eines dieser Programme wird man unweigerlich in vielen Bars kommen, denn dort läuft der Fernseher oft ununterbrochen. Via Satellit ist eine Reihe von Programmen aus Österreich, der Schweiz, Deutschland, Großbritannien und Frankreich zu empfangen.

Notrufe

▶ WICHTIGE TELEFONNUMMERN

ZENTRALRUF
▶ **Tel. 112**
Unter dieser Notrufnummer erreicht man Arzt, Feuerwehr und Polizei rund um die Uhr auf Spanisch, Deutsch, Englisch und Französisch.

PANNENHILFE
▶ Verkehr

NOTRUFDIENSTE IN DEUTSCHLAND
▶ **ACE-Notrufzentrale Stuttgart**
aus Spanien:
Tel. 00 49/18 02/33 66 77

▶ **ADAC-Notrufzentrale**
aus Spanien:
Tel. 00 49 / 180 / 222 22 22

▶ **Deutsche Rettungsflugwacht Stuttgart**
aus Spanien:
Tel. 00 49/711/70 10 70

▶ **DRK-Flugdienst Bonn**
aus Spanien:
Tel. 00 49/228/23 00 23

▶ **ÖAMTC-Notrufzentrale Wien**
aus Spanien:
Tel. 00 43 / 120

▶ **Schweizerische Rettungsflugwacht Zürich**
aus Spanien:
Tel. 00 41 / 333 / 33 33 33

Post · Telekommunikation

Porto Das Porto für Postkarten und Standardbriefe bis 20 g innerhalb Europas (auch Nicht-EU-Länder) beträgt 0,64 €. Auslandspost gehört in die Briefkästen mit der Aufschrift »extranjero« (Ausland).

Briefmarken Briefmarken (»sellos«) bekommt man sowohl in den Postämtern als auch in den Tabakgeschäften (estancos). Diese Geschäfte verkaufen auch Busfahrkarten und Telefonkarten.

TELEFONVORWAHLEN UND -AUSKUNFT

VORWAHLNUMMERN

► **Von Deutschland, Österreich und der Schweiz nach Spanien:**
Tel. 0034

► **Von Spanien**
nach Deutschland: Tel. 0049
nach Österreich: Tel. 0043

in die Schweiz: Tel. 0041
Bei Anrufen von Spanien in die zuvor genannten Länder entfällt die 0 der jeweiligen Ortskennzahl.

TELEFONAUSKUNFT

► **national und international**
Tel. 003

Die Post- und Telegrafenämter (Correos y Telégrafos) sind Mo. – Fr. 9.00 – 14.00 und Sa. 9.00 – 13.00 Uhr geöffnet.   **Postämter**

Telefonkarten werden in Geschäftsstellen der Telefongesellschaft »Telefónica« und in Tabakgeschäften (estancos) verkauft.   **Telefonkarten**

Wird ein Mobiltelefon (»móvil«) benutzt, das nicht in Spanien registriert ist, muss vor der Rufnummer die Ländervorwahl +34 bzw. 0034 eingegeben werden.   **Mobiltelefon**

Preise · Vergünstigungen

Bürger der Europäischen Union haben – gegen Vorlage ihres Ausweises – freien Eintritt in vielen staatlichen Museen und archäologischen Stätten. Auch Kinder und Senioren über 65 profitieren bei Eintrittsgeldern von Preisnachlässen oder haben sogar **freien Eintritt** in viele Museen und Sehenswürdigkeiten.

 WAS KOSTET WIE VIEL?

**Haupt-
gericht
ab 6 €**

**3-Gänge-
Menü
ab 15 €**

**1 Glas
Wein
ab 2,50 €**

**1 Bier
(0,25 l)
ab 1,50 €**

**Cafe solo
ab 1,50 €**

**Doppelzimmer
ab 40 €**

**1 l Bleifrei 95
Benzin
ab 1,25 €**

Die Unter-Vierjährigen haben **freie Fahrt** in spanischen Zügen und die Vier- bis Elfjährigen zahlen lediglich 60 % des Normalpreises.
Beim Essen und Trinken kommt man mit den **Tagesmenüs** meist am preisgünstigsten weg.

Trinkgeld   Im Allgemeinen ist in den Rechnungen ein Bedienungsgeld inbegriffen (Inklusivpreise); dennoch erwarten Hotelangestellte, Kellner, Taxifahrer u. a. ein Trinkgeld, das etwa 5 – 10 % des Rechnungsbetrages betragen sollte. In Bars und Restaurants lässt man das Trinkgeld nach dem Kassieren auf dem Tellerchen liegen.

Reisezeit

Mit gemäßigten Temperaturen und viel Sonnenschein sind Frühjahr und Herbst die **beste Reisezeit**, besonders günstig im September und Oktober mit angenehmen Luft- und Wassertemperaturen und stabilen Wetterverhältnissen bis in die zweite Oktoberhälfte hinein. Vor herbstlichen Regengüssen ist man am längsten an der östlichen Costa del Sol geschützt. Juli und August sind nur unmittelbar an der Küste einigermaßen erträglich. Im Winter lockt Andalusien mit fast durchweg angenehmen Tagestemperaturen und viel Sonnenschein. Folge dieses Klimas ist die frühe **Mandelblüte**, die in Niederandalusien schon Ende Januar einsetzt.

! | *Baedeker* TIPP

Gewusst wann

Frühjahrsurlauber aufgepasst: Der April ist durch häufige Kaltluftvorstöße ins westliche Mittelmeer oft noch unerwartet kühl und unbeständig. Stabiler ist das Wetter im März, ab Mai auch erheblich wärmer.

Shopping

Öffnungszeiten

Banken   Banken sind Mo. – Fr. 9.00 – 14.00, Sa. 9.00 – 13.00 Uhr geöffnet. Im Sommer haben die meisten Banken samstags geschlossen. In Einkaufs- und Ferienzentren, an Bahnhöfen und Flughäfen findet man auch Filialen mit längeren Öffnungszeiten.

Geschäfte   Die meisten Geschäfte sind Mo. – Fr. 9.00 bzw. 9.30 – 13.30 und 16.30 bzw. 17.00 – 20.00, Sa. 9.00 – 13.00 Uhr geöffnet. Da es in Spanien keine festgesetzten Ladenschlusszeiten gibt, findet man vor allem in den Touristikzentren Supermärkte und andere Geschäfte, die außerhalb der genannten Geschäftszeiten und auch am Sonntag geöffnet haben.

Kunsthandwerk

Andalusien bietet zahlreiche Erzeugnisse des traditionellen spanischen Kunsthandwerks und vieles andere mehr. In den Touristenzentren und den großen Städten muss man allerdings mit weitaus höheren Preisen rechnen als in den Herkunftsprovinzen der jeweiligen Produkte.

Das maurische Erbe lebt besonders in Granada fort. Außer edlen Hölzern und Elfenbein werden auch Muscheln verarbeitet. **Einlegearbeiten**

Jede andalusische Provinz hat ihre eigenen Keramikhochburgen. **Keramik**
Provinz Almería: Albox, Níjar und Vera.
Provinz Córdoba: Bujalance, La Rambla, Lucena, Montilla.
Provinz Granada: Cúllar de Baza, Granada, Guadix.
Provinz Huelva: Aracena, Cortegana.
Provinz Jaén: Alcalá la Real, Andújar, Arjonilla, Bailén, Martos, Úbeda.
Provinz Sevilla: Triana-Viertel in Sevilla.

Granada ist bekannt für seine Gitarrenbauer: Bellido in der Calle de Molinos

Korbwaren	Provinz Almería: Alhabía und Níjar. Provinz Cádiz: Medina Sidonia und Jerez de la Frontera.

Kunstschmiede- arbeiten	Fenstergitter, Leuchter, auch Bettgestelle werden vor allem in den Provinzen Cádiz (Cádiz, Arcos de la Frontera, Sanlúcar de Barrameda) und Jaén (Jaén, Úbeda, Torredonjimeno) hergestellt.

i **Kaufrausch angesagt**

- Úbeda: »Alfarería Tito«, originelle Keramik (s. S. 189)
- Córdoba: »Espaliu«, orientalisch anmutender Silberschmuck (s. S. 219)
- Granada: »Eduardo Ferrer Lucena«, Taschen und Accessoires aus Leder (s. S. 259)
- Jerez de la Frontera: »Casa del Jerez«, Sherry aller Marken und Kunsthandwerk (s. S. 305)
- Sevilla: »Artesanía Textil«, Stolen, Schals, Tischwäsche – alles handgeknüpft (s. S. 386)

Kunstvolle **Bleiglaslampen** sind eine Spezialität granadinischer Kunsthandwerker. Eine volkstümlichere Art von Lampen, ebenfalls aus Granada, sind Blechlampen.

Provinz Córdoba: **Korduanleder** u. a. aus Belalcázar.
Provinz Huelva: Saffian-Lederwaren und Narbenleder aus Ubrique, Schuhe aus Valverde del Camino.

Musik- instrumente	**Flamencogitarren** werden in Granada u. a. in der Cuesta de Gómerez (Auffahrt zur Alhambra), aber auch in Málaga und Córdoba hergestellt.

Schmuck	Schönen Silberschmuck findet man in Córdoba.

Stickereien	Beliebt sind die Mantillas aus Granada und die Mantones de Manila (Sevilla), schön bestickte seidene Schultertücher mit Fransen.

Webereien	Provinz Cádiz: handgewebte Wolldecken aus Grazalema. Provinz Granada: farbenfrohe Decken aus den Alpujarras. Provinz Almería: handgewebte Teppiche aus Níjar.

Kulinarisches

Schinken	Die besten Schinken Spaniens stammen aus **Trevélez** in der Provinz Granada und aus **Jabugo** in der Provinz Huelva. Hinter der Bezeichnung **»Jamón Ibérico de Bellota«** verbirgt sich der wirklich gute und sehr teure Schinken aus Eichelmast.

Weine und Spirituosen	Beliebt sind Weine, Sherry und Brandy aus Jerez de la Frontera und Sanlúcar de Barrameda (Cádiz), aber auch aus Montilla (Córdoba) und aus Málaga (►Baedeker-Special Sherry S. 308).

Zuckerbäckerei	Tortas, Cabello de Ángel, Polvorones und andere süße Verführungen sind ein zutiefst **maurisches Erbe**, das nicht nur viele Pastelerías in der Auslage haben, sondern das oft auch von Ordensschwestern hergestellt wird.

Sprache

Das Personal in den größeren Hotels und Restaurants spricht meist relativ gut Deutsch oder auch Englisch. Nur in kleineren Orten im Landesinnern könnte es Verständigungsprobleme geben.

Die Vokale a, e, i, o, u, werden im Spanischen kurz und offen **ausgesprochen**. Langvokale (wie in Boot, lieb) existieren nicht, ebensowenig geschlossenes e und o (wie in Weg, groß).

? WUSSTEN SIE SCHON ...?

■ Der Name Andalusiens stammt vom arabischen »al-Andalus«, einer Ableitung aus dem gotischen »landahlauts« (= landlos) als Bezeichnung für die Vandalen bzw. für deren kurzlebiges Reich im Süden der spanischen Halbinsel.

SPRACHFÜHRER SPANISCH

Auf einen Blick

Ja./Nein.	Sí./No.
Vielleicht.	Quizás./Tal vez.
In Ordnung./Einverstanden!	¡De acuerdo!/¡Está bien!
Bitte./Danke.	Por favor./Gracias.
Vielen Dank.	Muchas gracias.
Gern geschehen.	No hay de qué./De nada.
Entschuldigung!	¡Perdón!
Wie bitte?	¿Cómo dice/dices?
Ich verstehe Sie/dich nicht.	No le/te entiendo.
Ich spreche nur wenig …	Hablo sólo un poco de …
Können Sie mir bitte helfen?	¿Puede usted ayudarme, por favor?
Ich möchte …	Quiero …/Quisiera …
Das gefällt mir (nicht).	(No) me gusta.
Haben Sie …?	¿Tiene usted …?
Wie viel kostet es?	¿Cuánto cuesta?
Wie viel Uhr ist es?	¿Qué hora es?

Kennenlernen

Guten Morgen!	¡Buenos días!
Guten Tag!	¡Buenos días!/¡Buenas tardes!
Guten Abend!	¡Buenas tardes!/¡Buenas noches!
Hallo! Grüß dich!	¡Hola!
Ich heiße …	Me llamo …
Wie ist Ihr Name, bitte?	¿Cómo se llama usted, por favor?
Wie geht es Ihnen/dir?	¿Qué tal está usted?/¿Qué tal?

Frischer Fisch und Muscheln in der Markthalle von Jerez

Gut, danke. Und Ihnen/dir?	Bien, gracias. ¿Y usted/tú?
Auf Wiedersehen!	¡Hasta la vista!/¡Adiós!
Tschüss!	¡Adiós!/¡Hasta luego!
Bis bald!	¡Hasta pronto!
Bis morgen!	¡Hasta mañana!

Unterwegs

links/rechts	a la izquierda/a la derecha
geradeaus	todo seguido/derecho
nah/weit	cerca/lejos
Wie weit ist das?	¿A qué distancia está?
Ich möchte … mieten.	Quisiera alquilar …
… ein Auto	… un coche.
… ein Boot	… una barca/un bote/un barco.
Bitte, wo ist …	Perdón, dónde está …
… der Bahnhof?	… la estación (de trenes)?
… der Busbahnhof?	… la estación de autobuses/ la terminal?
… der Flughafen?	… el aeropuerto?

Panne

Ich habe eine Panne.	Tengo una avería.
Würden Sie mir bitte einen Abschleppwagen schicken?	¿Pueden ustedes enviarme un cochegrúa, por favor?
Gibt es hier in der Nähe eine Werkstatt?	¿Hay algún taller por aquí cerca?
Wo ist bitte die nächste Tankstelle?	¿Dónde está la estación de servicio/la gasolinera más cercana, por favor?

Ich möchte … Liter … . . . . Quisiera … litros de …
… Normalbenzin. . . . . … gasolina normal.
… Super./ …Diesel. … súper./ … diesel.
… bleifrei./ …verbleit. . . . . … sin plomo./ … con plomo.
Voll tanken, bitte. . . . . Lleno, por favor.

Unfall

Hilfe! . . . . ¡Ayuda!, ¡Socorro!
Achtung!/Vorsicht! . . . . ¡Atención!/¡Cuidado!
Rufen Sie bitte schnell … . . . . Llame enseguida …
… einen Krankenwagen. . . . . … una ambulancia.
… die Polizei. . . . . … a la policía.
… die Feuerwehr. . . . . … a los bomberos.
Haben Sie Verbandszeug? . . . . ¿Tiene usted botiquín de urgencia?
Es war meine (Ihre) Schuld. . . . . Ha sido por mi (su) culpa.
Geben Sie mir bitte Ihren Namen . . . . ¿Puede usted darme su nombre
    und Ihre Anschrift. . . . .   y dirección?

Essen

Wo gibt es hier … . . . . ¿Dónde hay por aquí cerca …
… ein gutes Restaurant? . . . . … un buen restaurante?
… ein nicht zu teures Restaurant? . . . . . . … un restaurante no demasiado
                                                            caro?
Reservieren Sie uns bitte für heute . . . . . . ¿Puede reservarnos para esta
    abend einen Tisch für 4 . . . .   noche una mesa para cuatro
    Personen. . . . .   personas?
Auf Ihr Wohl! . . . . ¡Salud!
Bezahlen, bitte! . . . . ¡La cuenta, por favor!
Hat es geschmeckt? . . . . ¿Le/Les ha gustado la comida?
Das Essen war ausgezeichnet. . . . . La comida estaba écelente.

Einkaufen

Wo finde ich … . . . . Por favor, dónde hay …
… einen Markt? . . . . … un mercado?
… eine Apotheke? . . . . … una farmacia?
… ein Einkaufszentrum? . . . . … un centro comercial?

Übernachtung

Können Sie mir bitte … empfehlen? . . . . . Perdón, señor/señora/señorita.
                                                          ¿Podría usted recomendarme …

… ein Hotel	… un hotel?
… eine Pension	… una pensión?
Ich habe ein Zimmer reserviert.	He reservado una habitación.
Haben Sie noch …	¿Tienen ustedes …
… ein Einzelzimmer?	… una habitación individual?
… ein Zweibettzimmer?	… una habitación doble?
… mit Dusche/Bad?	… con ducha/baño?
… für eine Nacht?	… para una noche?
… für eine Woche?	… para una semana?
Was kostet das Zimmer mit …	¿Cuánto cuesta la habitación con
… Frühstück?	… desayuno?
… Halbpension?	… media pensión?

Arzt

Können Sie mir einen guten Arzt empfehlen?	¿Puede usted indicarme un buen médico?
Ich habe …	Tengo …
… Durchfall.	… diarrea.
… Fieber.	… fiebre.
… Kopfschmerzen.	… dolor de cabeza.

Bank

Wo ist hier bitte …	Por favor, dónde hay por aquí …
… eine Bank?	… un banco?
… eine Wechselstube?	… una oficina/casa de cambio?

Im entspannten Alltag ist Zeit für ein oder auch zwei Cerveza, eine Tapa und ein Schwätzchen …

Ich möchte Schweizer Franken .... Quisiera cambiar …
in Euro wechseln. .... francos suizos en euros.

Post

Was kostet … .... ¿Cuánto cuesta …
… ein Brief … .... … una carta …
… eine Postkarte … .... … una postal …
nach Deutschland? .... para Alemania?
Briefmarken .... sellos
Telefonkarten .... tarjetas para el teléfono

Zahlen

0	cero	19	diecinueve
1	un, uno, una	20	veinte
2	dos	21	veintiuno(a)
3	tres	22	veintidós
4	cuatro	30	treinta
5	cinco	40	cuarenta
6	seis	50	cincuenta
7	siete	60	sesenta
8	ocho	70	setenta
9	nueve	80	ochenta
10	diez	90	noventa
11	once	100	cien, ciento
12	doce	200	doscientos, -as
13	trece	1000	mil
14	catorce	2000	dos mil
15	quince	10 000	diez mil
16	dieciséis		
17	diecisiete	1/2	medio
18	dieciocho	1/4	un cuatro

Restaurant/Restaurante

desayuno	Frühstück
almuerzo	Mittagessen
cena	Abendessen
camarero	Kellner
cubierto	Gedeck, Besteck
cuchara	Löffel
cucharita	Kaffeelöffel

cuchillo	Messer
lista de comida	Speisekarte
plato	Teller
sacacorchos	Korkenzieher
tenedor	Gabel
taza	Tasse
vaso	Glas

Tapas

albóndigas	Fleischbällchen
boquerones en vinagre	kleine Sardellen in Essigmarinade
caracoles	Schnecken
chipirones	kleine Tintenfische
chorizo	würzige Paprikawurst
ensaladilla russa	russischer Salat
jamón serrano	getrockneter Schinken
morcilla	Blutwurst
pulpo	Tintenfisch
tortilla	Kartoffelomelette

Entremeses/Vorspeisen

aceitunas	Oliven
anchoas	Sardellen
ensalada	Salat
jamón	Schinken
mantequilla	Butter
pan	Brot
panecillo	Brötchen
sardinas	Sardinen

Sopas/Suppen

caldo	Fleischbrühe
gazpacho	kalte Gemüsesuppe
puchero canario	Eintopf
sopa de pescado	Fischsuppe
sopa de verduras	Gemüsesuppe

Platos de huevos/Eierspeisen

huevo	Ei
duro	hartgekocht

pasado por agua	weichgekocht
huevos a la flamenca	Eier mit Bohnen
huevos fritos	Spiegeleier
huevos revueltos	Rührreier
tortilla	Omelette

Pescado/Fisch

ahumado	geräuchert
a la plancha	auf heißer Eisenplatte gebraten
asado	gebraten
cocido	gekocht
frito	gebacken
anguila	Aal
atún	Tunfisch
bacalao	Stockfisch, Kabeljau
besugo	Brasse
lenguado	Seezunge
merluza	Seehecht
salmón	Lachs
trucha	Forelle
almeja	Flussmuschel
bogavante	Hummer
calamar	Tintenfisch
camarón	Garnele
cangrejo	Krebs
gamba	Garnele
langosta	Languste
ostras	Austern

Carne/Fleisch

buey	Rind, Ochse
carnero	Hammel
cerdo	Schwein
chuleta	Kotelett
cochinillo, lechón	Spanferkel
conejo	Kaninchen
cordero	Lamm
ternera	Kalb
vaca	Rind
asado	Braten
bistec	Beefsteak
carne ahumada	Rauchfleisch
carne estofada	Schmorbraten
carne salada	Pökelfleisch

fiambre	Aufschnitt
jamón	Schinken
lomo	Lenden- oder Rückenstück
salchichón	Hartwurst
tocino	Speck
pato	Ente
pollo	Huhn

Verduras/Gemüse

aceitunas	Oliven
cebollas	Zwiebeln
col de Bruselas	Rosenkohl
coliflor	Blumenkohl
espárragos	Spargel
espinacas	Spinat
garbanzos	Kichererbsen
guisantes	Erbsen
habas, judías	Bohnen
lechuga	Kopfsalat
patatas	Kartoffeln
patatas fritas	Pommes Frites
pepinos	Gurken
tomates	Tomaten
zanahorias	Karotten

Condimentos/Gewürze

aceite	Öl
ajo	Knoblauch
azafrán	Safran
mostaza	Senf
pimienta	Pfeffer
sal/salado	Salz/gesalzen
vinagre	Essig

Postres/Nachspeisen

bollo	süßes Brötchen
dulces	Süßigkeiten
flan	Pudding
helado	Eis
mermelada	Marmelade
miel	Honig
pastel	Kuchen

queso	Käse
tarta	Torte

Frutas/Obst

cerezas	Kirschen
chumbos	Kaktusfeigen
dátiles	Datteln
fresas	Erdbeeren
higos	Feigen
limón	Zitrone
mandarinas	Mandarinen
manzana	Apfel
melocotón	Pfirsich
melones	Honigmelonen
membrillo	Quitte
naranjas	Orangen
nueces	Nüsse
pera	Birne
piña	Ananas
plátano	Banane
sandías	Wassermelonen
uvas	Weintrauben

Spezielles

bocadillo	belegtes Brötchen
chorizo	rote Paprikawurst
churros	Brandteiggebäck
migas	geröstete Brotwürfel

Getränke

agua mineral	Mineralwasser
con/sin gas	mit/ohne Kohlensäure
aguardiente	Schnaps
amontillado	halbtrockener Sherry
anís	Anisschnaps
Brandy	Weinbrand
cerveza	Bier
café con leche	Milchkaffee
café solo	Espresso
café cortado	mit wenig Milch
fino/oloroso	trockener Sherry/süßer Sherry
horchata	Mandelmilch

leche	Milch
la Manzanilla	Kamillentee
té	Tee
vino	Wein
blanco/tinto/rosado	weiß/rot/rosé
seco/dulce	trocken/süß
zumo	Fruchtsaft

Übernachten

Agrotourismus

Wer die Ferien in ländlicher Umgebung verbringen will, hat die Auswahl unter fast 500 offiziell anerkannten »casas rurales«, die Möglichkeiten für naturnahen, sanften Tourismus bieten. Unter den Oberbegriff **»Turismo rural«** fallen kleine und größere Ferienhäuser, Herbergen, kleinere und größere Landhotels, die meist historische ländliche Gebäude nutzen, einfach, aber komfortabel ausgestattet sind und in landschaftlich interessanten Gegenden liegen.

> ## ! *Baedeker* TIPP
>
> **Einmal Höhlenmensch sein ...**
>
> ... und das ohne rauchgeschwängerte Luft, Eiseskälte und Dunkelheit – in Galera ist es möglich. Denn hier kann man eine von 24 Höhlenwohnungen für 1 bis 8 Personen mit Küche, Bad oder Dusche und offenem Kamin ab 49 € pro Nacht mieten (Reservierung und Information: Cerro Santa Elena, C. San Isidro 30 – 35, E-18840 Galera, Tel. 660 862 044 bzw. 690 671 937 oder www.cuevas.galera.es).

Camping

Die rund 100 andalusischen Campingplätze sind in der Hauptreisezeit stark besucht. Das Angebot konzentriert sich besonders auf die Küsten. Voranmeldungen sind empfehlenswert.

Die Federación Española de Campings gibt den viersprachigen **Campingführer** »Guía Oficial de Campings« heraus, den man an Tankstellen und in Buchhandlungen bekommt oder bei der unten genannten Adresse bestellen kann.

Wildes Campen ist generell verboten, doch ist meist ein einmaliges Übernachten auf Park- oder Rastplätzen erlaubt; es ist aber ratsam, sich vorher zu erkundigen, ob nicht dennoch ein örtliches oder regionales Verbot besteht.

Mitgebrachte Gasflaschen zu füllen ist in Spanien nicht erlaubt. Campingurlauber sollten daher ihre Ausrüstung auf spanische Anschlüsse umrüsten lassen. Die geeigneten Ventile (regulador) sind im Handel, bei Installateuren und an manchen Tankstellen erhältlich.

Der Renaissancepatio des Parador im Palacio Condestable Davalos in Úbeda eignet sich für Tagträume.

Jugendherbergen

Zahlreiche größere und mittlere Orte verfügen über Jugendherbergen, in denen jüngere Touristen preisgünstige Übernachtungsmöglichkeiten finden.
Mitgliedern von nationalen Jugendherbergsorganisationen, die dem Internationalen Jugendherbergsverband angeschlossen sind, stehen die Herbergen in der Regel von Juli bis September zur Verfügung. Spaniens Jugendherbergen sind in den meisten Fällen von 7.00 bis 23.00 Uhr geöffnet.

Hotels und Paradores

Spaniens Hotellerie unterscheidet Hotels (H, mit Restaurant), Hoteles-Apartamentos (HA, mit Kochgelegenheit auf den Zimmern, oft auch mit Restaurant oder Café), Hostales (HS, einfacher und oft ohne Restaurant) und Pensionen (P).

Paradestücke der spanischen Hotellerie sind die an touristisch wichtigen Punkten eingerichteten Paradores, vorwiegend **in historischen Gebäuden** wie maurischen Palästen, mittelalterlichen Schlössern oder alten Klöstern. Diese staatlichen Hotels sind geschmackvoll und komfortabel ausgestattet, haben hervorragend geschultes Personal und oft vorzügliche Restaurants, die Gerichte der entsprechenden Region servieren. Sie sind preislich meist etwas günstiger als »normale« Hotels der gleichen Kategorie und bieten oft mehr als diese. Rechtzeitige Reservierung ist angezeigt.

Paradores

Hotels Die Hotels sind mit Sternen gekennzeichnet: 1 Stern steht für Unterkünfte mit zumindest einem Waschbecken auf dem Zimmer, 2 Sterne für Zimmer mit Bad, 3 Sterne für zusätzlich Telefon und Fernseher sowie eigenes Restaurant, 4 Sterne für Komfort und Luxus, 5 Sterne für Luxus. Die höchste Kategorie trägt 5 Sterne mit dem Zusatz GL (»Gran Lujo«). Diese Klassifizierung ist nur bedingt ein Anhaltspunkt für die Preise, so dass hier lediglich die »Preisklasse« angegeben ist. Die Preise variieren je nach Jahreszeit erheblich. Während Festen oder etwa in der Osterwoche können sie auf das Doppelte ansteigen, allerdings sind sie in den besucherschwachen Zeiten auch nach unten hin beweglich, wenn man vor der Reservierung fragt. Im Preis sind in der Regel weder das Frühstück (2,50 – 12 €) noch die gesetzliche Mehrwertsteuer IVA enthalten. Bei den nachstehend genannten Preisen handelt es sich um Richtwerte für ein Doppelzimmer; Einzelzimmer liegen 20 – 30 % darunter.

_i_ Preiskategorien

Die in diesem Reiseführer im Kapitel »Reiseziele von A bis Z« empfohlenen Hotels sind in folgende Preiskategorien eingeteilt (Doppelzimmer pro Nacht ohne Frühstück):

Luxus: ab 180 €
Komfortabel: ab 120 – 180 €
Günstig: ab 60 – 120 €

▶ AUSKUNFT UND ADRESSEN

AUSKUNFT AGROTOURISMUS
▶ **Red Andaluza de Alojamientos Rurales (RAAR)**
Sagunto, 8–10–3
E-04080 Almería
Tel. 950 280 093
Fax 950 27 16 78
E-Mail: info@raar.es
www.raar.es
Reservierungsservice:
Tel. 902 44 22 33
(in Spanisch, Englisch, Deutsch und Französisch)

AUSKUNFT CAMPING
▶ **Federación de Campings y Ciudades de Vacaciones**
Valderribas, 48
E-28607 Madrid
Tel. 914 48 12 34

AUSKUNFT JUGENDHERBERGEN IN SPANIEN
▶ **Red Española de Albergues Juveniles**
Barquillo, 15A, 1 G
E-28004 Madrid
Tel. 915 22 70 07
Fax 915 22 80 67
www.reaj.com
E-Mail: info@reaj.com

RESERVIERUNG JUGENDHERBERGEN IN ANDALUSIEN
▶ **Instalaciones y Turismo Joven**
Miño, 24
E-41011 Sevilla
Tel. 902 51 00 00
www.inturjoven.com

AUSKUNFT JUGENDHER-
BERGEN IN DEUTSCHLAND

▶ **Deutsches
Jugendherbergswerk**
Bismarckstr. 8
D-32756 Detmold
Tel. (052 31) 74 01 – 0
Fax (052 31) 74 01 – 49
www.jugendherberge.de

AUSKUNFT PARADORES

▶ **Paradores de Turismo**
Requena, 3, E-28013 Madrid
Tel. 902 54 79 79, Fax 902 52 54 32
www.parador.es

▶ **in Deutschland**
Ibero Tours GmbH
Immermannstr. 23
D-40210 Düsseldorf
Tel. (0211) 86 41 50
Fax (0211) 864 15 29
www.paradores.com

▶ **in der Schweiz**
Sierramar Travelhouse AG
Sägereistr. 20
CH-8152 Glattbrugg
Tel. (01) 432 117 133
Fax (01) 442 522 017
www.sierramar.ch

Urlaub aktiv

Sport

Sowohl an den Küsten Andalusiens als auch in den Flüssen und Seen der Sierra Nevada und der Sierra de Cazorla finden Sportanglerergiebige Fanggründe. Ein Anglerschein ist erforderlich. Er wird am andalusischen Umweltministerium ausgestellt und ist gegen eine Gebühr (ca. 8 €) in jeder Sparkassenzweigstelle der Caja Rural de Andalucía erhältlich. Die Bearbeitungszeit beträgt mindestens eine Woche, doch wird in der Regel auch der Einzahlungsbeleg von den Anglervereinen anerkannt. **Angeln**

Die Sierra Nevada und die Sierra de Cazorla bieten hervorragende Möglichkeiten für Bergsteiger und Bergwanderer. Geführte Bergwanderungen und andere Aktivitäten in der Natur bieten viele der Unternehmen und Reservierungszentralen der »casas rurales« an (▶ Agrotourismus). **Bergsteigen und Bergwandern**

Andalusien bietet mit mehr als 60 Golfanlagen optimale Voraussetzungen für den **Golfsport**; über 30 Anlagen entfallen allein auf die Costa del Sol, die inzwischen den Beinamen **»Costa del Golf«** erhalten hat. Informationen erteilen die Fremdenverkehrsämter.

> **!** ***Baedeker* TIPP**
>
> **Wahre Spanier...**
> ... können Flamenco tanzen, Gitarre spielen, edle Rosse reiten (und natürlich Spanisch sprechen) – das alles kann man wunderbar in Jerez lernen, denn die Stadt hat sich als Zentrum für Fortbildungs- und Freizeitkurse etabliert. Unter www.turismojerez.com finden sich viele Adressen von Tanz-, Reit-, Musik- und Sprachschulen für einen Bildungsurlaub.

⊙ INFORMATIONEN SPORT

ANGELN

▶ **Federación Andaluza
de Pesca Deportiva**
León Félipe, 2
Apartado de Correos 157
E-04080 Almería
Tel. 950 15 17 46
Fax 950 25 74 86
www.fapd.org

BERGSTEIGEN / BERGWANDERN

▶ **Federación Andaluza
de Montañismo**
C. Santa Paula
Edificio Atalaya
E-18001 Granada
Tel. 958 29 13 40
www.fedamon.com

GOLF

▶ **Real Federación
Española de Golf**
Capitán Haya, 9 – 5
E-28020 Madrid
Tel. 915 55 26 82
Fax 915 56 32 90
www.golfspainfederacion.com

▶ **Federación Andaluza de Golf**
Sierra de Grazalema, 33
E-29016 Málaga
Tel. 952 22 55 90
Fax 952 22 03 87
www.fga.org

REITEN

▶ **Escuela de Arte Ecuestre**
Carretera Nacional N 340, km 159
E-29680 Estepona
Tel. 952 80 80 77
www.escuela-ecuestre.com
Reitschule und Reitbahn.

▶ **Real Escuela Andaluza
del Arte Ecuestre**
Avda. Duque de Abrantes, s / n
E-11408 Jerez de la Frontera
Tel. 956 31 96 35
Fax 956 31 80 14
www.realescuela.org
Kurse in andalusischer Reitkunst.

▶ **Equitrail**
Heroes de Toledo, 30
E-41000 Sevilla
Tel. 954 66 37 11
Mehrtägige Reitausflüge auf den
Routen von Al-Andalus.

▶ **Equiberia**
E-05635 Navarredonda de Gredos
Tel. 689 343 974
Fax 920 34 83 38
www.equiberia.com
Equiberia organisiert mehrtägige
Reitausflüge auf den Spuren der
Pilger von El Rocío und rund um
den Coto de Doñana.

SEGEL- UND BOOTSSPORT

▶ **Real Federación
Española de Vela**
Luis de Salazar, 9
E-28002 Madrid
Tel. 915 19 50 08
Fax 914 16 45 04
www.rfev.es

▶ **Real Federación Española
de Motonaútica**
Avda. de América, 33
E-28002 Madrid
Tel. 914 15 37 69
Fax 915 19 04 69
www.rfem.org

*Der exklusive Golfplatz mit Meerblick in Sotogrande
ist einer der besten in ganz Europa.*

Reiten

Als Heimat der edlen Andalusierpferde ist Andalusien natürlich auch ein idealer Ort für Reiterferien. Eine große Zahl von Veranstaltern und Reiterhöfen bietet ein breit gefächertes Angebot. Selbst an der berühmten Reitschule in Jerez de la Frontera werden Kurse angeboten. Informationen erteilen ebenfalls die Fremdenverkehrsämter.

Segeln / Bootsport

Die andalusische Mittelmeerküste besitzt 22 teilweise sehr moderne Sporthäfen. In ihrem Schatten stand bislang die atlantische Küste – die auch andere Anforderungen an die Segler stellt –, doch hat man in den vergangenen Jahren Anstrengungen unternommen, auch hier Anlegemöglichkeiten für Sportboote zu schaffen. Mittlerweile gibt es 18 Hafen- oder Bojenliegeplätze.

Skifahren

Die Sierra Nevada bietet als südlichstes Skigebiet Europas von November bis Ende Mai ausgezeichnete Wintersportmöglichkeiten. Wichtigste Station ist Sol y Nieve.

Tennis

Entlang der gesamten Costa del Sol gibt es unzählige Tennisplätze. Viele Hotelanlagen haben eigene Plätze.

Windsurfen

Windsurfer und Wellenreiter finden vor allem an der Atlantikküste gute Verhältnisse. International bekannt ist das Surfgebiet bei **Tarifa** an der Küste von Cádiz.

Verkehr

Straßen　Die **Autobahnen** (autopistas, AP-...) sind **gebührenpflichtig** (peaje).
Autobahnähnliche **Schnellstraßen** sind die »autovias« (A-...), die **kostenlos** befahren werden können.
Die nummerierten **Nationalstraßen** (Carreteras Nacionales; N-...) entsprechen etwa deutschen Bundesstraßen. Wo sie nicht bereits als »autovías« vierspurig ausgebaut sind, sind an Steigungen meist Kriechspuren für Lkw eingerichtet.
Die nummerierten **Landstraßen** (Carreteras autonomas; A-... bzw. Kürzel der Provinz) sind, soweit es sich um wichtigere Verbindungen handelt, ebenfalls in gutem Zustand. Nicht nummerierte Nebenstraßen können jedoch Überraschungen bereithalten und sich als **Piste** entpuppen.

Stadtverkehr und Parken　Wenn nicht unbedingt nötig, sollte man Fahrten in die **Innenstädte vermeiden**, insbesondere in Altstadtkerne hinein, wo es oft sehr eng zugeht. Die Einbahnstraßenregelung tut ein Übriges, um Fahrten in Innenstädte länger als gedacht werden zu lassen.
In den meisten Städten ist Parkenauf blau gekennzeichneten Plätzen gebührenpflichtig, an gelb bezeichneten Stellen verboten. Bezahlung erfolgt bei Parkwächtern oder am Parkscheinautomaten.

Höchstgeschwindigkeit　Innerorts: 50 km / h
außerhalb: 90 km / h
Straßen mit mind. zwei Fahrstreifen in jeder Richtung: 100 km / h
Autobahnen: 120 km / h
Pkw mit Wohnanhängern: 70 km / h; auf Autobahnen: 80 km / h

Grundsätzliches　In Spanien herrscht – wie im übrigen kontinentalen Europa – **Rechtsverkehr**. Das Anlegen der **Sicherheitsgurte** auf Vorder- und Rücksitzen ist Pflicht. Die **Promillegrenze** für den Blutalkoholgehalt beträgt 0,5 Promille.
Das **Telefonieren im Auto** mit dem Handy ohne Freisprecheinrichtung kann bis zu 600 € Bußgeld kosten.

Sonderreglungen　Beim **Linksabbiegen** außerhalb der Ortschaften gibt es auf größeren Straßen eigene Fahrspuren, die zunächst nach rechts ausweichen und dann die Hauptstraße kreuzen (raqueta).
Beim **Überholen** muss während des gesamten Vorgangs zuerst nach links und dann nach rechts geblinkt werden. Das Überholen auf Kuppen und auf Straßen, die nicht auf mindestens 200 m übersehbar sind, ist verboten.
Auf gut beleuchteten Straßen (außer auf Schnellstraßen oder Autobahnen) darf in Spanien nur mit **Standlicht** gefahren werden. Ersatzglühbirnen müssen mitgeführt werden. **Abschleppen** durch Privatfahrzeuge ist verboten.

● WICHTIGE ADRESSEN

AUTOMOBILKLUBS

► **Real Automóvil Club de España (R.A.C.E)**
José Abascal, 10
E-28003 Madrid
Tel. 902 404 545
www.race.es

► **Real Automóvil Club de Andalucía**
Avda. Eduardo Dato, 22
E-41002 Sevilla

Tel. 95 463 13 50 od. 95 463 13 54
Weitere Zweigstellen des R.A.C.E.
befinden sich in Almería, Cádiz,
Córdoba, Granada und Málaga.

PANNENHILFE

► **R.A.C.E.**
Tel. 902 30 05 05

► **ADAC-Notrufstation**
(deutschsprachig)
Tel. 935 082 828 (Madrid)

Panne

Bei einer Panne oder einem Unfall muss das Fahrzeug mit zwei Warndreiecken nach vorn und hinten gesichert werden. Wer nur mit einem Warndreieck angetroffen wird, muss mit einem Bußgeld von bis zu 90 € rechnen. Außerdem ist es Pflicht, eine Warnweste zu tragen. Entlang der Autobahnen stehen in regelmäßigen Abständen Notrufsäulen. Wer mit dem Mietwagen unterwegs ist, wendet sich bei einer Panne unverzüglich an das jeweilige Vermietungsbüro. Innerorts hilft auch die Policía Municipal, außerhalb der Ortschaften die Guardia Civil de Tráfico.

Mietwagen

Für ein Fahrzeug der unteren Kategorie zahlt man bei den internationalen Autovermietern je nach Mietdauer zwischen 20 und 30 € pro Tag. Diese Preise werden von zahlreichen kleineren Leihwagenfirmen vor Ort oft erheblich unterboten. Büros der internationalen Autovermieter findet man in allen größeren Orten sowie an den Flughäfen Almería, Jerez de la Frontera, Málaga und Sevilla.

Zeit

Während des Winterhalbjahres (von Ende Oktober bis Ende März) gilt in Andalusien die Mitteleuropäische Zeit (MEZ), im Sommerhalbjahr (von Anfang April bis Ende Oktober) die Sommerzeit (MEZ + 1 Std.). Es sind also jeweils **dieselben Uhrzeiten** wie in Deutschland, Österreich und der Schweiz gültig.

Touren

AN DER SONNENKÜSTE ENTLANG ODER DURCH OLIVENHAINE INS HINTERLAND? ZU WEISSEN DÖRFERN ODER IN ZERKLÜFTETE BERGE? UNSERE TOURENVORSCHLÄGE FÜHREN SIE ZU DEN SCHÖNSTEN PLÄTZEN ANDALUSIENS!

TOUREN DURCH ANDALUSIEN

Sie wissen noch nicht, wo es langgehen soll? In unseren Tourenvorschlägen verraten wir Ihnen besonders schöne Strecken und Tipps für den besten Standort.

Das Kastell von Velez-Blanco in der Sierra de María an der andalusischen Ostküste

Flamenco
Ein Tanz wie das Leben –
Freude und Schmerz liegen
nah beieinander.

Baukunst
Die prächtige Kuppel des
Mihrâb Nuevo in der
Mezquita von Córdoba

© Baedeker

** Úbeda

** Medina
Azahara   **TOUR 3**

** Baeza

** Córdoba

** Jaén

** Écija

** Sevilla

** Carmona

Priego de Córdoba

** Guadix

** Granada   **TOUR 4**

TOUR 1

** Almería

** Coto de Doñana

** Arcos de la
Frontera   ** Ronda

** Sierra Nevada

** Sanlúcar

** Málaga

** Jerez

Medina
Sidonia

** Cádiz

Vejer   ** Marbella

TOUR 2

Coto de Doñana
60 Vogelarten lassen sich im
Nationalpark beobachten.

Traumstrand
Mit kilometerlangen, fein-
sandigen Stränden erfreut
die Costa de la Luz – hier
bei Isla Cristina.

Generalife
Einst Privatpark der Könige
von Granada, kann heute
jeder seine Schatten- und
Wasserspiele genießen.

Unterwegs in Andalusien

Strandvergnügen, Naturerlebnis und Kulturgenuss auf höchstem Niveau: In Andalusien muss man auf nichts davon verzichten, denn alles lässt sich wunderbar unter einen Hut bringen. Vormittags ein Ausflug in die **maurische Vergangenheit**, nachmittags eine Wanderung in **einsamer Natur** und abends geht es zur Abkühlung **ins Meer** – das ist durchaus möglich, wenn man sich am richtigen Ort niederlässt. Das hängt nicht zuletzt davon ab, wie man nach Andalusien reist. Da die meisten Urlauber mit dem Flugzeug ankommen – die Flüge sind recht günstig und dauern ca. drei Stunden; mit dem Auto ist man zwei, drei Tage unterwegs, mit der Bahn ebenfalls (▶Praktische Informationen, Anreise) – bietet es sich an, Andalusiens Ferienregionen anhand der Zielflughäfen vorzustellen.

Ankunft in Málaga: Costa del Sol

Málaga, die zweitgrößte Stadt Andalusiens, ist die Verkehrsdrehscheibe der Costa del Sol. Die »Sonnenküste« reicht von Tarifa im Südwesten bis zur Ostgrenze der Provinz Málaga; ihr Kern, die Küste von Málaga bis Estepona, ist das **größte zusammenhängende Feriengebiet Europas**. Wer kein begeisterter Strand- oder Partygänger ist, sondern Ruhe sucht, sollte nicht zu lange bleiben, steht doch das **Nachtleben** gleichberechtigt neben dem Strandleben – an Discos, Restaurants, Bars, Events und allen denkbaren Vergnügungen an den vollen Stränden herrscht kein Mangel.

Ruhiger wird es, je weiter man von der Küste ins bergige Hinterland kommt. Schon 10 – 15 km vom Strand bieten sich hübsche kleinere Hotels oder Ferienhäuschen für einen **entspannten Urlaub mit Ausflügen** in Städte wie Ronda oder Antequera an. Man sollte allerdings auch Granada gesehen und genossen haben, eine Übernachtung dort ist zu empfehlen. Die Costa del Sol ist zudem **Europas Golferparadies** schlechthin. Viele Hotels haben eigene Plätze und bieten Golferurlaub an (▶ Praktische Informationen, Urlaub aktiv). **Costa Tropical** nennt sich der zur Provinz Granada gehörende Abschnitt der Costa del Sol östlich von Málaga. Da Bausünden bislang weitgehend vermieden worden sind, zeigt sich die Sonnenküste hier noch **am schönsten und ursprünglichsten**, auch wenn die Küstenlinie steil und die Strände daher klein sind. Der Tourismus rund um den Hauptort Almuñécar gibt sich familiär.

Ankunft in Jerez de la Frontera: südliche Costa de la Luz

Jerez de la Frontera ist **der günstigste Zielflughafen** für Ferien an der südlichen Costa de la Luz, ein Ziel für alle, die Sonne, Sand und Meer **ohne übermäßigen Disco- und Entertainmentrummel** genießen wollen. **Fantastische Strände** (insgesamt 265 km) mit feinstem Sand locken zum Bad im Atlantik. Für Wassersportler, hauptsächlich Surfer, gelten die einsamen Buchten als unübertroffenes Dorado. **Naturliebhaber** kommen im Nationalpark Coto de Doñana und in der Sierra de Grazalema auf ihre Kosten.

Alles Glück dieser Erde liegt auf dem Rücken der Pferde – vor allem am Strand von Tarifa.

Kulturbegeisterten wird es in Cádiz an der Küste und im Binnenland in Jerez de la Frontera, den »Pueblos blancos« und vor allem im nicht weit vom Meer liegenden Sevilla gefallen. Das Hinterland ist das Land der Großgrundbesitzer, die sowohl Sherry, Manzanilla und Oliven anbauen als auch Kampfstiere und Pferde züchten – deshalb ist es auch ideal für **Reiterferien** (▶ Praktische Informationen, Urlaub aktiv). Bei der Feriendomizilsuche ist zu bedenken, dass die Strände nördlich des Guadalquivir zwar herrlich sind, aber verkehrsungünstig liegen, denn es gibt keine Brücke über die Flussmündung, sodass sehr weite Umwege über Sevilla notwendig sind, will man an die südliche Costa de la Luz.

Wer in Sevilla aus dem Flieger steigt, hat viele Möglichkeiten. Die nördliche Costa de la Luz ist nicht weit und auch wenn es dort schon einige große Retortensiedlungen wie Matalascañas oder Novo Sancti Petri gibt, ist man glücklicherweise von Verhältnissen wie an der westlichen Costa del Sol noch weit entfernt. Die Coto de Doñana liegt gleich daneben und auch Jerez de la Frontera erreicht man leicht. Nach Osten hin erstreckt sich von Sevilla aus das Guadalqui-

Ankunft in Sevilla: nördliche Cost de la Luz und Guadalquivirbecken

virbecken – nicht gerade einladend, denn diese Gegend heißt nicht umsonst **»die Bratpfanne Andalusiens«**: Hier erreicht das Quecksilber zwischen Juni und September problemlos über 40 °C! Aber um **Córdoba**, die alte Hauptstadt des Kalifats, kommt man nicht herum,

Ankunft in Almería: Costa de Almería

Urlaub an der Costa de Almería bedeutet, dass man **einigermaßen weit ab vom Schuss** ist (nach Granada sind es von Almería aus 170 km), dafür gibt es hier eine **einmalige Natur** und **einige der besten**, weil noch nicht überlaufenen **Strände Andalusiens**. Letzteres gilt vor allem rund um das Cabo de Gata. An keinem anderen Platz in Andalusien ist Afrika so gegenwärtig wie hier, wo es gerade mal an 25 Tagen pro Jahr regnet: Über braune, ab und an von schroffen Felsen durchbrochene vulkanische Hügel zieht sich ein spärliches Pflanzenkleid. Diese Landschaft steht unter Naturschutz; entsprechend wenig entwickelt ist die touristische Infrastruktur – anstatt Bettenburgen und Ferienanlagen sind hier vereinzelt Bungalowsiedlungen und kleinere Hotels zu finden. Lediglich San José ist etwas größer geraten, aber trotzdem ein angenehmer Ort zum Bleiben. Ganz anders sieht es an der Küste westlich von Almería aus: Sie ist das Hauptziel des Pauschaltourismus, was bedeutet, dass sich hinter langen, meist sehr gepflegten Stränden die Hotel- und Bungalowanlagen türmen und daran oft das Plastikfolienmeer der Treibhäuser anschließt. Kulturell ist an der Costa de Almería nicht allzu viel geboten, dagegen umso mehr Natur: Von jedem Küstenort aus kann man Tagesausflüge in die Sierra de Alhamilla oder in die Berge der Alpujarras machen, wo das Klima so mild ist, dass schon die Mauren hier Zitrusfrüchte anbauten. In der Sierra de Alhamilla sieht es aus **wie im Wilden Westen** – das ist wörtlich zu nehmen, denn hier gibt es drei Kulissendörfer, die heute Publikumsmagneten sind und in denen ab und zu immer noch Wildwestfilme gedreht werden.

Nordost-andalusien

Bleibt noch eine Region, in der **Badeferien nicht möglich** sind und die auch keinen Flughafen direkt vor der Haustür hat. Das im Wesentlichen die Region Jaén umfassende Nordostandalusien ist eine Entdeckung wert: Das **größte Olivenanbaugebiet der Erde** ist etwas für Menschen, die sich an **weiten, archaisch anmutenden Landschaften** erfreuen können, die das Erlebnis in freier Natur suchen (in der Sierra de Cazorla) oder die einen Sinn für **herrliche Renaissancestädte** wie Baeza oder Úbeda haben.

Mobilität

Will man nicht den ganzen Urlaub am Strand verbringen, sondern auch Andalusien kennen lernen, wird man um einen **Mietwagen** (ab 120 € pro Woche, ►Praktische Informationen, Verkehr) oder das eigene Auto kaum herumkommen. Das Busnetz ist andererseits so dicht, dass man zumindest alle touristisch interessanten Orte problemlos erreicht. In den meisten Badeorten bieten örtliche Veranstalter **Busausflüge** ins Hinterland an, z.B. nach Granada. Andalusien per Bahn ist **nur bedingt zu empfehlen**, denn das Netz ist nicht allzu dicht. Vor allem liegen manche Bahnstationen kilometerweit abseits der Ortschaft, in die man eigentlich möchte. Eine Ausnahme gibt es allerdings: den **Al-Andaluz-Express** (► Baedeker-Tipp S. 83).

Wer viel von Andalusien sehen will, sollte sich **14 Tage für eine große Rundfahrt** Zeit nehmen (►Tour 1). Ideal in jeder Hinsicht sind drei Wochen Aufenthalt. Dann kann man gut eine Woche Badeurlaub machen und eine Woche lang das Land erkunden.Von der Costa del Sol aus bietet sich dann eine Rundreise zu den drei Hauptattraktionen Andalusiens mit jeweils zwei Nächten Aufenthalt nach Granada, Córdoba und Sevilla an. Von der südlichen Costa de la Luz aus erreicht man bequem Sevilla, Cádiz und Jerez de la Frontera; absolut empfehlenswert ist eine Rundfahrt in die Weißen Dörfer der Sierra de Grazalema. Wer nach einer Woche Badeurlaub an der Costa de Almería Lust hat, etwas zu unternehmen, kann die anschließende Woche mit einer Fahrt durch die Alpujarras nach Granada (ein Tag) beginnen, dort einen Tag verbringen, am dritten Tag via Jaén Baeza und Úbeda besuchen und am besten in Jaén übernachten. Auf der Rückfahrt nach Almería kann man sich noch die Höhlenstadt Guadix anschauen. Wer nur eine Woche Zeit hat, muss sich entweder für einen Badeurlaub oder für Kultur entscheiden. In letzterem Fall bieten sich zwei Alternativen: Nach Ankunft in Málaga kann man die schon oben erwähnte Rundreise zu den drei Hauptattraktionen Andalusiens machen oder eine gemütliche Tour durch die Weißen Dörfer (►Tour 2) unternehmen.

Reisedauer und Touren

Auf Bergrücken gewürfelte Weiße Dörfer im Hinterland – in ihren Mauern versteckt sich die Kühle.

Tour 1 Andalusien in drei Wochen

Länge: ca. 995 km   **Dauer:** 3 Wochen

Diese Rundfahrt berührt die sehenswertesten Orte Andalusiens und ist in drei Wochen zu bewältigen. Wer nur zwei Wochen Zeit hat, kann Jaén und Umgebung, die nördliche Costa de la Luz, den Coto de Doñana und Gibraltar auslassen.

Giralda
Das Wahrzeichen von Sevilla

★ ★ Medina Azahara
140 km
15 km
7 **6**
★ ★ Córdoba

★ Écija
64 km
8

★ ★ Sevilla
55 km
9
10
38 km
★ ★ Carmona

Stierkampf
Tierquälerei oder »die Kunst, den Stier zu bannen?«

125 km

★ ★ Coto de Doñana
11

90 km

★ Málaga
1

12
25 km
★ Sanlúcar
13
★ ★ Jerez
40 km
14
★ Cádiz
56 km
15 ★ Vejer

★ ★ Ronda
16
60 km
17
59 km
★ Marbella

132 km

Renaissancestädtchen
Der Palacio de Jabalquinto in Baeza beeindruckt mit seiner isabellinischen Fassade.

✶✶ Ubeda

5

13 km

✶✶ Baeza **4**

47 km

3

✶ Jaén

91 km

2

✶✶ Granada

Mezquita
Den »Wald der tausend Säulen« des Gebetsaals sollte man einmal erlebt haben.

Alhambra
Die Kuppel der Sala de las dos Hermanas bildet den künstlerischen Höhepunkt der Alhambra.

Von Málaga nach Granada

Ausgangspunkt ist ❶ ✳ **Málaga**, wo man einen Tag braucht, um die Kathedrale, die Alcazaba und die Picasso-Stätten zu besichtigen. Von der Metropole der ✳ **Costa del Sol** fährt man auf der A-45 Richtung Norden nach ✳ **Antequera**, wo man auf jeden Fall die vorzeitlichen Megalithgräber besucht, aber auch im Gebirge ✳✳ **El Torcal** wandern kann. Der Parador von Antequera ist eine komfortable, günstig gelegene, wenn auch nicht sonderlich stilvolle Übernachtungsmöglichkeit. Auf der Autobahn A-92 durchquert man dann die Vega von Granada und erreicht die Maurenstadt ❷ ✳✳ **Granada**, den ersten Höhepunkt der Reise. Hier sollte man mindestens zwei, besser drei Tage bleiben, um in Ruhe die Alhambra (Karten rechtzeitig vorbestellen! s. S. 262), die Kathedrale und die Altstadt genießen und vielleicht noch einen Ausflug in die ✳✳ **Sierra Nevada** unternehmen zu können.

NICHT VERSÄUMEN

■ Granada: Abendbesuch des Nasridenpalastes in der Alhambra, Albaícin, Kaffeepause an der Plaza Nueva.
■ Jaén: Kathedrale, Burg, arabische Bäder.
■ Baeza und Úbeda: Perlen der Renaissance.
■ Sierra de Cazorla: Wandern, Reiten, Jeep-Safaris durch das wilde Gebirge.

Jaén und der Nordosten

Die nächsten Übernachtungen sollte man in Jaén einplanen – vielleicht im herrlichen Parador auf der Burg –, das man auf der von Granada nach Norden führenden A-44 erreicht. Schon die Anfahrt durch die endlosen Olivenhaine ist ein Erlebnis. In Jaén besichtigt man die Kathedrale, das maurische Viertel und die mächtige Burg. Unbedingt unternehmen sollte man von ❸ **Jaén** aus eine eintägige Fahrt zu den Renaissancestädten ❹ ✳✳ **Baeza** und ❺ ✳✳ **Úbeda** (ca. 105 km hin und zurück); für Naturliebhaber lohnt sich von Úbeda auch ein Abstecher in die ✳✳ **Sierra de Cazorla** (ca. 55 km).

Von Jaén nach Sevilla

Von Jaén geht es nach Córdoba, entweder zunächst nach Norden über Andújar und von dort in westlicher Richtung auf der A-4 oder – schöner – quer durch das Olivenland auf der A-316 und N-432 nach Córdoba. Auch ❻ ✳✳ **Córdoba** ist einen mehrtägigen Aufenthalt wert, besitzt es doch mit der Mezquita eine der größten Moscheen der Erde und die größte Altstadt aller spanischen Provinzstädte. Als Ausflugsziel von der alten Kalifenstadt aus bieten sich die Weinbaugegend von Montilla-Moriles um Lucena (ca. 75 km) und vor allem die untergegangene Residenz der Kalifen ❼ ✳✳ **Medina Azahara** (ca. 15 km) an. Mitten durch die Ebene des Guadalquivir hindurch verläuft die A-4, auf der man über ❽ ✳ **Écija**, die Stadt der barocken Glockentürme, und ❾ ✳ **Carmona** mit seiner Altstadt und der römischen Nekropole in die Hauptstadt Andalusiens fährt, nach ❿ ✳✳ **Sevilla**. Die Großstadt am Guadalquivir bietet herrliche Attraktionen: Sehenswürdigkeiten ersten Ranges wie die Kathedrale und den Alcázar, die Altstadt und das Triana-Viertel mit ihrem pulsierenden Nachtleben, die Gärten und Parkanlagen am Fluss und den Freizeitpark Isla Mágica auf dem ehemaligen EXPO-Gelände.

Auch in die Umgebung lohnen Ausflüge: die römische Ruinenstadt * **Itálica** (10 km), die Burg von Alcalá de Guadaira (20 km), die nördliche * * **Costa de la Luz** mit ihren lang gestreckten Badestränden um Huelva sowie Moguer, das Kloster * **La Rábida** und Palos de la Frontera, die eng verbunden mit den Reisen des Kolumbus sind (91 km bis Huelva), schließlich ein eintägiger Ausflug in den Nationalpark  ⑪ * * **Coto de Doñana** (90 km bis zum Besucherzentrum El Acebuche).

Südlich von Sevilla liegt * **Jerez de la Frontera**, Hauptstadt des Sherry und der andalusischen Reitkunst, schnell zu erreichen über die Autobahn AP-4. Nur wenige Kilometer abseits kommt man nach ⑫ * **Sanlúcar de Barrameda**, Stadt des Manzanilla, und weiter südlich lockt zunächst ⑬ * * **Jerez**, die Stadt des Sherry und noch südlicher das klare Licht der alten Hafenstadt ⑭ * **Cádiz**. Die Strecke auf der N-340 südlich von Cádiz entlang der Costa de la Luz mit ihren Buchten und Stränden im ewigen Wind ist der erfrischende Teil der Rundfahrt nach der Reise durch das Landesinnere. Im küstennahen »Weißen Dorf« ⑮ * **Vejer de la Frontera** oder in der Surferhochburg * **Tarifa** mit ihrem ausgeprägten Nachtleben, von wo aus sich ein Abstecher nach * * **Gibraltar** anbietet, erholt man sich für die etwas anstrengende Fahrt auf der A-405 über San Roque, Castellar de la Frontera und Jímena de la Frontera hinein in die * **Serranía de Ronda** (alternativ dazu kann man schon von Jerez aus auf der A-384 und A-372 via * **Arcos de la Frontera** nach Ronda fahren). In ⑯ * * **Ronda**, atemberaubend über einer tief eingeschnittenen Schlucht gelegen, sollte man zwei Tage verbringen, um die Stadt und die Berglandschaft in der Umgebung kennen zu lernen. Auf der letzten Etappe überquert man auf der A-376 die Sierra Bermeja und fährt an der Costa del Sol über ⑰ * **Marbella**, Fuengirola und Torremolinos zurück nach Málaga.

Von Sevilla über die Costa de la Luz und Ronda zurück nach Málaga

Die Giralda und die Torre del Oro leuchten in die sevillanische Nacht hinein.

Tour 2 Tour der »Weißen Dörfer«

Länge: ca. 250 km   **Dauer:** 3 Tage

Die Route der »Weißen Dörfer« (»Ruta de los Pueblos Blancos«) berührt die Hügel- und Berglandschaft des andalusischen Südwestens.
Weniger stehen herausragende Kunstdenkmäler im Vordergrund
als vielmehr das farbenfrohe Zusammenspiel außerordentlich schöner Landschaften mit den eingestreuten Flecken der weiß gekalkten Häuser in den Dörfern, die allesamt zu einem Spaziergang
durch die engen Gassen einladen. Man sollte sich allerdings nicht
vom Begriff »Dorf« täuschen lassen – manche der Orte sind längst
zu Kleinstädten herangewachsen.

Weißes Dorf
*Arcos de la Frontera
liegt hoch über dem
Guadalete.*

★ Arcos de la
Frontera

★★ Ronda

84 km

3

4

38 km

Cueva de la Pileta
*Reich mit prähistori-
schen Wandmalereien
ausgestattete Höhle*

2 Medina
Sidonia

29 km

78 km

1

★ Vejer

5

Castellas de
Frontera

Noch ein weißes Dorf
*Vejer de la Frontera
leuchtet weiß auf einem
Felsen über dem Río Bar-
bate in die Landschaft.*

Ronda
*In der spektakulär
über einer Schlucht
gelegenen Stadt hat
der Stierkampf
seine Wurzeln.*

Die Fahrt beginnt in ❶ ✳ **Vejer de la Frontera**, hoch auf einem Hügel in der Nähe des Cabo de Trafalgar gelegen. Von hier führt die A-396 in nördlicher Richtung nach ❷ **Medina Sidonia**, alter Adelssitz inmitten des andalusischen Kampfstierzuchtgebiets. Auf einem Abstecher weiter ins Landesinnere lernt man mit Alcalá de los Gazules (ca. 40 km hin und zurück) eine weitere typische Ortschaft kennen. Von Medina Sidonia geht es weiter in nördlicher Richtung nach ❸ ✳ **Arcos de la Frontera**, das, majestätisch auf einem Felsen über dem Río Guadalete thronend, oft als das schönste »Weiße Dorf« bezeichnet wird.

Von Vejer de la Frontera nach Arcos de la Frontera

Hier beginnt einer der angenehmsten Abschnitte der Tour: auf der A-372 durch Sonnenblumen- und Kornfelder, Olivenhaine und Eichenwäldchen über die ✳ **Sierra de Grazalema**. Am Fuß dieser Berge liegt El Bosque, Zentrum des Wandertourismus in der geschützten Landschaft. Das Sträßchen windet sich hinauf zur Passhöhe Puerto del Boyar, die herrliche Aussichten bietet, und läuft wieder hinab nach Grazalema, das sich unter der steil aufragenden Felszacke El Reloj an die Hänge schmiegt. Alternativ zur Fahrt über den Pass bietet sich ein ebenso schöner, etwas längerer Umweg an: von El Bosque auf der A-373 zum südlich gelegenen Ubrique und von dort über Villaluenga del Rosan nach Grazalema (ca. 40 km). Nördlich von Grazalema liegt Zahara de la Sierra – wer ein wirklich schönes »Weißes Dorf« sehen will, sollte diesen Abstecher unternehmen (ca. 50 km hin und zurück). Nächstes Ziel nach Grazalema ist ❹ ✳✳ **Ronda**, einzigartig um die Schlucht des Río Guadiaro gebaut. Zuvor zweigt bei La Quinta ein schmales Sträßchen zur ✳ **Cueva de la Pileta** ab, einer hoch im Berg gelegenen Höhle mit faszinierenden prähistorischen Malereien. In Ronda sollte man sich länger aufhalten, um von hier Ausflüge nach ✳ **Setenil** und nach ✳ **Olvera** zu unternehmen, zwei »Weißen Dörfern«, die durch ihre Lage in der felsigen Landschaft bestechen. Hier leben nicht wenige Menschen in recht komfortablen Höhlenwohnungen.

Durch Sierra de Grazalema nach Ronda

 NICHT VERSÄUMEN

- Arcos de la Frontera: Fein speisen im Parador.
- Sierra de Grazalema: Wandern, Reitausflug.
- Zahara de la Sierra: Imposante Burg.
- Ronda: Fantastische Lage, maurische Altstadt und Stierkampf.
- Strände der Costa de la Luz: Zahara de los Atunes, Canos de Meca, Chiclana, Tarifa, Mazagón, Conil de la Frontera
- Strände der Costa del Sol: Marbella, Nerja

Nach der Besichtigung von Ronda geht es auf der A-369 in Richtung Süden. Vorbei an Oliven- und Eichenhainen, durch malerische Dörfer, erreicht die Straße Jímena de la Frontera, von wo sie direkt nach Süden führt. Bei Almoraima zweigt eine schmale Stichstraße in das hübsche Wehrdorf ❺ **Castellar de la Frontera** ab. Nach diesem Abstecher (ca. 15 km hin und zurück) setzt man die Fahrt nach Süden fort, erreicht die N-340 / E-15 und hat die Wahl: nach Westen zur ✳✳ **Costa de la Luz** oder nach Osten zur ✳ **Costa del Sol**.

Von Ronda an die Costa del Sol

Tour 3 Tour des Kalifats

Länge: ca. 180 km   **Dauer:** 2-3 Tage

Diese Route verläuft im Wesentlichen entlang der N-432 von Granada nach Córdoba, verbindet also die bedeutendsten andalusisch-maurischen Städte. Sie durchzieht das Kernland des Kalifats und unternimmt immer wieder Abstecher in kleinere Orte, in denen bei genauem Hinschauen noch Maurisches zu entdecken ist.

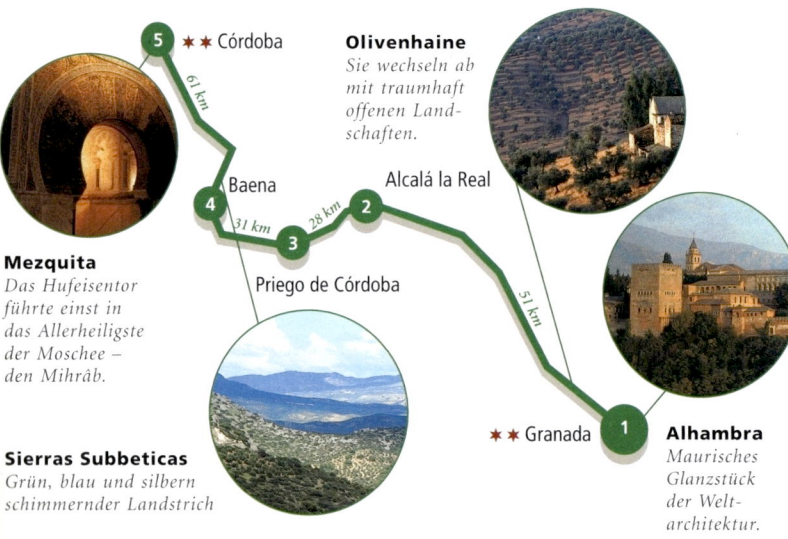

5 ✶✶ Córdoba

61 km

Olivenhaine
Sie wechseln ab mit traumhaft offenen Landschaften.

4 Baena   **Alcalá la Real**

31 km 28 km **2**

3

Priego de Córdoba

51 km

✶✶ Granada **1**

Mezquita
Das Hufeisentor führte einst in das Allerheiligste der Moschee – den Mihrâb.

Sierras Subbeticas
Grün, blau und silbern schimmernder Landstrich

Alhambra
Maurisches Glanzstück der Weltarchitektur.

✓ NICHT VERSÄUMEN

- Granada: Abendbesuch des Nasridenpalastes in der Alhambra, Albaícin, Kaffeepause an der Plaza Nueva.
- Baena: Zentrum der Olivenölproduktion mit maurischer Altstadt.
- Priego de Córdoba: Barockkirchen und Brunnen.
- Zuheros: Kastell aus maurischer Zeit.
- Naturpark Sierras Subbéticas: Wandern.
- Córdoba: Mezquita und Judería; Essen im Pepé de la Judería oder im El Rincón de Carmen, beide in der Calle Romero; Flamenco im Tablao Cardenal.

So auch beim ersten Halt nach **1** ✶✶ **Granada**, in **Moclín**, das man auf einer Nebenstraße von Puerto Lope erreicht. Hier besichtigt man die stolze Grenzfestung der nasridischen Herrscher von Granada und die Casa del Pósito, einen Kornspeicher aus der Renaissance. Wegen seiner Pfarrkirche im mudejaren Stil lohnt von hier auch ein weiterer Abstecher in den kleineren Festungsort **Colomera** (20 km). An der N-432 wartet dann **2** **Alcalá la Real** mit vielen alten Kirchen und der nächsten beeindruckenden Burg auf, dem Castillo de la Mota, das zusammen mit der zerstörten Burg von Castillo de Locubín einst den Pass über die zerklüfteten Sierras beherrschte. Das Castillo von Alcaudete ist ebenfalls sehenswert. Anstatt auf der N-432 direkt nach ❹ **Baena** mit seiner gotischen Pfarrkirche weiterzufahren, lohnt der Abstecher auf der A-339 in den Naturpark der **Sierras Subbéticas** (80 km) mit vielen Höhlen und Quellen, denn auch ❸ **Priego de Córdoba** ist den Besuch und eine Übernachtung wert; weiter geht es dann auf der A-339 über Cabra und dann auf der A-318 an **Zuheros** (mit der Cueva del Cerro de los Murciélagos) vorbei, dessen Castillo das schönstgelegene auf diesem Abstecher ist. Von hier erreicht man wieder die N-432 und auf dieser bald **Castro del Río**, das mit malerischen Gassen und Kirchen gefällt. Außer der maurisch inspirierten Küche sollte man an diesem Streckenabschnitt die berühmten Olivenholzmöbel beachten. Durch weite **Olivenhaine und Sonnenblumenfelder** erreicht man über Espejo schließlich ❺ ✶✶ **Córdoba**.

! TIPP

Frommer Gesang

Die Bruderschaft der Pfarrkirche La Aurora in Priego de Córdoba zieht jeden Samstag um Mitternacht durch die Gassen, um die Schutzpatronin ihrer Kirche mit Liedern zu ehren.

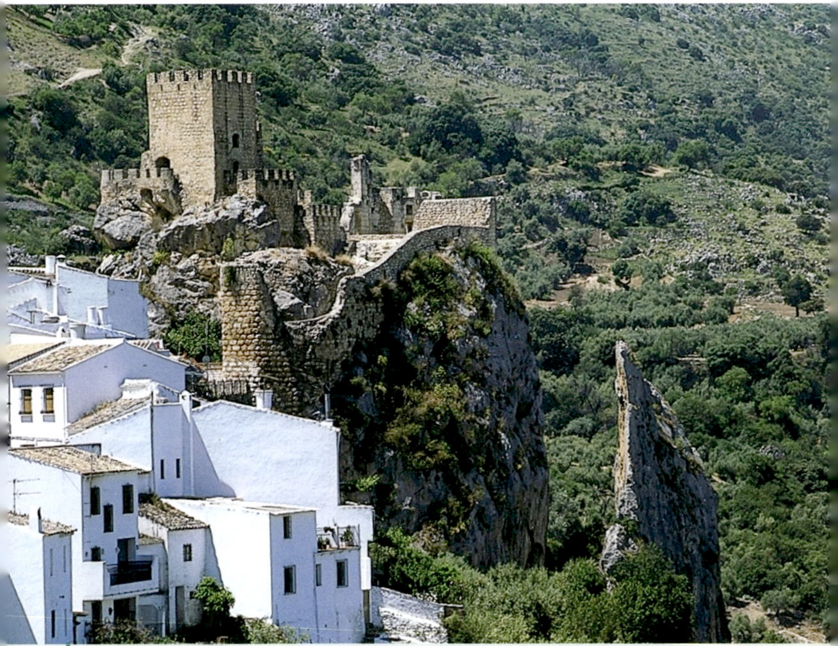

Zuheros besitzt ein Castillo in atemberaubender Lage auf einem steil abfallenden Felsen.

Tour 4 Rund um die Sierra Nevada

Länge: ca. 400 km　　　　　　**Dauer:** 3-4 Tage

Diese Route ist etwas für Naturliebhaber. Sie führt zu den höchsten Gipfel Spanlens, durch karge Tuffsteinlandschaften, die einzige Wüste Europas und schließlich mit den Alpujarras in eine alte, von den Mauren kultivierte Terrassenlandschaft.

Guadix
Stadt der Höhlenwohnungen

Lacalahorra
Zwischen dem Grün der Hochebene und dem Blau des Himmels liegt die Renaissance-festung Lacalahorra.

✶✶ Granada
55 km
① ② Guadix
184 km
Lacalahorra
③
96 km

Lanjaron
90 km
⑤
Laujar de Andarax
65 km
✶ Almería
④
⑥
46 km
✶✶ Sierra Nevada

Sierra Nevada
Hat man den Gipfel des Pico de Velata erstürmt, kann man stolz sein.

Alpujarras
Die Berge sind nach der Göttin des Lichts benannt.

Almería
Die Alcazaba von Almeria ist das zweitgrößte maurische Bauwerk Europas nach der Alhambra in Granada.

Direct von **Granada** aus kann man auf der höchsten Pass-straße Europas (A-395) als Tagesausflug an den Skigebieten vorbei bis nahe an die höchsten Gipfel der ✱✱ **Sierra Nevada** (und Spa-niens) fahren (hin und zurück 88 km): zum Pico de Veleta (3428 m ü. d. M.).

Von Granada nach Almeria

Für die eigentliche Rundfahrt biegt man auf der Strecke hinauf zur Passhöhe 9 km nach Granada auf eine kleine Verbindungsstraße entlang des Río Aguas nach Dúdar und Quéntar ein. Der herrliche Blick auf die Gipfel der Sierra Nevada begleitet die Fahrt über La Peza bis nach ❷✱ **Guadix** mit seiner interessanten Kathedrale, wo aber die für diese Gegend typischen **Höhlenwohnungen** die eigentliche Sehenswürdigkeit sind. Hat man diesen beschwerlichen und nicht

> ✔ **NICHT VERSÄUMEN**
>
> - Granada: Abendbesuch des Nasridenpalastes in der Alhambra, Albaícin, Kaffeepause an der Plaza Nueva
> - Sierra Nevada: Spaniens höchste Gipfel
> - Guadix: Höhlenhäuser
> - Lacalahorra: Renaissancefestung in unberührter Landschaft
> - Almería: Alcazaba, in der Umgebung Mini Hollywood
> - Cabo de Gata: Wüste und Meer
> - Las Alpujarras: Terrassenlandschaft im Hochgebirge
> - Trevélez: Serrano-Schinken probieren

den Weg über die A-92 gewählt, sollte man in Guadix übernachten und am nächsten Tag auf der die Hochebene Marquesado de Zenete durchquerenden A-92 weiterfah-ren, die zu schönen Abstechern in ihre hübschen Ortschaften ver-führt – wobei man unbedingt die Renaissancefestung ❸**Lacalahorra** besuchen sollte. In Huénejar findet man sehenswerte **arabische Bä-der**, in Fiñana eine kleine, fast original gebliebene Moschee. Schließ-lich führt die nunmehrige A-92S nach ❹✱ **Almería**. Hier kann man eine Übernachtung einplanen, damit Zeit bleibt für eine Fahrt in die Sierra de Alhamilla oder zum Cabo de Gata.

Zurück nach Granada begleitet man den Río Andarax durch die ✱ **Alpujarras**. Man durchquert das Gebiet der Moriskenaufstände des 16. Jh.s, das noch lange nach der Reconquista **maurisch geprägt** war, in dessen mildem Klima Maulbeerbäume gezogen wurden und wo die Menschen heute noch Gemüse, Zitrusfrüchte und Wein in **Terrassengärten** anbauen. Der Weg führt via Gádor auf der A-348 nach Alhama de Almería und ❺**Laujar de Andarax**. Hier bietet sich ein Ausflug zur Quelle des Río Andarax an. Weiter über **Juviles** mit seiner bildschönen mudejaren Kirche, dem mit 1480 m höchst-gelegenen **Trevélez**, bekannt für seinen köstlichen »jamón serrano« (luftgetrockneten Schinken), und **Capileira** geht es immer wieder tief in die Täler am Südhang der Sierra Nevada. Über Órgiva, dann ❻**Lanjarón** – wo man noch übernachten könnte – und Durcal kehrt man nach Granada zurück.

Durch die Alpujarras

Reiseziele
von A bis Z

WER SICH CÁDIZ AM ABEND ÜBER
DAS WASSER NÄHERT, DEM SCHIM-
MERT DIE KATHEDRALE PERLMUTT-
FARBEN ENTGEGEN. LASSEN SIE SICH
VON ANDALUSIEN VERZAUBERN!

★ Los Alcornocales

(Parque Natural de los Alcornocales)

D 8/9

Provinz: Cádiz

Zwischen dem Felsen von ►Gibraltar und der ►Sierra de Grazalema erstreckt sich der Parque Natural (Naturpark) Los Alcornocales, der dank seiner vielfältigen Vegetation und artenreichen Vogelwelt ein lohnendes Ziel für Naturfreunde darstellt.

▶ LOS ARCORNOCALES ERLEBEN

ANFAHRT

Als Eingangstore zum Naturpark bieten sich Jimena de la Frontera in der Umgebung von ►Algeciras und das Dorf Alcalá de los Gazules an. Mit dem Auto kann man den Naturpark auf der A-2304 erkunden, die von Alcalá de los Gazules Richtung Ubrique in der Sierra de Grazalema mitten durch ihn hindurch führt. Die A-405 ermöglicht zwischen Castellar de la Frontera und Gaucín Einblicke in den östlichen Rand des Naturschutzgebiets.

AUSKUNFT

Calle los Pozos, s/n,
E-11180 Alcalá de los Gazules
Tel. 956 41 32 52 / 08
Fax 956 41 33 71
www.alcornocales.org

Misericordia s/n,
E-11330 Jimena de la Frontera
Tel. 956 64 02 54

Öffnungszeiten: Mo. – Fr.
11.00 – 13.00, 16.00 – 18.00,
Sa., So. 10.00 – 13.00 Uhr
Die Informationsbüros geben Auskunft über Wander- und Unterkunftsmöglichkeiten in der Region.

ÜBERNACHTEN UND ESSEN

► **Erschwinglich**
La Almoraima
In Castellar de la Frontera
Tel. 956 69 30 02
www.laalmoraimahotel.com, 23 Z.
Am Rand des Naturparks Los Alcornocales bietet sich eine Nacht im Hotel an: Dafür ist das ehemalige Kloster und Jagdschloss vom Beginn des 17. Jh.s dank seiner sehr gut ausgestatteten Zimmer und des großen Parks ein herrlicher Platz – und gar nicht mal so teuer. Guter Tipp für Wildgerichte und traditionelle Küche.

Tiere und Pflanzen Das 1700 km² große gebirgige Naturschutzgebiet im westlichsten Ausläufer der Betischen Kordilleren ist **einer der größten Korkeichenwälder der Erde**. In den höheren Lagen wachsen geradezu majestätische Exemplare. Diese Wälder bilden die Grundlage für die

Korkindustrie: Wenn die Korkschicht 7 bis 10 cm dick ist, was ungefähr alle 9 bis 10 Jahre der Fall ist, wird der Kork geschnitten und
verarbeitet. Zusätzlich dienen die Eicheln den hier frei laufenden Iberischen Schweinen als Hauptnahrungsmittel.

Außer Korkeichen gedeihen u. a. noch Steineichen, wilde Olivenbäume, Weißdorn und Adlerfarn. Eine **Besonderheit** sind noch die an
schattigen und feuchten Abhängen wachsenden Bestände einer der
Portugiesischen Eiche verwandten Art, die stark mit Epiphyten be-
wachsen sind.

In der Tierwelt der Alcornocales findet man u. a. Wildschweine, Rotwild, Rehe, Fischotter, Mangusten, Gänsegeier und Zwergadler, Eidechsen, Feuersalamander sowie andere Reptilien und Amphibien.

Algeciras

E 9

Provinz: Cádiz   **Höhe:** 15 m ü. d. M.
Einwohnerzahl: 116 200

**Algeciras liegt nahe der Südspitze der Iberischen Halbinsel an der
Westseite der Bahía de Algeciras gegenüber von ► Gibraltar. Die
Stadt besitzt große Bedeutung als Fährhafen nach ►Ceuta und Tan-
ger in Nordafrika, den jährlich ca. 3,4 Mio. Reisende benutzen,, im
Sommer vor allem in Europa beschäftigte Marokkaner, die ihren
Urlaub im Heimatland verbringen.**

Algeciras ist alles andere als schön, sodass die meisten es nur als Sta-   **Tor nach**
tion auf dem Weg nach Nordafrika mitnehmen. Der Nähe zu Ma-   **Nordafrika**
rokko ist es auch zuzuschreiben, dass die Rate der Drogendelikte in
Algeciras die höchste in ganz Spanien ist. Dringendst ist davor zu
warnen, Drogen (**»chocolate«**) in irgendwelcher Form und Menge
aus Nordafrika mitzubringen oder in Algeciras zu erwerben, da harte
Strafen drohen.

Die Mauren gründeten das römische Portus Albo 713 als Al-Gezîra
al-Khadrâ (»grünes Eiland«) wieder. Es wurde 1344 von Alfons XI.
dem Gerechten erobert, 1368 von
Mohammed V. von Granada aus
zurückerobert und ein Jahr später
von den Christen endgültig zerstört.

Nach 1704, als Gibraltar von den
Briten erobert worden war, besiedelten spanische Auswanderer von
dort aus die Stadt erneut.

 Baedeker TIPP

Abstecher nach Marokko

Das quirlige Treiben im Hafen lässt die Nähe zu
Afrika spüren und vielleicht Lust auf einen Trip
nach Marokko aufkommen: Die Überfahrt nach
Tanger dauert nur ca. zwei Stunden; Tages-
ausflüge inklusive Stadtführung bieten bei-
spielsweise Viajes Transafric, Avda. la Marina 4
(Tel. 956 65 43 11; www.viajestransafric.com;
Reisepass empfohlen) für ca. 45 € an.

▶ ALGECIRAS ERLEBEN

**AUSKUNFT
(OFICINA DE TURISMO)**
C. Juan de la Cierva, s/n
E-11207 Algeciras
Tel. 956 57 26 36, www.algeciras.es

ESSEN

▶ **Erschwinglich**

① *Montes*
Juan Morrison, 27
Tel. 956 65 42 07
Nicht raffiniert, aber reell und immer
gut besucht. Tapas aus derselben
Küche gibt es in der dazugehörenden
Bar Ecke C. Castellar.

Los Remos
In San Roque
Finca Villa Victoria, s/n
Crta. de Gibraltar
Tel. 956 69 84 12
»Muy sofisticado«, sagen Puristen,
doch unbestritten ist die Küche vom
besten, ohne die eigene Tradition
internationalen Einflüssen zu opfern.

ÜBERNACHTEN

▶ **Luxus/Komfortabel**
San Roque Club Suites Hotel
In San Roque, Ctra. N-340, km 126,5

Tel. 956 61 30 30
Fax 956 61 30 12, 100 Z.
www.sanroqueclub.net
Luxus in einer der größten Fincas
Andalusiens: Kern des Hotels ist das
alte Herrenhaus, umgeben von einem
andalusischen Traumgarten. Dazu
kommt ein erstklassiges Restaurant.

▶ **Komfortabel**

② *Hotel Reina Cristina*
Paseo de la Conferencia, s/n
Tel. 956 60 26 22
www.reinacristina.es, 188 Zi.
Romantisches Kolonialstilhotel südlich
des Hafens, inmitten eines Parks
gelegen, das auf eine Reihe illustre
Gäste zurückblicken kann (u. a. Sir
Arthur Conan Doyle und Federico
García Lorca).

▶ **Günstig**

① *Al Mar*
Avda. de la Marina, 2
Tel. 956 65 46 61
www.hotelalmar.com, 192 Z.
Vom am Hafen gelegenen, nüchtern-
schmucklosen Hotel blickt man über
die Bucht von Algeciras bis hinüber
nach Gibraltar.

Sehenswertes in Algeciras

Plaza Alta   Um die palmenbestandene und brunnengeschmückte Plaza Alta, den
Hauptplatz der Stadt, herum begann sich die Stadt im 18. Jh. auszu-
breiten; aus dieser Zeit stammen
die Kirchen Nuestra Señora de Europa und Nuestra Señora de la
Palma.

! **Baedeker** TIPP

Einkauf unter Stahl
Ideal für Picknickeinkäufe ist die zentral gelegene Markthalle in der C. Nuestra Señora de la
Palma, eine interessante Stahlbaukonstruktion
des Ingenieurs Eduardo Torroja.

In der 1897 erbauten **Casa Consistorial** (Altes Rathaus) fand 1906
die Konferenz von Algeciras statt,
Folge der ersten Marokkokrise

Algeciras Orientierung

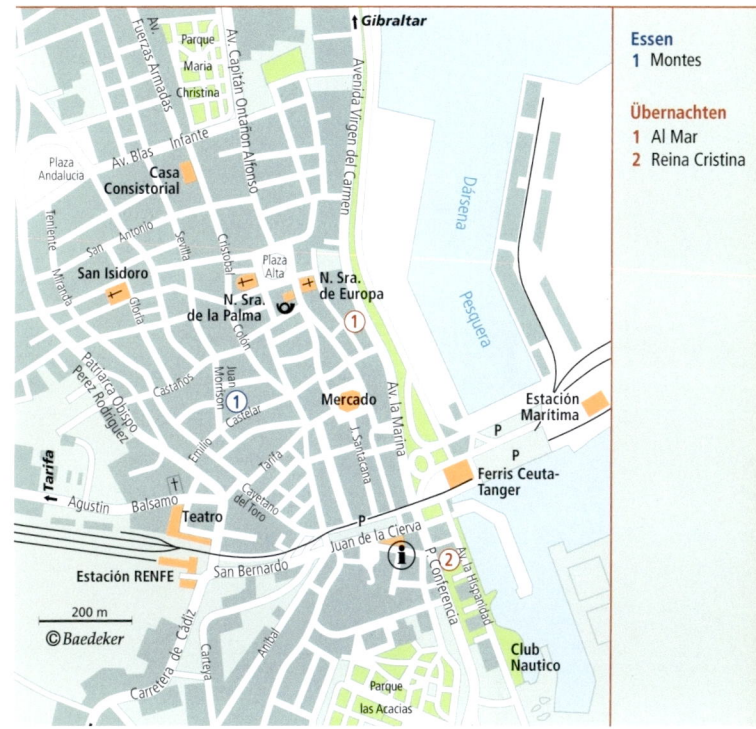

Essen
1 Montes

Übernachten
1 Al Mar
2 Reina Cristina

1905 / 1906, in deren Verlauf **Kaiser Wilhelm II.** Tanger einen demonstrativen Besuch abstattete. Das Deutsche Reich versuchte, die französische Nordafrikapolitik zu durchkreuzen und in Marokko Einfluss zu nehmen. Im Vertrag von Algeciras wurde allerdings Frankreich und Spanien gemeinsam die Kontrolle über Marokko übertragen.

Nachdem man 1996 im Stadtzentrum Fragmente einer **merinidischen Badeanlage** aus dem 13. bis 14. Jh. fand, wurden diese in den Parque María Cristina verlegt. Zu sehen sind Mauer- und Fußbodenreste sowie Teile eines Kanalisationssystems.

Parque María Cristina

Im Parque las Acacias informiert das Stadtmuseum über die Geschichte der Stadt. Besonders sehenswert ist Saal IV, wo anhand einer merinidischen Badeanlage die **häusliche Hygiene dieser Zeit** veranschaulicht wird (Öffnungszeiten: Mo.–Fr. 10.00–14.00 und 17.00 bis 20.00, Sa. 10.00–13.00 Uhr).

Museo Municipal

🕐

Algeciras hat mit dem Felsen von Gibraltar eine besondere Stadtkulisse.

Umgebung von Algeciras

La Línea de la Concepción

La Línea de la Concepción ist Grenzort zu dem britischen Dominion ►Gibraltar. Der Ort besitzt ein Stierkampfmuseum und ein Museum mit Werken des hier geborenen Malers Cruz Herrera.

✱ Castellar de la Frontera

Von der von Algeciras nach ►Ronda führenden A-405 zweigt nach 10 km bei Castellar Nuevo ein Sträßchen ab und führt, vorbei an Korkeichen, Eukalyptus- und Johannisbrotbäumen, nach Castellar de la Frontera, einem **mauerumgürteten Festungsdorf in felsiger Landschaft**. In den 1970er-Jahren mussten viele Familien nach Nuevo Castellar umziehen, da der neue Stausee Embalse de Guadarranque verheerende Auswirkungen auf die Landwirtschaft hatte. Das verlassene Dorf entdeckten Künstler und andere Aussteiger. Die Zeiten als pittoreskes Paradies der Zurückgezogenheit sind aber vorbei, denn der Ort wird zunehmend von betuchten Urlaubern aufgesucht. Die Burg ist zum anspruchsvollen Hotel (9 Z.) umgebaut, dazu sind innerhalb der Mauern elf (durchaus erschwingliche) Ferienhäuschen und das Restaurant »El Aljibe« entstanden (Infos: www.tugasa.com). Bekannt ist Castellar für sein **Flamencofestival** im August.

Jimena de la Frontera

Östlich des Naturparks ►Alcornocales und 12 km nördlich von Castellar liegt Jimena de la Frontera, ein verträumtes Dorf rund um eine maurische Burgruine. In der restaurierten Iglesia de la Misericordia aus dem 15. Jh. ist heute das Tourismusbüro untergebracht. Dort erhält man Auskunft über Besichtigungsmöglichkeiten der **Cueva de Laja-Alta** im Nordwesten von Jimena de la Frontera, wo ca. 3000 Jahre alte Höhlenmalereien entdeckt wurden.

✷ Almería

Provinz: Almería   **Höhe:** 16 m ü. d. M.
Einwohnerzahl: 188 800

Ganz im Südosten von Andalusien öffnet sich weit der Golf von Almería und lockt mit langen Stränden. Nur wenige Kilometer hinter der Küste steigen die kahlen Zacken der Sierra de Gádor im Westen und der Sierra Alhamilla im Nordosten auf; im Südosten markiert das ►Cabo de Gata die südöstlichste Spitze Spaniens.

Die Provinzhauptstadt Almería ist nicht spektakulär, aber freundlich und lebhaft. Ihr touristischer Schatz ist die sehr schön restaurierte Alcazaba, die **größte maurische Burg Andalusiens**.

Freundliche Provinzhauptstadt

Almería Orientierung

Essen
① Casa Puga
② Club de Mar
③ El Alcazár
④ Restaurante Valentín

Übernachten
① AM Congress
② Costasol
③ Gran Hotel Almería
④ La Perla
⑤ Torreluz IV

Von der Alcazaba hat man einen hinreißenden Blick auf die Stadt und den Hafen.

Die Provinz Almería ist eine der reichsten Spaniens – obwohl man kaum Industrie findet. Dafür scheint an durchschnittlich 320 Tagen im Jahr die Sonne, weshalb in der Ebene rund um die Provinzhauptstadt in großem Stil Gemüse unter Plastikplanen gezogen wird. Wer zum ersten Mal hierher kommt, wird erschrecken, denn endlos ziehen sich die Foliengewächshäuser hin. Der Eindruck bessert sich nicht, wenn man die armseligen Behausungen der Tagelöhner – meist nordafrikanische Emigranten – sieht. Trotzdem gewinnt die Provinz immer mehr Freunde, denn vor allem ihr östlicher Teil rund um das Cabo de Gata kann mit traumhaften, noch nicht überlaufenen Stränden und unberührter Natur aufwarten. Die Küste westlich von Almería dagegen hat sich dem Massentourismus ergeben. Der 8 km östlich der Stadt gelegene Flughafen ist nach dem von Málaga der zweitwichtigste für den Charterflugverkehr nach Andalusien.

Geschichte Die Südostspitze der Iberischen Halbinsel ist altes Kulturgebiet am **Kreuzungspunkt der Seefahrtswege** von Nordafrika nach Europa und vom östlichen Mittelmeer in den Atlantik. Die Glockenbecherkultur hat einen ihrer bedeutendsten Fundorte in Los Millares,

● ALMERÍA ERLEBEN

AUSKUNFT (OFICINA DE TURISMO)

C. Real, 15
E-04004 Almería
Tel. 950 620 002
Fax 950 620 003
Flughafen Tel. 950 21 37 00
www.dipalme.org
www.aytoalmeria.es

ESSEN

► Erschwinglich

② *Club de Mar*
Playa de las Almadrabillas
Tel. 950 23 07 80
Gourmetrestaurant mit Fischspezialitäten und edlem Ambiente im Sporthafen.

④ *Restaurante Valentín*
Tenor Iribarne, 19
Tel. 950 26 44 75
Fischgerichte in zahllosen Variationen.

► Preiswert

① *Casa Puga*
Jovellanos, 7
Die Tapas in der Bar sind Legende, sowohl in Qualität als auch in Vielfalt.

③ *El Alcázar*
Tenor Iribarne, 2
Tel. 950 23 89 95
Typische Marisquería, wo es gebackenen Fisch und Meeresfrüchte gibt.

ÜBERNACHTEN

► Komfortabel

③ *Gran Hotel Almería*
Avda. Reina Regente, 8
Tel. 950 23 80 11
Fax 950 27 06 91
www.granhotelalmeria.com
E-Mail: reservas@grandhotel
almeria.com, 117 B.

Bestes Hotel der Stadt mit dem für diese Preisklasse üblichen Rundum-Angebot.

⑤ *Torreluz IV*
Plaza Flores, 3
Tel. 950 23 43 99
Fax 950 28 14 28
www.torreluz.com, 105 Z.
Modern, in der Nähe der Alcazaba; zwei weitere Häuser mit zwei und drei Sternen gehören dazu und sind günstiger.

Portomagno
In Aguadulce, Paseo Marítimo, s / n
Tel. 950 34 22 16
Fax 950 34 29 65, 383 Z.
Strandhotel mit allen Extras, Golfplatz inklusive.

Baedeker-Empfehlung

► Günstig

Tapas in Almería
Eine gute Adresse für eine Tapas-Pause in der Altstadt von Almería ist die Bodeguilla de Ramón in der C. Padre Alfonso Torres, einem stillen Gässchen nahe der Kirche San Pedro.

► Günstig

① *AM Congress*
Tenor Iribarne, 15
Tel. 902 23 49 99
www.amhoteles.com
Gut ausgestattetes und dabei verhältnismäßig günstiges Hotel.

② *Costasol*
Paseo de Almería, 58
Tel. 950 23 40 11
Fax 950 23 42 12
www.costasol.com, 50 Z.

Das 2008 komplett renovierte Hotel ist zwischen Hafen und Zentrum gelegen und hat ein gutes Frühstück zu bieten. Funktional-moderne Ausstattung

④ *La Perla*
Plaza del Carmen, 7
Tel. 950 23 88 77
Fax 950 27 58 16
Am schönsten sind die Zimmer zur Plaza. Das älteste Hotel der Stadt hat seinen Charme bewahrt.

Playacapricho
In Roquetas de Mar,
Urb. Playa Serena H-10

Tel. 950 33 31 00
Fax 950 33 38 06, 331 Z.
Große Anlage mit Schwimmhalle und Garten.

SHOPPING

Haupteinkaufszone ist die C. de las Tiendas mit vielen kleinen Gassen ringsum; ein Morgenmarkt findet in der C. Aguilar de Campo beim Paseo de Almería statt.

FEST

Feria
10 Tage und Nächte Ende August wird mit Musik und Stierkämpfen gefeiert.

25 km nördlich von Almería. Auch die Phönizier ließen sich hier nieder, ihnen folgten die Griechen, die Karthager und danach die Römer, für die Portus Magnus zum bedeutenden Hafenplatz wurde. Auf die Westgoten folgten die Mauren, die die Stadt zur Blüte führten und sie Al-Mariyya nannten, was so viel wie **»Spiegel des Meeres«** bedeutet. Unter Abd ar-Rahman III. war sie wichtiger Hafen des Kalifats; nach dessen Zerfall wurde sie Hauptstadt einer Taifa, die mächtiger war als Sevilla und die Murcia, Jaén, Córdoba und Teile Granadas umfasste; doch auch dies währte nicht lange und Almería verkam zum Seeräubernest. 1147 konnte Alfons VII. die Stadt erobern, doch zehn Jahre später mussten die Christen wieder abziehen und erst 1489 übergab ein Onkel des letzten Herrschers von Granada Almería den Katholischen Königen. Ein Erdbeben zerstörte 1522 große Teile der Stadt; 1567 tauchten moslemische Vertriebene noch einmal vor den Toren auf, doch wurden sie auch hier geschlagen. Seit dem 19. Jh. wurden von hier die im Hinterland abgebauten Erze verschifft; nach dem Niedergang des Bergbaus begann um die 1980er-Jahre der Gemüsebau.

✷ ✷   Alcazaba

Zweitgrößtes maurisches Bauwerk Europas

Auf der Höhe westlich über der Stadt – von der Innenstadt kaum zu sehen, aber gut ausgeschildert – ragt über dem Barrio de la Chanca die riesige Alcazaba auf, das zweitgrößte maurische Bauwerk Europas nach der Alhambra von ▶Granada. Sie wurde im 10. Jh. unter Abd ar-Rahman III. erbaut, von Almansur vergrößert, zwischen 1014 und 1028 von Jairán, dem ersten Herrscher der Taifa, weiter ausgebaut, schließlich unter den Katholischen Königen abermals erweitert. Die

Alcazaba von Almería *Orientierung*

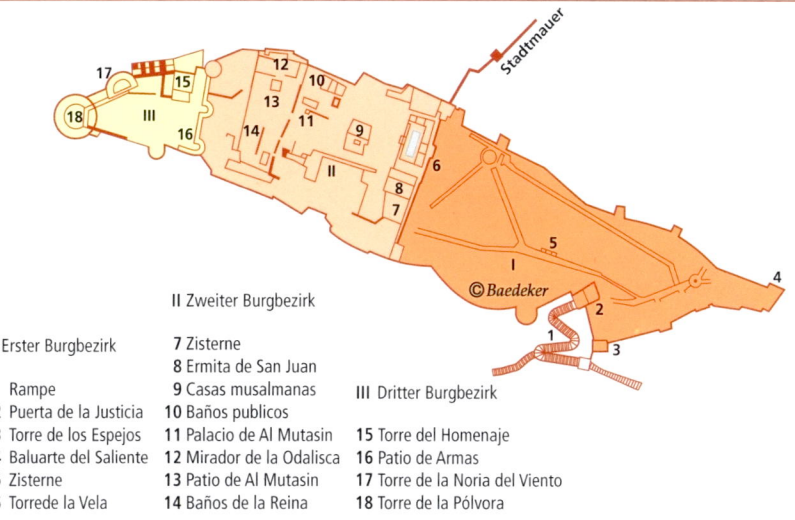

II Zweiter Burgbezirk

Erster Burgbezirk   7 Zisterne

   8 Ermita de San Juan

1 Rampe   9 Casas musalmanas   III Dritter Burgbezirk

2 Puerta de la Justicia   10 Baños publicos

3 Torre de los Espejos   11 Palacio de Al Mutasin   15 Torre del Homenaje

4 Baluarte del Saliente   12 Mirador de la Odalisca   16 Patio de Armas

5 Zisterne   13 Patio de Al Mutasin   17 Torre de la Noria del Viento

6 Torre de la Vela   14 Baños de la Reina   18 Torre de la Pólvora

umbaute Fläche der Festung umfasst mehr als 35 000 m², mehr als 20 000 Menschen konnten in ihren Mauern Zuflucht finden.

Drei zinnengekrönte Mauerringe passen sich dem Verlauf des Hügels an und bilden drei unterschiedlich hohe Burgbezirke. Vom Kassenhäuschen führt eine steile Zickzackrampe hinauf und durch die Puerta de la Justicia in den ersten Bezirk, der bei Belagerungen Flüchtlinge und zum Ausbruch bereite Verteidiger aufnahm; er ist heute zu einer sehr hübschen, von Wasserläufen durchzogenen Anlage umgewandelt. Hier steht die unter Karl III. errichtete Torre de la Vela, deren Glocke Alarm schlug, aber auch die Nachtruhe und die Bewässerungszeit ankündigte. Wie ein Schiffsbug ragt im Osten die Saliente-Bastion auf die Stadt hinaus, auf die man von hier einen **fantastischen Blick** hat. Im zweiten Burghof, dem ältesten Teil der Anlage, befanden sich die Paläste der maurischen Herrscher und die Moschee, unter der eine Zisterne lag; davon ist bis auf die Grundmauern kaum etwas erhalten. Die Zisterne allerdings kann besichtigt werden; hier sind einige bescheidene Stücke aus islamischer Vergangenheit ausgestellt. Den obersten Ring erbauten die christlichen Eroberer als abgeschlossenes Festungswerk. Hier gruppieren sich rund um den Waffenhof drei mächtige Türme: die viereckige gotische Torre del Homenaje mit dem Wappen der Katholischen Könige, die Torre de la Noria del Viento (Windmühlenturm) und auf der Westspitze die Torre de la Pólvora (Pulverturm) mit einigen alten Kanonen. In der Torre del Homenaje zeigt das Centro Andaluz de la Fotografía Wechselausstellungen.

🕐
Öffnungszeiten:
Di. – So.
Mitte Juni – Sept.
10.00 – 14.00,
15.00 – 20.00;
Okt. – Mitte Juni
9.30 – 14.30,
15.30 – 19.00

Über Almería thront die monumentale Maurenburg Alcazaba.

Stadtmauer Am Übergang vom ersten zum zweiten Burgbezirk zieht die unter Jairan erbaute Stadtmauer hinab in die Schlucht la Hoya und wieder hinauf zum Cerro de San Cristóbal gegenüber der Alcazaba. Auf diesem Hügel erbauten sich die Tempelritter das **Castillo de San Cristóbal**, von dem noch vier große Türme stehen. Die große Jesus-Statue wurde 1928 aufgestellt.

La Chanca Im Viertel La Chanca (von arab. »Tunfischnetz«), das sich unterhalb der Burg am Hügel hinaufzieht, leben viele Gitanos, die es nicht gern sehen, wenn ihre ärmlichen Lebensverhältnisse für eine touristische Attraktion gehalten werden.

Innenstadt

Am Fährhafen zieht sich der mit Palmen bestandene Parque de Nico-lás Salmerón entlang; ganz am Ostende überquert in luftiger Höhe die alte Erzverladebahn die Straße.

Parque de Nicolás Salmerón

Kurz davor zweigt die Rambla de Belén und von dieser bald der Pa-seo de Almería ab, auf dem man flaniert, einkauft und in eines der Straßencafé geht. Zu seinen auffallenden Gebäuden gehören der Sitz der Zivilregierung, einst Kasino, sowie die zusammenhängenden Prachtbauten von Teatro Cervantes und Círculo Mercantil; die da-hinter liegende **Basilica de la Nuestra Señora del Mar** ist der Schutz-heiligen der Stadt geweiht, deren Figur 1502 am Strand gefunden worden sein soll. Rechter Hand vom Paseo geht es zur Markthalle.

Paseo de Almería

Links vom Paseo erreicht man die große Plaza de la Catedral. Die Kathedrale ist eine **typische Wehrkirche** mit vier mächtigen Ecktür-men, turmartiger Apsis und Zinnenkranz und diente auch zum Schutz vor Piratenüberfällen. Diego de Siloé erbaute sie nach dem Erdbeben von 1522 zwischen 1524 und 1543 an Stelle der Freitags-moschee. Weniger wuchtig wirken das Hauptportal und die Puerta de los Perdones, beide von Juan de Orea, mit Doppelsäulen, reichem Figurenschmuck und dem Wappen Karls V. als Abschluss.
Herausragendes Kunstwerk im dreischiffigen Kirchenraum ist das aus Nussbaumholz geschnitzte **Chorgestühl**, ebenfalls von Juan de Orea (1558), dessen ungewöhnliche Figurenreliefs neben Kirchen-männern und Heiligen u. a. auch einen Arbeiter, Beamte und eine Mohrin zeigen. Weiterhin beachtenswert sind der »lauschende Chris-tus« in der Chorscheitelkapelle (hier ist auch Bischof Villalán begra-ben, der Stifter der Kirche), in der Capilla de la Piedad links daneben eine »Verkündigung« von Alonso Cano sowie rechts vom Chorschei-tel eine Statue des San Indalecio, des Schutzheiligen der Stadt, ein Werk von Francisco Salcillo.

✷ Catedral

Am Erzbischöflichen Palast vorbei geht es zur hübschen arkadenge-säumten Plaza Vieja (Plaza de la Constitución) mit dem Rathaus. Von ihr führt eine C. de las Tiendas, die alte Hauptachse der Stadt, zur Puerta de Purchena am Nordende des Paseo de Almería. Kurz davor erhebt sich die aus dem 16. Jh. stammende Kirche **Santiago el Viejo** mit einem 55 m hohen romanischen Turm und einem wiede-rum von Juan de Orea gestalteten prächtigen Portal mit der Figur des hl. Jakobus als Maurentöter. Die Inneneinrichtung der Kirche wurde 1936 im Bürgerkrieg zerstört. Etwas weiter oberhalb der Kir-che können **maurische Zisternen** aus dem 11. Jh. besichtigt werden (Öffnungszeiten: Mo. – bis Sa. 11.00 – 13.00 und 19.00 – 21.00 Uhr).

Plaza Vieja

🕑

Dieses Museum in der von der C. de las Tiendas abzweigenden C. Real (Nr. 15) widmet sich allen Aspekten des **Olivenöls**. Gegen eine

Museo del Aceite de Oliva

🕐 Gebühr kann man auch einige Sorten verkosten (Öffnungszeiten: Mo.–Fr. 10.00–13.00, 17.30–20.00 Uhr, Sa. nur morgens).

San Pedro Vom Olivenölmuseum ist es nicht weit zur Plaza San Pedro. Die Kirche wurde 1494 auf den Grundmauern einer Moschee angelegt; der heutige Bau mit Fresken von Fray Juan García stammt von 1795.

Museo de Almería
🕐 Das Archäologische Museum hat ein neues Gebäude an der Crta. de Ronda Nr. 91 bezogen. Es wurde 2008 als eines der besten Museen des Jahres ausgezeichnet (Öffnungszeiten: Di. 14.30–20.30, Mi.–Sa. 9.00–20.30, So. 9.00–14.30 Uhr).

Umgebung von Almería

Westliche Costa de Almería Die westliche Costa de Almería (östlicher Teil ▸ Mojácar) ist das **Hauptziel des Pauschaltourismus**, was bedeutet, dass sich hinter langen, meist sehr gepflegten Stränden die Hotel- und Bungalowanlagen türmen und daran oft direkt das Plastikmeer der Treibhäuser anschließt. An Pools, Park- und Sportanlagen, Supermärkten und Discos herrscht sowohl in Aguadulce als auch im kurz darauf folgenden Roquetas de Mar kein Mangel. Auf eine andere Klientel setzt **Almerímar**, eine aus dem Boden gestampfte Luxus-Urbanisation mit großer Golfanlage. Hier sind Freizeitkapitäne willkommen, die an einem der 1100 Liegeplätze im zweitgrößten Yachthafen Andalusiens ankern.

Los Millares
🕐 Öffnungszeiten: Mi.–So. 10.00–14.00
Die archäologische Grabungsstätte von Los Millares, nordwestlich von Almería auf der A-92 und A-348 zu erreichen, ist **von so großer Bedeutung**, dass nach ihr die zwischen der Stein- und der Kupferzeit angesiedelte Kulturepoche benannt wurde. Hier, hoch über dem Tal des Río Andarax in der wüstenhaften Sierra de Gádor, lebten zwischen 2500 und 1500 v. Chr. Menschen, die Glockenbecherkeramik herstellten und ihre Toten in Megalithgräbern bestatteten.

Von Los Millares kann man auf der A-348 die Fahrt hinein in die **fruchtbar-grüne Terrassenlandschaft** der ▸Alpujarras fortsetzen.

✳ Sierra Alhamilla

Einzige natürliche Wüste Europas Nordöstlich von Almería steigen bis über 1500 m hoch die kahlen Kuppen der Sierra Alhamilla auf. Diese einzige natürliche Wüste Europas kann man auf einem Tagesausflug mit dem Auto kennen lernen; in die Westernstädte fahren auch Busse.

Westernstädte Die sandbraune, spärlich bewachsene Landschaft erinnert unweigerlich an den Südwesten der USA, was auch einigen Filmproduzenten auffiel – flugs wurde die Sierra zum Drehort von Wildwestfilmen, denn die Produktionskosten waren hier wesentlich geringer und genügend potenzielle Statisten gab es auch. Nicht nur allerlei Spaghetti-Western wurden hier gedreht, auch US-Produktionen kamen nach

Showdown in Mini-Hollywood – das Publikum ist hautnah dabei.

Spanien und mit ihnen Stars wie Clint Eastwood, Lee van Cleef oder Burt Lancaster. Auch Szenen aus **»Lawrence von Arabien«** (die Erstürmung von Akkaba durch die Beduinen) und **»Indiana Jones«** entstanden hier. Nachdem die Filmproduktion zurückgefahren wurde, öffnete man die Kulissenstädte als Freizeitpark. Der größte und professionellste unter ihnen ist – als Teil des »Oasys Theme Park« (Safaripark, Zoo und Wasserpark) – **»Mini Hollywood«** (Öffnungszeiten: tgl. 10.00–21.00 Uhr) nördlich von Almería unmittelbar ⏱ nach der Abzweigung der N-340a von der A-92S: Zwischen Saloon, Bank, Gefängnis, Galgen, Hotel etc. werden ein **Banküberfall mit Schießerei** (tgl. 12.00, 17.00, Juni–Sept. auch 20.00 Uhr) geboten, im Saloon wird Cancan getanzt (tgl. 13.00, 16.00, Juni–Sept. auch 19.00 Uhr), außerdem gibt es eine Papageienshow (tgl. 11.00, 15.00, 18.00 Uhr). An der Strecke nach Tabernas folgt das kleinere »Texas Hollywood«; an der A-92S Richtung Guadix liegt »Western Leone«, wo Szenen für »Spiel mir das Lied vom Tod« gedreht wurden.

Vorbei am verschlafenen Dorf Tabernas, über dem auf einem Hügel die Ruine einer maurischen Burg thront, zweigt von der N-340a die A-349 nach Norden ab zum Sonnenkraftwerk der Internationalen Energieagentur IEA (Hinweisschild »Plataforma solar«). Nach 4 Kilometern sieht man rechts der Straße Hunderte von Spiegeln, die, dem Lauf der Sonne folgend, das Licht bündeln und es auf einen 80 m hohen Empfänger werfen, wo es in Energie umgewandelt wird.

★
**Sonnen-
kraftwerk**

✷
Sorbas

Auf der N-340a geht es weiter nach Sorbas, einem für seine rote **Töp-ferware** bekannten Dorf mit von Akazien sehr schön beschirmter, heimeliger Plaza. Der Ostrand von Sorbas fällt senkrecht zum Río de Aguas ab – in 40 m Höhe hängen die Häuser im Fels über dem Tal.

✷
Karsthöhlen ►

Höhlenkundler finden östlich von Sorbas im sog. Karst de Yesos de Sorbas ein **unterirdisches Höhlenlabyrinth**; Natur Sport Sorbas, Tel. 950 36 47 04, veranstaltet Führungen, die Ausrüstung wird gestellt.

✷
Über die Sierra nach Níjar

Von Sorbas kann man direkt zur Autobahn Richtung Almería fahren; die wesentlich schönere Rückfahrt führt auf der N-340a wieder 9 km zurück und dann auf der AL-102 quer über die Sierra: eine enge, kurvige, aber **landschaftlich herrliche Strecke**, bei der man durch das ehemalige Bergarbeiterdorf Lucainena de las Torres kommt, wo noch einige alte Erz-Schmelzöfen zu sehen sind.
Schließlich kommt man in **Níjar** heraus, hoch über dem Plastikmeer der Ebene von Almería gelegen. Das Dorf ist weit bekannt für seine **Keramik und Webteppiche**, die in vielen Läden entlang der Hauptstraße angeboten werden. Die kleine Plaza mit der Dorfkirche liegt am höchsten Punkt des Orts.

Sierra de los Filabres

Während der Fahrt auf der N-340a hat man im Norden ständig die Sierra de los Filabres im Blick. Dort thronen auf dem 2168 m hohen **Calar Alto** die fünf Kuppeln des vom Max-Planck-Institut für Astronomie in Heidelberg betriebenen deutsch-spanischen **Observatoriums, des größten dieser Art in Europa**. Die klare Luft in dieser Höhe ermöglicht fast das ganze Jahr über tiefe Blicke in die Sternenwelt, was allerdings nur Wissenschaftlern erlaubt ist; Normaltouristen können aber auf jeden Fall die **fantastische Aussicht** auf Berge und Küste genießen.

Almuñécar · Costa Tropical

H 8

Provinz: Granada   **Höhe:** 24 m ü. d. M.
Einwohnerzahl: 27 000

Almuñécar ist der Hauptort der Costa Tropical, wie der zur Provinz Granada gehörende Abschnitt der Costa del Sol seit einigen Jahren genannt wird. Hier zeigt sich die Sonnenküste noch am schönsten und ursprünglichsten; Bausünden wie an der Küste um ► Málaga sind bislang weit gehend vermieden worden.

Hauptort der Costa Tropical

In dieser steilen Küstenlandschaft mit ihrem fast tropischen Klima gedeihen Zuckerrohr, Avocados und Mangos, deren Anbau und Verarbeitung zusammen mit dem Tourismus die Haupteinnahmequellen der Bevölkerung sind. Wie viele Orte an der Costa del Sol ist auch Almuñécar eine phönizische Gründung (Sexi). Für die Geschichte

► ALMUÑÉCAR · COSTA TROPICAL ERLEBEN

AUSKUNFT (OFICINA DE TURISMO)

Palacete de la Najarra, Avda. de Europa, s/n, E-18690 Almuñécar
Tel. 958 63 11 25, Fax 958 63 50 07
www.almunecar.info

ESSEN

► Erschwinglich

Horno de Cándida
Orovia, 3
Tel. 958 88 32 84
Ein echtes Schnäppchen: Das Restaurant der Hotelfachschule – in einer alten Bäckerei in der Altstadt– bietet anspruchsvolle Küche zu sehr vernünftigen Preisen.

► Preiswert

Boto's
Playa San Cristóbal
Tel. 958 63 46 57
Restaurant am Strand.

ÜBERNACHTEN

► Günstig

Casablanca
Plaza San Cristóbal, 4
Tel. 958 63 55 75
www.hotelcasablancaalmunecar.com
Das maurisch-verspielt wirkende Hotel mit großem Balkon liegt sehr günstig gegenüber der Playa de San Cristóbal nahe dem ornithologischen und dem botanischen Garten.

Helios
Playa San Cristóbal de las Flores
Tel. 958 63 06 36
www.helios-hotels.com
Das große Hotel liegt am Meer und verfügt über angehnme Zimmer und einen Pool.

FEST

Jazz en la Costa
Zweiwöchiges Jazzfestival Mitte Juli.

Andalusiens hat der Ort große Bedeutung – hier landete 755 nach seiner Flucht aus Damaskus Abd ar-Rahman I., der **Gründer des Emirats und späteren Kalifats von Córdoba**.

Sehenswertes in Almuñécar

Nach wie vor eindrucksvoll ist der Rest der auf römischen Fundamenten stehenden maurischen Burg. Sie wurde 1489 von den Christen erobert, im 16. Jh. ausgebaut und 1808 von napoleonischen Truppen stark beschädigt. Ein Rundgang führt zu Bädern, Zisternen, den Resten des Nasridenpalasts und zum Stadtmuseum (Öffnungszeiten: April–Sept. Di.–Sa. 10.30–13.30, 17.00–19.30 / Okt.–März 16.00–18.30, So. 10.30–14.00 Uhr).

Castillo de San Miguel

⊕

Unweit der Burg befindet sich das Archäologische Museum in der »Höhle der sieben Paläste«, einer mehrschiffig gewölbten Anlage römischen Ursprungs. Neben Grabbeigaben aus den Nekropolen der Stadt hat die ägyptische Urne des Pharaonen Apophis I. (16. Jh. v. Chr.) Seltenheitswert (Öffnungszeiten s. Castillo).

★
Cuevas de Siete Palacios

Gut geschützt: der Jachthafen in der Bucht von La Herradura

Parque Ornitológico Unterhalb der Burg ist in einem schattigen Vogelpark eine Vielzahl tropischer Vögel zu Hause (Öffnungszeiten: tgl. 11.00–14.00, 16.00 bis 18.00 Uhr).

Parque del Majuelo Im Botanischen Garten Parque del Majuelo nicht weit vom Vogelpark finden sich auch die Reste einer phönizischen Fischfabrik aus dem 5. Jh. v. Chr., die in der Antike berühmt war für ihr »garum«, die als Würze viel benutzte Fischpaste.

Strände Beiderseits des ins Meer vorspringenden Peñon del Santo erstrecken sich die Strände; der schönste ist die Playa de San Cristóbal westlich vom Felsen.

Umgebung von Almuñécar

La Herradura Westlich von Almuñecar liegt, geschützt zwischen den Felvorsprüngen Cerro Gordo und La Punta de la Mona, die halbkreisförmige Bucht La Herradura. Eine **aussichtsreiche Bergstraße** führt zur Marina del Este, wo sich ein kleiner Yachthafen etabliert hat, dazu ein ruhiger Kieselstrand, an dem sich viele Taucher treffen.

Salobreña Auf der Küstenstraße erreicht man nach 14 km in Richtung Osten den Badeort Salobreña, malerisch an einem Berghang gelegen und von einer nasridischen Burg überragt. Er ist bei den Bewohnern von Granada beliebt, die sich sonntags gerne in den Strandlokalen Casa Emilio und El Peñon zu leckeren Fischgerichten treffen.

Motril Wenige Kilometer weiter östlich folgt Motril. Sehenswert sind die Kirchen La Encarnación und Nuestra Señora de la Cabeza. Diese steht in den Ruinen der maurischen Burg, in der die Mutter von Boabdil lebte, des letzten Königs von Granada. Die bis 1994 betriebene Rohrzuckerfabrik Nuestra Señora del Pilar mit dem vollständig erhaltenen Dampfmaschinenpark ist **das bedeutendste Industriedenkmal Andalusiens**.

Ein Abstecher Richtung Alpujarras führt nach Velez de Benaudalla zum hübschen kleinen **Olivenölmuseum**, wo man auch kosten kann. ◄ Velez de Benaudalla

Über La Calahonda, vom Fischerdorf zum Badeort mit sehr schönen Stränden gewandelt, erreicht man schließlich Castell de Ferro, ein von einem maurischen Turm überragtes Dorf, das von Fischfang, Gemüsezucht und im Sommer dank seines langen Strandes zunehmend auch vom Tourismus lebt. **Castell de Ferro**

✳ Las Alpujarras

J 8

Provinzen: Granada, Almería

Die Alpujarras, südlich von ► Granada und der ► Sierra Nevada gelegen, sind eine teils karge, doch reizvolle, klimatisch sehr begünstigte Berglandschaft, die sich über die Provinzen Granada und Almería erstreckt.

Schon im 8. Jh. hatten sich hier Berber angesiedelt, die im 10. und 11. Jh. eine lukrative Seidenindustrie aufbauten. Nach dem Verlust Granadas 1492 zogen sich sämtliche Mauren in die entlegenen Dörfer zurück, bis sie nach mehreren blutigen Aufständen 1568 endgültig vertrieben wurden. Einige Familien mussten allerdings bleiben, um den christlichen Neusiedlern die **ausgeklügelten Bewässerungssysteme und Terrassengärten** zu erhalten, in denen Getreide, Oliven, Zitrusfrüchte und Gemüse wuchsen und die noch heute bewirtschaftet werden. Die niedrigen steinernen Häuser der Alpujarras mit ihren zylindrischen Kaminen sind typisch für die maurische Architektur. Die Häuser werden zuerst mit Holzbalken und Rohrmatten, danach mit flachen Steinplatten gedeckt, darauf breitet man eine Masse grauer Tonerde und erhält dadurch eine wasserdichte

Typische Steinhausarchitektur in den Alpujarras

▶ LAS ALPUJARRAS ERLEBEN

AUSKUNFT (OFICINA DE TURISMO NEVADENSIS)

In Pampaneira, C. Verónica, Plaza de la Libertad
Tel. 958 76 31 27
Hier gibt es Informationen zu Wanderrouten durch die Berge, außerdem werden Führer für Wanderungen, Reitausflüge und Klettertouren vermittelt.

ESSEN

► Erschwinglich

La Fragua
In Trevélez, San Antonio, 4
Tel. 958 85 86 26
www.hotellafragua.com
Spezialitäten vom Schwein gibt es in diesem Restaurant im berühmten Schinkendorf, aber auch gute Lammgerichte.

► Preiswert

Ibero
In Capileira, Parra, 1
Tel. 653 935 056
Familiärer Betrieb, preisgünstige Hausmannskost.

ÜBERNACHTEN

► Günstig

Villa Turística de Bubión
In Bubión, Barrio Alto, s / n
Tel. 958 76 39 09
Fax 958 76 39 05, 136 Zi.
Dieses Haus vereint traditionelle Wohnweise der Alpujarras mit Komfort. Die Besitzer bieten ein attraktives Ausflugs- und Freizeitprogramm an.

Las Terrazas
In Bubión, Plaza del Sol, 7
Tel. 958 76 30 34
www.terrazasalpujarra.com
Schlichtes Haus mit drei Terrassen und Bergpanorama; Fahrradverleih.

Finca Los Llanos
In Capileira, Ctra. de Sierra Nevada
Tel. 958 76 30 71
Schönes Hotel am Ortsrand.

Alcazaba de Busquistar
In Laujar, Crta. Orgiva-Laujar
Tel. 958 85 86 87, http://hotel-alcazaba-busquistar.h-rez.com
Mit großen, rustikal eingerichteten Zimmern, Pool; Pferdevermietung.

Mehrzweckterrasse. Anfang des 20. Jh.s wurden die Alpujarras von Schriftstellern und Wanderern wieder entdeckt. Vor allem der Brite Gerald Brenan machte sie mit seinem Buch **»Südlich von Granada«** einem größeren Publikum bekannt.

Fahrt durch die Alpujarras

Lanjarón Man fährt von ►Granada zunächst auf der A-4 nach Süden. Nach 39 km zweigt die A-348 ab nach Lanjarón, einem Bergkurort, in dem **eine der bekanntesten Mineralquellen Spaniens** sprudelt.

Valle del Poqueira Dann geht es auf schmaler und kurviger Straße, die nach Lanjarón bei Órgiva abzweigt, tief hinein ins Valle del Poqueira. Drei **reizende**

![Die Alpujarras bei Bubión mit kinotauglichem Bergpanorama und malerischen Dörfern](image)

Die Alpujarras bei Bubión mit kinotauglichem Bergpanorama und malerischen Dörfern

Dörfer reihen sich hier im Schatten des Veleta aneinander, allesamt gute Ausgangspunkte für Wanderungen und Standort vieler **Webereien**, die bunte Decken und Teppiche (»jarapas«) herstellen.

Am Rand der **gewaltigen Poqueira-Schlucht** liegt Pampaneira mit der lauschigen Plaza de la Libertad, wo das Tourismusbüro detaillierte Wanderkarten bereithält. In Bubión kann man bei der Pfarrkirche ein mit zahlreichen regionaltypischen Gegenständen eingerichtetes Alpujarra-Haus besichtigen (Casa Alpujarreña; Öffnungszeiten: Mo., Mi. – Fr. 10.00 – 14.00, Sa., So. 11.00 – 14.00, 17.00 – 19.00 Uhr). Oberhalb von Bubión liegt auf 1436 m ü. d. M. Capileira, das damit das höchstgelegene Dorf im Valle del Poqueira ist. Es besitzt sogar ein Volkskundemuseum.

✱
◀ Pampaneira

✱
◀ Bubión
und Capileira

Über Pitres, Pórtugos und das malerisch gelegene Busquístar führt die GR-421 auf 1476 m ü. d. M. nach **Trevélez**, der **höchstgelegenen Ortschaft Spaniens**. Im Schatten der Bergriesen der Sierra Nevada wird einer der besten Schinken des Landes hergestellt – nicht wenige Geschäfte bieten ihn feil.

> **!** *Baedeker* TIPP
>
> **Online im Gebirge**
> Zu einer schönen Pause lädt die versteckte Gartenterrasse des Café Morisco in Bubión ein. Man kann sogar den Lieben daheim eine E-Mail schicken, denn es hat Internetanschluss.

Über Narila fährt man weiter nach Yegen, wo eine Plakette das Haus markiert, in dem **Gerald Brenan** von 1920 bis 1934 lebte und die Lebensgewohnheiten der Dorfbewohner in seinem Buch »Südlich von

Yegen

Granada« aufzeichnete. Über Mecina Alfahar geht es dann nach Ugíjar wieder zur A-348, die nach 20 km auf die A-347 trifft. Sie führt nach Süden über Berja hinab an die Küste.

La Alpujarra almeriense

Nach Norden steigt die Straße in großen Kehren allmählich wieder an und durchquert die »Alpujarra almeriense«. Ihr Hauptort ist **Laujar de Andarax**, wo am östlichen Ortsausgang der Río Andarax entspringt. Auch die Reste einer Alcazaba und die Kirche La Encarnación, die auf den Ruinen der während des Moriskenaufstandes niedergebrannten Moschee errichtet wurde, können besichtigt werden. Nach der Niederlage von 1492 soll der letzte Maurenkönig **Boabdil** sich zunächst hier niedergelassen haben, wurde bald darauf aber zur Übersiedlung nach Marokko gezwungen. Nun führt die Straße meist hoch über dem Tal des Río Andarax durch eine **anmutige Terrassenlandschaft** und wunderschön gelegene Dörfer wie Ohanes zum Thermalbadeort Alhama de Almería. Von dort sind es noch 30 km nach ▶Almería.

Andújar

G 5

Provinz: Jaén
Einwohnerzahl: 39 100

Höhe: 211 m ü. d. M.

Die Stadt Andújar, im Norden der Provinz Jaén am rechten Ufer des Guadalquivir gelegen, ist ein Zentrum der andalusischen Olivenölproduktion und bekannt für seine Tonwaren, die »alcarrazas« oder »jarras«, die mit Blumenmotiven bemalt oder als groteske Figuren gestaltet sind. Auch Kampfstierzucht wird betrieben.

Geschichte

Unweit der heutigen Stadt, bei Los Villares, lag das altiberische Illiturgi, der eigentliche Ursprung von Andújar. Die Mauren umzogen Andújar mit einer starken Befestigung, die Christen machten es nach der Eroberung im 13. Jh. zu ihrem ersten Vorposten in Andalusien.

Sehenswertes in Andújar und Umgebung

Plaza de España

Der beschauliche Mittelpunkt der Stadt ist die Plaza de España, die von einem gelb und weiß gestrichenen Torhaus in zwei Hälften geteilt wird. Rundum stehen hübsche Häuser, das Rathaus und die Kirche San Miguel, die innen schöne Schnitzarbeiten besitzt.

Santa María la Mayor

Bedeutendste Sehenswürdigkeit von Andújar ist wenig nördlich der Plaza die Kirche Santa María la Mayor, ein dreischiffiger, einfacher Renaissancebau mit platteresker Fassade, der jedoch zwei wertvolle Gemälde birgt: »Christus am Ölberg« von **El Greco** in der zweiten Kapelle im linken Seitenschiff und »Die Unbefleckte Jungfrau« von

Pacheco. Auch ein Chorgitter von Meister Bartolomé und eine Handschrift von Juan de la Cruz gehören zu den Schätzen. Der mudejare Glockenturm ist nicht mit der Kirche verbunden und deshalb möglicher Beleg für die These, dass er aus dem Minarett einer Moschee entstanden ist.

Nördlich und östlich von Andújar erstreckt sich der **Parque Natural Sierra de Andújar**, ein Stück **unberührter Natur in der wildromantischen Sierra Morena**, durchzogen vom Río Jándula, der sich zu zwei Seen weitet. Die Eichen- und Pinienwälder durchstreifen Damhirsche, Wildschweine, Luchse und selbst Wölfe; in den abgelegensten

ANDÚJAR

AUSKUNFT (OFICINA DE TURISMO)
Ayuntamiento, Plaza de España, 1,
E-23750 Andújar, Tel. 953 50 82 00
Fax 953 50 82 07, www.andújar.es

FEST
Romería de Nuestra Señora de la Cabeza
Viele Pilger begeben sich am letzten Sonntag im April auf die Wallfahrt, die auf ihrer Strecke zum Heiligtum der Patronin von Andújar schöne Aussichten bietet.

Gebieten nisten noch Adler und Geier. Ein guter Ausgangspunkt für Wanderungen ist der Ort **Las Vinas**, 15 km nordöstlich von Andújar, wo es auch ein Besucherzentrum gibt (Verwaltung in Andújar, Cercado de Ciprés, Tel. 953 50 02 79).

Inmitten der **bergigen Einsamkeit** liegt das Santuario de la Virgen de la Cabeza, in dem die von Petrus nach »Illiturgi« entsandte Märtyrerin verehrt wird, vor allem bei der Wallfahrt am letzten Aprilsonntag. Die Legende berichtet, dass sie 1227 einem Hirten erschienen sein soll, worauf zehn Jahre später mit dem Bau der Kapelle begonnen wurde. Das einst gotische Kirchlein wurde im Spanischen Bürgerkrieg völlig zerstört und danach wieder aufgebaut. Von der Höhe genießt man einen **überwältigenden Panoramablick**.

★
◄ Santuario de la Virgen de la Cabeza

★ Antequera

F 7

Provinz: Málaga
Einwohnerzahl: 45 100

Höhe: 577 m ü. d. M.

Antequera, der Hauptort der gleichnamigen Hochebene, wo der Río Guadalhorce entspringt, liegt zwischen der wild zerklüfteten Sierra del Torcal und landwirtschaftlich geprägtem Gebiet.

Zwar präsentiert sich Antequera nicht mit einem übermäßig geschlossenen Stadtbild, doch überrascht die Vielzahl der oft mit mudejaren Elementen versetzten Kirchen aus Renaissance und Barock in der Altstadt. Diese und die Zeugnisse frühzeitlicher Besiedlung

Kirchen und Megalithgräber

Zu Füßen der Sierra del Torcal liegt Antequera mit seiner stolzen maurischen Burg.

machen Antequera zu einem lohnenden Reiseziel, in dem man dennoch kaum Touristen trifft. Die Grabkammern in unmittelbarer Nachbarschaft belegen Siedlungen in der Megalithkultur. Unter den Römern als Anticaria von einiger Bedeutung, bauten die Mauren den Ort zu einer großen Festung aus, die 1410 von Ferdinand »von Antequera«, König von Aragon, erobert wurde.

Sehenswertes in Antequera

Alcazaba

Auf einer Höhe über dem östlichen Stadtteil thront die Alcazaba, im 14. Jh. wahrscheinlich am Ort eines römischen Kastells erbaut. Man betritt sie durch den Arco de los Gigantes, 1585 zu Ehren Philipps II. errichtet und mit dem Stadtwappen geschmückt. Von der Burg erhalten geblieben sind zwei Mauerabschnitte und die große Torre de Papabellotas, die einen barocken Aufsatz trägt.

✳
Real Colegiata de Santa María la Mayor ▶

Innerhalb der Festung wurde im 16. Jh. die Kirche Santa María la Mayor erbaut, ein platereskes Gotteshaus, dessen Renaissancefassade römische Triumphbogen nachahmt, während das dreischiffige Innere von einer mudejaren Artesonadodecke geschlossen wird. Daneben wurden Reste einer römischen Thermenanlage ausgegraben.

Vom Burggarten bietet sich ein schöner Blick auf den **Peña de los Enamorados**, den »Felsen der Verliebten«, dessen markantes Profil an einen Indianer erinnert. Sein Name rührt von einer Legende her, derzufolge die Tochter eines muslimischen Statthalters und ihr christlicher Geliebter sich dort in den Tod stürzten, als die Eltern des Mädchens einer Liebesheirat nicht zustimmen wollten.

● ANTEQUERA ERLEBEN

AUSKUNFT (OFICINA DE TURISMO)
C. Infante Don Fernando, 90, Edificio San Luis
E-29200 Antequera
Tel. / Fax 952 70 81 42 / 38

Plaza de San Sebastián, 7
Tel. / Fax 952 70 25 05
www.aytoantequera.com

ESSEN

► **Erschwinglich**
La Espuela
C. San Agustín,1
Tel. 952 70 30 31
Handfeste andalusische Küche, viel besucht.

ÜBERNACHTEN

► **Komfortabel**
Parador de Antequera
Paseo García del Olmo
Tel. 952 84 02 61
Fax 952 84 13 12
E-Mail: antequera@parador.es
www.parador.es, 55 Z.
Moderner, doch sehr angenehmer und preisgünstiger Parador für einen Zwischenstopp; schöner Garten mit Pool und Ausblick

► **Günstig**
Castilla
Infante Don Fernando, 40
Tel. 952 84 30 90
Fax 952 84 32 48
www.castillahotel.com, 18 Z.
Günstiges sauberes Hotel, recht zentral unterhalb der Burg.

FEST

Real Feria de Agosto
Erntefest im August mit Stierkämpfen und Jahrmarkt

Nach Verlassen der Festung rechts, anschließend links und wieder rechts kommt man zur zwischen 1583 und 1633 erbauten Kirche El Carmen (17. Jh.), die einst Teil eines Karmeliterklosters war. Die schlichte Fassade steht im Kontrast zum barocken Innenraum und dem churriguereksen Holzretabel aus rötlichem Pinienholz, dessen Szenen von Antonio Primo geschnitzt wurden.   **Nuestra Señora del Carmen**

Vom Arco de los Gigantes geht man links bergab durch die Cuesta de Judas zur brunnengeschmückten Plaza San Sebastián. An ihr erhebt sich der im 18. Jh. erbaute Backsteinturm der Kirche gleichen Namens. Das Kirchenschiff stammt aus dem 16. Jh.; die Hauptfassade ist in reichem platereskem Stil verziert. An San Sebastián lehnt sich die weiß getünchte, einschiffige **Iglesia de la Encarnación** aus dem 16. Jh. an, die eine schöne Artesonadodecke besitzt.   **San Sebastián**

Von San Sebastián führt die C/Encarnación leicht bergab. Hier öffnet sich rechts ein Platz mit dem barocken Palacio Nájera, der das Museo Municipal beherbergt. Unter den Ausstellungsstücken ragen der Marmorkopf der »Venus von Antequera« und ein bronzener Ephebe   **Museo Municipal** heraus, römische Kopie eines griechischen Originals aus dem 1. Jh. n.Chr. (Öffnungszeiten: Di.–Fr. 10.00–13.30, 16.00–18.00, Sa. 10.00–13.30, So. 11.00–13.30 Uhr, z.Z. wegen Umbau geschlossen).

Museo Conventual de las Descalzas

Dieses Museum ist am gleichnamigen Platz im Konvent der barfüßigen Karmelitinnen untergebracht und widmet sich der **Sakralkunst**; besonders sehenswert sind Skulpturen von Pedro de Mena und Pedro de Roldàn sowie ein Gemälde der Heiligen Theresa von Luca Giordano (Öffnungszeiten: Di.–Fr. 10.30–13.30, 17.00–18.30, Sa. 10.00–12.00, 17.00–18.30, So. 10.00–12.00 Uhr).

Palacio Consistorial

An der Plaza de San Sebastián beginnt die C. Infante Don Fernando, die Hauptgeschäftsstraße der Stadt. Ihrem nordöstlichen Ende zu liegt rechter Hand der Palacio Consistorial mit seinem sehr schönen Innenhof, einstmals Klosterkreuzgang, dessen Säulen aus Marmor aus der Sierra del Torcal stammen.

An den Palast schließt die Kirche **Nuestra Señora de Los Remedios** an. Sie bewahrt einen prachtvollen Retablo von Antonio Ribera.

Weitere Kirchen

Die Iglesia San Zoilo (Plaza de Abastos) gehört zu einer von den Katholischen Königen gegründeten Klosteranlage. Der spätgotischen Kirche mit mudejarer Holzdecke wurden im 17. Jh. aufwändige Stuckarbeiten beigefügt. Der Innenraum der Iglesia de Belén (1628–1709; C/Belén) ist ein schönes Beispiel für die Überschwänglichkeit des andalusischen Barock.

✶✶
Dólmenes de Antequera

Mit den Megalithgräbern Cueva de Menga, Viera und El Romeral besitzt Antequera drei prähistorische Grabanlagen, die **zu den besterhaltenen und eindrucksvollsten ihrer Art** gehören (Öffnungszeiten: Di.–Sa. 9.00–18.00, So. 9.30 bis 14.30 Uhr).

An der Ausfallstraße Richtung Granada liegt linker Hand unmittelbar bei einer Tankstelle der Eingang zu den in einen Hügel hineingebauten und Cueva de Viera Ganggräbern **Cueva de Menga und Cueva de Viera**. Ersteres wird auf das 3. Jt. v. Chr. datiert und ist nach dem Sonnenlauf in Ost-West-Richtung ausgerichtet. Das gesamte Grab ist insgesamt 25 m lang und bis zu 3 m hoch; ein von drei Pfeilern gestützter Gang mündet in die ovale Grabkammer, die aus 15 Megalithblöcken besteht. Diese tragen fünf riesige Steinplatten, von denen eine 180 t wiegen soll. Einer der

In der Cueva de Menga

Ein Werk von Jahrtausenden: die zerklüfteten Gesteinsformationen in El Torcal

Wandblöcke links ist mit symbolhaften Zeichnungen versehen. Die Cueva de Viera stammt aus ungefähr derselben Zeit, ist jedoch wesentlich kleiner. Ein von Steinplatten gebildeter Gang führt zur annähernd kubischen Grabkammer.

Etwas außerhalb Richtung Granada bis zur Kreuzung mit der N-331 und dann links Richtung Córdoba erreicht man die **Cueva del Romeral**. Sie ist ebenfalls im 3. Jt. v. Chr. entstanden und besteht aus zwei Kammern, in die ein 24 m langer Gang führt.

Umgebung von Antequera

Rund 10 km südlich von Antequera, zu erreichen auf der A-7075 Richtung Villanueva de la Concepción, liegt der Eingang zum Naturpark El Torcal. Das zerklüftete Gebirge ist eine **fantastische Karstlandschaft**, die Auffaltungsprozesse, Sturm und Regen in Jahrtausenden aus dem porösen Kalkstein geschaffen haben. Derzeit führt nur ein (grün) markierter Wanderweg von 1,5 km Länge und ca. 45 Minuten Dauer durch das Gebiet (Öffnungszeiten Informationszentrum: tgl. 10.00 – 19.00 Uhr, Tel. 952 702 502).

✶ ✶
Parque Natural de El Torcal

⊘

Südwestlich des Torcal-Gebirges durchstößt der Río Guadalhorce, von Norden kommend, die Gebirgskette in einer bis zu 400 m tiefen und 3 km langen Schlucht. Diese **gigantische Felslandschaft**, die

✶
Garganta del Chorro

Garganta del Chorro bzw. Desfiladero de los Gaitanes, lockt Wanderer und Kletterer an. Nördlich der Schlucht ist der Fluss zu vier Seen aufgestaut, deren schönster der Gaitanejo ist. In der Schlucht leben Gänsegeier und vereinzelt Steinadler.

Guter Ausgangspunkt für eine Erkundung ist die Bahnstation El Chorro (Zugverbindung nach ▶Málaga), von Antequera über die A-343 und MA-226 zu errichen. Von der einzigen Möglichkeit, die Schlucht zu durchqueren, kann man allerdings nur abraten, denn der sog. Caminito del Rey, ein atemberaubender, in schwindelnder Höhe in die Felswand gebauter Weg, ist teilweise eingestürzt und offiziell gesperrt. Illegal und trotzdem »beliebt« ist ein Gang durch den Bahntunnel in die Schlucht. Vom Campingplatz El Chorro kann man immerhin ein Stück in die Schlucht hineingehen.

Schöne Aussichten in die Schlucht bietet ein Rundwanderweg bei den Stauseen; auch vom höher gelegenen Tajo de la Encantada, den man über Bobastro erreicht, überblickt man die Schlucht. Am südlichen Ende des Stausees Guadalteba-Guadalhorce gibt ein Informationszentrum weitere Auskünfte (Öffnungszeiten: tgl. 9.00–20.00 Uhr).

Die **Ruinen von Bobastro** (schmale Straße von El Chorro) zeugen von einem mozarabischen Hügelfort, das der im 9. Jh. zum Christentum konvertierte Rebell Ibn Hafsun errichtete. Von hier aus leistete er Widerstand gegen die Omaijaden und ließ sich bei seinem Tod 917 in der Kirche beisetzen. Abd-ar Rahman III. nahm 927 Bobastro ein und ließ die gesamte Anlage zerstören.

★

Laguna de la Fuente de Piedra

Die Laguna de la Fuente de Piedra, beim gleichnamigen Ort 18 km nordwestlich von Antequera, ist **einer der letzten großen Brutplätze für rosa Flamingos in Europa**. Zu Tausenden treffen die Vögel im Frühjahr an diesem 13 000 ha großen Salzsee ein und bleiben bis August / September, um ihre Jungen großzuziehen. Die Lagune selbst ist eingezäunt; es führt jedoch eine insgesamt 20 km lange Rundstrecke um den See, an der es immer wieder günstige Beobachtungspunkte (Fernglas!) gibt. Außer den Flamingos kann man auch Seeregenpfeifer, Stelzenläufer, Kraniche, Lachseeschwalben, Störche, Reiher und vielleicht sogar einen Fischadler erspähen (Informationszentrum an der Nordostecke des Sees).

Archidona

Den Karthagern diente Archidona, 15 km nordöstlich von Antequera, als Stützpunkt während der Punischen Kriege. Hier gilt es, bei schönster Aussicht auf die umliegende Landschaft, die **Ermita de la Virgen de Gracia** zu besichtigen, eine einstige Moschee, die gegen Ende des 15. Jh.s in eine Kirche umgebaut wurde und ein von Isabella der Katholischen geschenktes Taufbecken besitzt. Den Mittelpunkt der Stadt bildet die außergewöhnliche achteckige Plaza Ochavada, im 18. Jh. nach französischem Vorbild von Francisco Astorga und Antonio González angelegt.

✳ Aracena

B 6

Provinz: Huelva　　　　　　**Höhe:** 732 m ü. d. M.
Einwohnerzahl: 7600

Inmitten von Olivenbaum-, Feigen- und Mandelgärten liegt in der Sierra de Aracena, im äußersten Nordwesten Andalusiens, das Bergstädtchen Aracena.

Dank seines Klimas wird Aracena gern als Luftkurort besucht. Typisches Kunsthandwerk sind Töpferwaren, außerdem lebt man von der Korkverarbeitung. In der gesamten Innenstadt sind Skulpturen zeitgenössischer andalusischer Künstler aufgestellt.　　**Luftkurort**

 ## ARACENA ERLEBEN

AUSKUNFT (OFICINA DE TURISMO)

C. Pozo de la Nieve
E-21200 Aracena
Tel. 663 937 877
www.aracena.es

Centro de Interpretación del Parque Natural
Plaza Alta
Auf halbem Weg hinauf zur Festung bekommt man Informationen zum Naturpark Sierra de Aracena y Picos de Aroche.

ESSEN
▶ **Erschwinglich**
La Despensa de José Vicente
Avda. Andalucía, 53
Tel. 959 12 84 55
Eines der besten im Ort und Schatzkammer des Schinkens; mit Laden.

Montecruz
Plaza San Pedro
Tel. 959 12 60 13
Spezialität sind Wildgerichte. Von der oberen Gaststube schöner Blick auf die Burg.

ÜBERNACHTEN
▶ **Komfortabel**
Finca Valbono
Crta. Carboneras, km 1
Tel. 959 12 77 11
www.fincavalbono.com
Der richtige Ort für Ferien auf dem Land: Die Finca außerhalb der Stadt bietet Ferienhäuschen und ein Hotel mit fünf Zimmern und 20 Apartments, dazu Sportmöglichkeiten, Pool und einen Reitstall.

▶ **Günstig**
Los Castaños
Avenida de Huelva, 5
Tel. 959 12 63 00
www.loscastanoshotel.com
In der Nähe der Höhlen gelegenes Hotel mit Restaurant und hübscher Aussicht.

FEST
Feria de Agosto
Musik, Tanz, Stierkämpfe und Feuerwerk in der dritten Augustwoche.

Romería de Nuestra Señora de los Angeles
Wallfahrt um den 7. – 9. September.

Juwel der spanischen Gastronomie: der Jabugo-Schinken (jamón ibérico)

Geschichte Schon im ersten nachchristlichen Jahrhundert interessierten sich die Römer für die Bodenschätze dieses Gebiets. Im Mittelalter nahm Sancho von Portugal die Stadt den Mauren ab, musste sie aber 1267 an Kastilien abtreten. Alfons X. übergab Aracena dem Templerorden, der eine Burg errichtete. Von ihr sind nur noch Ruinen geblieben.

Sehenswertes in Aracena

Iglesia del Castillo Auf dem Burgberg steht inmitten der Ruinen die spätgotische Iglesia del Castillo (Nuestra Señora de los Dolores), Kirche der Templer. Sie geht auf eine Moschee zurück; der Sockel des Minaretts (12. Jh.) trägt heute den Glockenturm. In der Kirche ist in einem Terrakotta-Grabmal aus dem 16. Jh. der Prior Pedro Vázquez begraben.

Cabildo Viejo Unterhalb der Burg liegt an der Plaza Alta das Cabildo Viejo, ein Lagerhaus aus dem 15. Jh., in dem eine Regionalausstellung und das Tourismusbüro untergebracht sind. Gegenüber fällt die Iglesia Nuestra Señora de la Asunción aus dem 16./17. Jh. auf.

✷ Gruta de las Maravillas Im Inneren des Burgberges erstreckt sich auf 1200 m Länge die Gruta de las Maravillas, eine **wunderschöne Tropfsteinhöhle** mit zwölf Sälen und sechs Seen, in denen sich die Gesteins- und Kristallformationen in herrlichen Farben spiegeln. Der Eingang zur Höhle liegt, ⊙ zusammen mit einem kleinen Mineralienmuseum, bei der Ermita de San Pedro (Führungen: tgl. 10.30–13.30, 15.00–18.00 Uhr).

Der Konvent von Santa Catalina, dessen Kirche einst Synagoge war, gefällt durch sein Portal und den spätgotischen Innenraum.

Convento de Santa Catalina

Umgebung von Aracena

Jabugo, 16 km westlich von Aracena, besitzt zwar keine Sehenswürdigkeiten, ist aber weit über Spaniens Grenzen hinaus bekannt: Es ist das **Zentrum der Schinkenindustrie**, wo der köstliche luftgetrocknete Schinken namens »pata negra« hergestellt wird, den die in den Eichenwäldern der Sierra halbwild lebenden Schweine liefern.
Die Landschaft rund um Jabugo wurde 1989 zwar zum Naturpark (Parque Natural de la Sierra de Aracena y Picos de Aroche), doch ist das Gebiet weitgehend in Privatbesitz und kann nicht durchwandert werden.

Jabugo

Almonaster la Real liegt 27 km westlich von Aracena. Innerhalb der **Burganlage muslimischen Ursprungs** steht eine Moschee aus dem 10. Jh., in die Reste eines westgotischen Vorgängerbaus, so der Türsturz im Eingangsbereich, integriert wurden. An der Kirche San Martín fallen die typischen Elemente des aus dem nahen Portugal gekommenen manuelinischen Stils auf: tauartig verschlungene Säulen und reiche Ornamentik mit Muschel- und Krabbendekor. Vom Mirador de San Cristóbal (vor dem östlichen Ortseingang) hat man einen herrlichen Blick auf die Sierra und den Ort.

Almonaster la Real

Das 42 km westlich von Aracena liegende **Aroche** war das »Aruci Vetus« der Römer. Die Mauren bauten auf den römischen Fundamenten ihre Wehrmauer; auch das Castillo de las Armas, dessen Innenhof heute als Stierkampfarena dient und zudem ein archäologisches Museum beherbergt, stammt aus dieser Zeit. Kurios ist das **Museo de Rosario** am Ortseingang, das 1300 Rosenkränze ausstellt.

> ! **Baedeker TIPP**
>
> **Pause in Alájar**
> Auf der A-470, 12 km westlich von Aracena, kommt man ins nette Alájar, mit zentraler Plaza und kleinen Bars ideal für eine Pause. Einige Kilometer nördlich bietet der Peña de Arias Montano eine wirklich fantastische Aussicht. Hier liegt auch die Einsiedelei Virgen de los Angeles aus dem 16. Jahrhundert.

Südlich von Aracena beginnt das Bergbaugebiet von Río Tinto, eine öde, durchgepflügte Landschaft ohne Pflanzenwuchs. Der Río Tinto macht seinem Namen alle Ehre, er ist tatsächlich rot gefärbt vom Stoffwechsel eines einzigartigen Ökosystems im Fluss. Lange hatte man fälschlicherweise angenommen, der Fluss sei durch den Bergbau dort verseucht. Mittlerweile sind große Teile des Gebiets unter Schutz gestellt worden. Sogar die NASA forscht am Río Tinto, da es dort die gleichen Mineralien gibt wie auf dem Mars.
Ríotinto und Nerva sind die Hauptorte des Kupfergrubengebiets, das schon in iberischer und römischer Zeit erschlossen wurde und dann

Kupfergruben von Rio Tinto

Algen und Bakterien färben den Río Tinto rot.

von 1873 bis 1954 der britischen Río Tinto Mining Company gehörte. Im **Museo Minero** erfährt man einiges über die Geschichte: Hauptattraktionen sind eine rekonstruierte römische Mine sowie der luxuriöse Eisenbahnwaggon eines Maharadschahs, der 1892 in Birmingham für Königin Viktoria aus Anlass eines Indienaufenthaltes erbaut und dann für einen Besuch Alfons' XIII. nach Río Tinto transportiert wurde. Am Stadtrand liegt das Barrio Bellavista, das mit viktorianischen Häusern und einem presbyterianischen Friedhof samt Kirche für die britischen Angestellten der Minengesellschaft errichtet wurde. Drei Kilometer nördlich von Ríotinto kann man die römische Grabstätte **Necrópolis de la Dehesa** aus dem 2. Jh. n. Chr. besichtigen.

✹
Parque Minero bei Aracena ▶

Wie man die Bodenschätze noch bis Ende 2001 abbaute, zeigt der riesige Parque Minero: Zwei unterschiedlich lange **Eisenbahnexkursionen** führen in viktorianischen Waggons am Río Tinto entlang zum Corte Atalaya, dem mit 330 m Tiefe **größten Tagebau Europas** (Informationen und Tickets an der Kasse im Museo Minero; Öffnungszeiten: tgl. 10.30 – 15.00, 16.00 bis 19.00; 16. Juli – Sept. bis 20.00 Uhr).

✹ Arcos de la Frontera

D 8

Provinz: Cádiz	**Höhe:** 185 m ü. d. M.
Einwohnerzahl: 31 200	

Arcos ist sicherlich eines der schönsten »Weißen Dörfer« Andalusiens, wovon man sich bei einem Spaziergang durch die verwinkelte und steile Altstadt, deren Grundriss unverkennbar maurisch ist, überzeugen kann.

Weißes Dorf aus dem Bilderbuch

Von Osten kommend, bietet sich Arcos de la Frontera dem Betrachter von seiner schönsten Seite: **160 m hoch über dem Río Guadalete** kleben halbkreisförmig die weißen Würfelhäuser an der Felswand, aus dem Häusergewirr ragen die Türme der Hauptkirchen hervor.

Geschichte

Schon die Karthager und Römer, die ihre Siedlung Colonia Arcensis nannten, machten sich die strategisch günstige Lage auf dem Felsrücken zunutze, um weite Teile des Umlands zu überwachen. Das maurische Medina Arkosch war ab dem 11. Jh. Hauptstadt einer Taifa. Ab 1250 gehörte die fortan Arcos genannte Stadt zum christlichen Königreich Ferdinands III., jedoch blieb die muslimische Bevölkerung; erst unter Alfons X. wurde sie 1264 nach einem Aufstand gegen die christliche Herrschaft vertrieben.

 ## ARCOS DE LA FRONTERA ERLEBEN

AUSKUNFT (OFICINA DE TURISMO)
Plaza del Cabildo, s/n, E-11630 Arcos de la Frontera
Tel. 956 70 22 64
Fax 956 70 09 00
www.ayuntamientoarcos.org

ESSEN
▶ **Fein und teuer**
El Convento
Maldonado, 2
Tel. 956 70 23 33
Das beste Restaurant in Arcos lockt mit einem wunderschönen Patio.

▶ **Preiswert**
Die beste Methode, preiswert zu essen: ein Bummel durch die Tapa-Bars in den Calles Espinosa und Marqués de Toresoto.

ÜBERNACHTEN
▶ **Erschwinglich**
Parador de Arcos
Plaza del Cabildo
Tel. 956 70 05 00
Fax 956 70 11 16
E-Mail: arcos@parador.es
www.parador.es, 24 Z.
Der stilechte Nachbau der Casa del Corregidor bietet herrliche Blicke auf die Altstadt.

▶ **Günstig**
Cortijo Fain
Crta. Arcos – Algar, km 3
Tel. 956 70 41 31
Fax 956 71 79 32,
10 Z.
Elegantes andalusisches Landhaus aus dem 17. Jh. mit viel Stil, umgeben von Olivenbäumen und Bougainvilleen.

La Casa Grande
C. Maldonada, 10
Tel. 956 70 39 30
www.lacasagrande.net
Familiäres Hotel in der Altstadt mit demselben schönen Blick wie aus dem Parador.

Baedeker-Empfehlung

▶ **Günstig**
Marqués de Torresoto
Marqués de Torresoto, 4
Tel. 956 70 07 17
www.hotelmarquesdetorresoto.com, 15 Z.
Der ehemalige Stadtpalast des Marqués de Torresoto aus dem 17. Jh. bietet zurückhaltend-stilvolle Zimmer und ein unvergessliches Frühstück im Säulengang des Patio.

FESTE
Semana Santa
mit Stiertreiben auf offener Straße am Ostersonntag.

Feria de San Miguel
am 29. September Tanzwettbewerbe und Stierkämpfe zu Ehren des Stadtpatrons.

Arcos de la Frontera erhebt sich hoch oben auf dem Nordhang des Guadalete.

Sehenswertes in Arcos de la Frontera

★
Plaza del Cabildo

Höchster Punkt des Orts und gleichzeitig Zentrum der Altstadt ist die Plaza del Cabildo, von dessen Aussichtsterasse sich **atemberaubende Blicke in die Tiefe** bieten. In der Südwestecke steht das Rathaus, daneben eine Burg arabischen Ursprungs, die im 15. Jh. völlig neu errichtet wurde (in Privatbesitz). Gegenüber hat sich in der Casa del Corregidor, einem Magistratensitz aus dem 16. Jh., der Parador von Arcos etabliert, dessen Bar mit schöner Aussicht rechts vom Eingang zugänglich ist.

★
Santa María de la Asunción ▶

Eindrucksvollstes Gebäude am Platz ist die Basilica Menor de Santa María de la Asunción, deren wuchtiger quadratischer Turm alle umliegenden Gebäude überragt. Dieser entstand zusammen mit der Portalzone im Barock, während das Kirchenschiff überwiegend ein Werk des 16. Jh.s ist und eine frühere Kirche ersetzt, die wiederum auf den Fundamenten der ursprünglichen Freitagsmoschee errichtet worden war. Ein **hervorragendes Beispiel für den platerasken Stil** des 16. Jh.s ist das fein gearbeitete Westportal. Im dreischiffigen Inneren fallen das spägotische Fächergewölbe auf sowie ein Hauptaltarretabel aus dem 17. Jh., das die Himmelfahrt Marias zum Thema hat. Dahinter bildet die Apsis den ältesten Gebäudeteil mit mudejaren Stilelementen. In der zweiten Kapelle rechts steht die Figur der Schutzheiligen der Stadt, die »Virgen de las Nieves«.

Das Pendant zu Santa María, San Pedro, entstand auf den Resten einer maurischen Festung. Die Mitglieder beider Gemeinden waren jahrzehntelang auf höchst unchristliche Weise miteinander verfeindet; erst im 18. Jh. konnte durch päpstlichen Spruch der Streit beigelegt werden. Der spätgotische Innenraum birgt ein feines Hauptaltarretabel aus dem 16. Jh. und zeigt die Heiligen Petrus und Hieronymus. Rechts und links davon stellte Francisco Pacheco, der Lehrer von Diego Velázquez, den heiligen Ignatius und die Jungfrau Maria dar.

San Pedro

Beim Gang durch die Altstadt wird man mehrere Adelspaläste aus dem 16. und 17. Jh. entdecken, so die Renaissancefassade des Palacio de Mayorazgo gleich bei der Kirche San Pedro, den Convento de la Encarnación mit einem plateresken Portal und den Palacio del Marqués de Torresoto mit einem Patio in der gleichnamigen Straße. Die gotisch-mudejare Fassade des Palacio del Conde de Aguila aus dem 15. Jh. in der Cuesta de Belén ist eine der stadtältesten.

Altstadt

Umgebung von Arcos de la Frontera

Bornos, ca. 10 km nordöstlich von Arcos am gleichnamigen Stausee, formierte sich um eine maurische Burg, die ihr heutiges Aussehen vor allem im 15. und 16. Jh. erhielt. Sehenswert ist auch die Kirche Santo Domingo de Guzmán mit spätgotischen und barocken Zügen. Außerhalb des Stadtkerns befinden sich die Reste der römischen Siedlung »Clarissa Aurelia«. Von Bornos führt die CA-402 nach **Espera** mit seiner sehr gut erhaltenen maurischen Burg.

Bornos

Großzügig mit Kirchen und Adelspalästen wurde Villamartín, 9 km östlich von Bornos, im 16. Jh. angelegt. Dass hier schon in prähistorischer Zeit gesiedelt wurde, beweist der Dolmen von Alberite 4 km südlich des Orts, der auf ca. **4000 v. Chr.** datiert wird.

Villamartín

✶ ✶ Baeza · Úbeda

J 5/6

Provinz: Jaén

Fast versteckt im Nordosten Andalusiens und nur wenige Kilometer auseinander, schlummern zwei architektonische Perlen der Renaissance: die Städte Baeza und Úbeda, vom Mainstream-Tourismus praktisch unberührt. Dabei lohnt die Fahrt hierher allemal, denn die einst wohlhabenden Bewohner ließen sich prächtige Paläste erbauen, die fast unverändert erhalten blieben und einmalig geschlossene Stadtbilder der Renaissance schaffen. Besonders der Architekt Andrés de Vandelvira war in dieser Region aktiv.

Baeza

Höhe: 790 m ü. d. M. **Einwohnerzahl:** 16 200

Geschichte Die Westgoten erhoben das einst römische Beatia zum Bischofssitz, die Mauren zeitweise zur Hauptstadt einer Taifa, bis Ferdinand III. 1227 siegreich einzog und den Ort zu **einem der wichtigsten Stützpunkte für die Reconquista Andalusiens** machte. 1542 erhielt Baeza eine Universität, deren erster Rektor Juan de Ávila war und an der auch Juan de la Cruz wirkte. Als Grenz- und Handelsstadt zwischen der kastilischen Mancha und Andalusien erlebte Baeza seine höchste Blüte im 16. Jahrhundert.

Umgeben von Oliven-, Getreide- und Weinfeldern liegt hoch über dem Tal des Río Guadalquivir Baeza. Gleich zu Beginn der Altstadt sieht man rechts die **Plaza del Pópulo**, die gute Stube und schönstes Renaissance-Ensemble von Baeza. Den Brunnen **Fuente de los Leones** in ihrer Mitte schmücken vier Löwenfiguren aus den römischen Ruinen von Cástulo bei Linares und eine iberisch-römische Frauengestalt. Sie soll die aus Cástulo stammende Himilke darstellen, die Gemahlin des karthagischen Feldherrn Hannibal.

> ## ! *Baedeker* TIPP
>
> ### Alles Öl
>
> Baeza ist eines der Zentren der Olivenöl-Erzeugung. In der **Casa del Aceite** (Paseo de la Constitución, 9) kann man Öle aus der Region kaufen. Wie man es herstellt, was man alles aus Olivenöl machen kann und die Kulturgeschichte des Olivenbaums erzählt das **Museo de la Cultura del Olivo** in der Hacienda de la Laguna. Zu diesem Landgut aus dem 17. Jh. gehören auch ein Hotel und ein Restaurant, in dem – natürlich – vieles mit Olivenöl zubereitet wird (Anfahrt: A-316 Richtung Jaén, nach ca. 9 km hinter Puente del Obispo rechts abbiegen und noch ca. 2 km; Öffnungszeiten Museum: Di. – So.: Sommer 10.30 – 13.30, 17.30 – 20.00; Frühjahr und Aug. 10.30 – 13.30, 16.30 – 19.00; Winter 10.30 – 13.30, 16.00 – 18.30 Uhr; Hotel: http://ehlaguna.com/hotel).

✳
Antigua Carnicería ▶
Links vom Brunnen erstreckt sich die Antigua Carnicería, die Mitte des 16. Jh.s erbaute Fleischhalle, heute Historisches Archiv. Für heutige Begriffe **erstaunlich ist die Ausstattung** des für einen solch profanen Zweck bestimmten Baus mit einer Galerie und einem außerordentlich großen, prächtigen Wappen Karls V.

✳
Casa del Pópulo ▶
Der Fleischhalle an Schönheit steht die platereske Casa del Pópulo an der Ostseite des Platzes in nichts nach. Hinter den sechs Doppeltüren im Untergeschoss fertigten einst die Kanzleischreiber die Schriftstücke des im Obergeschoss tagenden Gerichts aus. Heute ist im Gebäude das Tourismusbüro von Baeza untergebracht.

Rechts der Casa del Pópulo schließen das **Stadttor Puerta de Jaén** und der **Triumphbogen Arco de Villalar** an, der 1521 anlässlich der Niederschlagung des Aufstands der »comuneros« errichtet wurde. Die »comuneros« waren mehrere kastilische Städte, die sich unter Führung von Juan de Padilla zusammengeschlossen und größere Rechte von Kaiser Karl V. gefordert hatten.

Eine isabellinische Fassade in Reinkultur am Palacio de Jabalquinto

Links der Casa del Pópulo treppauf und nach links geht es weiter zur Plaza Santa Cruz. Dabei passiert man auf fast der gesamten Länge der C/Beato Avia die Front der 1542 gegründeten und 1875 in ein Gymnasium umgewandelten Universität (**Antigua Universidad**). Durch das Portal, gekrönt von einem die Dreifaltigkeit darstellenden Medaillon, betritt man den Innenhof, in dem ein schlichtes Denkmal an den 1939 im französischen Exil gestorbenen Lyriker **Antonio Machado** erinnert, der von 1912 bis 1919 Französischlehrer am Gymnasium war.

Das **beeindruckendste Gebäude am Platz** ist der Ende des 15. Jh.s von Juan Guas und Enrique Egas für die Grafen von Jabalquinto und Benavente erbaute Palacio de Jabalquinto. Ohne Parallele ist die isabellinische Fassade mit Diamantquadern und gotischen Strebepfeilern, eingerahmt von zwei großen, nach oben sich verbreiternden Säulen mit kleinen Kanzeln an der Spitze, eine andalusische Eigenart. Der Palast umschließt einen hübschen Patio und besitzt eine monumentale Barocktreppe.

In der spätromanischen Kirche **Santa Cruz** gegenüber vom Palast, die dem Platz den Namen gab, lohnt der Blick auf einige spätgotische Fresken. An die Kirche schließt das Museum der 1540 gegründeten Bruderschaft vom Heiligen Kreuz an.

Nur wenige Schritte sind es von hier zur von der Kathedrale dominierten Plaza de Santa María, auf der zunächst der in Form eines Triumphbogens erbaute, schon recht verwitterte Brunnen auffällt, der das Wappen Philipps II. trägt.

Plaza Santa Cruz

★ ★
◄ Palacio de Jabalquinto

⊙
Öffnungszeiten:
Mo. – Fr.
10.00 – 14.00,
16.00 – 18.00

Plaza Santa María

▶ BAEZA ERLEBEN

AUSKUNFT (OFICINA DE TURISMO)
Plaza del Pópulo, s/n, E-23440 Baeza
Tel. / Fax 953 77 99 82
www.baeza.es

ESSEN
▶ Fein und teuer
① *Andrés de Vandelvira*
San Francisco, 14
Tel. 953 74 81 72
Regionales vom Feinsten in der Galerie
rund um den Kreuzgang der Iglesia de
San Francisco. Baezas kulinarische
Spezialität kommt aus dem Meer – der
Entfernung halber getrocknet: Bacalao
(Stockfisch) al estilo de Baeza.

▶ Erschwinglich
② *Juanito*
Avda. Arca del Agua, s / n
Tel. 953 74 00 40
www.juanitobaeza.com
Das Restaurant ist bekannt für seine
authentische Küche der Provinz Jaén.

▶ Preiswert
③ *La Góndola*
Portales de Carbonería, 13
Fleisch vom Grill unter den Arkaden
des Paseo de la Constitución.

ÜBERNACHTEN
▶ Günstig
① *Confortel Baeza*
Concepción, 3

Tel. 953 74 81 52
Fax 953 74 25 19
Modernes Hotel mit einem Renais-
sance-Patio.

② *Hospedería Fuentenueva*
Carmen, 15
Tel. 953 74 31 00
Fax 953 74 32 00
www.fuentenueva.com, 12 Z.
Das liebevoll eingerichtete Hotel im
ehemaligen Frauengefängnis (!) veranstaltet auch Kunst- und Kunst-
handwerksausstellungen.

③ *Juanito*
Avda. Arca del Agua, s / n
Tel. 953 74 00 40
Fax 953 74 23 24
www.juanitobaeza.com, 37 Z.
Familienbetrieb mit Gartenterrasse am
Stadtrand; im Restaurant wird Au-
thentisches der Provinz Jaén gekocht.

④ *Hostal El Patio*
Conde Romanones, 13
Tel. 953 74 02 00
Pension in der Altstadt mit einem
Wohn-Patio.

FEST
Romería del Cristo de la Yedra
am 7. September mit Musik, Tanz und
Marsch der Bruderschaften, die von
geschmückten Karren und Reitern
begleitet werden.

Catedral ▶ Die gotische Kathedrale Santa María an der Südseite des Platzes wurde auf den Grundmauern der einstigen Moschee errichtet und zwischen 1567 und 1593 umgebaut.
Maurisch ist noch die Puerta de la Luna im Westen, während die im
Süden eine Gasse überspannende Puerta del Perdón gotischen Stil
zeigt. Im u. a. von Andrés de Vandelvira gestalteten Innenraum ist

Baeza Orientierung

1 Antigua Carnicería
2 Fuente de los Leones
3 Puerta de Jaén und Arco de
  Villalar
4 Casa del Pópulo
5 Capillo del Cristo del Cambrón
6 Seminario de San Felipe Neri
7 Fuente de Santa María
8 Casas Consistoriales Altas
9 Palacio de Jabalquinto
10 Santa Cruz
11 La Alhóndiga
12 Torre de los Aliatares
13 Palacio de Salcedo

Essen
1 Andrés de Vandelvira
2 Juanito
3 Restaurante La Góndola

Übernachten
1 Confortel Baeza
2 Hospedería Fuentenueva
3 Juanito
4 Hostal El Patio

vor allem die **Capilla Mayor** mit ihrem Sterngewölbe und dem aufwändigen, vollständig vergoldeten Retablo mit gedrehten Säulen sehenswert. Das überaus kunstvolle Chorgitter stammt von Bartolomé de Jaén, desgleichen das Gitter an der Capilla del Sagrario rechts der Capilla Mayor. Die sechseckige schmiedeeiserne Kanzel wurde 1580 gefertigt und zeigt die Apostel Paulus und Andreas sowie vier Bischöfe aus Baeza. Im Kreuzgang sind noch einige Bögen der einstigen Moschee erhalten.

Mit der Kathedrale verbunden sind die sog. **Casas Consistoriales Altas**. Sie wurden Ende des 15. Jh.s erbaut und tragen die Wappen von Johanna der Wahnsinnigen und Philipp II. An der Fassade des ehemaligen Konzilseminars San Felipe Neri gegenüber – heute Internationale Universität Antonio Machado – verewigten sich die Seminaristen mit Stierblut.

Von der Kathedrale geht man zurück über die Plaza del Pópulo zum Paseo de la Constitución, dem Mittelpunkt von Baeza. Dessen Nordende markiert die Plaza de España mit dem Uhrturm Torre de los Aliatares, der nach einem Maurenstamm benannt ist.

Paseo de la Constitución

An der Ostseite des Paseo sieht man **La Alhóndiga**, die ehemalige Getreidemarkthalle mit ihrer dreifachen Bogengalerie. Sie ist an ihrer Rückseite verbunden mit dem alten, schön verzierten Kornspeicher (el pósito), von dem direkt in die Halle geliefert wurde.

Die Anfang des 17. Jh.s als Ratsgebäude erbauten **Casas Consistoriales Bajas** auf der Westseite des Paseo wurden eigens mit einem Balkon versehen, von dem die hohen Herren Festlichkeiten auf dem Platz verfolgen konnten.

Calle de San Pablo

Auch an der von der Plaza de España nach Norden abgehenden Calle de San Pablo kann man **schöne Paläste** sehen: zunächst den gotischen Palacio de los Condes de Garcíez mit Innenhof und doppeltem Arkadengang, dann den burgähnlichen Palacio Cerón und die Casa Acuña, schließlich die Casa Cabrera mit ihrer plateresken Fassade.

Ayuntamiento

Westlich des Paseo de la Constitución ist vor allem das Rathaus (Ayuntamiento) am Paseo Cardinal Benavides interessant. Es wurde 1559 als Justizgebäude und Gefängnis erbaut und besticht mit sehr schönen Balkons, Rosettenschmuck und prächtigen Wappen, darunter das Philipps II.

Santa María del Alcázar y San Andrés

Der Schutzpatronin der Stadt ist die etwas westlich des Rathauses gelegene Kirche Santa María del Alcázar y San Andrés geweiht. Ihr Altarraum wurde von Vandelvira entworfen; besonders sehenswert aber sind **neun gotische Tafelgemälde**, die in volkstümlicher Manier neutestamentliche Szenen zum Thema haben. In dieser Kirche rief Ferdinand III. die Bruderschaft »Kompanie der 200 Bogenschützen des Herrn Santiago« ins Leben, die trotz ihres Namens den hl. Andreas und den hl. Isidor besonders verehrte und gefürchteter Gegner der Mauren war. Ihr gehörten nur Adlige aus dem Umkreis Baezas an.

Úbeda

Einwohnerzahl: 35 600   **Höhe:** 748 m ü. d. M.

Salamanca Andalusiens

War Baeza schon beeindruckend genug, wird man im 9 km weiter nordöstlich gelegenen Úbeda ins Schwärmen geraten, denn an Geschlossenheit des Altstadtbilds und Zahl der Renaissancebauten übertrifft Úbeda die Schwesterstadt deutlich, was ihr den Beinamen »Salamanca Andalusiens« eingetragen hat. Nimmt man hinzu, dass sich die Stadt bestens als Ausgangspunkt für einen Ausflug in die ▶Sierra de Cazorla eignet und man hier – u. a. im nordöstlich der Altstadt gelegenen Viertel San Millán – sehr schöne Keramik und Gegenstände aus Espartogras kaufen kann, ist Úbeda eigentlich ein Muss.

Geschichte

Die Mauren führten den Ort als »Obdah« zu erster Blüte und befestigten ihn. Nach der christlichen Eroberung 1234 hatten sich einige der hier lebenden Adelsgeschlechter wie die Los Cobos oder die Molinas zu den führenden Familien Spaniens hochgearbeitet. Den Höhepunkt ihres Einflusses erlebten sie im 16. und 17. Jh. – davon profitierte auch die Stadt, denn man versuchte, sich im Bau prächtiger Paläste gegenseitig zu übertreffen.

► ÚBEDA ERLEBEN

AUSKUNFT (OFICINA DE TURISMO)

Palacio Marqués de Contadero, Baja del Marqués, 4, E-23400 Úbeda
Tel. 953 77 92 04, Fax 953 77 92 06
www.ubeda.es

ESSEN

► Fein und teuer

② *Parador Restaurante Nacional del Condestable Dávalos*
Plaza de Vázquez de Molina
Tel. 953 75 03 45
Regionale Rezepte mit frischen Zutaten in einem Palast des 16. Jh.s

► Preiswert

① *Barbacoa*
San Cristóbal, 17
Traditionelle Gerichte und selbstgebackenes Brot aus dem Holzofen.

ÜBERNACHTEN

► Komfortabel

① *Alvar Fánez*
C. Juan Pasquau, 5
Tel. / Fax 953 79 60 43
www.alvarfanez.com
Luxuriöses Altstadthotel mit reizendem Patio und netter Aussichtsterrasse.

③ *Palacio de la Rambla*
Plaza del Marqués, 1
Tel. 953 75 01 96
Fax 953 75 02 67
www.palaciodelarambla.com, 8 Z.
Eine der schönsten Herbergen Spaniens: Der Palast aus dem 16. Jh. ist um einen Renaissance-Patio angelegt, die geräumigen Zimmer sind mit Flechtmöbeln und Keramik aus der Region und aus Portugal stilsicher ausgestattet. Die adeligen Besitzer wohnen unter demselben Dach.

► Günstig

② *María de Molina*
Plaza del Ayuntamiento, s/n
Tel. 953 79 53 56
www.hotel-maria-de-molina.com
Das Hotel befindet sich in einem Stadtpalast des 16. Jh.s am Rathausplatz mit Patio und Restaurant-Bar.

Baedeker-Empfehlung

► Komfortabel

④ *Parador de Úbeda*
Plaza Vázquez de Molina, s / n
Tel. 953 75 03 45
Fax 953 75 12 59
www.parador.es, 31 Z.
Unschlagbare Lage mitten im historischen Zentrum im Renaissancepalast des Conde de Dávalos mit herrlichem Patio.

SHOPPING

Haupteinkaufsstraßen sind die C. Mesones und C. Obispo Cobos sowie die Straßen zwischen der Plaza de Andalucía und dem Hospital de Santiago.

Alfarería Tito
Plaza del Ayuntamiento, 12
Geschäft mit origineller Keramik.

La Casa del Aceite
C. Juan Montilla, 3
Hier kann man eines der besten Olivenöle der Region erstehen.

FEST

Semana Santa

Fiesta de San Miguel
Sie wird schon seit 1234 Ende September mit Feuerwerk, Stierkämpfen und Straßenfesten gefeiert.

Úbeda Orientierung

1 El Salvador
2 Hospital del Salvador
3 Palacio de los Cobos
4 Parador del Condestable Dávalos
5 Palacio de las Cadenas
6 Antiguo Pósito
7 Palacio de Mancera
8 Cárcel del Obispo
9 Santa María de los Reales Alcázares
10 Casa de las Torres
11 Palacio de Medinilla
12 San Pedro
13 Palacio de Guadina
14 Palacio de Vela de los Cobos
15 Ayuntamiento viejo
16 Casa de los Salvajes
17 Monumento a San Juan de la Cruz
18 Oratorio de San Juan de la Cruz

Essen
1 Barbacoa
2 Parador de Úbeda

Übernachten
1 Alvas Fánez
2 María de Molina
3 Palacio de la Rambla
4 Parador de Úbeda

★ ★
Plaza de Vázquez de Molina

★
Palacio de las Cadenas ►

Nirgends sonst in Úbeda manifestiert sich die einstige Größe so sehr wie auf der Plaza de Vázquez de Molina, dem Hauptplatz auf dem Altstadthügel, der hier jäh zum Becken des Guadalquivir abbricht. Über diesem Absturz stand einst der Alcázar; heute bietet sich von hier ein Ausblick auf die Olivenplantagen und die Sierra de Cazorla. Die Ostecke des Platzes beherrscht der Palacio de las Cadenas (Kettenpalast) ein, heute befindet sich darin das Rathaus mit Touristeninformation. Der namhafte Architekt Andrés de Vandelvira baute ihn für Don Juan Vázquez de Molina und wählte für jedes der drei Stockwerke eine andere Säulenform: unten korinthische, in der Mitte ionische und darüber Karyatiden. Zwei einen Wappenschild haltende Löwen bewachen den Eingang. Der Name des Palasts erklärt sich durch die den Vorplatz eingrenzenden Ketten. Im Erdgeschoss zeigt

Reliefgeschmückte Hauptfassade von El Salvador →

das **Museo de la Alfarería** in vier Sälen einen Querschnitt durch
die traditionelle Keramik Spaniens und setzt dabei natürlich
einen Schwerpunkt auf lokale und andalusische Erzeugnisse
(Öffnungszeiten: Di.–Sa. 10.30–14.00, 16.30–19.00, So.
10.30–14.00 Uhr). Die Kirche **Santa María de los Reales
Alcázares** gegenüber vom Kettenpalast wurde über der
Hauptmoschee errichtet und besitzt anstatt eines Glockenturms zwei schmale Glockenträger. Innen kann man
prächtige gotische Kapellen und Renaissance-Chorgitter
von Bartolomé de Jaén bewundern. Der stimmungsvolle
Kreuzgang gehörte einst zur Moschee und wurde gotisch
umgestaltet.
Links daneben steht der **Cárcel del
Obispo**, das ehemalige bischöfliche
Gefängnis, heute Sitz des Amts-
gerichts. Wiederum links
davon ließ sich der Mar-
qués de Mancera,
Vizekönig von
Peru, im 16. Jh.
seinen Palast
bauen.

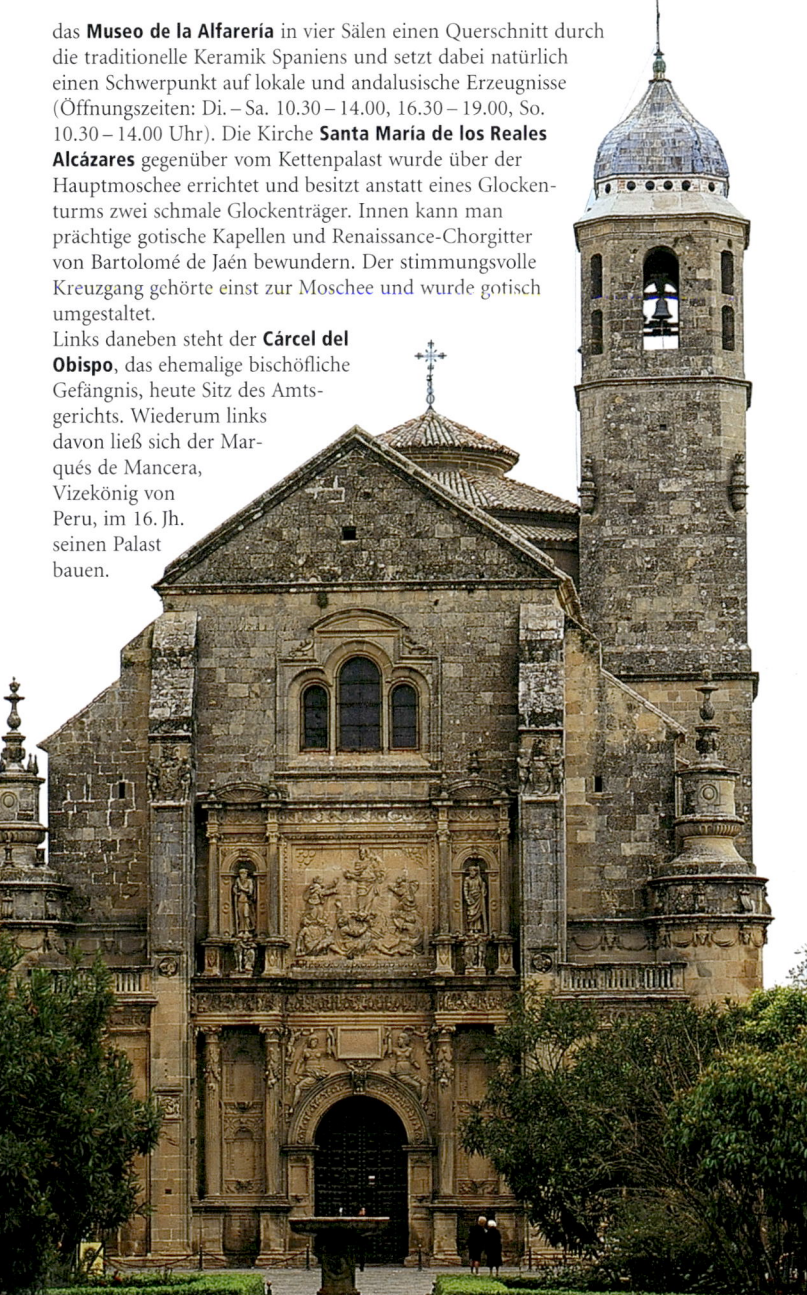

Herausragendstes Gebäude ist an der Nordostseite die einschiffige Sacra Capilla del Salvador, ein Meisterwerk der Renaissance-Architektur, das in der ersten Hälfte des 16. Jh.s nach Plänen von Diego de Siloé von Andrés de Vandelvira und Alfonso Ruiz erbaut wurde. Stifter war der in der Krypta beigesetzte Francisco de los Cobos, Sekretär Kaiser Karls V. Die reliefgeschmückte Hauptfassade flankieren zwei niedrige Rundtürme. Im Bogen über dem Eingangsportal sieht man allegorische Darstellungen des Glaubens und der Gerechtigkeit sowie die Wappen der Los Cobos und der Molinas; darüber thront der von den hl. Petrus und Paulus eingerahmte Christus als Erlöser. Unter der hohen Kuppel der Capilla Mayor steht hinter einem prächtigen Chorgitter der Retablo, den einzig eine Christusfigur schmückt. Sie ist der letzte Rest der 1936 im Bürgerkrieg verbrannten Figurengruppe »Verklärung Christi« von Alonso de Berruguete. Prachtvoll gestaltete Vandelvira die Sakristei, in der einiges Kirchensilber aufbewahrt wird. Rechts hinter der Kirche schließt das Hospital del Salvador an, ein gelungenes Beispiel für verschiedene Formen der Säulengestaltung in der Renaissance; links hinter El Salvador steht noch die Fassade des Palastes von Francisco de los Cobos. Links der Kirche liegt der Parador Condestable Dávalos, ein zweistöckiger Renaissancepalast mit drei schönen Patios, benannt nach Fernando Dávalos, dem Feldherrn des kastilischen Königs Johann II.

Vor der Front von El Salvador geht nach links die C. Horno Contado zur Plaza del Primero de Mayo ab. Hier sieht man auf der linken Seite die Casa de los Salvajes, das »Haus der Wilden«, denn über dem schön gearbeiteten Portal halten zwei mit Fellen bekleidete »Wilde« das Wappen des Hausbesitzers Francisco de Yago, Kammerherr des Bischofs.

Die folgende Plaza del Primero de Mayo war Marktplatz, Stierkampfarena und Hinrichtungsstätte für die von der Inquisition Verurteilten. In ihrer Mitte steht ein Gedenkkreuz für den Mystiker und Gefährten der hl. Teresa von Ávila, Juan de la Cruz; links sieht man das im 16. Jh. erbaute alte Rathaus (Ayuntamiento viejo).

An der Nordseite des Platzes erhebt sich die Kirche San Pablo, ein Bau aus der Zeit der Reconquista mit einer Apsis von 1380, nach der Capilla del Salvador der bemerkenswerteste Kirchenbau der Stadt. Auf dem Mittelpfeiler des isabellinischen Hauptportals von 1511 hat eine Figur des Apostels Paulus Platz gefunden, darüber die von Engeln umschwebte Maria. In die Außenwand ist ein Brunnen von 1559 eingelassen; von einer Nische links vom Portal wurden Dekrete verkündet. Im Inneren verdienen die platereske Capilla del Camarero Vago von Vandelvira und die schönen Gitterwerke Beachtung.

In der vom Kirchenportal wegziehenden C. Cervantes zeigt in der so genannten Casa mudejar das Archäologische Museum von Úbeda seine Schätze.

Der Mystiker Juan de la Cruz starb 1591 in Úbeda. Über seinem Sterbehaus wurde im 17. Jh. eine Kapelle errichtet, die heute als Museum Reliquien und persönliche Gegenstände des Heiligen ausstellt. Die Kapelle liegt am Ende der von der Nordwestseite des Platzes wegführenden C. Juan de la Cruz.

Oratorio y Museo de San Juan de la Cruz

Von der Südecke der Plaza Primero del Mayo kommt man über die C. Marqués de Molina in die C. Real, die Flaniermeile der Stadt. An der von ihr nach links abgehenden C. Juan Montilla steht ein weiterer sehr schöner Renaissancepalast, der **Palacio de Vela de los Cobos** mit einer über die Ecken laufenden Arkadenreihe im Obergeschoss.
An der folgenden Querstraße nach links liegt das **Monasterio de Santa Clara**. Es wurde 1290 gegründet, zeigt sich jedoch bis auf die mudejare Pforte der Klosterkirche im barocken Gewand.
Es folgt an der C. Real der Palacio de Guadiana; an der hier abgehenden Gasse liegt die Kirche **San Pedro**, romanischen Ursprungs und im 17. Jh. mit einer Renaissancefassade verkleidet.
Man kommt schließlich auf die **Plaza de Andalucía**, Verkehrsmittelpunkt der Stadt. Hier steht die Torre del Reloj (Uhrturm), im 16. Jh. auf der alten Stadtbefestigung erbaut.

Calle Real

Etwas außerhalb des Zentrums, westlich der Plaza de Andalucía, erstreckt sich an der C. Obispo Cobos das Hospital de Santiago, ein großer, schlichter Renaissancebau mit Arkadenpatio, den Vandelvira 1565 begann und in dem er zehn Jahre später starb. Hier findet man ein Museum, das sich dem **Thema Karwoche** widmet.

Hospital de Santiago

Von der Plaza de Andalucía auf der C. Rastro nach Süden kommt man zu weiteren **Renaissancepalästen**: an der Plaza del Marqués der Palacio de Rambla, an der hier abzweigenden C. Jurado Gome der Palacio de Medinilla und danach die Casa de las Torres, ein sehr gelungener Stadtpalast mit platereskem Portal und filigraner Balustrade. Dieses Gebäude bewohnte einst ebenfalls der Condestable Dávalos. Man erreicht schließlich die Plaza de San Lorenzo mit der Kirche gleichen Namens und der Puerta de Granada, Teil des hier gut erhaltenen Festungsrings.

Der Palacio Condestable Davalos beherbergt heute einen Parador.

Umgebung von Úbeda

Bauten von Vandelvira
Auch in den Orten rund um Úbeda hinterließ Andrés de Vandelvira Zeugnisse seiner Baukunst. 10 km westlich von Úbeda liegt das Städtchen Canena, dessen maurisches Castillo er zu einem Palast mit einem schönen Hof umbaute. Sabiote, 9 km nordöstlich am Rand einer Hochebene gelegen, besitzt außer einer von ihm gestalteten Kirche noch ein großes maurisches Castillo und ein Karmelitinnenkloster. In Villacarillo schließlich, über Torreperogil – einem hübschen Ort mit malerischen Gassen – auf der N-322 in nordöstlicher Richtung zu erreichen, schuf er mit der stattlichen Kirche **La Asunción** eines der bedeutendsten Renaissancewerke der Provinz.

Iznatoraf
Auf der Weiterfahrt von Villacarillo erreicht man auf kurzer Bergstraße nach links das Bergdorf Iznatoraf, dessen Pfarrkirche von 1602 ein schönes Beispiel für eine ländliche Renaissance-Architektur ist. Vom Ort hat man eine grandiose Aussicht auf Dörfer und Berge. Wer noch weiter fahren will, erreicht das hübsche Städtchen Villanueva del Arzobispo, wo Juan de la Cruz lebte, und das von einer mächtigen Burg überragte Beas de Segura, wo die hl. Teresa von Ávila ein Kloster der Unbeschuhten Karmelitinnen gründete.

✴ Cabo de Gata

(Parque Natural del Cabo de Gata-Níjar)

L 8

Provinz: Almería

An keinem anderen Platz in Andalusien ist Afrika so gegenwärtig wie am südöstlich von ▶Almería ins Meer vorspringenden Cabo de Gata. Das liegt nicht an kulturellen Hinterlassenschaften, sondern an den vorherrschenden klimatischen Bedingungen, die die landschaft prägen: Hier, im äußersten Südosten Spaniens, regnet es an gerade 25 Tagen im Jahr.

Natur und Baden
Das heiße, trockene Klima prägt die Landschaft: Über die braunen, ab und an von schroffen Felsen durchbrochenen vulkanischen Hügel zieht sich ein spärliches Pflanzenkleid aus Espartogras, Ginster, Agaven, Feigenkakteen und Zwergpalmen dahin, hier und da ein Dattelpalmenhain, dazwischen eingesprenkelt weiß gekalkte Häuser vor dem Blau des Meeres – **Nordafrika lässt grüßen**. Die Zwergpalme, selten höher als einen halben Meter, ist neben der Kretischen Dattelpalme im Übrigen die einzige in Europa heimische Palmenart; aus dem Espartogras fertigt man Stuhlbespannungen, Taschen und Körbe – in großer Zahl z. B. in Níjar angeboten. Die Tierwelt besteht vor allem aus Vögeln und Reptilien, darunter Wüstengimpel, Habicht-

Mit dem Cabo de Gata hat man den südöstlichsten Punkt Spaniens erreicht.

adler, Theklalerche, Flamingos, Strandläufer, Säbelschnäbler, Stülpnasenotter und Geckos zu den selteneren Spezies gehören; auch
Skorpione leben hier.
Diese einzigartige, noch recht ursprüngliche Landschaft gehört ver-
waltungsmäßig größtenteils zur Gemeinde Níjar bei Almería (▶
S. 164) und steht als Parque Natural Cabo de Gata-Níjar unter Naturschutz. Entsprechend wenig entwickelt ist die touristische Infrastruktur – keine Bettenburgen und Ferienanlagen, sondern vereinzel-
te Bungalowsiedlungen am Rand der Dörfer und kleinere Hotels. Lediglich San José ist etwas größer geraten. Wer hier Ferien macht,
sucht **Naturerlebnis** vor allem beim Wandern und Rad fahren und
kann an einigen der schönsten, weil noch nicht überlaufenen Stränden Andalusiens baden.

Sehenswerte Orte und Plätze am Cabo de Gata

Von Almería aus erreicht man das Kap auf einer ausgeschilderten,
parallel zur Westküste verlaufenden Nebenstraße. Sie berührt den Fi-
scherort San Miguel de Cabo de Gata, hinter dem ausgedehnte **Meer-
wasser-Salinen** beginnen. Diese sind noch in Betrieb – im folgenden
La Almadraba de Monteleva ist im Salzwerk bei der aufgegebenen
Wehrkirche die Salzberge aufgetürmt – und bieten zugleich größeren
Kolonien von Flamingos und Stelzenläufern Lebensraum, die von einer Hütte (mit Münzfernrohr) aus beobachtet werden können, die
links der Straße etwa auf halber Strecke liegt. Rechts der Straße zieht
sich die lange Playa de Cabo de Gata hin.

Westküste

✱
Cabo de Gata ▶

Nach La Almadraba windet sich die Straße am Hang hinauf, bis sich hinter einer engen Kurve plötzlich der fantastische Vorausblick auf das **Kap mit dem Leuchtturm** eröffnet. Der Name Cabo de Gata bedeutet zwar »Kap der Katze«, doch ist dies eine Verballhornung von Cabo de Agata, was »Achatkap« meint. Von der Plattform unterhalb des Leuchtturms hat man einen atemberaubenden Blick hinab auf die vulkanischen Klippen, die Namen wie »Las Sirenas« tragen. Vom Kap führt ein Wanderweg oberhalb der Steilküste nach San José.

Ostküste

Wer mit dem Auto nach San José will, muss vom Leuchtturm wieder zurück über Ruescas und El Pozo de los Frailes, wo ein hölzernes, von einem Esel bewegtes Wasserschöpfrad (»noria«) restauriert wurde. Weiter südlich am Meer liegt **San José**, eine nicht unsympathische Mischung aus Fischer- bzw. Yachthafen und Feriensiedlung.

✱ ✱
Strände ▶

Zum Baden den Ortsstrand links liegen lassen und 2 km Holperstrecke nach Westen zur wunderbaren **Playa de los Genoveses** – über 1 km lang, 50 m breit, heller Sand, superflach und doch mit ordentlichen Wellen. Genau so schön, mit schwarzem Sand, nur ca. 350 m lang, ist die weitere 2 km entfernte Playa del Monsúl, an dem das Vulkangestein aus dem Sand herausragt.

 CABO DE GATA ERLEBEN

AUSKUNFT

Centro de Información
Avenida de San José, 27
E-04118 San José, Tel. 950 38 02 99
www.cabodegata-nijar.com

Centro de Visitantes las Amoladeras
zwischen Almería und Kap vor dem Abzweig nach Ruescas
Tel. 950 16 04 35; Sommer tgl. 10.00 – 14.00, 18.00 – 20.00, Winter tgl. außer Mo. 10.00 – 15.00 Uhr

ESSEN UND ÜBERNACHTEN

▶ **Komfortabel**
Mikasa
In Agua Amarga,
Crta. de Carboneras, s / n
Tel. 950 13 80 73, Fax 950 13 81 29
www.mikasasuites.com, 16 Z.
Nur eine Pension, die aber hat's in sich: vom Marmorfußboden bis zur ausgesuchten Zimmerpflanze geschmack- und liebevoll durchgestaltet.

Das Interieur hat führende spanische Lifestylezeitschriften inspiriert.

Hotel Cala Chica
In Las Negras, C. Hélice s/n
Tel. 950 38 81 81
Fax 950 38 81 73
www.calachica.com
22 Z., 3 Suiten
Recht neues, schickes kleines Hotel 150 m vom Strand mit Restaurant, Bar, Pool

▶ **Günstig**
Cortijo del Aire
Zwischen Pozo de los Frailes und Los Escullos
Tel. 950 38 94 01
www.cortijodelaire.com (auch auf dt.)
8 Z. und 2 Studios
Sehr schöne Pension mitten im Naturpark, 800 m vom Meer; Schweizer Besitzer. Hier werden auch gerne Kurse und Workshops abgehalten

Die bizarre Küste am Cabo de Gata besitzt wunderbar einsame Strände.

Zurück in El Pozo, wählt man dort die Abzweigung nach **Los Escullos**, wobei man die höchste Erhebung am Kap umfährt, den 493 m hohen Cerro del Fraile. Los Escullos ist eine Feriensiedlung mit schönem Strand unter einem bizarren Felsbogen und einem Fort aus dem 18. Jh. daneben; das folgende La Isleta del Moro ist ein winziger Fischerhafen mit einer kleinen Feriensiedlung und angenehmer Bar. Danach steigt die Straße hinauf zum **Mirador de la Amatista**, von dem man einen herrlichen Blick auf die gesamte Ostküste hat. Von der Kuppe hinter dem Mirador blickt man weit voraus ins Tal von **Rodalquilar**. Im ehemaligen Bergarbeiterdorf – an den Hängen

★
◀ Mirador de la Amatista

steht noch die erst in den 1960ern aufgegebene Goldmine – geht es heute sehr ruhig zu. Seinen Strand, El Playazo mit der Batería de San Ramón aus dem 18. Jh., erreicht man über eine Buckelpiste 3 km östlich, die an den Resten des nasridischen Castillo de la Batería vorbeiführt. Über den Strand selbst wacht die Zur Gemeinde gehört auch das Gehöft Cortijo del Fraile, wo sich im Juli 1928 eine Familientragödie abspielte, die Federico García Lorca zum Vorbild für sein Stück **»Bluthochzeit«** nahm.

> ! **Baedeker** TIPP
>
> **Für eine Handvoll Dollar**
>
> Etwas für Cineasten: Mit Sergio Leones »Für eine Handvoll Dollar« begannen der Aufstieg der Spaghetti-Western und die Karriere von Clint Eastwood. Gedreht wurde im Nest Albaricoques ca. 10 km östlich von Rodalquilar – noch heute so sonnenverbrannt und fast ausgestorben, dass man darauf wartet, Clint Eastwood um die Ecke kommen zu sehen. In der Bar Manolo treffen sich noch manche Statisten.

Nach Rodalquilar, vorbei an der Abzweigung zum Ferienort Las Negras, windet sich die Straße zwischen steilen Schluchten hinauf, um bald in die Ebene von Almería abzusinken und den Blick auf das Plastikmeer frei zu geben. Trotzdem lohnt sich die Strecke, denn so erreicht man – via Campohermoso, A-7 und N-341 – den im Norden des Naturparks gelegenen sehr angenehmen Ferienort Agua Amarga. Er bietet einen gepflegten Sandstrand mit hübschen Bars direkt dahinter und weiteren schönen Buchten südlich. Nördlich jenseits der Mesa de Roldán schließt die Playa de los Muertos an.

★
Agua Amarga

★ Cádiz

C 8

Provinz: Cádiz **Höhe:** 4 m ü. d. M.
Einwohnerzahl: 127 200

Die Hafenstadt Cádiz ist berühmt für ihre grandiose Lage auf einem aus dem Meer emporragenden Muschelkalkfelsen am Ende einer 9 km langen Landzunge, die sich in die Bucht von Cádiz am Atlantischen Ozean erstreckt. Beständig weht eine frische Brise durch die Straßen, die den Aufenthalt auch im Hochsommer angenehm macht und für flirrend-klares Licht in der Stadt sorgt, was ihr den Beinamen »una tazita de plata« (»Silbertässchen«) eintrug; Lord Byron ließ sich sogar zu der Bemerkung hinreißen, Cádiz sei »die Sirene des Ozeans«.

»Una tazita de plata«
Starke Mauern bis zu 15 m Höhe schützen die Stadt gegen die Wogen des Meeres, dessen **Gezeitenunterschied** hier fast 2 m (bei Springflut sogar 3 m) beträgt. Die hohen weißen Flachdachhäuser mit ihren charakteristischen verglasten Balkonen (»miradores«) und die mit Palmen bepflanzten Parks verleihen der Stadt einen ganz eigenen Reiz. Der Platzmangel auf der Halbinsel hat dazu geführt, dass in der Neustadt hohe Wohnblocks errichtet wurden, und so verheißt die lange Einfahrt durch die Wohngebiete und Industrieanlagen zunächst wenig Gutes.
Umso angenehmer erscheint die von der Festungsmauer eingefasste Innenstadt mit ihren großzügigen Plätzen und engen Straßen, die überwiegend im 18. Jh. angelegt wurden. Heute ist Cádiz einer der wichtigsten Häfen Spaniens mit großen **Werften** und **Raffinerien** im Großraum; auch die Fischerei und die **Fischkonservenfabriken** sind von Bedeutung.

Älteste Stadt Europas
Cádiz ist sowohl die älteste Stadt der Iberischen Halbinsel als auch Europas; die ältesten archäologischen Funde stammen allerdings erst aus dem 8. Jh. v. Chr. Die Phönizier gründeten Cádiz unter dem Namen Gadir (»Festung«) um 1100 v. Chr. auf der damals noch nicht mit dem Festland verbundenen Insel einen Stapelplatz für Zinn und Silber aus Tartessos und bauten auf der Insel Sancti Petri einen Tempel für ihren Gott Melkart, der später mit Herakles gleichgesetzt wurde. Um 500 v. Chr. besetzten die Karthager Gadir und drangen von hier gegen den Süden Iberiens vor. Im Zweiten Punischen Krieg fiel die Stadt an die Römer, die sie als Iulia Augusta Gaditana zur Blüte führten: Griechische Gelehrte studierten hier die für sie unbekannten Gezeiten, begehrt als Sklavinnen waren die gaditanischen Tänzerinnen, die »puellae gaditanae«, und auch die Küche war berühmt. Die **antike Mythologie** vermutete in der Nähe den **Eingang zur Unterwelt**; Gelehrte wie Platon und später Plinius glaubten, dies

Cádiz Orientierung

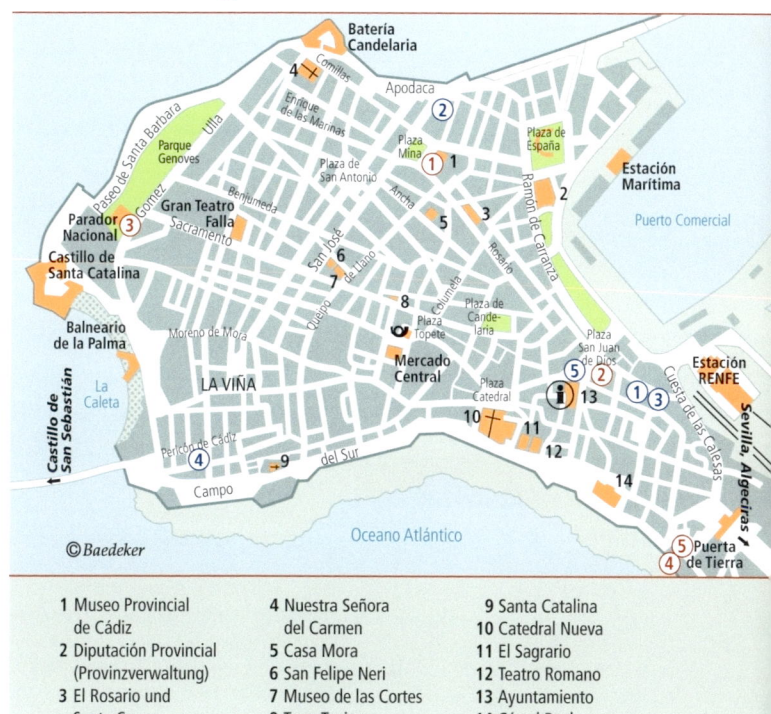

1 Museo Provincial de Cádiz	4 Nuestra Señora del Carmen	9 Santa Catalina
2 Diputación Provincial (Provinzverwaltung)	5 Casa Mora	10 Catedral Nueva
3 El Rosario und Santa Cueva	6 San Felipe Neri	11 El Sagrario
	7 Museo de las Cortes	12 Teatro Romano
	8 Torre Tavira	13 Ayuntamiento
		14 Cárcel Real

Essen

① Achuri
② Balandro
③ El Aljibe
④ El Faro
⑤ El Sardinero

Übernachten

① Francia y Paris
② Hostal Bahía
③ Pasador Hotel Atlántico
④ Playa Victoria
④ Regio

sei der Ort des untergegangenen **Atlantis**. Nach den Westgoten eroberten die Mauren die Stadt; doch der nun »Dschezîrat Kádis« genannte Hafen wurde 844 von den Normannen überfallen und sank zur Bedeutungslosigkeit herab.

Erst nach der Eroberung durch Alfons X. im Jahr 1262 begann die Wiederbesiedlung; mit der Entdeckung der Neuen Welt – **Kolumbus** segelte von hier zu seiner zweiten und vierten Expedition los – stieg Cádiz neben Sevilla zum wichtigsten Hafen für die Silberflotte auf. Dies zog allerdings die englische Konkurrenz an: 1587 versenkte der legendäre **Sir Francis Drake** eine auf Reede liegende Flotte und 1596 zerstörte der Earl of Essex über ein Drittel der Stadt. Doch Cádiz er-

◄ Hafen zur Neuen Welt

holte sich und erhielt 1717, nachdem Sevilla wegen der Versandung des Guadalquivir ausgefallen war, das Privileg zum Handel mit den Kolonien.

Hochburg des Liberalismus ▶ 1805 lief von hier die französisch-spanische Flotte aus, die dann von **Admiral Nelson** am **Kap Trafalgar** vernichtet wurde. Während des spanischen Unabhängigkeitskriegs konnten die Franzosen Cádiz nicht einnehmen, weshalb 1810 die Cortes in der Stadt zusammen traten, um 1812 eine **liberale Verfassung** zu verkünden, »La Pepa«, die allerdings zwei Jahre später unter Ferdinand VII. wieder abgeschafft wurde. Acht Jahre darauf proklamierten Patrioten in Cádiz die Verfassung erneut. Auch dies war nur von kurzer Dauer, denn französische Truppen der Heiligen Allianz schlugen die Patrioten in der »Schlacht von Trocadero«.

Sehenswertes in Cádiz

Hinter der Puerta de Tierra liegen der Bahnhof und der Hafen, von dem die Fähren zu den Kanarischen Inseln abfahren. Hier beginnt auf der Avda. Ramón de Carranza der Stadtrundgang. Am Beginn dieser mit Palmen bestandenen Straße öffnet sich links die Plaza de San Juan de Dios mit dem 1799 erbauten und 1861 veränderten stattlichen Rathaus (**Ayuntamiento**). Die weite **Plaza de España** am Ende des Hafenboulevards gibt die Kulisse für ein mächtiges Denkmal zur Erinnerung an die erstmals 1810 bis 1812 in Cádiz tagenden Cortes ab. An der Nordseite des Platzes steht das 1773 errichtete Gebäude der Provinzregierung.

! **Baedeker TIPP**

Eine Bootsfahrt …

durch die Bucht von Cádiz eröffnet eine ganz andere Perspektive auf die zum Meer hin befestigte Stadt. Tgl. um 12.00 Uhr legt die »Pepa Cádiz« ab und begibt sich während eineinhalb Stunden auf Fahrt um die Halbinsel. Der Preis beträgt 12 Euro für Erwachsene und 6 Euro für Kinder. Samstags, am »Tag des Seefahrers«, kostet es für Erwachsene nur 8 Euro (www.albarco.com).

✴ *Plaza de Mina* Der schönste Platz der Innenstadt ist die üppig mit Palmen und Grün bestandene Plaza de Mina. Hier zeigt das Museo de Cádiz (Museo de Bellas Artes y Arquéológico) seine Sammlungen.

✴ *Museo Provincial de Cádiz* ▶ Im Erdgeschoss informiert die **archäologische Abteilung** u. a. über erste Siedlungsspuren in der Region des heutigen Cádiz und über die phönizischen Stadtgründer, wobei hier zwei in Punta de la Vaca gefundene antropomorphe Sarkophage aus dem Jahr 400 v. Chr. herausragen, die einen Mann mit lockigem Bart und eine Frau mit sehr feinen Gesichtszügen darstellen. Die übrigen Säle behandeln das römische Iulia Augusta Gaditana unter einem jeweils anderen Gesichtspunkt: Bestattungstechnik, Skulpturen (hier eine Großstatue von Kaiser Trajan aus Bolonia), Handel (Modell einer Barke), Alltag, Religion, Wohnen und Arbeiten.

🕐 *Öffnungszeiten:* Di. 14.30 – 20.30, Mi. – Sa. 9.00 – 20.30, So. 9.00 – 14.30

Die **Gemäldesammlung** im ersten Stock ist nach der im Museo de Bellas Artes in ▶Sevilla die bedeutendste Andalusiens. Ihr Herzstück

► CÁDIZ ERLEBEN

ANREISE
Zwei Wege führen nach Cádiz.
Der interessantere führt via Puerto
Real auf der Brücke der N-IV über die
Bucht von Cádiz hinweg; von hier
erblickt man die Stadt schon von
weitem. Die andere Route umfährt
die Bucht über San Fernando.
Beide Strecken münden in die durch
die Neustadt zur Plaza de la Constitución führende Zufahrtsstraße, die
vor der 1755 erbauten Puerta de
Tierra endet.
Die Altstadt erkundet man am besten
zu Fuß.

AUSKUNFT
(OFICINA DE TURISMO)
Ayuntamiento, Paseo de Canalejos
s/n, E-11006 Cádiz
Tel. 956 24 10 01
Fax 956 22 84 71
Avda. José León de Carranza /
Avda. de La Coruña.
Tel. 956 28 56 01
Fax 956 28 56 05
www.cadiz.es

ASOCIACIÓN DE GUÍAS
Tel. 956 83 77 91
Vierstündige Stadtspaziergänge (auch
in Deutsch, Englisch) werden an-
geboten, zudem lassen sich hier
Ausflüge nach Marokko buchen.

PARKEN
In die Innenstadt sollte man nicht mit
dem Auto fahren. Parkplätze gibt es
am Zugang zur Altstadt, am Bahnhof,
in der Cuesta de las Calesas und
entlang der Promenade.

ESSEN
► Fein und teuer
④ *El Faro*
San Félix, 15

Tel. 956 21 10 68
www.elfarodecadiz.com
Eines der besten Restaurants Andalusiens, besonders wenn es um Fisch
und Meeresfrüchte geht.

► Erschwinglich
① *Achuri*
Plocia, 15
Tel. 956 25 36 13
Im traditionsreichen Achuri
wird baskische mit andalusischer
Küche bestens kombiniert, z. B. als
Stockfischgericht »Bacalao al anda-
luz«.

② *Balandro*
Alameda de Apodaca, 22
Tel. 956 22 09 92
Die ganze Vielfalt an Fisch und
Krustentieren wird geboten.

③ *El Aljibe*
Plocia, 25
Tel. 956 26 66 56
Von einfachen Tapas bis zur
raffinierten Fischküche.

► Preiswert
⑤ *El Sardinero*
Plaza San Juan de Dios, 4
Tel. 956 28 25 05
Andalusische und baskische Küche
gegenüber dem Rathaus auf dem
Hauptplatz der Altstadt.

ÜBERNACHTEN
► Komfortabel
③ *Parador Hotel Atlántico*
Avda. Duque de Nájera, 9
Tel. 902 547 979
Fax 902 525 432
E-Mail: cadiz@parador.es
www.parador.es, 97 Z.
Moderner Parador am Altstadtrand
mit traumhaftem Blick aufs Meer

sowie Parkplätzen, Garagen und Swimmingpool.

④ *Playa Victoria*
Glorieta Ingeniero La Cierva, 4
Tel. 956 20 51 00
www.playavictoria.com
Modern und komfortabel in der Altstadt gelegen, mit Pool.

► **Günstig**

① *Francia y París*
Plaza San Francisco, 2
Tel. 956 21 23 19
Fax 956 22 24 31
www.hotelfrancia.com, 57 Z.
Ruhiges und charmantes Altstadthotel.

② *Hostal Bahía*
C. Plocia, 5
Tel. 956 25 90 61
www.hostalbahiacadiz.com
Ohne Schnickschnack, günstig.

⑤ *Regio*
Avda. Ana de Viya, 11
Tel. 956 25 30 08
www.hotelregiocadiz.com, 40 Z.
Nicht in der Altstadt, sondern in der Neustadt an der großen Zufahrts-

straße; modern, praktisch und nur 50 m vom Strand entfernt.

SHOPPING

Die Einkaufszone erstreckt sich zwischen der Plaza de las Flores und der C. San Francisco und auf der C. Columela mit ihren Seitenstraßen; außerdem gibt es eine Markthalle mit breitem Angebot.

Hecho en Cádiz
Plaza Candelaria
Kulinarisches und Kunsthandwerkliches, hergestellt in der Provinz Cádiz.

Mercado Central
C. Libertad
Köstlichkeiten en masse.

FESTE

Karneval
Nur noch auf der Kanareninsel Teneriffa wird in Spanien der Karneval ausgelassener gefeiert als in Cádiz. Wer ihn miterleben möchte, sollte allerdings weit im Voraus eine Unterkunft buchen oder lieber gleich auf die Umgebung ausweichen. Zehn Tage lang – vom Donnerstag vor Rosenmontag bis zum Sonntag nach Aschermittwoch – herrscht Ausnahmezustand, wenn die »murgas« durch die Straßen ziehen, kostümierte Gruppen, die satirische Lieder und Sketche zum Besten geben. Am Sonntag vor Rosenmontag gibt es einen riesigen Umzug (www.carnaval-cadiz.com).

Semana Santa

Ciudad de Cadiz
Folkfestival im Parque Genovés Anfang Juli.

Feria de los Angeles
Musik und Tanz im Juli/August.

Hoch zu Ross zur Feria

sind 18 Werke von Zurbarán in Saal 2, darunter »Ekstase des hl. Bruno«, »Vision des hl. Franz von Assisi«, »Pfingstfest«, »Engel mit Weihrauch« und eine Serie von Darstellungen von Kartäusermönchen aus der Kartause von ►Jerez de la Frontera. Als weitere bedeutende Künstler vertreten sind **Murillo** (»Stigmatisierung des hl. Franziskus«, »Ecce Homo«) und **Rubens** (»Heilige Familie«); dazu kommen klassizistische und romantische Werke, Porträts, Malerei des 16. Jh.s (Luis Morales; Pedro de Campaña), Historismus und Gemälde von Malern aus Cádiz. Im obersten Geschoss schließlich wird das in Cádiz besonders gepflegte andalusische Puppentheater vorgestellt.

★ ★
◄ Zurbarán-Gemälde

★
◄ Puppentheater

Über die Plaza San Francisco und vorbei an der Iglesia de Rosario (Skulpturen von San Servando und San Germán, den Schutzpatronen der Stadt) gelangt man zur Kirche Santa Cueva, die 1783 als ovaler Bau mit zwei übereinander angeordneten Kapellen angelegt wurde. Drei der fünf Lünetten des oberen Raums gestaltete **Francisco de Goya** 1795 mit Wandgemälden aus (»Hochzeitsmahl«, »Brotvermehrung«, »Abendmahl«), seltene Beispiele für religiöse Themen des Meisters (Sommer: Di. – Fr. 17.00 – 20.00, Sa., So. 10.00 bis 13.00; Winter: Di. – Fr. 10.00 – 13.00, 16.30 – 19.30, Sa.,So. wie zuvor)

Santa Cueva

🕐

Nach Santa Cueva geht die Einkaufsstraße C. Columela rechts ab. An der sie kreuzenden Fußgängerzone C. Ancha gibt Haus Nr. 28 ein herrliches Beispiel für die Zivilarchitektur des 19. Jh.s: Neben einer beeindruckenden Fassade kann man im Stadtpalais Casa Mora einen exquisiten Innenhof und ein Museum besichtigen, das auf drei Stockwerken Interieurs dieser Epoche zeigt.

★
Casa Mora

Die C/Columela führt zur lebhaften Plaza Topete, wegen ihrer vielen Blumenstände auch Plaza de las Flores genannt. Hier kann man in den Straßencafés La Marina oder Andalucía eine Pause einlegen und danach durch die große **Markthalle** (Mercado Central) bummeln, die sich dem Platz in südlicher Richtung anschließt.

★
Plaza Topete

Die Straßen Londres und Nicaragua führen zur Torre Tavira, 1704 als Wachturm erbaut und mit 34 m der höchste in Cádiz. Im obersten Stockwerk ist eine **Camera obscura** installiert, die in halbstündigen Abständen Panoramen von Cádiz projiziert. Im 18. Jh. zählte die Stadt ganze 160 dieser Türme, von denen aus Kaufleute ihre Schiffe im Hafen überwachen konnten (Öffnungszeiten: Mai – Sept. tgl. 10.00 – 20.00, Okt. – April bis 18.00 Uhr).

Torre Tavira

🕐

Über die C. Nicaragua geht es zum in der C. Santa Inés liegenden Oratorio de San Felipe Neri, einem Ovalbau von 1671, in dem 1812 die Cortes tagten. Den Hochaltar zieren das Gemälde »Unbefleckte Empfängnis« von **Murillo** und ein »Kopf Johannes' des Täufers« von **Pedro Roldán** (Öffnungszeiten: Mo. – Sa. 10.00 – 13.00 Uhr). Südlich stößt das **Museo de las Cortes de Cádiz** an die Kapelle an. Neben

Oratorio de San Felipe Neri

🕐

Bunt und lebenslustig: Zehn Tage lang feiert man in Cádiz Karneval.

zahlreichen Dokumenten aus der Zeit des Unabhängigkeitskriegs zeigt es auch ein sehr großes, im 18. Jh. aus Elfenbein und Mahagoni gefertigtes Stadtmodell (Öffnungszeiten: Di.–Fr. 9.00–13.00, 16.00 bis 19.00, Sa., So. 9.00–13.00 Uhr).

Hospital de Mujeres — Das barocke Hospital de Mujeres birgt in seiner Kapelle neben anderen Gemälden (Murillo: »Virgen del Carmen«) das einzige Bild **El Grecos** in Cádiz, die »Ekstase des hl. Franziskus« (Öffnungszeiten: Mo.–Fr. 8.00–14.00, 17.30–20.30, Sa. 10.00–13.30 Uhr).

Barrio de la Viña — Wie geschaffen für einen Bummel ohne Besichtigungszwang ist das Barrio de la Viña im südwestlichen Teil der Innenstadt, wo im 18. Jh. hauptsächlich Fischer und Hafenarbeiter wohnten. Hier reihen sich sommers auf dem Platz Tío de la Tiza Straßenkneipen mit lecker zubereiteten Fischhappen aneinander. Er trägt den Spitznamen von **Antonio Rodríguez Martiñez**, der im 19. Jh. das Regelwerk für den Karneval von Cádiz festlegte.

Uferpromenaden — Nördlich der Plaza de Mina beginnen mit der Alameda de Apodaca und der sich anschließenden Alameda Marqués de Comillas die Uferpromenaden an der Atlantikküste. Am Ende der Alameda steht die im kolonialen Stil erbaute Barockkirche Nuestra Señora del Carmen (1737–1764), gegenüber sieht man das im 17. Jh. angelegte und im 19. Jh. verstärkte Bollwerk Baluarte de Candelaría.

★
Parque Genovés ▶ — Ist den Bürgern von Cádiz nach einem Spaziergang, gehen sie in den Parque Genovés an der Nordwestseite des Stadtfelsens. Jenseits der

Festung Castillo de Santa Catalina geht man am Stadtstrand an der Bucht **La Caleta** mit dem nostalgischen Balneario de la Palma (1925) schwimmen. Von der Südseite der Caleta reicht eine Kaimauer weit hinaus aufs Meer zum Castillo de San Sebastián und dem Leuchtturm.

> ## ! Baedeker TIPP
>
> ### Fish & Chips
>
> Tatsächlich – nicht die Engländer haben den Bratfisch erfunden, sondern die Fischer von Cádiz. Probieren kann man ihn – z. B. Makrele – in allerlei »freidurías« und in gar nicht so teuren Fischrestaurants, etwa an der Plaza de las Flores, an der Plaza de San Juan de Dios oder an der Plaza Tío de la Tiza.

An der südlichen Kaimauer zieht sich der Campo del Sur hin. Links liegt das ehemalige Kapuzinerkloster, jetzt psychiatrische Klinik. Für den Hauptaltar seiner 1639 begonnenen Kirche **Santa Catalina** (Eingang durch den Hof) schuf **Bartolomé Esteban Murillo** mit der »Verlobung der hl. Katharina« sein letztes Gemälde. Dabei stürzte er vom Gerüst und starb an den Folgen am 3. April 1682 in Sevilla. Von ihm sind noch weitere Werke in der Kirche zu sehen.

Vom Campo del Sur blickt man auf die Chorseite der Kathedrale mit ihrer großen gelben Kuppel. Ihr Haupteingang liegt der Stadt zu an der Plaza de Pio XII. Sie wurde 1722 von Vicente de Acero begonnen und von Mitgliedern der Familie Cayón Ende des 19. Jh.s vollendet. Ihre recht schmucklose Hauptfassade, 1789 von Manuel Machucas abgeschlossen, flankieren zwei große achteckige Kuppeltürme. Im Inneren der dreischiffigen Kirche (85 m lang, 60 m breit) beeindrucken gewaltige Pfeiler und die prächtige, 52 m hohe Vierungskuppel über dem erst 1862 aufgestellten Hauptaltar. Das Chorgestühl aus Mahagoni von Pedro Duque Cornejo von 1702 war ursprünglich für die Kartause auf der Guadalquivir-Insel in Sevilla vorgesehen; von den Seitenkapellen verdient die Capilla de San Sebastián mit einer Figur des hl. Bruno Beachtung. Die unter dem Meeresspiegel liegende Krypta enthält neben Bischofsgräbern das Grabmal des aus Cádiz stammenden und in Argentinien verstorbenen Komponisten **Manuel de Falla** (►Berühmte Persönlichkeiten).

★ Catedral Nueva
◄ Abb. S. 148 / 149

Im Kathedralmuseum gleich nebenan sind vor allem drei Monstranzen sehenswert: die annähernd 5 m hohe **Silbermonstranz** von Antonio de Suárez aus dem 17. Jh., die mit angeblich **einer Million Edelsteinen** besetzte »Custodia del Millón« von 1721 und die von Enrique de Arfe geschaffene älteste Monstranz mit einem Amethystkreuz an der Spitze. Von ihm, der 1506 als Heinrich Harff aus Köln nach Spanien kam, und von seinem Sohn Juan besitzt das Museum weitere Stücke. Unter den Gemälden findet man eine »Kreuzigung« von Alonso Cano und eine »Unbefleckte Empfängnis« von Murillo.

★ ◄ Museo Catedralicio
Di. – Fr.
10.00 – 13.00,
16.00 – 19.00
Sa, So.
10.00 – 13.00

An die Kathedrale schließt sich die Kirche Santa Cruz an, die »Alte Kathedrale«, die ursprünglich aus dem 13. Jh. stammt und nach ihrer

Santa Cruz (Catedral Vieja)

Den Feierabend versüßen sich viele Gaditanos an der Playa de la Caleta.

Zerstörung 1596 durch die Briten dann bis 1602 im Renaissancestil erneuert wurde; das Innere ist mit Malereien und einem figurenreichen Hochaltar von Saavedra (um 1650) ausgestattet. Gleich hinter Santa Cruz haben Ausgrabungen die **Reste eines römischen Theaters** zutage gebracht (Öffnungszeiten: Mo. 17.30 – 19.00, Di. – Fr. 10.00 bis 13.00, 17.30 – 19.00, Sa. 10.00 – 13.00, 18.00 – 19.00, So. 10.30 bis 12.30, 18.30 – 19.30 Uhr).

Cárcel Real Das einstige königliche Gefängnis am Ende des Campo del Sur wurde von Torcuato Benjumeda Ende des 18. Jh.s als klassizistische Anlage um mehrere Innenhöfe herum erbaut und ist heute Gericht.

Strände Zum Baden bieten sich außer dem Stadtstrand die langen Playas de Santa María, la Victoria und de Cortadura an, die parallel zur großen Zufahrtsstraße hinter den Hochhäusern liegen. Die Playa de la Victoria soll den feinsten Sand an der Costa de la Luz besitzen.

Umgebung von Cádiz

San Fernando Die Hafenstadt San Fernando am Südufer der Bucht von Cádiz wurde als Isla de León im 18. Jh. in den Salzmarschen erbaut, aus denen schon die Römer Salz gewannen und die heute unter Naturschutz stehen. San Fernando, im spanischen Befreiungskrieg letzte Zuflucht der Cortes, war und ist wichtiger **Marinestützpunkt**. Sehenswert sind das stadtgeschichtliche Museum, das 1753 erbaute Observatorium, auf dessen Position die spanische Marine ihre Berechnungen bezieht und das Panteón de los Marinos Ilustres, in dem 52 Denkmäler berühmter Seefahrer aufgestellt sind. San Fernando ist die Heimatstadt des großen Flamenco-Sängers **Camarón de la Isla** (►Berühmte Persönlichkeiten).

Der Puente Zuazo, eine Brücke wohl römischen Ursprungs, überquert die Salinen des Caño de la Carraca und verbindet San Fernando mit Chiclana de la Frontera. Die Stadt ist bekannt für ihren Wein, vor allem für den Moscatel, und ihre **Puppenmanufakturen**, von denen eine, Marín, auch ein Museum unterhält, in dem es seine Produkte ausstellt (Öffnungszeiten: Mo. – Sa. 9.00 – 13.00 Uhr). Sehenswert ist auch die Iglesia de Jesús Nazareno. In erster Linie aber lebt Chiclana vom **Badetourismus**, denn die einige Kilometer entfernten Strände, wie die 7 km lange Playa de la Barrosa, gehören zu den schönsten an der Costa de la Luz.

Den Stränden verdanken auch urbane Siedlungen wie La Barrosa oder das am Reißbrett entworfene Edeldomizil **Novo Sancti Petri** ihre Existenz. Letzteres wurde in den 1990ern um einen von Golf-As Severiano Ballesteros konzipierten Golfplatz mit mittlerweile 36 Löchern gebaut. Vor allem Deutsche machen hier Urlaub. **Sancti Petri** verdankt seinen Namen der vor der Küste liegenden Insel, auf der ein im Altertum berühmter Herkules- / Melkarttempel gestanden haben soll. Nach ihr wiederum wurde die in den 1940ern erbaute, nun verlassene Siedlung für die Arbeiter einer Fischfabrik benannt.

Chiclana de la Frontera

✷ Carmona

D 7

Provinz: Sevilla   **Höhe:** 248 m ü. d. M.
Einwohnerzahl: 28 300

Auf einem kahlen Hügelrücken inmitten der Vega de Corbones, einem der fruchtbarsten Landstriche Andalusiens, thront das Städtchen Carmona. Sein Kern gehört zu den schönsten der kleineren Städte Andalusiens, eigentlich nur noch übertroffen von ►Baeza und Úbeda. Mit dem ausgedehnten römischen Gräberfeld besitzt Carmona ein Kulturdenkmal ersten Ranges.

Die Römer umfassten den schon in vorgeschichtlicher Zeit bewohnten Hügel mit einer Mauer und gaben der Siedlung den Namen Carmo. Sie wurde zur wichtigen Station an der Straße von Córdoba (Colonia Patricia) nach Sevilla (Colonia Iulia Romula) und ►Itálica. Die heute die Oberstadt durchziehende Hauptstraße folgt dieser Trasse. Ferdinand III. nahm den Mauren 1247 die von ihnen Karmuna genannte Stadt ab und nun entwickelte sich Carmona zu einer beliebten Residenz der Herrscher, unter denen Pedro der Grausame und Isabella die Katholische besonders gern kamen. Zahlreiche herrschaftliche Häuser zeugen von dieser Epoche.

Geschichtsträchtiges Landstädtchen

▶ CARMONA ERLEBEN

AUSKUNFT (OFICINA DE TURISMO)

Alcázar de la Puerta de Sevilla, s/n,
E-41410 Carmona
Tel. 95 419 09 55, Fax 95 419 00 80
www.carmona.org

ESSEN

▶ Erschwinglich

Molino de la Romera
Sor Angela de la Cruz, 8
Tel. 954 14 20 00
In einer ehemaligen Ölmühle aus dem
15. Jh. beim Alcázar wird in histo-
rischem Ambiente Regionales – auch
Wild – geboten.

ÜBERNACHTEN

▶ Komfortabel

Parador Alcázar del Rey Don Pedro
Tel. 954 14 10 10
Fax 954 14 17 12
www.parador.es, 63 Z.
Traumhotel, das in seiner Architektur
dem Palast Pedros des Grausamen
nachempfunden ist. Am Rand der
Altstadt über dem Bétis-Tal.

▶ Komfortabel / Günstig

Alcázar de la Reina
C. Hermana Concepción Orellana, 2
Tel. 954 19 62 00
www.alcazar-reina.es, 68 Z.
Stilvolle Unterkunft in einem histo-
rischen Gebäude, ruhig am Nordrand
der Stadt. Großer Pool im Patio,
Restaurant, Tapas-Bar, Irish Pub.

▶ Günstig

Pension Comercio
Torre del Oro, 56
Tel. 954 14 00 18, 13 Z.
Direkt bei der Puerta de Sevilla mit
hübschem Patio und Restaurant.

SHOPPING

Cerámica San Blas
Dominguez de la Haza, 18
Handbemalte Keramik.

FESTE

Karneval

Romería de la Virgen de Grácia
Am ersten Sonntag im September
farbenprächtige Wallfahrt zu Pferd
und Wagen.

Sehenswertes in Carmona

Puerta de Sevilla
Durch die Puerta de Sevilla betritt man von Westen die Oberstadt,
die von der durch die Mauren erweiterten Festungsmauer umschlossen ist. Der Torbau mit einem Hufeisen- und drei Rundbögen ist Teil
dieser Mauer und gehört zum Alcázar de abajo, der unteren Burg
mit der Torre del Homenaje und der Torre del Oro. Heute ist hier
die **Touristeninformation** zu Hause, weswegen das Gebäude auch besichtigt werden kann.

Plaza de San Fernando
Vom Tor die C. Prim etwas bergauf und an der rechts liegenden Kir-
che San Bartolomé (15. Jh.) vorbei, erreicht man die Plaza de San
Fernando, den Hauptplatz der Stadt. Ihn umstehen einige sehenswer-

te Stadthäuser im Mudejarstil und aus der Renaissance; im barocken Rathaus sollte man einen Blick in den Hof werfen, dessen Boden ein römisches Mosaik bedeckt.

Auf den Platz folgt bald die dreischiffige Kirche Santa María, die im 15. Jh. über einer almohadischen Moschee errichtet wurde, an die noch der Patio de los Naranjos, der Orangenhof, mit seinen Hufeisenbögen erinnert. Zeugnis für ein schon vor der Moschee bestehendes christliches Gotteshaus ist eine westgotische Säule aus dem 6. Jh., auf der ein Kalendarium mit den Namenstagen von Ortsheiligen eingemeißelt ist, das älteste dieser Art in Spanien.

Santa María

◄ Westgotisches Kalendarium

Innen ragt der 1559 vollendete platereske Hauptaltar mit Passionsszenen von Ortega und Vázquez el Viejo heraus. Im linken Seitenschiff sieht man in der Capilla del Cristo de los Martirios, zu erkennen am prächtigen plateresken Chorgitter, einen wohl flämischen Altar; im rechten Seitenschiff bewahrt die Capilla de San José y San Bartolomé drei Retablos, von denen der linke von Pedro de Campaña stammen soll. Über den Orangenhof betritt man die Ausstellung mit den schönsten Stücken des Kirchenschatzes.

Santa María birgt das älteste westgotische Kalendarium Spaniens.

Adelspaläste In nächster Umgebung der Kirche befinden sich drei Adelspaläste aus dem 17. und 18. Jh.: am Platz rechts der Palacio de los Rueda, auf der gegenüberliegenden Straßenseite an der Ecke der rotbraun getünchte Palacio de los Aguilar (ehemals Rathaus) sowie hinter der Kirche links an der C. San José der 1755 mit schönem Portal und Eisenbalkon fertiggestellte Palacio del Marqués de las Torres, der heute ⏱ das **Stadtmuseum** von Carmona beherbergt (Öffnungszeiten: Sept. bis Mitte Juni Di. – So. 11.00 – 19.00, Mo. 11.00 – 14.00; 16.Juni bis Aug. Mo. – Fr. 10.00 – 14.00, 18.30 – 20.00, Sa., So 9.30 – 14.00 Uhr).

Convento de Santa Clara Vorbei am Convento de las Descalzas der Hauptstraße weiter folgend, kommt man zum rechts liegenden, 1460 gegründeten Convento de Santa Clara. Die Kirche besitzt eine Serie von Heiligenbildern aus der Schule Zurbaráns, einige wohl auch vom Meister selbst; das Gemälde am Hauptaltar stammt von Valdés Leal.

Puerta de Córdoba An der Puerta de Córdoba ist das östliche Ende der Stadt erreicht. Das Tor geht ebenfalls auf die Römer zurück, wurde aber im 17. Jh. klassizistisch umgestaltet, wobei man die wuchtigen Achtecktürme an den Flanken auf römische Quader setzte.

Parador Auf dem höchsten Punkt der Stadt, am Rand des hier jäh abbrechenden Stadthügels, lag der Alcázar de arriba, die obere Burg, oder Alcázar del Rey Don Pedro, denn **Pedro der Grausame** wählte die almohadische Burg zu seinem Sitz. Hier hielt er Leonór de Guzman gefangen, die Mätresse seines Vaters Alfons XI., die von hier nach ►Medina Sidonia floh, wo Pedro sie ermorden ließ. Von der Burg ist heute nicht mehr viel erhalten, doch ist auf dem Gelände ein sehr schöner Parador entstanden.

Baedeker TIPP

Solo mit Aussicht

Von der Terrasse des Paradors bietet sich ein weiter Blick über die Vega de Corbones – ein schöner Ort für einen Café solo.

San Pedro In der Unterstadt westlich der Puerta de Sevilla fällt zunächst die Kirche San Pedro auf (15. / 17. Jh.), deren hoher Barockturm an die Giralda von Sevilla erinnert. Im überschwänglich barock ausgestatteten Inneren sieht man einige bemerkenswerte Taufbecken aus grüner Keramik (um 1500) und die Capilla del Sagrario (1760), deren Pracht den übrigen Kirchenraum noch übertrifft. Sie ist ein Werk des Sevillaner Künstlers Ambrosio Figueroa, der hier die maurische Tradition in Hufeisenbögen wieder aufleben ließ.

★ ★ Necrópolis romana Die erste Stelle unter den Sehenswürdigkeiten Carmonas nimmt aber das **römische Gräberfeld** (Necrópolis romana) in der Unterstadt gegenüber dem Amphitheater ein (C/Jorge Bonsor; der Beschilderung folgen). Das Feld umfasst annähernd 1000 Gräber aus dem 2. Jh. v. Chr. bis zum 4. Jh. n. Chr., von denen etwa 250 freigelegt wurden.

Carmona Necrópolis romana *Orientierung*

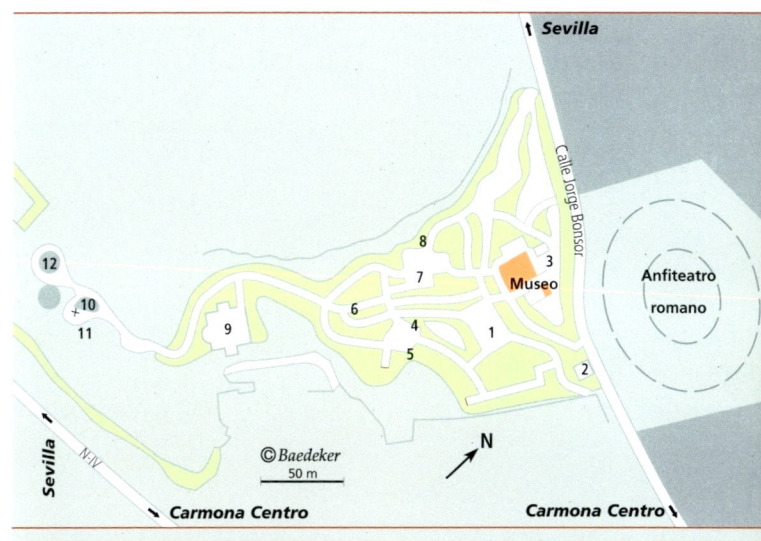

1 Mausoleo Circular
2 Tumba del Elefante
3 Columbario triclino
4 T. del las Guirnaldas
5 T. del los Cuatro Departamentos
6 Tumba del Ryton de Crystal
7 Tumba del Póstumo
8 Tumba del las Tres Puertas
9 Tumba del Servilia
10 T. del las Cuatro Columnas
11 Mausoleo Cuadrangular
12 Mausoleo Circular

Viele lassen sich durch mehrere Urnennischen, Vorhöfe und Triklinen (Ruhebänke) für die Leichenmahle als Familienmausoleen ein-
ordnen; oft sieht man noch Reste von Wandmalereien und Stuck.
Die Toten wurden meistens in zum Grab gehörenden Verbrennungs-
kammern eingeäschert, doch sind auch Gräber für Erdbestattungen
gefunden worden.

Öffnungszeiten:
Di. – Fr.
9.00 – 18.00,
Sa., So.
9.30 – 15.30

Ein **Museum** informiert über die Bestattungstechniken der Römer
und zeigt Grabbeigaben (Keramik, Glas, Schmuck, Bronze), Grab-
steine, Altäre sowie Skulpturen.

Die große **Tumba del Elefante** ist das merkwürdigste der Gräber. Sie
verdankt ihren Namen einer sehr gut erhaltenen Elefantenskulptur,
deren Bedeutung allerdings rätselhaft geblieben ist. Das Grab besteht
aus mehreren Räumen mit Triklinen (Ruhebänken) und einem steinernen Wasserbehälter. In der **Tumba de Servilia** sind die besterhaltenen Wandmalereien des Gräberfeldes zu sehen, darunter die Darstellung einer Dame mit Harfe. Die Größe des zweistöckigen Grabes
lässt darauf schließen, dass hier eine vornehme Familie bestattet worden sein muss; dies bestätigten die reichen Grabbeigaben und die
hier gefundene lebensgroße Statue einer der Toten, deren Name
»Servilia« auf dem Sockel eingemeißelt war. Die **Tumba del Póstumo**

Familiengrab mit Urnennischen in der römischen Nekropole

ist ein Beispiel für ein Grab für Erdbestattungen – allerdings nur für den Herren, denn zu beiden Seiten der Grube sind Nischen für die Urnen seiner Sklaven zu erkennen.

Umgebung von Carmona

Marchena

★

San Juan
Bautista ▶

Im 27 km südöstlich von Carmona liegenden Landstädtchen Marchena sind noch Reste der mittelalterlichen Stadtbefestigung zu sehen. Besonders wertvoll ist jedoch der Hochaltar der gotisch-mudejaren Kirche San Juan Bautista: Alejo Fernández und seine Werkstatt schufen im frühen 16. Jh. seine Tafelbilder und die Skulpturen, die eindrucksvoll das Leben Christi und Johannes des Täufers schildern. Auch das Chorgestühl aus dem 18. Jh. und der spätgotische Seitenaltar mit einer Abendmahlsdarstellung sind von hohem künstlerischen Wert. Zur Kirche gehört auch ein Museum, das stolz **neun Gemälde von Zurbarán** sein eigen nennt.

Fuentes de Andalucía

Dieser 23 km östlich von Carmona liegende Ort besitzt eine Reihe beachtlicher, vor allem barocker Bauten. Von der maurischen Burg am Hauptplatz stehen noch Mauern und vier Türme. Die bedeutendste Kirche ist die fünfschiffige Santa María de las Nieves, an der vom Ende des 16. bis ins 18. Jh. hinein gebaut wurde. Ihre Capilla de la Virgen de Lurdes ist mit Azulejos aus dem 16. Jh. ausgekleidet. Für den Altar der Kirche San José (18. Jh.) schuf Juan de Mesa zwei Skulpturen: »Christus« und »Hl. Joseph mit Kind«.

Über Lora del Río, 25 km nördlich von Carmona am Guadalquivir am Fuß der Sierra Morena, erreicht man Villanueva del Río y Minas, aus dem römischen »Flavium Munigense« hervorgegangen, in dem schon in der Antike Bergbau betrieben wurde. An Stelle des Römerkastells sieht man heute das beeindruckende Castillo de Mulva; außerhalb liegen die gut erhaltenen Reste einer römischen Siedlung aus dem 4. Jahrhundert.

Villanueva del Río y Minas

Ceuta

E 10

Provinz: Cádiz   **Höhe:** Meereshöhe
Einwohnerzahl: 76 300

Ceuta (arabisch Sebta) ist ein großer Basar: Wer mit der Fähre ankommt, wird von fliegenden Händlern bedrängt. Die Europa am nächsten gelegene afrikanische Hafenstadt an der östlichen Einfahrt der Straße von Gibraltar, ist eine 19,4 km² große spanische Enklave (Plaza de Soberanía) an der marokkanischen Küste. Ebenfalls unter spanischer Hoheit steht die 8 km nach Nordosten in das Mittelmeer vorstoßende Halbinsel El Hacho, auf deren nur 350 m breitem Isthmus sich die Altstadt von Ceuta erstreckt.

Stadt und Halbinsel sind durch einen gewaltigen Metallzaun gegen Marokko abgeschottet. Damit will man Vorfälle verhindern wie 2005, als Tausende illegale Einwanderer versuchten, unkontrolliert über die Grenze zu gelangen. Ceuta hat kaum nordafrikanischen Charakter – ca. 85 % seiner Bewohner sind spanische Staatsbürger; nur 8 % sind Moslems. Die Stadt teilt sich in ein ummauertes Altstadtviertel und in die Neustadt, die 1912 angelegt wurde, als der Norden Marokkos spanisches Protektorat wurde und Ceuta einen enormen Aufschwung erlebte. Nach der Unabhängigkeit Marokkos 1956 setzte der Niedergang ein, doch ist Ceuta nach wie vor wichtiges Fischereizentrum, Fährhafen und Touristen anlockende Freihandelszone. Aus militärisch hat Ceuta Bedeutung – zuletzt grotesk unter Beweis gestellt im Streit um die kahle Petersilieninsel westlich der Stadt, als marokkanische Soldaten von spanischen Truppen vertrieben wurden. Ceuta ist auch großer Umschlagplatz für Haschisch, das an vielen Plätzen der Stadt angeboten wird. Vor dem Kauf muss eindringlich gewarnt werden!

Enklave in Nordafrika

◄ Drogen

Ceuta war vermutlich schon eine wichtige Phöniziersiedlung, doch nachgewiesen ist erst das römische Septem Fratres, woraus sich sowohl der arabische wie auch der spanische Name ableitet. Er bezeichnet die sieben Hügel des Djebel Moussa, an deren Hängen die Stadt angelegt wurde. 429 n. Chr. wurde sie von den Vandalen einge-

Geschichte

⏵ CEUTA

ANREISE

Fähren und Tragflächenboote verschiedener Reedereien fahren im Stundentakt ab ►Algeciras (ca. 3/4 bis 1,5 St.); auch von ►Málaga aus wird Ceuta angesteuert.

AUSKUNFT
(OFICINA DE TURISMO)

Calle Edrissis, s/n, E-51001 Ceuta
Tel. 856 20 05 60
Fax 856 20 05 65
www.ceuta.es

ÜBERNACHTEN

► Komfortabel

Ulises
Camoens, 5
Tel. / Fax 956 51 45 40
www.hotelceuta.com, 124 Z.
Günstigstes Haus in der gehobenen Hotellerie der Stadt.

nommen und erst 534 gelang dem oströmischen Kaiser Justinian I. (527 – 565) die Rückeroberung. 711 bemächtigten sich die Araber Ceutas, das im 13. und 14. Jh. seine Blütezeit als Zollgebiet, größter Stapelplatz und bedeutendste Hafenstadt Marokkos erlebte. 1415 konnte Johann I. von Portugal die Stadt den Arabern abnehmen. Durch die Vereinigung Portugals mit Spanien wurde Ceuta 1580 spanisch. Mehrere arabische Rückeroberungsversuche schlugen fehl, zuletzt 1860, als es als spanische Sträflingskolonie schon sehr verrufen war. Franco bereitete hier 1936 das Übersetzen seiner Truppen nach Spanien vor. Nach wie vor beansprucht Marokko das umstrittene Gebiet.

Sehenswertes in Ceuta

Am Zentrum Ceutas, der **Plaza de África** steht die der Stadtpatronin geweihte Kirche Nuestra Señora de África, 1704 bis 1726 an Stelle einer Moschee errichtet. Sehenswert sind der Hauptaltar mit der vermutlich portugiesischen Statue der Muttergottes (16. Jh.) sowie der Kirchenschatz. Am südlichen Ende des Platzes erhebt sich die zweitürmige Kathedrale. Sie wurde 1729 mit neoklassizistischer Fassade und schwarzem Marmorportal über den Resten der ehemaligen Großen Moschee erbaut, die bereits seit 1432 als Kirche diente.

Murallas Unweit westlich von der Plaza de África erinnern – als Überreste der 1530 von den Portugiesen errichteten Festung El Canderlo – mächtige, von einem tiefen Wassergraben geteilte Mauern an die Vergangenheit Ceutas als heftig umkämpfter Garnison. Das neue Museum Revellín de San Ignacio zeigt hier Kunst und Architektur.

Museen Das **Stadtmuseum** (Paseo del Revellín, 30) zeigt Objekte aus allen Epochen Ceutas. Unter dem Museum beginnen 2,5 km lange unterirdische Gänge aus dem 16. und 17. Jh., die das Vorfeld der Stadt und die Wasserversorgung militärisch sichern sollten.
Das **Museo de la Legión** südlich vom Stadtmuseum am Paseo de Colón widmet sich der Geschichte der spanischen Fremdenlegion, die in Ceuta eine Garnison unterhält.

n Park an der Nordseite der Altstadt gestaltete der von der Ka-
insel Lanzarote stammende Künstler **César Manrique** (1920 bis
mit Wasserfällen, Skulpturen und Pseudoschloss.

Parque
Maritimo del
Mediterráneo

end ist der Ausflug zum 4 km entfernten und 203 m hohen
e Hacho. Er ist wahrscheinlich der sagenhafte Berg Abila, der
Antike als **eine der Säulen des Herkules** galt. Sein Pendant auf
uropäischen Kontinent ist der Felsen von Gibraltar. Vorbei am
tturm am Kap Almina – herrlicher Blick auf Gibraltar und auf
fgebirge – geht es auf den Berg, wo in der Festung Desnarigado
useum die Geschichte der Garnison Ceuta schildert; ebenfalls
ben befindet sich die 1593 gegründete Ermita de San Antonio.

★
Monte Hacho

★ ★ Córdoba

F 6

Provinz: Córdoba   **Höhe:** 123 m ü.d.M.
Einwohnerzahl: 328 400

**Die nach ►Sevilla bedeutendste Stadt Andalusiens liegt auf einer
zum Guadalquivir sanft abfallenden Ebene am Fuß der Sierra de
Córdoba, eines Ausläufers der Sierra Morena. Enge gewundene
Gassen, kleine Plätze, weiß getünchte Häuser, zumeist mit den so
typischen hübschen Patios – Córdoba besitzt einen der größten Altstadtkerne aller spanischen Provinzstädte und dazu die fantastische Mezquita.**

In Córdoba ist der maurische Charakter noch greifbar, allerdings weniger in der Judería, dem einstigen, mittlerweile von Souvenirläden
überschwemmten Judenviertel, sondern in den Straßen rundum.
Doch vor allem die berühmte ehemalige Moschee, die heutige Mezquita-Catedral macht die einstige Hauptstadt des Kalifats zu einem
»abendländischen Mekka« und einem der allererersten Reiseziele in
Andalusien. Córdoba ist berühmt für sein **Silber- und Lederhand-
werk**, das nach wie vor in vielen Werkstätten in der Altstadt betrieben wird; rundum in den neueren Vierteln haben sich Metallbetrie-
be, Elektro- und Lebensmittelindustrie angesiedelt, die zusammen
mit dem Tourismus die wirtschaftliche Grundlage der Stadt schaffen.

Hauptstadt des
Kalifats

Schon in altiberischer Zeit bestand hier am Knie des Bétis (Guadalquivir) eine Siedlung, die dem Karthager Hannibal für seinen Kriegs-
zug über die Alpen Söldner zur Verfügung stellte. Unter den Römern
stieg der Colonia Patricia getaufte Ort 152 v. Chr. zur **Hauptstadt der
Provinz Hispania Ulterior** auf. Nach schweren Verwüstungen 45
v. Chr. im römischen Bürgerkrieg wechselte sie sich in der römischen
Kaiserzeit mit Hispalis (Sevilla) und ►Itálica als Hauptstadt der Pro-

Geschichte

Highlights Córdoba und Umgebung

Mezquita-Catedral
Neben der Alhambra das mächtigste maurische Bauwerk Europas, das den weltberühmten faszinierenden moslemischen Gebetsraum mit beeindruckendem Säulenwald sowie die herrlich verzierte Gebetsnische (Mihrâb) in sich birgt.
▶ **Seite 222**

Gärten des Alcázar
Von den Katholischen Königen im 14. Jh. angelegter Park mit Wasserspielen und Springbrunnen
▶ **Seite 229**

Judería
Córdobas Herzstück mit verwinkelten Gassen und Andenken-, Kunsthandwerks- und Antiquitätenhändlern
▶ **Seite 229**

Medina Azahara
Zehn Kilometer westlich gelegene alte, wegen ihrer ehemaligen Pracht legendäre Kalifenstadt, wo schon seit 1910 Ausgrabungen stattfinden.
▶ **Seite 232**

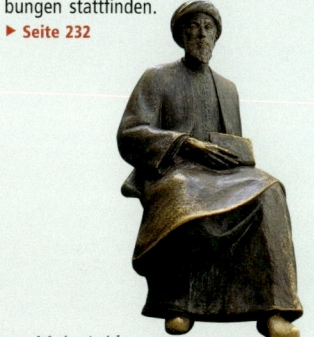

Moses Maimónides

vinz Baetica ab, wurde im 4. Jh. n. Chr. Bischofssitz und geriet schließlich unter byzantinische Herrschaft, die die heftig wütenden Vandalen beendeten. Als 572 n. Chr. Westgotenkönig Leowigild einzog, betrat er eine Stadt ohne große Bedeutung.

Der 750 aus Damaskus vertriebene Omaijade **Abd ar-Rahman I.**, seit 756 erster Emir von Córdoba, legte den Grundstein für die Entwicklung zur glänzendsten Stadt und zum geistigen Mittelpunkt Europas. Er ließ neue Kulturpflanzen und raffinierte Bewässerungsmethoden einführen, entfaltete eine umfangreiche Bautätigkeit und förderte die Wissenschaften. Ihren Höhepunkt erlebte die Stadt unter Abd ar-Rahman III., der sich 929 zum »Kalif des Westens« erhoben hatte. Zu dieser Zeit lebten in Córdoba wohl 300 000 Menschen; es gab fast 500 Moscheen, 600 öffentliche Badehäuser, eine Vielzahl prachtvoller Paläste, eine große jüdische Gemeinde, 17 Universitäten, reiche Bibliotheken und zahllose Schulen, an denen ein reger Austausch zwischen christlichen, moslemischen und jüdischen Gelehrten stattfand. Das maurische Córdoba kannte Straßenbeleuchtung und -pflasterung und gab einer Vielzahl von Kunsthandwerkern Brot und Arbeit. Es strahlte einen Glanz aus, der in Europa ohnegleichen war; nur das byzantinische Konstantinopel und Bagdad, Metropole des östlichen

◄ Glanzpunkt Europas: das maurische Córdoba

← *Von der Torre de la Calahorra reicht der Blick über die den Guadalquivir überspannende römische Brücke zur Mezquita.*

▶ CÓRDOBA ERLEBEN

AUSKUNFT (OFICINA DE TURISMO)

Turismo de Córdoba
Campo Santo de los Mártires
(ggü. Alcázar de los Reyes)
E-14003 Córdoba
Tel. 902 20 17 74
www.ayuncordoba.es
www.turismodecordoba.org

weitere Informationskioske:
Plaza de las Tendillas und
am Bahnhof

ESSEN

▶ Fein und teuer

① *Almudaina*
Campo Santos de los Mártires, 1
Tel. 957 48 34 94
Eine der besten Adressen in Córdoba,
in historischem Gebäude mit herrlichem Patio gegenüber vom Alcázar.

④ *El Blasón*
José Zorilla, 11
Tel. 957 48 06 25
Hier bleibt man schon im Patio bei
den Tapas hängen, schon bevor man
das feine Restaurant erreicht hat.

⑤ *El Caballo Rojo*
Cardenal Herrero, 28
Tel. 957 47 53 75
www.elcaballorojo.com
Auch hier ist es schwer, an den Tapas
vorbei ins Restaurant zu kommen –
probieren Sie Lammnieren und Sie
wissen, welche Genüsse erst das Restaurant auffährt. Dort wird mit mozarabischem Touch gekocht.

▶ Erschwinglich

② *Casa Pepe »De la Judería«*
Romero, 1
Tel. 957 20 07 44
In der Bar Tapas der etwas edleren

Sorte; im Restaurant entsprechend
gehobene cordobesische Küche.

▶ Preiswert

③ *Taberna Casas Salinas*
Puerto de Almodóvar
Tel. 957 29 08 46
Solide Kost zu Flamencoklängen.

⑥ *Taberna Salinas*
Tundidores, 3
Tel. 957 48 01 35
Alles, was Spanier mögen. Rustikal, bei
Einheimischen sehr beliebt.

⑦ *Taberna de San Miguel »El Pisto«*
Plaza San Miguel, 1
Tel. 957 47 01 66
Urgemütliche, alteingesessene Tapas-Bar. Besonders gut: Manos de Cerdo
und Rabo de Toro.

ÜBERNACHTEN

▶ Komfortabel

③ *Conquistador*
Mag. González Francés, 15 – 17
Tel. 957 48 11 02
Fax 957 47 46 77
www.hotelconquistadorcordoba.com,
102 Z.
Luxuriös und zentral bei der Mezquita,
die man aus vielen Zimmern sieht.

② *Amistad Córdoba*
Plaza Maimónides, 3
Tel. 957 42 03 35
Fax 957 42 03 65
www.nh-hoteles.com, 84 Z.
Luxuriöses Haus an der Stadtmauer in
der Judería.

⑦ *Parador de Córdoba*
Avda. de la Arruzafa, s / n
Tel. 957 27 59 00, Fax 957 28 04 09
www.parador.es, 94 Z.
Nüchtern-modern, aber sehr ruhig am

Stadtrand mit sehr schönem Garten und Pool.

Abetos del Maestre Escuela
Avda. San José de Calasanz
Tel. 957 76 70 63, Fax 957 28 21 75
www.hotelabetos.com, 38 Z.
Haus im Kolonialstil etwas außerhalb über der Stadt mit schönen Gärten und Ausblicken

▶ **Günstig**
① **Albucasis**
Buen Pastor, 11
Tel. / Fax 957 47 86 25
www.hotelalbucasis.com, 15 Z.
Typisches Haus in der Judería, voll überraschender Winkel.

④ **Lola**
Romero, 3
Tel. 957 20 03 05
Fax 957 20 02 18
www.hotelconencantolola.com
Kleines und charmantes Hotel in der Judería.

⑤ **Casa de los Naranjos**
Isabel Losa, 8
Tel. 957 47 05 87
Fax 957 49 76 82
www.casadelosnaranjos.com, 20 Z.
Gepflegtes Haus mit zwei hübschen Patios und schattigen Umgängen; Zimmer im Erdgeschoss vermeiden.

⑥ **Mezquita Hotel**
Plaza Santa Catalina, 1
Tel. 957 47 55 85
www.hotelmezquita.com
Das gegenüber der Mezquita gelegene Haus aus dem 16. Jh. hat Flair, einen hübschen Patio und gut ausgestattete Zimmer.

⑧ **Riviera**
Pl. de Aladreros, 5
Tel. 957 47 30 00, Fax 957 47 60 18

www. hotelrivieracordoba.es
Klein, zentral und trotzdem ruhig.

⑨ **Séneca**
Conde y Luque, 7
Tel. 957 47 32 34, 12 Z.
Wirklich preiswert, nahe der malerischen Plaza del Potro, hübscher Patio.

SHOPPING

Córdoba ist bekannt für seine Ziegen- und Schafsleder-, Keramik- und Silberschmiedearbeiten. Modisches lässt sich gut einkaufen im Viertel zwischen der Plaza de las Tendillas und der Avenida del Gran Capitán und in der die beiden Straßen verbindenden Conde de Gondomar.

Baedeker-Empfehlung

▶ **Typisch Córdoba**
Rafael Varo stellt in seiner kleinen Werkstatt Ledertapeten und -bilder nach traditioneller Córdobeser Technik her (Corregidor Luis de la Cerda, 52; östlich der Mezquita). Einige Schritte weiter kann man bei Del Olivo unter feinsten regionalen Olivenölen auswählen (San Fernando, 124 b). Typische Süßigkeiten wie Pasteles Cordobéses, Manoletes oder Suspiros hält Turronarte bereit (Medina y Corella, 2; östlich der Mezquita). Silber und Leder gibt es in großer Auswahl im Kunsthandwerkermarkt El Zoco in der C. Judíos beim Stierkampfmuseum.

Espaliu
Céspedes, 12
Schönster Silberschmuck mit orientalischen Mustern.

Manuel Reyes Maldonado
Armas, 4
Namhafte Musiker kaufen ihre Gitarren bei Manuel Reyes.

Meryan, Lopez Obrero e Hijos
Callejón de los Flores, 2
Maurisch-abstrakt verzierte Lederwaren und Keramik.

PLAZA DE TOROS

Av. de Gran Vía Parque
Tel. 957 23 25 07
Die wichtigsten Kämpfe im Mai.

FESTE

Semana Santa

Cruces de Mayo
Fest der Maikreuze am ersten Maiwochenende.

Festival de los Patios
In der Woche nach Cruces de Mayo wird der schönste blumengeschmückte Innenhof prämiert.

Feria de Mayo
Am letzten Maiwochenende steigt das Hauptfest der Stadt am gegenüberliegenden Ufer des Guadalquivir.

Gitarrenfestival
Im Juni mit Flamenco, Jazz und Rock; Gitarrengrößen spielen nachts im Garten des Alcázar (www.guitarracordoba.com) – ein unvergessliches Erlebnis!

Kalifats, konnten sich auf dieselbe Stufe stellen. Doch das Kalifat von Córdoba ging an inneren Streitigkeiten zugrunde und wurde 1031 in mehrere kleine Königreiche aufgeteilt, die »Taifas«. Die Stadt geriet nacheinander unter die Herrschaft Sevillas (1078), der Almoraviden (1091) und der Almohaden (1148); dennoch lebten gerade in dieser Zeit mit **Averroes** (Ibn Rushd) und **Moses Maimónides** (▶Berühmte Persönlichkeiten) zwei der größten Gelehrten des Hochmittelalters in ihren Mauern. Nach der Eroberung durch Ferdinand III. 1236 geriet Córdoba **allmählich in Vergessenheit** – diesem Umstand ist zu verdanken, dass sich die Altstadt noch in Geschlossenheit präsentiert, auch wenn viele Bauten verfielen und die fruchtbare Campiña zu einer öden Steppe wurde. Auch Handel und Industrie kamen zum Erliegen und erst drei Jahrhunderte nach der Rückkehr der Christen belebte sich mit der Wiederaufnahme der Produktion von Ledertapeten der Handel wieder.

◀ Unter den Christen

❗ *Baedeker* TIPP

Festival de los Patios

Viele der mit Blumen geschmückten Patios bekommt man normalerweise nicht zu sehen. Nicht so beim Festival de los Patios Córdobéses, wenn es darum geht, den schönsten Innenhof zu küren. Den genauen Termin erfährt man in den Tourismusbüros von Córdoba; dort gibt es auch einen Plan mit den Höfen, die offen sind.

In Córdoba wurden viele **Berühmtheiten** geboren, darunter der Rhetoriker Marcus Annaeus Seneca (54 v. Chr. – 39 n. Chr.), der Stoiker Lucius Annaeus Seneca (4 v. Chr. bis 65 n. Chr.), der Dichter Marcus Annaeus Lucanus (39 n. Chr. bis 65 n. Chr.); ferner Averroes (Ibn Rushd, 1126 – 1198), Erklärer des Aristoteles, Rabbi Moses Maimónides (1135 – 1204), der Dichter Luis de Góngora (1561 – 1627) und Manuel Rodríguez Sánchez (1917 bis 1947), genannt »Manolete«, der berühmteste Torero seiner Zeit.

Córdoba Orientierung

1 Palacio de los Marqueses
   de Viana
2 Casa de Fernández de Córdoba
3 Casa de los Villalones
4 Museo Provincial Arqueológico

5 Arco del Portillo
6 Casa de los Marqueses
   del Carpio
7 Posada del Potro
8 Fuente del Potro

9 Museo Provincial
   de Bellas Artes
10 Museo Julio Romero de Torres
11 Museo Taurino
12 San Bartolomé

Essen
① Almudaina
② Casa Pepe de la Judería
③ Casa Salinas
④ El Blasón
⑤ El Caballo Roja

⑥ Taberna Salinas
⑦ Taberna de San
   Miguel »El Pisto«

Übernachten
① Albucasis
② Amistad Córdoba
③ Conquistador
④ Lola
⑤ Casa de los Naranjos

⑥ Mezquita Hotel
⑦ Parador de Córdoba
⑧ Riviera
⑨ Séneca

✶ ✶ Mezquita-Catedral

Sie kann an Schönheit und Ausmaßen mit den großen Moscheen von Mekka und Damaskus, mit der El-Ashar-Moschee in Kairo und der Blauen Moschee in Istanbul ohne weiteres konkurrieren.

Die Mauren fanden bei ihrem Einzug an dieser Stelle eine auf den Resten eines römischen Janustempels gebaute westgotische Kirche vor, die dem hl. Vinzenz geweiht war. Sie benutzten sie als Moschee, überließen jedoch weiterhin den Christen einen Teil. Diesen erwarb Abd ar-Rahman I. und ließ ihn abreißen, um unter Verwendung des Materials im Jahr 785 mit dem Bau der Moschee zu beginnen. Es entstanden elf zum Orangenhof hin offene Schiffe und der Mihrâb, die nach Mekka gerichtete Gebetsnische am Ende des etwas größeren

Mezquita - Catedral de Córdoba Orientierung

50 m
© Baedeker

N

Erste Moschee unter
Abd ar-Rahman I. (785)

Erster Anbau unter
Abd ar-Rahman II. (um 850)

Zweiter Anbau unter
Al Hakam II. (um 960)

Dritter Anbau unter
Almansur (um 990)

Patio de los Naranjos

Catedral

1 Campanario (Torre de Alminar)
2 Puerta del Perdón
3 Puerta del Caño Gordo
4 Virgen de los Faroles
5 Puerta de Santa Catalina
6 Almansur-Becken
7 Puerta de las Palmas
8 Puerta de los Deanes
9 Postigo de la Leche
10 Puerta de San Esteban
11 Puerta de San Miguel
12 Coro
13 Crucero
14 Capilla Mayor
15 Capilla Villaviciosa
16 Capilla Real
17 Postigo del Palacio
18 Maksûra
19 Mihrâb Nuevo
20 Capilla del Cardenal
21 Capilla del Santo
   Cristo del Punto
22 Postigo del Sagrario

Mittelschiffs. Ein erstes, heute nicht mehr existierendes Minarett ließ Hisham I. bei der Hauptpforte aufrichten; Al-Hakam I. umgab den Hof mit Arkaden. Unter Abd ar-Rahman II. wurden von ca. 830 bis 850 die Schiffe nach Süden verlängert; Abd ar-Rahman III. ließ 931 das heute veränderte Minarett erbauen und Al Hakam II. vergrö-

ßerte die Moschee noch einmal auf ihre heutige Länge von 179 m. Bei dieser Erweiterung entstanden auch der einzigartige »Neue Mihrâb« und die Maksûra, der Gebetsraum des Kalifen. Schließlich war es Almansur, der die Moschee auf ihre heutige Breite von 134 m erweiterte, indem auf der gesamten Länge des Bauwerks nach Osten hin acht weitere Schiffe angefügt wurden, sodass sich der Gebetsraum heute mit 19 Schiffen und der asymmetrisch liegenden Gebetsnische präsentiert.

Die Christen tasteten die Moschee lange kaum an; lediglich König Alfons X. ließ am Ort des Mihrâb des zweiten Bauabschnitts die Capilla Villaviciosa als christliche Hauptkapelle erbauen. Nachdem schon Ende des 14. Jh.s fünf Schiffe einer ersten Kathedrale weichen mussten, erfolgte eine der einschneidendsten Veränderungen: 1523 beschloss Bischof Alonso Manrique die Errichtung einer großen Kathedrale inmitten des islamischen Gebetsraums.

Der Stadtrat erkannte die Gefahr und bedrohte jeden mit dem Todesurteil, der die maurischen Bauten zerstören wollte, doch mit Zustimmung des jungen Karl V. begann der Neubau unter Leitung des Architekten Hernán Ruiz. Als der Kaiser wenige Jahre später den Fortgang der Bauarbeiten besichtigte, soll er zu den Domherren gesagt haben: »Wenn ich gewusst hätte, meine Herren, was Sie vorhatten, hätte ich es nicht gestattet, denn was Sie hier gebaut haben, findet man überall, aber was Sie zerstört haben, gibt es nirgends auf der Welt.« Der Kathedralbau wurde im Wesentlichen 1599 abgeschlossen; um diese Zeit begann auch der Umbau des Minaretts zum Glockenturm (Campanario).

Äußere Tore

Der Haupteingang an der Nordseite ist die Puerta del Perdón (Gnadentor) unter dem Campanario; hier befindet sich auch der Kassenschalter. Zum Orangenhof führen außerdem die Puerta de los Deanes, Puerta del Virgen de los Faroles, Puerta del Caño Gordo sowie die Puerta de Santa Catalina, ein Renaissancetor mit der Darstellung des alten Minaretts.

Von den übrigen Toren ist die Puerta de San Esteban von 855 in ihrer maurischen Form am ursprünglichsten, ebenso die Puerta de San Miguel. Durch die Puerta del Palacio betrat der Kalif die Moschee; sie wurde jedoch im 15. Jh. gotisch umgebaut. Am Postigo de la Leche wurde Milch an die Waisen ausgegeben.

MEZQUITA

★★ Die ehemalige Hauptmoschee des westlichen Islams – eine der größten Moscheen der Erde – und heutige Kathedrale (Mezquita-Catedral) ist die bedeutendste Schöpfung maurisch-religiöser Baukunst in Spanien.

🕐 Öffnungszeiten:
März – Okt. Mo. – Sa. 10.00 – 19.00
So. bis 19.00
Nov. – Feb. Mo. – Sa. 10.00 – 18.00,
So. 8.30 – 10.15, 14.00 – 18.00

① Maksûra
Ursprünglicher Gebetsraum des Kalifen.

② Kathedrale
Bischof Alonso Manrique beschloss 1523 die Errichtung einer großen Kathedrale inmitten des islamischen Gebetsraums. Sie wirkt in ihrer Stilmischung aus Gotik und Renaissance als architektonischer Fremdkörper.

③ Campanario (Glockenturm)
Als der Bau der Kathedrale um 1599 abgeschlossen war, begann man mit dem Umbau des Minaretts zum Glockenturm. Den Turm krönt ein Standbild des Erzengels Raphael, des Schutzheiligen der Stadt.

④ Zinnengekrönte Mauer
Das gesamte Bauwerk umgibt eine 9 – 20 m hohe Mauer, aus der zahllose Strebepfeiler turmartig heraustreten und an der sich die klassischen Schmuckelemente des Islam – rot-weiße Hufeisenbögen, florale und geometrische Ziermuster und kufische Schriftbänder – in unzähligen Varianten wiederholen.

⑤ Wasserbecken
An großen Wasserbecken, die nicht alle erhalten sind, wurden die rituellen Waschungen vorgenommen, bevor man die einst zum Hof hin offene Gebetshalle betrat.

⑥ Moslemischer Gebetsraum
793 Säulen tragen die Bögen mit den abwechselnd rot-weißen Keilsteinen aus Kalkstein und Ziegeln. In der Mezquita waren weder Wege noch Richtung vorgegeben, jede beliebige Stelle war ihr Mittelpunkt. Für den Moslem ist jeder Platz, an dem er seine Gebete verrichtet, Allah gleich nah. Damals drang Tageslicht durch die heute zugemauerten Pforten und tausende brennende Öllämpchen erhellten den Raum zusätzlich.

⑦ Mihrâb Nuevo (Neuer Mihrâb)
Unvergleichbar und unübertroffen ist die Gebetsnische des Vorbeters, die die Richtung nach Mekka anzeigt, – sie ist das Allerheiligste der Moschee, wo der Koran auflag. Die aus einem einzigen Marmorblock gehauene, die Weltmuschel symbolisierende Kuppel strömt über von floralen und geometrischen Mustern, Koranversen und Mosaiken, die byzantinischen Künstlern zu verdanken sind.

Die heutigen Arkadengänge des Patio de los Naranjos (Orangenhof) stammen aus dem 16. Jh. Auch die Orangenbäume wurden erst von den Christen gepflanzt.

⑧ Capilla del Cardenal
Hier wird der Kirchenschatz aufbewahrt: Größte Kostbarkeiten sind eine silberne Monstranz (1510 – 1516) und ein Prozessionskreuz von Enrique de Arfe, neun Heiligenstatuen und ein Elfenbeinkruzifix von Alonso Cano sowie arabische Handschriften aus dem 9. und 10. Jh.

⑨ Arkaden
Unter den Arkaden an der Nordseite trafen sich Studenten und Lehrer, um zu disputieren. Westlich des Glockenturms gaben die Ärzte Auskunft, östlich sprachen die qadí Recht.

Das zum Glockenturm umgebaute Minarett ist 60 m hoch.

Das Gnadentor – hier wurden Büßer begnadigt – unter dem Campanario wurde 1377 im Mudejarstil erbaut.

©Baedeker

Blick von der Kathedrale in die Moschee: Im Vergleich mit der Kunstfertigkeit des moslemischen Gebetssaals verliert die Kathedrale.

Säulendekoration in der Capilla Villaviciosa

König Alfons X. ließ die Capilla Villaviciosa, den ehemaligen Mihrâb der Moschee Abd ar-Rahmans' II., zur christlichen Hauptkapelle umfunktionieren.

In den Mihrâb, die nach Mekka gerichtete Gebetsnische, führt ein Hufeisentor, das von einer Schmuckfläche eingefasst ist: Millionen bunter Mosaiksteinchen sind zu floralen Mustern und kalligrafierten Schriftzügen zusammengesetzt.

Die handwerkliche Meisterschaft fand ihren Höhepunkt in der prächtigen Kuppel des Mihrâb Nuevo, die in Form einer Blüte gestaltet ist.

Campanario   Über der Puerta del Perdón erhebt sich – erbaut auf dem ersten Stockwerk des alten Minaretts – der Campanario (Torre de Alminar), der seine an den Herrera-Stil angelehnte Gestalt 1593 von Hernán Ruiz erhielt, als dieser das Minarett ummantelte.

★
Patio de los Naranjos   Vor dem Gebetsraum öffnet sich der mit Orangenbäumen und Palmen bestandene Patio de los Naranjos (Orangenhof). Vom Orangenhof führt die Puerta de las Palmas, heute im Renaissancestil von 1531, hinein zum ersten Bauabschnitt der Moschee.

★ ★
Gebetsraum   Zahllos sind die Versuche, den weltberühmten Gebetsraum eindrucksvoll zu beschreiben – aber man muss selbst erlebt haben, wie sich der **im Halbdunkel endlos erscheinende Wald aus 793 Säulen** bei jedem Schritt aus einer anderen Perspektive zeigt.
Die Säulen des ersten Bauabschnitts aus Jaspis, Marmor und Porphyr stammen von römischen und westgotischen Bauten aus Andalusien und Nordafrika und wurden – zum Ausgleich der unterschiedlichen Höhen – je nach Bedarf auf Sockel gestellt. Stilprägend war das Aufsetzen von viereckigen Halbsäulen mit Rundbögen auf die untere Reihe der Hufeisenbögen, um die Gesamthöhe von 11,5 m zu erreichen. Daraus entstanden die Reihen der Doppelbögen. Bei der Puerta de las Palmas und zwischen den nach Mekka gerichteten Mihrâbs (Gebetsnischen) hat man das farbenschöne, reich geschnitzte Balkenwerk der alten Moschee freigelegt. Im zweiten Bauabschnitt tragen die Säulen erstmals korinthische Kapitelle; der dritte Bauteil zeigt sich an den verspielten Kleeblattformen der Bogenanordnungen. Der unter Almansur erbaute Teil zeichnet sich durch seine Weitläufigkeit aus, die die Wirkung der Bogenreihen besonders gut zur Geltung kommen lässt.

★ ★
Mihrâb Nuevo ▶   Ein Gitter teilt an der Südostwand den Mihrâb Nuevo und seinen Vorraum – die Maksûra – ab. Schon im Vorraum finden sich reichste Ausschmückungen; insbesondere eine Vielzahl von Bogenformen, Mosaiken und kufischen Schriftbändern zeigt die handwerkliche Meisterschaft, die ihren Höhepunkt in der **prächtigen Kuppel in Form einer Blüte** fand. Unvergleichbar und unübertroffen ist der Mihrâb Nuevo (Neuer Mihrâb). Er öffnet sich hinter einem Hufeisenbogen, den zwei Säulenpaare aus dem alten Mihrâb Abd ar-Rahmans II. flankieren. Über ihm spannt sich ein Mosaikbogen mit floralen Ornamenten, der von einem Alfiz mit kufischen Schriftbändern eingefasst ist, die die Namen Allahs wiedergeben.

Kathedrale und Kapellen   Links neben dem Mihrâb baute im 18. Jh. Francisco Hurtado Izquierdo die Capilla del Cardenal, in der der Kirchenschatz aufbewahrt wird. Die Capilla Villaviciosa gegenüber dem Mihrâb Nuevo ist der ehemalige Mihrâb der Moschee Abd ar-Rahmans II. Er wurde zur ersten christlichen Kapelle in der Moschee umfunktioniert, besticht aber nach wie vor durch variantenreichen maurischen Säulenschmuck und die gewagte Konstruktion der Kuppel.

★
Capilla Villaviciosa ▶

Byzantinische Kunsthandwerker schufen die Mosaiken des Mihrâb Nuevo.

Daneben liegt die in meisterhaftem mudejaren Stil mit Fayence- und Stuckverkleidungen gearbeitete **Capilla Real** (14. Jh.). Sie war gedacht als Grabkapelle der kastilischen Könige Ferdinand IV. und Alfons XI., deren Gebeine 1706 jedoch in die Kirche San Hipólito umgebettet wurden.

Im Herzen der Moschee bilden das als Chor dienende gotische **Kreuzschiff** und die **Capilla Mayor** eine Kirche für sich. Sie wurde auf Geheiß von Bischof Alonso Manrique nach dem Abbruch von 63 Säulen im Wesentlichen von Hernán Ruiz, dessen Sohn und dessen Enkel erbaut. Der Chor entstand von 1523 bis 1539, der Altarraum zwischen 1547 und 1599. Das reich geschnitzte barocke Gestühl (18. Jh.) im Chor schuf Pedro Cornejo; am Hochaltar (1618) von Alonso Matías sieht man fünf Gemälde von Palomino. Beachtung verdienen auch die beiden Kanzeln aus Mahagoni und Marmor sowie das Grabmal von Bischof Leopold von Österreich.

★
◀ Catedral

Umgebung der Mezquita

Gegenüber der Südwestecke der Mezquita steht der Bischöfliche Palast, im 15. Jh. auf den Ruinen des alten Kalifenpalasts errichtet und 1745 erneuert. Er beherbergt heute das Museo Diocesano, das archäologische Funde, Gemälde und religiöse Skulpturen aus dem 13. bis 18. Jh. zeigt (Öffnungszeiten: Sommer Mo.–Fr. 9.30–13.30, 16.00–18.00, Sa. 9.30–13.30; Winter Mo–Fr. 9.30–13.30, 15.30 bis 17.30, Sa. 9.30–15.00 Uhr). Neben dem Palast Episcopal sieht man die Kirche San Jacinto und das Hospital San Sebastián, in dem der Kongresspalast und das **Tourismusbüro** untergebracht sind.

Museo
Diocesano

Die Gärten des Alcázar erfrischen die Sinne mit üppiger Blumenpracht und Wasserspielen.

Am Guadalquivir Südlich vom Palast kommt man zum Ufer des Guadalquivir. Die auf der Uferterrasse aufgestellte Säule Triunfo de San Rafael von 1765 trägt das Standbild des Erzengels Raphael. Unterhalb der Terrasse sieht man unter dem Straßenniveau die Puerta del Puente, einen im 16. Jh. zu Ehren Philipps II. erbauten dorischen Triumphbogen, der einst als Brückentor diente. Am Flussufer, ebenfalls unterhalb der Terrasse, ist ein **maurisches Schöpfrad** restauriert worden, das Abd ar-Rahman II. im 10. Jh. erbauen ließ.

★
Alcázar de los Reyes Cristianos Nach Westen zu liegt der Alcázar de los Reyes Cristianos, vor dessen Hauptgebäude sich der Campo de los Mártires erstreckt, die angebliche Hinrichtungsstätte für christliche Märtyrer. Die mächtigen Mauern und Türme der Burg stammen teilweise noch aus maurischer Zeit, den größten Teil ließ jedoch Alfons XI. ab 1328 zu einer militärischen Anlage auf rechteckigem Grundriss ausbauen. Sie war Residenz der Katholischen Könige während ihrer Kriegszüge gegen das maurische Granada. Vor den Mauern des Alcázars drehte sich einst ein riesiges maurisches Schöpfrad, dessen Knarren Isabella aber im Schlaf störte und deshalb abgerissen wurde. Bis 1821 war die Burg Sitz der Inquisition, dann Gefängnis. Von den Türmen sind erhalten die Torre de los Leones mit sehr schönen mudejaren Arbeiten, die Torre del Río und die Torre del Homenaje, beide ausgestattet mit bemerkenswerten Kreuzrippengewölben.

Im Alcázar werden **archäologische Funde** ausgestellt. Beste Stücke sind ein römischer Sarkophag aus dem 3. Jh. n. Chr. mit feinen Reliefs und römische Mosaiken (Öffnungszeiten: Mitte Sept. – Mitte Juni Di. – Fr. 8.30 – 19.30, So. 9.30 – 14.30; Mitte Juni – Mitte Sept. Di. – Sa 8.30 – 14.30, So. 9.30 – 14.30 Uhr). An das Hauptgebäude schließen sich prächtige Gärten mit Wasserspielen an, die im Westen von den Resten der maurischen Stadtmauer mit der Puerta de Sevilla begrenzt werden. Vor den Mauern wurde dem großen Philosophen Averroes ein Denkmal gesetzt. Die Gärten sind im Juli und August zusätzlich auch von 21.00 bis 24.00 Uhr geöffnet.

 ◄ Museo

★

◄ Gärten

Der sechzehnbogige Puente Romano über den Guadalquivir wurde nach dem Sieg Caesars über Pompeius im Römischen Bürgerkrieg um 48 v. Chr. erbaut. Die Mauren errichteten später auf den Fundamenten die heutige 223 m lange Brücke. Von ihr sieht man auf die einen malerischen Anblick bietenden verfallenen Mühlen aus maurischer Zeit in den seichten Fluten des Guadalquivir.

★

Puente Romano

Das Südende der Brücke markiert der mächtige Festungsturm Torre de la Calahorra, 1369 unter Heinrich II. errichtet. Das in ihm eingerichtete Museo vivo de Al-Andalus lässt auf beeindruckende Weise das maurische Andalusien lebendig werden. Jeder Besucher erhält einen Funkkopfhörer, über den bei Betreten eines Raumes Musik und der entsprechende Begleittext (auch auf Deutsch) eingespielt wird. Vorgestellt werden u. a. große Philosophen der Zeit wie **Averroes**, **Maimónides**, **Ibn al-Arabi** und **Alfons X. der Weise**. Ein anderer Raum widmet sich der Medizin, der Astronomie und der Geografie; anhand sehr schöner Modelle und Dioramen wird die Bewässerungstechnik der Mauren erläutert. In weiteren Räumen werden islamische Musik behandelt und zwei Modelle der Alhambra von Granada sowie der Moschee von Córdoba im Zustand von 1236 gezeigt. Eine **Multimedia-Schau** in deutscher Sprache bringt Geschichte und Kultur Córdobas nahe. Vom Dach des Turms bietet sich ein sehr schöner Blick auf die Altstadt (Öffnungszeiten: Mai – Sept. tgl. 10.00 bis 14.00 u. 16.30 – 20.30, Okt. – April tgl. 10.00 – 18.00 Uhr).

Torre de la Calahorra

★

◄ Museo vivo de Al-Andalus

★ Judería

Nördlich der Mezquita beginnt die Judería, das **alte jüdische Viertel**. Enge Gassen, weiß getünchte Häuser, mit Pflanzen vollgestellte Innenhöfe und lauschige Plätze schaffen eine eigene Atmosphäre, die man vor allem abseits der direkt um die Mezquita liegenden Gassen erlebt, wo sich die Souvenirshops aneinanderreihen. Hauptstraße ist die an der Mauer entlang führende C/Judíos.

Von der Nordostecke der Mezquita geht die C. Velásquez Bosco ab, durch die man wiederum nach rechts in die herausgeputzte Calleja de la Flores, das »Blumengässchen« kommt.

Calleja de las Flores

Maimónides-Denkmal

Von der Nordwestecke der Mezquita erreicht man die Plaza Maimónides und anschließend die Plaza de Tiberiades, auf der ein modernes Bronzedenkmal an den großen jüdischen Gelehrten erinnert.

Museo Taurino

z.Z. geschlossen wegen Renovierung ►

In der Casa de las Bulas an der Plaza Maimónides ist im Museo Municipal Taurino vieles **rund um den Stierkampf** zusammengetragen: Plakate, Degen, Kostüme, präparierte Köpfe berühmter Stiere und vor allem Erinnerungen an Stierkämpfer aus Córdoba wie Lagartijo, Machaco, Guerrito, Manuel Benítez gen. »El Córdobes« und vor allem Manolete, dessen Arbeitszimmer und Grabfigur zu sehen sind. Direkt an das Museum schließt sich der überdachte Kunsthandwerksmarkt El Zoco an.

Sinagoga

Die Synagoge gleich gegenüber ist eines von drei in Spanien erhaltenen jüdischen Gotteshäusern **aus dem Hochmittelalter** (die beiden anderen in Toledo). Sie zeigt die typischen mudejaren Schmuckelemente. Hebräische Schriftbänder geben Bibelpsalmen wieder; eines davon an der Nische für die Thorarolle in der Ostwand nennt als Gründungsdatum 5075, was dem Jahr 1315 des gregorianischen Kalenders entspricht. An der Südwand liegt der Aufgang zur Frauenempore (Öffnungszeiten: Di. – Sa. 9.30 – 14.00, 15.30 – 17.30, So. 9.30 – 13.30 Uhr).

! *Baedeker* TIPP

Bodega Guzmán

Der richtige Ort in der Judería für eine Tapas-Pause: Bodega Guzmán gegenüber der Synagoge (Judíaos, 9). Hausgetränk ist der (bittere) »amargoso montilla«.

Casa Andalusí

☉

Wie man sich im maurischen Córdoba zu Hause einrichtete und wie man Papier herstellte, zeigt die an die Synagoge anschließende Casa Andalusí aus dem 12. Jh. (Öffnungszeiten: tgl. 10.00 – 19.30 Uhr).

Puerta de Almodóvar

Am Nordende der C/Judíos markiert die gut erhaltene Puerta de Almodóvar den Eingang zum einstigen Getto. Stadtauswärts davor steht die Statue des im römischen Córdoba geborenen Dichters, Philosophen und Erziehers von Kaiser Nero, **Lucius Annaeus Seneca**. Vom Tor stadteinwärts kommt man zur Casa del Indiano aus dem 15. Jh., die ein schönes mudejares Portal vorweisen kann.

Übrige Altstadt

Die restliche Altstadt nördlich und östlich der Mezquita präsentiert sich als ein im Lauf der Jahrhunderte entstandenes Gewirr enger Gassen, in denen man – viel eher als in der herausgeputzten Judería – ein Gefühl für das alte Córdoba bekommt.

★
Museo Arqueológico

Das Archäologische Museum im Renaissancepalast Casa Paéz an der Plaza Don Jerónimo Paéz zählt zu den feinsten Andalusiens. Im Untergeschoss werden vorgeschichtliche Funde, iberische Gegenstände

wie eine Hirschjagdszene aus Almodóvar del Río und eine Löwen-
figur, römische Stücke (Büsten des
Germanicus und des Commodus,
Mithras-Altar, Mosaiken) und
frühchristliche Funde gezeigt, darunter ein Sarkophag mit fast voll-
plastischen Bibelszenen sowie westgotische Goldkreuze und Schmuck
aus dem Schatz von Torredonjime-
no. Die maurische Abteilung im
Obergeschoss ist das Herz der
Sammlung; hier sieht man vor allem kostbare Stücke aus
der Kalifenresidenz ► Medina Azahara,
darunter einen Bronzehirsch aus
dem 10. Jh. in Niello-Technik (Öffnungszeiten: Di. 14.30 – 20.30, Mi.
bis Sa. 9.00 – 20.30, So. bis 14.30
Uhr).

Die **Plaza del Potro** östlich der
Mezquita nahe beim Flussufer war
im 16. Jh. Mittelpunkt und Marktplatz der Stadt. Sie hat ihren Namen von einer kleinen Brunnen-
skulptur aus dem 16. Jh. in Gestalt
eines Fohlens. In der alten Herber-
ge Mesón del Potro, in der schon
Cervantes abgestiegen ist, veran-

Das Fohlen gab der Plaza del Potro seinen Namen.

staltet das Kulturamt heute **Kunstausstellungen und Konzerte**. Die
Klosterkirche San Francisco an der Plaza ist reich ausgestattet, u. a.
mit Gemälden von Valdés Leal, Palomino und de Castillo.

Das Hospital de la Caridad gegenüber, im 16. Jh. von den Katholischen Königen gestiftet, beherbergt heute zwei Museen. Das Museo
Provincial de Bellas Artes (Museum der schönen Künste) hat nach
der Abgabe von drei Goyas und mehrerer Riberas deutlich verloren
und besitzt als beste Werke nun Valdés Leals »Jungfrau der Silber-
schmiede« und Bartolomé Esteban Murillos »Unbefleckte Empfängnis«. Zudem werden viele **Cordobeser Künstler** gezeigt (Öffnungszeiten: Di. 14.30 – 20.30, Mi. – Sa. 9.00 – 20.30, So. bis 14.30 Uhr).

**Museo Provincial
de Bellas Artes**

🕐

Über den Hof hinweg kommt man zum Eingang des Museo Julio
Romero de Torres. Torres (1874 – 1930) war der Sohn des Direktors
des Kunstmuseums und machte sich als Maler dunkler Schönheiten
einen Namen, die manche als kitschig abtun, nichts desto weniger
aber sehr populär sind in Córdoba (Di. – Sa. 10.00 – 14.00 u.
16.30 – 18.30, So. 9.30 – 14.30 Uhr).

◄ Museo Julio
Romero de Torres
z.Z. wegen Umbau
geschlossen

San Pedro
In der Kirche San Pedro (13. Jh.) östlich der Plaza del Potro, von der noch die maurischen Apsiden und zwei Portale erhalten sind, versammelten sich unter den Kalifen die Cordobeser Christen zum Gebet. 1542 fügte Hernán Ruiz die Renaissancefassade hinzu.

✱
Plaza de la Corredera
Von der Plaza del Potro nach Norden kommt man zur Plaza de la Corredera, einem völlig von Arkadenhäusern umschlossenen, 1683 angelegten Platz, auf dem Hinrichtungen und Stierkämpfe stattfanden. Die Stiere wurden in der Calleja del Torril an der Ostseite für ihren Einsatz bereit gehalten. Lange vor sich hin dämmernd, ist die Plaza renoviert und nun wieder täglicher Marktplatz für Kleider und Kunsthandwerk; samstags ist dieser Markt am schönsten.

Templo Romano
Nördlich davon gelangt man zum Rathaus. Links davon wurden die Reste eines römischen Tempels aus dem 1. Jh. n. Chr. freigelegt.

✱
San Pablo
Gegenüber vom Rathaus erhebt sich die 1241 unter Verwendung von Material aus der Palaststadt Medina Azahara erbaute Kirche San Pablo. Ihre drei Schiffe sind mit mudejaren Artesonadodecken abgeschlossen und an den Wänden mit Azulejos verkleidet. Gotischen Ursprungs ist die Capilla del Rosario von 1409 mit dem Grab des Großmeisters des Calatrava-Ordens Martín López, während der Altarraum barock ausgestattet ist; maurisch wiederum ist das Gewölbe der Sakristei. Sehenswertestes Kunstwerk ist die Figurengruppe »Virgen de las Angustias« von Juan de Mesa.

Casa de los Villalones
Die Casa de los Villalones von 1560 unweit der Kirche verrät mit ihrer dreifachen Loggia im Obergeschoss italienischen Einfluss.

Museo de la Joyería Regina
Ein neues Museum hat östlich der Plaza de la Corredera im Juwelierviertel eröffnet: Es zeigt traditionelles und modernes Cordobeser Schmuckhandwerk (Sommer tgl. 9.30 – 14.00, 17.30 – 21.00; Winter 10.00 – 15.00, 17.00 – 20.00 Uhr).

Nördliche Stadtviertel

Plaza de las Tendillas
Die Plaza de las Tendillas verbindet das historische mit dem geschäftigen Córdoba. Das Reiterdenkmal für den Gran Capitán Gonzalo Fernández de Córdoba, die Springbrunnen und die Bars sind beliebter Treffpunkt nach dem Einkauf in den Geschäften ringsum.

Bulvar del Gran Capitán
Vom Platz nach Westen führt die C/Conde de Gondomar zum Bulvar del Gran Capitán, der Flaniermeile der Stadt. Ungefähr in der Mitte steht die Kirche **San Hipólito**, in die 1706 die Gebeine von Ferdinand IV. und Alfons XI. von der Capilla Real in der Mezquita überführt wurden. Südlich davon kann man noch den Rest einer kleineren Moschee sehen, den Glockenturm von **San Juan**, das ehemalige Minarett. Es zeigt noch Zwillingsfenster mit Hufeisenbögen.

Vom Kirchenplatz vor San Miguel, nördlich der Plaza de las Tendillas, geht man durch die Conde de Torres, vorbei am Geburtshaus des Toreros Manolete, wendet sich an der Ecke beim Kapuzinerkonvent nach rechts und erreicht die **Plaza de los Dolores**. Auf ihr steht ein **Wahrzeichen Córdobas**, ein von acht schmiedeeisernen Laternen umgebener Christus am Kreuz, der Cristo de los Faroles, der besonders nachts einen romantischen Anblick bietet. Die Kirche bewahrt die populärste Madonnenfigur der Stadt, die gold- und brokatüberladene Virgen de los Dolores.

Lieblingsplatz vieler Córdobeser: die Plaza de los Dolores

Weiter im Norden erhebt sich an der Nordostseite der Plaza Colón die achteckige, zinnenbewehrte Torre de la Malmuerta aus dem 15. Jahrhundert.

Torre de la Malmuerta

Östlich der Plaza de Colón liegt die festungsartige Kirche Santa Marina de Aguas Santas. Sie wurde kurz nach der Eroberung Córdobas begonnen und fällt durch ihre mächtigen Strebepfeiler auf. Auf dem Kirchplatz erinnert ein Denkmal an den Stierkämpfer Manolete, der in diesem Viertel geboren wurde.

Santa Marina de Aguas Santas

Wieder in Richtung Altstadt zurückgehend, kommt man zum Palacio de los Marqueses de Viana, dem pompösen ehemaligen Stadtpalast der Vianas mit **Garten, zwölf Patios und 181 Räumen**, die von Lederarbeiten, Silber, Porzellan, Azulejos, Möbeln und Gemälden beinahe überquellen (Öffnungszeiten: Okt. – Mai Mo. – Fr. 10.00 – 13.00, 16.00 bis 18.00, Sa. 10.00 – 13.00; Juni – Sept. Mo. – Sa. 9.00 – 14.00 Uhr).

✶
Palacio de los Marqueses de Viana
☉

Umgebung von Córdoba

►dort

Medina Azahara

Auf den Höhen der Sierra de Córdoba fanden in frühchristlicher Zeit Christen Zuflucht. Die heutigen 13 Einsiedeleien, deren Besuch sich vor allem wegen der schönen Umgebung und der Aussicht auf die Ebene des Guadalquivir und Córdoba lohnt, entstanden ab dem 15. Jahrhundert. Man erreicht sie von Córdoba auf der stadtauswärts nach Norden zunächst Richtung Parador und dann zum Naturpark Arruzafa führenden Straße. Auch von ► Medina Azahara aus kann man die Einsiedeleien ansteuern. Hier oben spaziert man entlang der sehr schönen, von Zypressen und Palmen gesäumten Allee zur 1732

✶
Las Ermitas

Eine Burg wie aus dem Bilderbuch: Almodóvar del Río

gegründeten Kapelle. Davor sieht man einen Friedhof und das Häuschen eines Eremiten. Unterhalb des Wegs liegt der Aussichtspunkt mit einer Christusstatue (Öffnungszeiten: Di.–So. 10.00 bis 13.30, Jul., Aug. 17.30–20.30, übrige Monate 16.30–19.30 Uhr bzw. bis Sonnenuntergang).

Um des Städtchens willen würde wohl niemand nach **Almodóvar del Río** fahren, 25 km westlich von Córdoba im heißen Becken des Guadalquivir gelegen. Doch weithin sichtbar über dem Ort thront das **Castillo**, das mit seinen Zinnenreihen und mächtigen Türmen geradezu **Bilderbuchvorstellungen von einer mittelalterlichen Burg** entspricht. Zur Überwachung des Verkehrs auf dem hier schiffbaren Guadalquivir errichteten die Mauren im 8. Jh. die Burg, die als »der Christen Plage« den Kastiliern und Aragonesen schwer zu schaffen machte. 1240 von Ferdinand dem Heiligen erobert, erhielt sie im 14. Jh. unter Pedro dem Grausamen, der sie als Schatzkammer benutzte, ihre heutige Gestalt: Ein im Nordwesten und -osten doppelter Mauerring umschließt den Hof mit zwei Brunnen und Café (Öffnungszeiten: Mo.–Fr. 11.00–14.30, 16.00–20.00, Sa., So. 11.00–20.00 Uhr, Winter 1 St. kürzer).

Montoro Auf der A-4 Richtung Osten gelangt man nach 35 km Fahrt durch Baumwollfelder und Olivenbaumkulturen zum abseits malerisch über dem linken Ufer des Guadalquivir liegenden Montoro, dem römischen Epora. Es war in der Maurenzeit eine wichtige Festung und ist mit seinen Kirchen, Herrenhäusern und Straßenzügen **typisch für eine andalusische Kleinstadt**. Besonders um die Plaza de España mit der Kirche San Bartolomé aus dem 15. und dem Rathaus aus dem 16. Jh. lohnt sich ein Bummel durch den hübschen Ort. Dabei kann man auch in das archäologische Museum in der ehemaligen Kirche Santa María de la Mota schauen. Montoro eignet sich auch als Ausgangspunkt für Ausflüge in den nördlich in der Sierra Morena gelegenen Parque Natural de la Sierra de Cardeña y Montoro, wo noch Wölfe und Luchse leben.

! Baedeker TIPP

La Taberna

Wenn sich in Almodóvar del Río der Hunger meldet: In der »Taberna« (C. Antonio Machado, 24) kommt feine, aber unverfälschte Regionalküche auf den Tisch – mit Olivenöl und Wein aus der Umgebung.

Costa de Almería

►Almería, ►Cabo de Gata, ►Mojácar

✴ ✴ Costa de la Luz

Provinzen: Huelva, Cádiz

Die südspanische Atlantikküste zwischen der Mündung des Rio Guadiana an der portugiesischen Grenze und der Landzunge von Tarifa an der Meerenge von Gibraltar trägt den Namen Costa de la Luz (»Küste des Lichts«), denn fast immer ist sie vom flirrenden Licht der Sonne übergossen.

Trotzdem wird es hier im Sommer nicht so unerträglich heiß wie im Landesinneren, denn ein beständig von See wehender **Wind**, **der »Poniente«**, sorgt zumindest von Matalascañas bis hinauf zur portugiesischen Grenze für angenehme Frische. Im übrigen Küstenabschnitt bis hinab nach Tarifa dagegen erreicht der trockene **Ostwind, der**

»Küste
des Lichts«

Sonnen auf feinem Sandstrand, Surfen in frischer Meeresbrise und Schwimmen im Atlantik – die »Küste des Lichts« bereitet großes Vergnügen.

»Levante«, das ganze Jahr über oft beachtliche Stärken – für »normale« Touristen wie für Einheimische kaum erträglich, für erfahrene **Surfer** dagegen ein Traum. Sie finden eines der weltbesten Reviere vor Tarifa. Fast alle Dörfer an der Costa de la Luz leben zum Teil noch vom Fischfang, doch wird der Tourismus zunehmend zu einer wichtigen Erwerbsquelle. Auch wenn es schon Retortensiedlungen wie Matalascañas oder Novo Sancti Petri gibt, ist man von Verhältnissen wie an der westlichen Costa del Sol noch weit entfernt. So bleibt die Küste des Lichts ein Ziel für alle, die Sonne, Sand und Meer ohne Animationsrummel genießen wollen. Fantastische Strände (insgesamt 265 km) mit feinstem Sand, landeinwärts von Eukalyptusbäumen und Pinien begrenzt, locken zum Bad im Atlantik, etwa bei Matalascañas, zwischen Sanlúcar de Barrameda und Rota, bei Chiclana de la Frontera, Barbate und Tarifa. Naturliebhaber werden am einzigartigen **Nationalpark Coto de Doñana** ihre Freude haben, der im übrigen die Küste in zwei Hälften teilt, denn man muss ihn weiträumig umfahren, um vom Norden in den Süden zu kommen. Kulturreisende kommen im Binnenland in Städten wie Jerez de la Frontera, den »Pueblos blancos« und in Sevilla auf ihre Kosten. Dieses Hinterland ist das Land der Großgrundbesitzer, die Wein (Sherry, Manzanilla) und Oliven anbauen und Kampfstiere züchten.

Grenzland
Die Costa de la Luz hat auch eine große historische Bedeutung: Mit dem auf die Phönizier zurückgehenden Cádiz liegt hier die älteste Stadt der Iberischen Halbinsel; hier, an der Grenze **zwischen christlichem und maurischem Machtbereich**, tobten entscheidende Schlachten, weswegen viele Orte den Zusatz »de la Frontera« (»an der Grenze«) tragen. Von den Häfen dieser Küste startete Christoph Kolumbus zu seinen Entdeckungsreisen.

Reiseziele an der Costa de la Luz
▶Cádiz, ▶Coto de Doñana, ▶El Rocío, ▶Huelva · Ruta Colombina, ▶Jerez de la Frontera, ▶El Puerto de Santa María, ▶Sanlúcar de Barrameda, ▶Tarifa, ▶Vejer de la Frontera

∗ Costa del Sol

D–L 8–9

Provinzen: Cádiz, Málaga

Die »Sonnenküste« war lange definiert als die gesamte andalusische Mittelmeerküste von Tarifa (Provinz Cádiz) bis zum Cabo de Gata (Provinz Almería). Im Zuge von Marketingstrategien haben sich die Costa Tropical um ▶Almuñecar (Provinz Granada) und die Küste um ▶Almería von ihr »gelöst«, sodass nun der Abschnitt von Tarifa bis zur Ostgrenze der Provinz Málaga als Costa del Sol bezeichnet wird.

Die Sonne scheint überall an der Costa del Sol, aber nur wenige Strände sind unverbaut wie hier bei Nerja.

Der touristische Kern der Küste von Málaga bis Estepona gilt als **das** »Sonnenküste« **größte zusammenhängende Feriengebiet Europas**. Bis in die 1950er-Jahre hinein verirrte sich kaum ein Reisender hierher, doch dann entdeckte der organisierte Massentourismus die Küste, an der an 320 Tagen im Jahr die Sonne scheint. Es begann ein Bauboom, der verschlafene Fischerdörfer in Hotelstädte für Zigtausende verwandelte, und als sich die Ansprüche änderten, kamen Ferienclubs und Apartmentanlagen dazu – ca. 300 000 Nichtspanier leben mittlerweile hier. Der Preis dafür war die Verschandelung der Küstenlandschaft mit Betonburgen und der vierspurigen N-340 (jetzt A-7) mitten durch die Orte, was allerdings durch den Bau der gebührenpflichtigen Autopista del Sol (AP-7) inzwischen entschärft wurde. Sie ist Teil eines in den 1990er-Jahren begonnenen Programms, das die

Auswüchse korrigieren sollte, wozu auch der Bau von Kläranlagen und die Neuanlage ganzer Strandpromenaden gehört. Dadurch ist die Costa del Sol unbestritten attraktiver geworden. Trotzdem: Wer Ruhe sucht, wird hier kaum glücklich werden, denn das **Nachtleben** steht gleichberechtigt neben dem **Strandleben**, sodass an Discos, Nachtklubs, Restaurants, Bars, Festivitäten und allen denkbaren Strandvergnügungen kein Mangel herrscht. Schließlich ist die Costa del Sol auch ein **Paradies für Golfer** – nirgends in Europa sind mehr Golfplätze auf so engem Raum konzentriert, was die weltbesten Golfer 1997 mit der Austragung des Ryder Cups in Sotogrande würdigten, erstmals in Europa außerhalb Großbritanniens.

Völlig anders als die Küste zeigt sich das **bergige Hinterland**. Hier lässt sich dem Trubel entrinnen: Mit seinen weiß getünchten Häusern, seinen Agaven und Kakteen, seinen mit Pinien und Olivenbäumen bestandenen Hängen, den Landgütern und heiteren Dörfern ist diese Landschaft ein **echtes Spiegelbild Andalusiens**.

Reiseziele an der Costa del Sol   ▶ Algeciras, ▶ Estepona, ▶ Fuengirola, ▶ Gibraltar, ▶ Málaga, ▶ Marbella, ▶Nerja, ▶Torremolinos

Costa Tropical

▶Almuñecar

★ ★ Coto de Doñana

(Parque Nacional de Doñana)

C 7/8

Provinzen: Huelva, Sevilla

Zahllose Zugvögel überwintern hier oder legen auf ihrem Weg nach Afrika eine Pause ein und gesellen sich zu den hier lebenden Arten, weswegen der Park ein einzigartiges Vogelparadies ist und zu den schönsten Naturräumen Europas zählt.

Geschichte   Der Nationalpark Coto de Doñana liegt im Mündungsdelta des Río Guadalquivir, der ihn im Osten begrenzt. Nach Süden reicht er bis zur Mündung des Flusses gegenüber von ▶Sanlúcar de Barrameda, im Westen bis zum Atlantik und im Norden bis zur A-483 von Matalascañas nach ▶El Rocío.

Diese Landschaft war von jeher kaum besiedelt – zu feindlich war das Klima des Marschlandes (marismas), in denen bis Mitte des 20. Jh.s noch die Malaria grassierte. So war das Gebiet fast ausschließlich als **Jagdgrund** (span. coto) von Interesse, weshalb es sich seine Un-

Coto de Doñana Orientierung

VEGETATIONSZONEN

- ■ Eukalyptusbestände
- ■ Wald- und Unterholzgebiet ('montes')
- ■ Wanderdünen
- ■ Pinieninseln ('corrales')
- ■ Altwasser des Guadalquivir ('caños')
- ▦ Marschen ('marismas')
- □ Übergangsgebiete zwischen Marschen und Dünen
- ■ Erhebungen und Trockengebiete ('vetas')
- --- Geländewagen-Route

berührtheit bewahrt hat. Schon Alfons X. der Weise pflegte hier im 13. Jh. zu jagen; ihm taten es die Herzöge von Medina Sidonia nach, denen das Land überlassen wurde. Der 7. Herzog dieses Geschlechts, Alfonso Pérez de Guzmán, Kommandeur der 1588 vernichteten Spanischen Armada, errichtete 1595 seiner Gattin Doña Ana inmitten des heutigen Nationalparks einen **Palast**, der heute Forschungszentrum ist. Aus dem Namen »Coto de Doña Ana« wurde im Laufe der Zeit »Coto de Doñana«. 1897 verkauften die Herzöge das Gebiet an den Sherry-Baron William Garvey. Um diese Zeit machten die Briten Abel Chapman und Walter Buck erstmals auf die Schätze des Coto aufmerksam. Doch erst in den 1960er-Jahren setzten sich Naturschützer für die Schaffung eines Nationalparks ein, der 1969 als »Parque Nacional de Doñana« mit einer Fläche von 37 000 ha eröffnet wurde; 1978 erfolgte die Erweiterung auf 50 000 ha mit weiteren, nicht direkt zum Park zählenden 26 500 ha Schutzfläche in der Umgebung. Seit 1994 ist der Park **Biosphärenreservat der UNESCO**.

Gefährdung Der Nationalpark ist gefährdet. Die umliegenden großen Reis- und Obstplantagen verbrauchen erheblich viel Land und Wasser und die Giftstoffe aus der nicht zimperlich ausgebrachten Düngung gelangen auch in die Marismas. Die größte Katastrophe traf den Park 1998: Nachdem ein Damm in der nördlich gelegenen Mine von Aznalcóllar gebrochen war, strömten 5 Mio. m³ säurehaltiges Wasser und mit Schwermetallen verseuchter Schlamm in den Río Guadimar und gelangten bis dicht an den Park. Schließlich bedroht auch der Tourismus in Gestalt der Feriensiedlung Matalascañas durch seinen enormen Wasserverbrauch den Bestand. Ein bei Matalascañas geplantes weiteres Objekt mit 32 000 Betten konnte verhindert werden; dagegen haben die Gemeinde Sanlúcar de Barrameda und das Umweltministerium nördlich der Flussmündung ein Luxusferienzentrum mit Golfanlage genehmigt.

Pflanzen- und Tierwelt Drei Ökosysteme sind zu unterscheiden: das **Nassgebiet** (Doñana húmedo: Marisma im Flussdelta und Lagunen), das **Trockengebiet** (Doñana seco; Büsche und Wälder) und der **Gürtel der Wanderdünen** an der Küste. Die im größten Teil des Jahres überschwemmten

! *Baedeker* TIPP

Fernglas dabei!

Auch ohne Landrover-Tour kann man die Vogelwelt studieren: Kurz vor El Rocío überquert die A-483 einen Marisma-Arm – die Brücke ist, ein Fernglas vorausgesetzt, ein sehr guter Beobachtungspunkt. Dazu kommt noch der Blick auf die weißen Häuschen des Wallfahrtsorts.

COTO DE DOÑANA ERLEBEN

ZUGANG

Der Zugang ist streng reglementiert und ohne Begleitung durch Wildhüter verboten. Angeboten werden:
Exkursionen im Geländewagen (ca. 3,5 Stunden) vom Informationszentrum El Acebuche (Abfahrt: Mitte Mai – Anfang Sept. tgl. 10.00 und 17.00, Okt. 10.00 und 16.00 Uhr; für Gruppen ab acht Personen auch ganztägige Fahrten; Tel. 959 43 04 32, www.donanavisitas.es) und von der Fábrica de Hielo (Abfahrt: Mai – Mitte Sept. Di. und Do. 8.30 und 16.30; Mitte Sept. – April Di. und Do. 8.30 und 14.20 Uhr; Tel. 956 36 25 40, www.aytosanlucar.org).
Schifffahrt (ca. 4 Stunden) mit der »Real Fernando« ab Sanlúcar de Barrameda mit Stopps im Vorpark Entorno de Doñana, an den Salinen von Monte Algaida und bei einem rekonstruierten Marschendorf (Abfahrt: tgl. 10.00, Juni – Sept. auch 17.00, April, Mai, Okt. auch 16.00 Uhr), Tickets im Informationszentrum Fábrica de Hielo vorbestellen (Tel. 956 36 38 13, www.visitasdonana.com).
Doñana Ecuestre organisiert *Ausritte* (El Rocío, Tel. 959 44 24 74, www.donanaecuesrte.com).

INFORMATIONEN

http://reddeparquesnacionales.mma.es
www.donana.es

Informationszentrum El Acebuche
ca. 4 km von Matalascañas und 1,5 km abseits der A-483
Tel. 959 43 96 29
Sommer: tgl. 8.00 – 21.00, Winter bis 19.00 Uhr
Ausstellung, audiovisuelle Schau, Caféteria, Andenkenladen, zwei

Spazierwege von 1,5 bzw. 3,5 km Länge mit Beobachtungsstationen.

La Rocina
ca. 1 km vor El Rocío
Tel. 959 43 95 69
Sommer: tgl. 10.00 – 15.00, 16.00 – 20.00, Winter 9.00 – 19.00 Uhr
Audiovisuelle Schau, Ausstellung über die Romería del Rocío, Spazierweg 3,5 km.

El Acebrón
ca. 7 km von La Rocina
Tel. 959 50 61 62
Öffnungsz. s. zuvor
Ausstellung über die Köhler, Pinienzapfensammler und Fischer in der Marisma, Spazierweg 1,5 km.

José Antonio Valverde
mitten im Marschland westlich von Isla Mayor, nur über nicht asphaltierte Straßen zu erreichen
Tel. 671 56 41 45
Sommer: tgl. 8.00 – 20.00, Winter bis 18.00 Uhr
Ausstellung über das Ökosystem, Spazierweg.

Fábrica de Hielo
Fábrica de Hielo
Sanlúcar de Barrameda, Avenida de Bajo de Guía
Tel. 956 38 65 77
Ständige Ausstellung und Beobachtungspunkt (Sommer tgl. 9.00 bis 20.00, Winter bis 19.00 Uhr).

ÜBERNACHTEN

► **Komfortabel**
Parador de Mazagón
Mazagón, Crta. San Juan del Puerto
Tel. 959 53 63 00
Fax 959 53 62 28
www.parador.es, 43 Z.

Modernes Haus in fantastischer Lage: davor das Meer mit herrlichen Stränden, dahinter der Nationalpark.

Gran Hotel del Coto
In Matalascañas, Sector D, 2. Fase
Tel. 959 44 00 17
www.granhoteldelcoto.com, 466 Z.
Das größte und teuerste Haus am Platz. Matalascañas, eine nicht besonders schöne Retortensiedlung mit Hotelkomplexen, bietet alle Möglichkeiten der Freizeitgestaltung am Meer.

▶ Günstig
Albaida Almonte
Crta. de Matalascañas, km 18,3
Tel. 959 37 60 29
www.hotelalbaido.com
Hier findet man alles, was man unmittelbar am Strand braucht.

Los Tamarindos
In Almonte, Avda. Adelfas, 31
Tel. 959 43 01 19, 25 Z.
Klein, aber fein – gut ausgestattete Pension.

Gebiete (Almajales) sind die Altwasser des Guadalquivir (Caños), Quellen (Ojos) und längliche, flache Lagunen (Lucios). Dazwischen gibt es kleine, runde Erhebungen (Paciles) und höher liegende Trockengebiete (Vetas).

Die **Marismas** (Marschland) sind durch den unterirdischen Wasserstand geprägt. Während der Trockenzeit (Juli – September, Wassertiefstand im August) liegen sie trocken und verlassen, Ende September erscheinen die ersten **Zugvögel**. Hier wachsen u. a. Meersimse, Sumpfbinse und breitblättrige Rohrkolben; Enten (Pfeifente, Spießente, Krickente, Löffelente und Tafelente) finden ideale Bedingungen; im Frühjahr nisten Blässhuhn, Haubentaucher, Zwergtaucher, Purpurreiher, Lachseeschwalbe, Weißbartseeschwalbe und Trauerseeschwalbe. Dazu gesellen sich viele Wattbewohner und die Rohrweihe.

Lagunen ▶ Größere Lagunen liegen parallel zur Küste (Laguna de Santa Olalla, Laguna Dulce, Laguna del Taraje), die kleineren mehr im Inneren (Laguna del Moral, de Navazo del Toro, del Sapo, del Brezo u. a.). Sie sind von Korkeichen, Pinien und Baumheide gesäumt; Ginster und Farn begrünen die Ufer. Wichtigste **Wasserbewohner** sind Seefrosch, europäische Sumpfschildkröte und kaspische Wasserschildkröte. Das bedrohte Kammblässhuhn findet hier seinen letzten europäischen Zufluchtsort. An die Ufer kommen Dam- und Rothirsche sowie Wildschweine; Nutrias leben am Wasser.

Korkeichenwald ▶ Der Korkeichenwald ist selten geworden; u. a. trennt ein Streifen die Marismas vom Monte de Doñana. Auf diesen Korkeichen **brüten ganze Kolonien** von Graureihern, Seidenreihern, Kuhreihern, Löfflern und einigen Weißstörchen. Ungebetene Nistgäste sind Raubvögel wie Mäusebussard, Rotmilan, Turmfalke und Dohlen. Am Boden lebt die giftige Stülpnasenotter.

Monte de Doñana ▶ »Monte« heißt hier nicht Berg, sondern Wäldchen oder Busch. Der Monte de Doñana besteht aus mittelmeerischer Macchia mit eingestreuten Korkeichen. Hier blühen u. a. der Philariastrauch (Steinlinde), Rosmarin, Wacholder, Lavendel und weißer Thymian. An **Repti-**

Kinderstube Coto de Doñana: Ganze Kolonien von Störchen brüten hier.

lien gibt es die maurische Landschildkröte, die Treppennatter, die Eidechsennatter und wiederum die Stülpnasenotter. Neben den schon erwähnten Raubvögeln finden sich Elster, Raubwürger, Ziegenmelker und zahlreiche Rothühner. Unter den Säugetieren sind die häufigsten Rot-, Damhirsch und Wildschwein, ferner Wiesel, Iltis, Wildkatze und Fuchs, seltener die Kleinfleckginsterkatze, dagegen sehr häufig Dachse und in großer Zahl Wildkaninchen.

Besonders im südlichen Teil des Parks gedeihen Pinien, zwischen denen Unterholz aus Baumheide, Zistrosen, Ginster und Pistazie wächst. Die Pinienwälder sind Lebensraum für Ringeltaube, Turteltaube, Amsel, Misteldrossel, Mäusebussard, Rotmilan und Turmfalke; jedes Jahr kehren Baumfalke und Schlangenadler wieder. Sehr selten ist die **fast nur hier anzutreffende Blauelster**. ◀ Pinienwälder

Entlang der Küste erstrecken sich Dünen, die bei ihrem Vordringen ins Land Pinienwäldchen umschließen, sodass diese wie Inselchen (Corrales) im Sand stehen, bis sie erstickt werden. Die Vegetation ist sehr dürftig: hauptsächlich Strandhafer und ein Camarina genanntes Gestrüpp, von dessen süßen Früchten sich Vögel ernähren. Unter den Eidechsen kommt der gewöhnliche Fransenfinger vor, bei den Schlangen Stülpnasen- und Eidechsennatter, willkommene Beute für Schlangenadler und Schleiereule. ◀ Dünen

Nur im Coto de Doñana kommen vor: Pardelluchs (ca. 25 Paare), kleiner als der europäische Luchs und gefleckt, sowie der Schlangen fressende Ichneumon, einziger Vertreter dieser Schleichkatzenart, der meist in Familienverbänden im Gänsemarsch einhertrottet. Sehr selten sind auch Kaiseradler (ca. 18 Paare), Purpurralle (einzige europäische Brutkolonie), Moorente sowie die hier überwinternden Rostgänse und Ruderenten. **Endemische Arten**

★ Écija

E 6

Provinz: Sevilla
Einwohnerzahl: 39 500

Höhe: 110 m ü. d. M.

Drei Dinge machen das am linken Ufer des Río Genil gelegene Écija bekannt. Seine insgesamt elf mit Azulejos gekachelten Kirchtürme haben ihm den Beinamen »Stadt der Türme« eingetragen; die hier gezüchteten Andalusier- und Araberpferde genießen landesweiten Ruf und schließlich gilt es als die heißeste Stadt Spaniens. Das rechtfertigt den zweiten Beinamen: »Bratpfanne Andalusiens«.

Écija Orientierung

© Baedeker

Essen
1 Bodegón del Gallego
2 Las Costillas

Übernachten
1 Platería
2 Sol Pirola

Das auf eine iberische Siedlung zurückgehende römische Astigi entwickelte sich dank der Lage am Fluss zu einem sehr bedeutenden Handelsplatz. Die Mauren befestigten die Stadt und errichteten eine Vielzahl von Moscheen, bis sie 1240 von Ferdinand III. verjagt wurden. Das Erdbeben, das 1755 Lissabon zerstörte, brachte auch viele der aus den Minaretten entstandenen Kirchtürme zum Einsturz; sie wurden in der Folge neu im Stil der Zeit aufgebaut – heute Écijas touristisches Kapital.

Sehenswertes in Écija

Bevor die Bagger für eine Tiefgarage anrückten, war die **Plaza de España**, mit Dattelpalmen, Blumen und einem Brunnen aufgelockert, sicher einer der schönsten Plätze Andalusiens. Bei den Bauarbeiten entdeckte man aber **umfangreiche archäologische Spuren**, sodass der Platz schon seit langem als Grabungsfeld ummauert ist. Gefunden wurden ein römisches Bad und zwei römische Mosaiken sowie ein ausgedehnter moslemischer Friedhof. Das Feld kann mittels einer **Camera obscura** in der Touristeninformation im Rathaus an der Westseite des Platzes betrachtet werden (tgl. 10.00 – 14.00 Uhr); im Rathaus selbst sind ein römisches Mosaik aus dem 3. Jh. n. Chr. und der alte Ratssaal sehenswert.

▶ ÉCIJA ERLEBEN

AUSKUNFT (OFICINA DE TURISMO)

Palacio de Benamejí, C. Cánovas del Castillo, 4, E-41400 Écija, Tel. 955 90 29 33, www.turismoecija.com

ESSEN

▶ Erschwinglich

① Bodegón del Gallego
C. A. Aparicio, 3
Tel. 954 83 26 18
Fisch- und Fleischgerichte

② Las Costillas
Avenida del Genil
Tel. 954 83 39 16

Gute Fisch- und Fleischküche und vielfältige Nachspeisen.

ÜBERNACHTEN

▶ Günstig

① Platería
Platería, 4-A
Tel. 955 90 27 54
www.hotelplateria.net, 18 Z.
Ordentliches Stadthotel.

② Sol Pirula
C. Miguel de Cervantes, 50
Tel. 954 83 03 00, Fax 954 83 58 79
Etwas südlich des Zentrums mit komfortabel ausgestatteten Zimmern.

Die im 18. Jh. erbaute Kirche Santa María links hinter dem Rathaus beherbergt im Kreuzgang eine Skulpturensammlung, aus der ein Marmorkopf des Germanicus herausragt. **Santa María**

Etwas weiter südlich der Kirche liegt der außergewöhnlich verzierte Palacio de Benameji aus dem 18. Jh. mit dem Stadtmuseum (Öffnungszeiten: Di.–So. ab 10.00 Uhr, je nach Jahreszeit unterschiedliche Schließungszeiten). **★ Palacio de Benameji**

An der Plaza de Santiago erhebt sich die im 15. Jh. begonnene und nach dem Erdbeben veränderte Kirche Santiago el Mayor, wobei einige der Mudejar-Elemente wieder restauriert wurden. Über dem Portal erkennt man das Symbol der Jakobspilger, die Jakobsmuschel; innen findet man u. a. Gemälde von Alejo Fernández und Pedro de Campaña sowie eine Kreuzigungsszene von Roldán. **Santiago el Mayor**

Der hinter dem Rathaus liegende Mudejar-Palast aus dem 14./15. Jh. beherbergt ein Karmelitinnenkloster, den **Convento de las Teresas**.

Vorbei an der Iglesia de la Concepción – sie besitzt eine sehr schöne Artesonadodecke – geht es nach rechts zur **Iglesia de los Descalzos**, deren barocker Innenraum zu den schönsten in Écija zählt.

 Baedeker TIPP

Bizcochos

Die Nonnen vom Convento marroquíes gegenüber der Iglesia de los Descalzos verstehen sich sehr gut auf das Backen von Bizcochos (Mandelplätzchen), die sie dort auch verkaufen – probieren!

In der nördlich von der Plaza de España liegenden Kirche **Santa Cruz**, die an Stelle einer Moschee erbaut worden ist, verdienen vor allem das im 13. Jh. geschaffene Bildnis der Nuestra Señora del Valle und ein als Altar benutzter westgotischer, mit Reliefs verzierter Steinsarkophag aus dem 4. / 5. Jh. Beachtung.

Über dem Gassengewirr östlich der Plaza steigt der kandelaberartige Turm der Kirche **San Juan** auf, der wohl schönste in der Stadt und an die Giralda von Sevilla erinnernd.

Hinter der Kirche erreicht man den **Palacio de Valhermoso** (16. Jh.), dessen platereske Fassade in der Gebäudeecke liegt.

Der Turm von San Juan erinnert an die Giralda von Sevilla.

✳
Palacio de Peñaflor

Unter den Adelspalästen Écijas ragt besonders der Palacio de Peñaflor gegenüber vom Palacio de Valhermoso hervor. Er besitzt eine prachtvolle mit Fresken geschmückte Fassade aus dem 18. Jh. und ein herrliches Portal sowohl mit geraden als auch mit gedrehten Säulen aus rosa Marmor. Entlang der gesamten Gebäudefront zieht sich im Obergeschoss ein sehr schöner **schmiedeeiserner Balkon**, der als **der längste in ganz Spanien** gilt. Der äußere barocke Glanz des Palastes setzt sich innen in der herrlichen Ausschmückung des großen Treppenhauses und im Patio fort.

Carmona ►dort

Estepona

E 9

Provinz: Málaga   **Höhe:** 21 m ü. d. M.
Einwohnerzahl: 65 600

Das am Fuß der Sierra Bermeja gelegene Estepona ist der westlichste Ferienort der Provinz Málaga an der ► Costa del Sol. Das einstige Fischerdorf wuchs mit dem aufkommenden Massentourismus in den 1960er-Jahren beträchtlich an, doch hat sich der hübsche Ortskern samt einem ansehnlichen Fischerei- und Yachthafen erhalten.

Möglicherweise eine phönizische Gründung, wurde Estepona von den Römern bewohnt, wie eine Thermenanlage beim Río Guadalmanso belegt. Erst Mitte des 15. Jh.s fiel der dann maurische Ort (»Alexthebuna« genannt) unter Heinrich IV. an die Christen.   **Geschichte**

 ## ESTEPONA ERLEBEN

AUSKUNFT
(OFICINA DE TURISMO)
Avda. San Lorenzo, 1,
E-29680 Estepona
Tel. 952 80 20 02
Fax 952 79 21 81
www.estepona.es

ESSEN
► Fein und teuer
La Posá Dos
C. Caridad, 95
Tel. 952 80 00 29
Fein und hübsch, spanische Küche.

► Preiswert
Los Rosales
Damas, 12
Tel. 952 80 00 29
Hier gibt es Fisch und Meeresgetier frittiert – einfach, günstig, gut.

ÜBERNACHTEN
► Luxus
Las Dunas
La Boladilla Baja,
Ctra. de Cádiz, km 163,5
Tel. 952 80 94 00
Fax 952 80 94 06
www.las-dunas.com,76 Z.
Ein mehr als luxuriöses Zentrum für Gaumenfreuden, Schönheitskult und Entspannung; deutsche Leitung.

El Paraíso
Ctra. Cádiz-Málaga, km 167
Tel. 952 88 30 00
Fax 952 88 20 19
www.hoteltrhparaisocostadelsol.com, 180 Z.

Japangarten und zahllose Sportangebote: Sauna, Fitness, von US-Golfprofi gestalteter Golfplatz, chinesisches Medizinzentrum und der größte beheizbare Swimmingpool an der Costa del Sol – das hat auch seinen Preis.

► Komfortabel
Club Marítimo
In Sotogrande, Puerto de Sotogrande
Tel. 956 79 02 00
Fax 956 79 03 77
www.clubmaritimosotogrande.com, 39 Z.
Edle Bleibe an einem der nobelsten und lebhaftesten Sporthäfen der Costa del Sol mit Meeresblick aus allen Zimmern.

► Günstig
La Malagueña
C. Castillo 1
Tel. 952 80 00 11
14 Z.
Empfehlenswerte Unterkunft in zentraler Lage am Hauptplatz; mit Balkons zur Plaza.

FESTE
Fiesta Mayor
Das Hauptfest der Stadt steigt vom 4.–9. Juli mit Stierkampf und Feuerwerk.

Fischerfest Virgen del Carmen
Am 16. Juli wird das Fest der Schutzheiligen mit Prozessionen zu Land und Wasser gefeiert.

Von den Cafés und Bars im Hafenbecken lässt sich das Treiben im Fischerei- und Yachthafen von Estepona beobachten.

Sehenswertes in Estepona und Umgebung

Estepona Im Ort sind Reste der maurischen Festung und der mittelalterlichen Wachtürme erhalten. In der Altstadt spielt sich das Leben hauptsächlich auf der Plaza de las Flores und der Plaza Arce ab. In der C. Terraza findet man die meisten Restaurants, in der C. Real reihen sich die Bars aneinander. Einen Besuch wert ist auch die Markthalle; Frühaufsteher können bei der allmorgendlichen Fischauktion im Hafen zusehen. Esteponas **Stadtmuseum** ist am Rand der **ungewöhnlich elliptischen Stierkampfarena** untergebracht und hat vier Abteilungen: Stierkampf, Urgeschichte, Archäologie und Heimatkunde (Öffnungszeiten: tgl. 10.00 – 14.00, 16.00 – 18.00 Uhr).

Vielfältige **Sportmöglichkeiten** bieten sich an den insgesamt 21 km langen Stränden des Gemeindegebiets. Es gibt einen Segelklub, Sportfischereiangebote, Wasserski, drei Golfplätze, eine Reitschule, Tennisanlagen und den Aquapark Pradoworld.

Selwo Aventura Abenteuerlustige Eltern sollten mit ihrem Nachwuchs den Naturpark Selwo nicht auslassen, östlich von Estepona bei km 162,5 der A-7 gelegen – nicht billig, aber aufregend. Hier leben mehr als 2000 Tiere, darunter Löwen, Elefanten, Tiger und Nashörner, in freier Natur. Das große Gelände wird per Jeep-Tour erkundet.

Abseits vom Rummel an der Küste bietet das Hinterland der Sierra
Bermeja ruhige Plätze in von Korkeichen und Pinien geprägter Berglandschaft. Besonders hübsch ist das traumhaft auf einem Bergrücken gelegene weiße Dorf Casares,
nur 15 km von der Küste und dennoch Welten von ihr entfernt. Bislang hat man es geschafft, den Trubel der Touristenorte fernzuhalten.

★
Sierra
Bermeja

Sotogrande, 23 km südwestlich, ist
eine seit 1970 herangewachsene
Luxusferiensiedlung, wo einige der
schönsten (und exklusivsten) Golfplätze an der Costa del Sol zu finden sind. Der Yachthafen bietet
nach dem Vorbild Miami Anker-
plätze direkt vor der Tür. Rund um
das Hafenbecken reihen sich Fischrestaurants, Bars und Cafés auf.
Die südlich anschließenden Sand-

> **!** *Baedeker* TIPP
>
> **Die Entdeckung der Langsamkeit**
> Zeit sollte man mitbringen, macht man einen
> Ausflug nach Genalguacil. Denn erstens dauert
> es ein Weilchen, bis man auf kurviger Straße via
> Manilva, Gaucín und Algatocín in dem Dorf in
> der Serranía de Ronda ankommt, zweitens
> braucht man Muße für den Spaziergang durch
> seine Gassen: Überall stehen oder hängen Werke
> zeitgenössischer spanischer Künstler, die auf
> Einladung der Dorfgemeinschaft zweimal im Jahr
> hier arbeiten – und ihre Werke zurücklassen.

strände sind naturbelassen und voller Treibgut, nördlich liegt die
Playa del Puerto, mit ihren Strandbars der Ort szenigen Treibens.

Fuengirola

F 8

Provinz: Málaga
Einwohnerzahl: 71 400

Höhe: 6 m ü. d. M.

**Fuengirola liegt auf halber Strecke zwischen ►Marbella und ►Má-
laga. Ist der Küstenabschnitt von Marbella bis vor Fuengirola vorwiegend mit durchaus ansehnlichen Bungalowsiedlungen moderat
bebaut, beginnt mit Fuengirola als Hochburg des Badetourismus
die eigentliche Küste des Massentourismus: Bis vor die Tore Málagas reiht sich fast ununterbrochen Hotelburg an Hotelburg.**

Sehenswertes in Fuengirola und Umgebung

Fuengirola entstand aus der römischen Siedlung Suel, die die Mauren Sujayl nannten und dort eine Burg bauten. Diese eroberten 1485
die Katholischen Könige. Sehenswert kann man Fuengirola nicht gerade nennen, sieht man von den Ruinen der Burg am westlichen
Ortsrand ab, die Abd ar-Rahman III. im 10. Jh. errichten ließ. Ansonsten lösen Hotelhochhäuser sich ab mit nicht minder einförmi-
gen Bars, Restaurants, Souvenirgeschäften, Nachtklubs und Discos.
Andererseits ist für die Unterhaltung der Gäste bestens gesorgt:
Strände mit einer Länge von 7 km, Fiestas und Stierkämpfe in der

Fuengirola

FUENGIROLA ERLEBEN

AUSKUNFT (OFICINA DE TURISMO)

Avenida Jesús Santos Rein, 6,
E-29640 Fuengirola
Tel. 952 46 76 25
Fax 952 46 51 00
www.fuengirola.org

ÜBERNACHTEN

▶ **Luxus**
Byblos Andaluz
Urb. Mijas Golf
Tel. 952 89 94 06
www.byblos-andaluz.com, 144 Z.
Sehr teures Hotel mit allem erdenklichen Luxus: zwei 18-Loch-Golfplätze, drei Restaurants, Wellness ...

▶ **Komfortabel**
Las Pirámides
Miquel Márquez, 43
Tel. 952 47 06 00
www.hotellaspiramides.com, 320 Z.
Unter den Großhotels eines der besten, gutes Preis-Leistungs-Verhältnis.

▶ **Günstig**
Florida Spa
Paseo Marítimo, s / n
Tel. 952 92 27 00,
www.hotel-florida.es,116 Zi.
Moderate Preise, gepflegt, zentral.

FEST

Fiesta de la Virgen del Carmen
Am 16. Juli mit Meeresprozession.

Saison; Freizeitangebote vom Golfplatz und Yachthafen über den Zoo bis hin zu einem großen Kursangebot dürften Langeweile nicht aufkommen lassen.

Mijas 9 km nördlich liegt das Dorf Mijas, in Fuengirola als typisches »Weißes Dorf« angepriesen. Vor Ort wird man feststellen, dass in einem Großteil seiner weiß gekalkten Häuser Bars, Restaurants und Souvenirläden zu Hause sind, betrieben von Briten, Franzosen oder Deutschen, und dass das »typisch Andalusische« sehr aufgesetzt wirkt. Dazu passen die »Burro-Taxis« – ordnungsgemäß mit Rückspiegel, Taxischild und Registriernummern versehene Esel. Vom Südhang der Sierra de Mijas hat man immerhin schöne Ausblicke auf das Mittelmeer. Der an der Küste liegende Ortsteil Mijas Costa bietet einen großen Wasserpark. Mijas hat immerhin eine eigene Geschichte: Im 9. und 10. Jh. herrschten hier inmitten des moslemischen Machtbereichs der christliche König Samuel I. und seine Söhne über das überwiegend von Moslems bewohnte und sich durch religiöse Toleranz auszeichnende Königreich Mijas.

Hinterland Wirklich typische »Weiße Dörfer« sieht, wer sich ins Hinterland von Mijas vorwagt. Hier kann man wandern und ruhige Orte wie Alozaina, Casarabonela oder Alhaurín el Grande kennen lernen. Von Alhaurín geht es weiter nach **Coín**, das vier schöne gotische Kirchen sowie einen Bischofspalast aus dem 16. Jh. besitzt; wenige Kilometer vor dem Ort stehen die Reste eines römischen Aquädukts.

✶ ✶ Gibraltar

E 9

Britische Kronkolonie (Dominion) **Fläche:** 6,5 km²
Einwohnerzahl: 28 750 **Höhe :** 0 – 426 m ü. d. M.

Der »Schlüssel des Mittelmeers«, seit 1704 britisches Hoheitsgebiet, liegt nahe der Südspitze der Iberischen Halbinsel. Steil aus dem Meer steigt der Felsklotz an der Ostseite der Bucht von Algeciras auf, den die Araber Djebel al-Tarik, die Engländer einfach »The Rock« nannten. An dessen Westhang liegt die Stadt, am Osthang das Fischerdorf Catalan Bay mit Strand und Sandy Bay.

Die Gibraltarians sind ein Gemisch von Menschen aus allen Teilen der Britischen Inseln, aus Spanien, Portugal und Marokko. Entsprechend bunt ist das **Sprachgewirr**: Neben Englisch und Spanisch spricht man das englisch-spanische Mischmasch »Llanito«. Der Felsen lockt mit dem Kuriosum einer echt britischen Kolonie im heißen Spanien – inklusive Pubs und behelmten Bobbies –, zollbegünstigtem Einkauf und einem fantastischen Blick hinüber nach Afrika.

Schlüssel des Mittelmeers

Seit dem Abzug eines großen Teils des britischen Militärs und des damit verbundenen Verlusts vieler Arbeitsplätze setzt Gibraltar erfolgreich auf Fremdenverkehr, Briefmarkenverkauf, den Hafen – die wichtigste, weil billige »Schiffstankstelle« des Mittelmeers – und seinen Ruf als Steueroase und Finanzplatz – 8000 Firmen sind hier registriert, was der EU ein Dorn im Auge ist, weshalb sie ab 2011 besteuert werden! Währung ist das Gibraltar-Pfund, dessen Kurs dem britischen entspricht. Auch der Euro wird akzeptiert. Vom Flughafen, dessen Landebahn in die Bucht von Algeciras gebaut ist und die von der zur spanischen Grenze führenden Straße gekreuzt wird (**Ampelverkehr!**),

❗ Baedeker TIPP

Stressfrei nach Gibraltar

Auf keinen Fall mit dem Auto nach Gibraltar! Oft genug kontrolliert die spanische Polizei sehr genau am Grenzübergang, was große Staus provoziert. Viel einfacher: das Auto in den Parkhäusern direkt vor der Grenze abstellen und mit dem Bus oder zu Fuß nach Gibraltar. Für die Einreise genügt der Personalausweis.

bestehen Verbindungen u. a. nach London und Manchester; Fährschiffe verkehren nach Tanger. Im Gegensatz zu Großbritannien herrscht in Gibraltar allerdings Rechtsverkehr!

Die Straße von Gibraltar, im Altertum Fretum Gaditanum oder Fretum Herculeum genannt, ist die verkehrsgeografisch wie strategisch außerordentlich wichtige Verbindung zwischen dem Atlantik und dem Mittelmeer. Für die antike Welt war der Calpe genannte Felsen zusammen mit dem auf der afrikanischen Seite liegenden Gebirge Abyla (Djebel Musa) bei ►Ceuta als die **»Säulen des Herkules«** das Tor zum großen Ozean, das der Legende nach von der urgewaltigen

Geschichte und Verfassung

Kraft des Herkules geschaffen wurde. Im Jahr 711 n. Chr. setzten die Mauren unter **Tarik**, der den Felsen Djebel al-Tarik (»Felsen des Tarik«) nannte, hier erstmals ihren Fuß auf europäischen Boden. Erst 1462 konnten die Spanier Gibraltar den Arabern wieder entreißen. Im Spanischen Erbfolgekrieg überrumpelten britische Truppen unter Georg von Hessen-Darmstadt 1704 die Festung; im **Frieden von Utrecht 1713** wurde Gibraltar den Engländern »für alle Zeiten« zugesprochen. Seitdem ist **Gibraltar britische Kronkolonie** und als solche in inneren Angelegenheiten autonom. Außenpolitik, Verteidigung und innere Sicherheit unterstehen der britischen Krone. An der Spitze der Kolonie steht der Gouverneur, unterstützt vom neunköpfigen »Gibraltar Council«. Der »Council of Ministers« wird vom 15 Mitglieder zählenden Parlament gewählt.

Sämtliche Versuche der Spanier, die Gibraltar als kolonialen Stachel im Fleisch empfinden, es militärisch oder friedlich zurückzubekommen, sind erfolglos geblieben, was sie immer wieder zu Grenzschika-

 ## GIBRALTAR ERLEBEN

AUSKUNFT

Gibraltar Tourist Board
Duke of Kent HouseCathedral Square, GB-Gibraltar
Tel. (95 67 von Spanien bzw. 0 03 50 von Deutschland) 20 07 49 50
www.gibraltar.gi/tourism
www.gibraltar.gov.uk

ESSEN

▶ **Fein und teuer**
① *Bunters*
1, College Lane
Tel. (0350) 704 82
Britisch-elegant, gute Wildgerichte

▶ **Preiswert**
Gibraltar steckt voller britischer Pubs, wo es das berühmte Pubfood (Fish & Chips!) gibt, die Nähe zu Spanien aber auch positive Wirkung zeigt. Viele Freiluftrestaurants am Casemates Sq.

ÜBERNACHTEN

▶ **Komfortabel**
② *Rock Hotel*
3, Europa Road
www.rockhotelgibraltar.com

Tel. (0350) 730 00
www.rockhotelgibraltar.com, 160 Z.
Hotelflaggschiff der Kronkolonie, direkt an den Felsen gebaut und jüngst renoviert

▶ **Günstig**
① *Continental Hotel*
1, Engineer Lane
Tel. (0350) 769 00
Zentrale Lage nahe der Main Street, kleines solides Hotel.

SHOPPING

In der Main Street gibt es all' die guten Sachen von der Insel ...

AKTIVITÄT

Dolphin Watching
Drei Delfinarten leben in der Bucht von Gibraltar. Bootstouren verschiedener Anbieter starten meist an der Marina Bay oder der Queensway Bay.

FEST

Nationalfeiertag
Am 10. September feiert Gibraltar in Bikini und Shorts.

nen provoziert; immerhin hat man sich im April 2000 darauf geei-
nigt, den Status Gibraltars innerhalb der EU nicht aufzuwerten. Die
»Gibraltarians« möchten auch gar nicht Spanier werden – im Referendum 1967 sprachen sich ganze 44 von 12 182 für Spanien aus. An

Gibraltar *Orientierung*

Essen
1 Bunters

Übernachten
1 Continental
  Hotel
2 Rock Hotel

Spanische Fischer vor britischem Felsen

diesen Mehrheitsverhältnissen hat sich bis heute nichts geändert – schlechte Aussichten für ein diskutiertes britisch-spanisches Abkommen, das die Teilung der Souveränität vorsieht. Spanien verlangt eine Rückgabe Gibraltars – im Dezember 2004 führten Vertreter Spaniens, Großbritanniens und Gibraltars erstmals Gespräche.

Sehenswertes in Gibraltar

Die **Altstadt Gibraltars** (**North Town**) beginnt jenseits des Flugplatzes mit dem Casemates Square, östlich überragt von den Resten des **Moorish Castle**, das im 8. Jh. erbaut und im 14. Jh. von den maurischen Almohaden neu errichtet wurde. Nur wenig nordwestlich vom Kastell liegen der Markt und der bereits im Jahr 1309 angelegte **Hafen**, der in den letzten Jahren deutlich ausgebaut wurde.

Vom Kasemattenplatz führt die **Main Street**, an der die meisten Hotels, Geschäfte, Pubs und öffentlichen Gebäude liegen, an Post und Börse mit dem rückwärts anschließenden Rathaus vorbei zur Roman Catholic Cathedral, einer ehemaligen Moschee, die 1502 gotisch erneuert wurde.

Auf der rechts abzweigenden Bomb House Lane kommt man zum **Gibraltar Museum**, wo es außer allerlei Stadtgeschichtlichem auch ein 30 m² großes Modell der Felsenhalbinsel von 1865 sowie eine sehr gut erhaltene maurische Badeanlage zu betrachten gibt (Öffnungszeiten: Mo.–Fr. 10.00–18.00, Sa. bis 14.00 Uhr). Am Cathedral Square findet man die 1821 im maurischen Stil errichtete anglikanische Church of England. Am Südende der Main Street steht rechts der Gouverneurspalast (The Convent), hervorgegangen aus einem 1531 erbauten ehemaligen Franziskanerkloster. Hier kann man mehrmals täglich einer Wachablösung beiwohnen.

Cable Car Am Ende der Main Street erreicht man durch die Southport Gates die Alameda Gardens, der Botanische Garten von Gibraltar, mit dem Trafalgar Cemetery dahinter; am Beginn der Gärten fährt die **Schwebebahn** (Cable Car: tgl. ab 9.00, letzte Bahn hinauf 17.15, hinunter 17.45 Uhr) hinauf zur Signal Station (395 m ü. d. M.). Von dort kommt man zu den Upper Galleries und zum Affenfelsen. Die Befestigungen der **Upper Galleries** wurden während der spanisch-französischen Belagerung zwischen 1779 und 1783 in den Fels gegraben. Noch heute kann man die Kanonen in den unterirdischen Anlagen (**The Great Siege Tunnels**) bestaunen und den fantastischen Blick aus den Schießscharten genießen; seit einiger Zeit sind auch die im Zweiten Weltkrieg bei der Princess Caroline's Battery gegrabenen Tunnelsysteme zugänglich (**WW II Tunnels**). Mehr über die Geschichte der Festung erzählt auch das Military Heritage Center. Auf dem **Affenfelsen** (Apes' Rock bzw. Apes' Den) leben – als einzige Affenart in freier Wildbahn in Europa – ca. 150 Berberaffen. Ihre Vorfahren wurden im 18. Jh. von britischen Soldaten aus Afrika als Haustiere herübergeholt. Churchill soll angeordnet haben, dass die Zahl der Affen nie unter 24 sinken soll. Für die Fütterung dieser lebendigen Wahrzeichen von Gibraltar ist ein Korporal abkommandiert; man sollte sich etwas in Acht nehmen, da die Affen gerne beißen.

Am Weg vom Affenfelsen zur **St. Michael's Cave** zweigt eine Treppe zum Highest Point ab, dem mit 426 m höchsten Punkt des Felsens. St. Michael's Cave, die größte Höhle von den insgesamt 143 Höhlen in Gibraltar, bietet schöne Tropfsteine; im Sommer werden hier auch Konzerte gegeben.

Lebendiges Wahrzeichen: Gibraltar-Affe

Die Europa Road, eine 5 km lange, aussichtsreiche Höhenstraße, führt von den Alameda Gardens am Westhang des Felsens zwischen Häusern und Gärten der **South Town** hindurch bergan und senkt sich nach dem zerklüfteten Felsen des Europa Pass wieder hinab zum Europa Point an der Südspitze der Halbinsel mit seinem berühmten Leuchtturm. Von hier genießt man prächtige Ausblicke auf die Bucht von Algeciras, die afrikanische Küste und den Affenfelsen, bei gutem Wetter bis zum marokkanischen Atlasgebirge.

✶ ✶
◄ Europa Point

An der Rosia Bay, wo 1805 die »HMS Victory« mit dem Leichnam des bei Trafalgar getöteten Admirals Nelson festmachte, liegt die 1875 erbaute Batterie Parson's Lodge. Auf der gegenüberliegenden Seite der Bucht steht noch eine von einst zwei der berühmten 100-Tonnen-Kanonen von Gibraltar.

Parson's Lodge

★ ★ **Granada**

Provinz: Granada   **Höhe:** 685 m ü. d. M.
Einwohnerzahl: 234 300

Allein der Name bezaubert: »Granada« klingt nach arabi
Nächten, duftet nach Mandel- und Orangenblüten und läss
den Märchen aus Tausendundeiner Nacht träumen.

Maurische   Die einstige maurische Königsresidenz, heute »nur« Provinz
Residenz   stadt, liegt herrlich am Fuß der Sierra Nevada zwischen zwei
vorsprüngen, die zur fruchtbaren Vega des Río Genil steil ab
Der nördliche der beiden Hügelrücken ist der Albaicín, zugleich der
ältere Teil von Granada; ihn trennt die tiefe Schlucht des Río Darro,
der in der inneren Stadt unterirdisch verläuft und in den Río Genil
mündet, von der Alhambrahöhe. Auf ihr thront, in der Abendsonne
rot schimmernd, der wunderbare Nasridenpalast, einzigartiges Zeugnis und Höhepunkt maurisch-arabischer Baukunst in Europa. Wer
Andalusien bereist, muss ihn und seine Stadt gesehen haben, die der
maurische Dichter Ibn Zamrak im 14. Jh. so beschrieb:

So komm und schau:
Die Stadt ist eine Dame, eines Berges Frau.
Gürtelgleich umspannt ein Fluss ihres Leibes Schimmern,
Blumenhaft an ihrem Halse die Juwelen flimmern.

Wer sich heutzutage der Stadt nähert, wird freilich zunächst vergeblich nach der Dame Granada Ausschau halten, denn er muss sich
durch die üblichen gesichtslosen Betonvorstädte quälen, um dann in
der hektischen und lärmenden Innenstadt sein Durchkommen zu
finden. Doch wer des Abends über die Plaza Nueva flaniert oder am
Río Darro vor einer Bar Platz nimmt, über sich die erleuchtete majestätische Kulisse der Alhambra, und wer bei Sonnenuntergang vom
Albaicín aus das Panorama der Maurenresidenz genießt, der kann
Ibn Zamrak nur zustimmen: Granada ist eine Stadt von bezaubern-
dem Reiz, eine lebendige Universitätsstadt mit freundlichen Menschen und unvergesslicher Höhepunkt einer Reise nach Andalusien.
Denn: »Quien no ha visto Granada, no ha visto nada – Wer Granada
nicht gesehen hat, hat gar nichts gesehen.«

Geschichte   Granada geht auf das iberische Iliveri auf dem Albaicín zurück, das
die Römer in Iliberis umtauften und dem sie mit Quastilla und Garnata zwei Nachbarsiedlungen gaben. In Iliberis fand das erste christliche Konzil auf der Iberischen Halbinsel statt.

Das maurische   Nach der Gründung des Emirats von Córdoba ließ sich ein Berber-
Granada ▶   stamm in der Vega nieder, der Iliberis als Elvira zu seinem Hauptort
wählte. Als das nunmehrige Kalifat von Córdoba 1010 zerfiel, rief

⏵ GRANADA ERLEBEN

AUSKUNFT

Centro Municipal de Recepción Turística
C. Virgen Blanca, 9 (Parque Federico García Lorca)
E-18071 Granada
Tel. 902 40 50 45, Fax 958 53 69 73
www.granadatur.com

Oficina de Información del Patronato Provincial de Turismo
Plaza Mariana Piñeda, 10
E-18009 Granada
Tel. 958 24 71 28
www.turgranada.com

TOURISTENPASS »Bono turístico«

Für 5 Tage (30 €) oder 3 Tage (25 €) freier Eintritt in die wichtigsten Sehenswürdigkeiten (u. a. Alhambra, Kathedrale), 9 bzw. 5 Freifahrten in den Stadtbussen und Rabatte. Erhältlich u. a. bei der Caja Granada (Pl. Isabel la Católica, 6) oder vorab via www.cajagranada.es

ESSEN

► Fein und teuer
④ **Chikito**
Plaza del Campillo, 9
Tel. 958 22 33 64
Im einstigen Künstlercafé Alameda war schon Federico García Lorca zu Gast; heute gehört das Chikito zu den besseren Restaurants der Stadt. Andalusische Küche.

► Erschwinglich
① **Arrayanes**
Cuesta Marañas, 4
Tel. 958 22 84 01
Natürlich: in Spaniens Stadt mit der größten islamischen Gemeinde marokkanisch essen gehen in orientalischem Ambiente.

⑥ **Mesón El Trillo**
Callejón del Aljibe de Trillo, 3
Tel. 958 22 51 82
Hervorragende baskisch-andalusische Küche in einer wunderschönen Villa mit Garten auf dem Albaicín.

⑦ **Mirador de Morayma**
Pianista García Carrillo, 2
Tel. 958 22 82 90
www.alqueriamorayma.com
Restaurant mit Garantie für einen gelungenen Abend: in einem typischen Carmen (= Villa mit Garten) auf dem Albaicín mit herrlichem Blick auf die Alhambra lecker zubereitete granadinische Küche genießen. Dienstags ab 23.00 Uhr wird Flamenco geboten.

Baedeker-Empfehlung

► Preiswert
③ **Castañeda**
C. Almíreceos, 1 – 3 (bei der Plaza Nueva)
Tel. 958 22 32 22
Eine echte Institution sind die Bodegas Castañeda. Die beiden geschmackvoll eingerichteten Kneipen – die eine Bodega, die andere Destilería – bieten sich für einen Aperitif geradezu an.

► Preiswert
② **Bodegas La Mancha**
Joaquín Costa, 10
Tel. 958 21 02 49
Tapas-Tempel nahe der Plaza Nueva, große Auswahl.

⑤ **Horno de Santiago**
Plaza de los Campos, 8
Tel. 958 22 34 76 (abends geschl.)
Andalusische Küche zu Füßen des Alhambra-Berges.

ÜBERNACHTEN

► Luxus

⑤ Parador Nacional San Francisco
Real de la Alhambra, s / n
Tel. 958 22 14 40, Fax 958 22 22 64
www.parador.es, 39 Z.
Einer der schönsten, wenn nicht der allerschönste Parador: einmalige Lage im alten Franziskanerkloster in den Alhambragärten. Nach Zimmern mit Blick auf die Alhambra fragen.

► Komfortabel

① Alhambra Palace
Plaza Arquitecto García de Paredes, 1
Tel. 958 22 14 68
Fax 958 22 64 04
www.h-alhambrapalace.es, 126 Z.
Direkt an der Alhambra.
Komfortable Konzession an den anfangs des 20. Jh.s aufkommenden

*Im maurischen Stil:
Alhambra Palace Hotel*

Alhambratourismus, nicht unbedingt schön anzusehen, aber schöne Aussicht auf Stadt und Alhambra.

④ Palacio de Santa Inés
Cuesta de Santa Inés, 9
Tel. 958 22 23 62
Fax 958 22 24 65
www.palaciosantaines.com, 36 Z.
Stadtpalast aus dem 16. Jh. am Fuß des Albaicín mit schönem Blick hinauf zur Alhambra.

③ Villa Oniria
San Antón, 28
Tel. 958 53 53 58
www.splendia.com, 31 Z.
Vorbildlich sanierter Stadtpalast, überglaster Innenhof. Zimmer vom bekannten Innenarchitekten Pascua Ortega gestaltet.

► Günstig

② Casa »Los Naranjos«
Barranco de los Naranjos, 10
Tel. 958 22 51 27
Mal was anderes: Höhlenappartments auf dem Sacromonte.

⑥ Pensión Rodri
Laurel de las Tablas, 9
Tel. 958 28 80 43
Gut geführte Pension in der Altstadt. Der Besitzer spricht Deutsch.

⑦ Reina Cristina
Tablas, 4
Tel. 958 25 32 11
www.hotelreinacristina.com
Angenehmes Hotel in der Nähe der Kathedrale. García Lorca verbrachte hier siene letzten Tage.

SHOPPING

Granada ist berühmt für seine Gitarrenbauer und Intarsienschnitzer. Haupteinkaufsstraßen sind die C. Reyes Católicos und der Gran Vía de Colón, ein Bummel lohnt sich auch in der Cuesta de Gómerez (der Straße der Gitarrenbauer), in der Cuesta de Chapiz auf dem Albaicín und in der C. Real de la Alhambra. Die Straße der Antiquitätengeschäfte ist die C. Elvira.

Eduardo Ferrer Lucena
Agua del Albaicín, 19
Ledertaschen und -accessoires.

Cerámica Al-Yarrar
Sánchez Bernardo, C. Bañuelo, 5
Schöne Dinge aus Keramik.

Taller de Taracea
Miguel Laguns,
C. Real de la Alhambra, 30
Tel. 958 22 90 19
Intarsienarbeiten: vom Tisch über Schrank und Kästchen bis zum Tablett.

PLAZA DE TOROS
Av. Doctor Oloriz, 25
Tel. 958 27 17 61
Die wichtigsten Kämpfe im Juni.

FESTE
Semana Santa
Besonders am Gründonnerstag, an dem auf einer Wallfahrt zum Sacromonte der »Cristo de los Gitanos« geehrt wird.

Corpus Cristi (Fronleichnam)
Das größte Fest Granadas mit Flamenco und Corridas dauert eine Woche.

Internationales Musik- und Tanzfestival
Ende Juni / Anfang Juli: Bedeutendstes spanisches Festival für klassische und zeitgenössische Musik und Ballett; Aufführungen auch im Freilichttheater des Generalife (www.granadafestival.org).

Romería del Albaicín
Ende September: Der Pilgerzug führt direkt durch den Albaicín.

Festival de Jazz de Granada
Im November wird gehottet bei einem der bedeutendsten Jazzfestivals Europas (www.jazzgranada.net).

1013 Statthalter Zarí ben Zirí ein eigenständiges Königreich, eine Taifa, aus und machte Garnata zu dessen Hauptstadt. Dieses hatte nur bis 1090 Bestand, als die berberischen Almoraviden die Herrschaft übernahmen, doch auch sie mussten sich 1149 den Almohaden beugen. 1236 fiel Córdoba an die Christen. Die überlebenden Mauren zogen sich nach Granada zurück, wo Ibn al-Ahmar vom Stamm der Beni Nasr als Mohammed I. im Jahr 1238 die Dynastie der Nasriden begründete, die ihren Frieden durch Tributpflicht und Waffenhilfe an Ferdinand III. von Kastilien erkaufen musste. Die Unterwerfung und ständiges diplomatisches Lavieren waren jedoch die Voraussetzung für eine 250 Jahre während Blütezeit des nur 30 000 km² großen und kaum 400 000 Einwohner zählenden Königreichs, das in seinen Gärten Obst, Gemüse, Getreide und Wein anbaute, begehrte Waren, die über Granadas Hafen Málaga verschifft wurden. Júsuf I. und Mohammed V. ließen im 14. Jh. die Alhambra errichten, die die Nasriden zumindest als Bauherren unsterblich machte.

Highlights Granada

Alhambra
Weltkulturerbe und Spaniens meistbe-suchtes Monument: Mit dem märchenhaft schönen Palast der Nasriden, aufwändig dekorierten Räumen und zauberhaftem Blick von der Torre de la Vela.
▶ **Seite 262**

Generalife
Früher der bezaubernde Park der Könige von Granada, heute eine schattige Oase mit plätschernden Wassern.
▶ **Seite 273**

Kathedrale
In der Königlichen Kapelle der bedeu-tendsten der vier großen Renaissance-kirchen Andalusiens liegen die katholischen Könige begraben.
▶ **Seite 274**

Albaicín
Viertel mit Blick auf die Alhambra, wo die maurische Geschichte Granadas noch am gegenwärtigsten ist.
▶ **Seite 278**

El Bañuelo
Gut erhaltene maurische Bäder aus dem 11. Jh.
▶ **Seite 278**

Nach der Reconquista ▶

Spätestens mit der Heirat von Ferdinand von Aragón und Isabella von Kastilien ging es mit dem Frieden in der letzten moslemischen Bastion in Europa zu Ende. Die Katholischen Könige erklärten die Vertreibung der Mauren zu ihrem obersten Ziel. Nach dem Fall Má-lagas 1487 stand Granada allein gegen die christlichen Heere, zudem geschwächt durch einen jahrelangen dynastischen Streit zwischen König Muley Hassan und seiner Favoritin Soraya auf der einen und seiner Gemahlin Aischa mit deren Sohn und legitimen Erben Boab-dil auf der anderen Seite.

Nach dem Tod Muley Hassans 1485 bestieg Boabdil als letzter mauri-scher Herrscher Granadas den Thron. 1491 gab er auf und trat im Frieden von Santa Fé Granada an die Katholischen Könige ab, die am 2. Januar 1492 in die Stadt einzogen, während Boabdil sie verließ und in die Alpujarras floh.

Der blutigen Niederwerfung des Moriskenaufstands von 1569 bis 1571 und der endgültigen Vertreibung der Moslems 1609 folgte der Niedergang. Die Alhambra verfiel und erst um 1830 machte der amerikanische Schriftsteller Washington Irving auf dieses einzigartige Kulturdenkmal aufmerksam. 1984 wurde es von der UNESCO zum »Kulturerbe der Menschheit« erklärt. Heute ist der Tourismus die

Granada *Orientierung*

Essen
1. Arrayanes
2. Bodegas La Mancha
3. Castañeda
4. Chikito
5. Horno de Santiago
6. Mesón del Trillo
7. Mirador de Morayma

Übernachten
1. Alhambra Palace
2. Casa »Los Naranjos«
3. Villa Oniria
4. Palacio de Santa Inés
5. Parador San Francisco
6. Pensión Rodri
7. Reina Cristina

wichtigste Einnahmequelle der Stadt, in der sich viele wieder auf ihre moslemischen Quellen besinnen – in Granada lebt heute die größte islamische Gemeinde Spaniens. Im Sommer 2003 hat sie die Eröffnung ihrer Großen Moschee auf dem Albaicín gefeiert.

✷ ✷ Alhambra

Zugang

Der Haupteingang mit Kartenschaltern und Großparkplatz liegt ganz im Osten des Hügels. Man erreicht ihn mit dem Bus Nr. 30 oder 32 ab der Plaza Nueva oder mit dem Auto über die Ronda del Sur. Zu Fuß muss man sich auf einen längeren Marsch einstellen: von der Plaza Nueva bergauf auf der Cuesta de Gomérez und dann auf dem Paseo Central immer unterhalb der Alhambra entlang. Wer bereits ein Ticket besitzt, kann den Eingang an der Puerta de la Justicia benutzen und spart sich den Weg zum Haupteingang.

Karten unbedingt im Vorverkauf besorgen – am besten zwei Monate vorher!

Der Andrang ist so groß, dass die **Karten kontingentiert** sind. Pro Tag werden insgesamt etwas mehr als 6000 Tickets ausgegeben, davon nur ein geringer Teil an den Tageskassen – nur bei sehr frühem Anstehen hat man dort Glück. Es empfiehlt sich also, den Vorverkauf (gegen Aufpreis) zu nutzen. Dazu gibt es mehrere Möglichkeiten: an einem der Geldautomaten der landesweiten Bank La Caixa (per Kreditkarte), telefonisch bei ServiCaixa unter Tel. 00 34 / 902 88 80 01, online unter **www.alhambratickets.es** und in Granada an Ticketautomaten bei La Tienda (C. Reyes Católicos, 40). Vorbestellte Karten müssen im Alhambra-Pavillon (beim Parkplatz am Generalife) an einem Extraschalter (Taquilla de Reserva) gegen Vorlage der Registrierungsnummer und des Ausweises abgeholt werden. Vorbestellungen sind möglich für einen Zeitraum von einem Jahr bis zu einem Tag vor dem Besuchsdatum. Pro Person werden maximal zehn Karten abgegeben. **Es gibt Karten für den Vormittag, den Nachmittag oder den Abend**. Sie geben einen halbstündigen Zeitraum an, innerhalb dessen der Zutritt in den Nasridenpalast erfolgen muss (die Besichtigungszeit ist nicht begrenzt); für die übrige Alhambra gibt es keine Beschränkungen. Die Karten sind allerdings nicht gültig für die Museen im Palast Karls V.

> ! **Baedeker TIPP**
>
> ### Alhambra im Mondlicht
>
> »Es fehlen dem größten Dichter die Worte, um eine Mondnacht unter solchem Himmel und in derart herrlicher Umgebung würdig und wahr schildern zu können«, schrieb Washington Irving zutreffend: Abends durch die Gemächer des erleuchteten Nasridenpalasts zu schlendern und dem sanften Gemurmel der Brunnen zu lauschen, ist in der Tat ein unvergessliches Erlebnis.

✷
Alameda de la Alhambra

Von der Plaza Nueva erreicht man die **Puerta de las Granadas**, von Pedro Machuca 1536 an Stelle eines maurischen Tors erbaut und mit dem Wappen Karls V. sowie dem Symbol Granadas, drei Granatäpfeln, geschmückt. Dahinter öffnet sich die Alameda de la Alhambra, die über dem maurischen Friedhof angelegten Gärten, die sich in einer Schlucht zwischen der Alhambrahöhe und dem Monte Mauror an den Abhängen hinaufziehen. Auf dem Monte Mauror wacht das **älteste Festungswerk Granadas**, die **Torres Bermejas**, die im 13. Jh. auf einem Festungswerk aus dem 8. / 9. Jh. errichtet wurden.

Alhambra und Generalife *Orientierung*

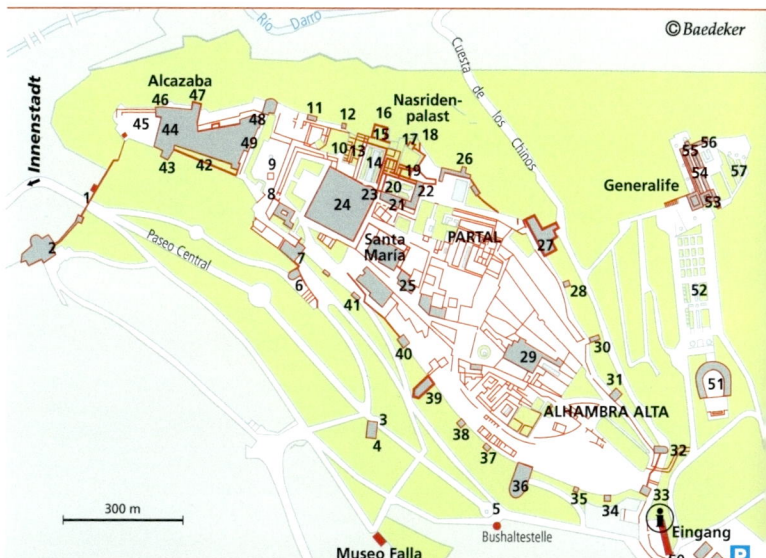

© Baedeker

1 Puerta de las Granadas
(Granatapfeltor)
2 Torres Bermejas
(Rote Türme)
3 Fuente del Tomate
(Tomatenbrunnen)
4 Monumento a Ganivet
(Denkmal für den Granadiner
Schriftsteller)
5 Fuente del Pimiento
(Paprikabrunnen)
6 Pilar de Carlos V
(Säule Karls V.)
7 Puerta de la Justicia
(Tor der Gerechtigkeit)
8 Puerto del Vino
(Weintor)
9 Plaza de los Aljibes
(Platz der Zisternen)
10 Patio de Machuca
11 Torre de las Gallinas
(Hühnerturm)
12 Torre de los Puñales
(Turm der Dolche)
13 Mexuar (ehem. Audienz-
saal)
14 Patio de los Arrayanes
(Myrtenhof)
15 Salón de Embajadores
(Saal der Botschafter)
16 Torre de Comares
17 Habitaciones de Carlos V
(Gemächer Karls V.)
18 Tocador de la Reina
(Ankleidezimmer)

19 Sala de las Dos Hermanas
(Saal der beiden Schwestern)
20 Patio de los Leones
(Löwenhof)
21 Sala de los Abencerrajes
(Saal der Abencerrajen)
22 Sala de los Reyes
(Saal der Könige)
23 Krypta
24 Palacio de Carlos V
(Palast Karls V.)
25 Baños (Bäder)
26 Torre de las Damas
27 Torre de los Picos
(Turm der Zinnen)
28 Torre del Cadí
29 Parador de San Francisco
30 Torre de la Cautiva
(Turm der Gefangenen)
31 Torre de las Infantas
(Turm der Infantinnen)
32 Torre del Cabo de la
Carrera (Turm am Ende der
Rennbahn)
33 Torre del Agua
(Wasserturm)
34 Torre de Juan de Arce
35 Torre de Baltasar de la Cruz
36 Torre de Siete Suelos
(Turm der sieben
Stockwerke)
37 Torre del Capitán
(Hauptmannsturm)
38 Torre de las Brujas
(Hexenturm)

39 Torre de las Cabezas
(Turm der Köpfe)
40 Torre de Abencerrajes
(Turm der Abencerrajen)
41 Puerta de los Carros
(Tor der Fuhrwerke)
42 Jardines de los Adarves
(Wehrganggärten)
43 Torre de la Pólvora
(Pulverturm)
44 Torre de la Vela
(Wachturm)
45 Baluarte (Vorwerk)
46 Torre de los Hidalgos
(Turm der Edelleute)
47 Torre de las Armas
(Waffenturm)
48 Torre del Homenaje
(Turm der Huldigung)
49 Torre Quebrada
(Zerbrochener Turm)
50 Eingang zur Alhambra und
zum Generalife
51 Theater
52 Jardines nuevos
(Neue Gärten)
53 Pabellón Sur
(Südpavillon)
54 Patio de la Acequia
(Wasserbeckenhof)
55 Pabellón Norte
(Nordpavillon)
56 Patio de la Sultana
(Hof der Sultanin)
57 Jardines altos (Obere Gärten)

Die Alhambra in der Abendsonne leuchtend

Abstecher

Für einen Spaziergang durch die Alameda nimmt man den beim Tor nach rechts abzweigenden Weg und geht auf einer weiteren Abzweigung zur Anterqueruela Alta durch ein schönes Villenviertel, wo **Museo Casa Manuel de Falla** ▶ der Komponist Manuel de Falla (1876 – 1946) ein Häuschen besaß. Es ist leider bis auf weiteres geschlossen. Wenig weiter liegt der 1573 gegründete Convento Carmen de los Martíres. Der Spaziergang führt weiter zum traditionsreichen Hotel »Washington Irving« und von dort schließlich zum Haupteingang der Alhambra.

✴ ✴ Palast der Nasriden

Schönste arabische Palastanlage in Europa

Jeden Alhambra-Besucher zieht es in den Palast der Nasriden (Palacio Real bzw. Palacio Árabe), den Wohnsitz der Könige von Granada und Zeugnis arabisch-maurischer Architektur auf europäischem Boden. Die Bauarbeiten begannen unter Jûsuf I. (1333 – 1354) mit der Torre de Comares und dem Myrtenhof und wurden unter Mohammed V. (1354 – 1391) größtenteils vollendet, dem der Löwenhof zu verdanken ist. Wie alle maurischen Profanbauten sind auch die Palastanlagen äußerlich unscheinbar. Ihre künstlerische Bedeutung liegt in der reichen Dekoration aus Marmor, edlen Hölzern und Azulejos, die einen Höhepunkt maurischer Kunstfertigkeit darstellt. Marmor ist eines der wichtigsten Baumaterialien der Palastanlage, das bei den Säulen und den Böden Verwendung gefunden hat. Der Grundriss ist ein **klassisches Beispiel für den islamischen Palastbau**, der sich in drei Hauptabschnitte gliedert: in den für öffentliche Rechtsprechung und Versammlungen bestimmten Mexuar, den Königlichen Palast (Diwán oder Serail) und in die Frauengemächer (Harim oder Harem). Die Räume aller drei Teile münden, wie schon im griechisch-römischen Haus üblich, auf einen Hof.

Mexuar

Der niedrige, mit Azulejos ausgekleidete Mexuar, der ehemalige Audienz- und Gerichtssaal, wurde unter Karl V. zur Kapelle umgebaut, worunter die maurische Dekoration gelitten hat. An den Wänden sieht man daher neben kufischen Schriftbändern auch den Wahlspruch Karls V.: »Plus Ultra«. An den Mexuar schließt sich als Bindeglied zum Myrtenhof der **Patio de Mexuar** an.

Mit dem Patio de los Arrayanes (Myrtenhof) beginnt nun der Palastbereich, der einstige Serail, der nach der christlichen Eroberung nicht verändert wurde. Die Längsseiten des 37 m langen und 23 m breiten Hofes sind weiß gekalkt, doch unterbrochen von kunstvoll eingefassten Pforten, Zwillingsfenstern und Nischen. An der südlichen Stirnseite begrenzt ihn ein Gebäude mit sieben filigranen Arkadenreihen, über denen eine Fensterreihe und wiederum Arkaden aufgebaut sind. Diese Räume sind mit der Kapelle im Palast Karls V. verbunden. An der nördlichen Stirnseite erhebt sich die **Torre de Comares**. Ihm vorgebaut ist die Sala de la Barca – hier versammelten sich die Gesandten vor der Audienz. Diese fand in der **Sala de los Embajadores** (Saal der Gesandten) statt. Dank seiner fantastischen Zedernholzkuppel und der Ornamentik aus über 150 verschiedenen floralen und geometrischen Mustern sowie Koranversen gehört der Raum zu den reichsten der Alhambra.

✶ ✶
Patio de los Arrayanes

 NICHT VERSÄUMEN

- Salón de Embajadores: Einer der reizvollsten Räume der Alhambra mit prächtiger Zedernholzkuppel.
- Patio de Arrayanes: Der eigentliche königliche Palast mit einem großen von Myrten eingefassten Wasserbecken.
- Sala de las dos Hermanas: Mit der größten aller arabischen Stalaktitenwölbungen.
- Sala de los Abencerrajes: Beeindruckende Stalaktitenkuppel.
- Patio de los Leones: Extravagant gestalteter Innenhof mit dem Löwenbrunnen.

Palast der Nasriden Orientierung

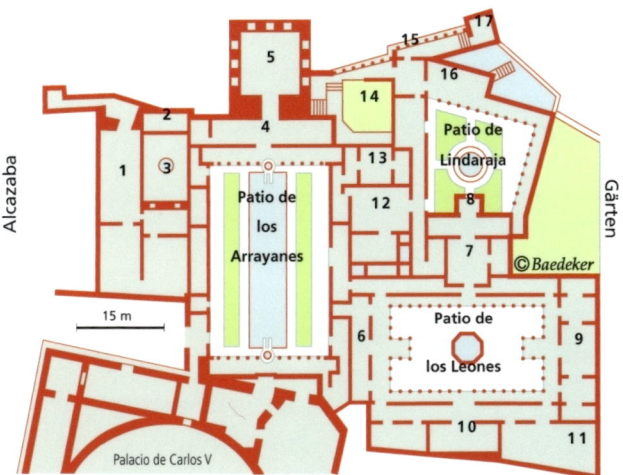

1 Mexuar
2 Cuarto Dorado
3 Patio Mexuar
4 Sala de la Barca
5 Torre de Comares /
   Salón de Embajadores
6 Sala de los Mocarabes

7 Sala de las dos Hermanas
8 Sala de los Ajimeces /
   Mirador de Lindaraja
9 Sala de los Reyes
10 Sala de los Abencerraje
11 Raudas

12 Baños reales
13 Sala de Camas
14 Patio de Cipréses
15 Galería del Peinador
16 Gemächer Karls V.
17 Peinador de la Reina

Vom Myrtenhof geht es durch die Sala de los Mocárabes in den Patio de los Leones (Löwenhof), den Mittelpunkt der unter Mohammed V. erbauten königlichen Winterwohnung mit dem angegliederten Harem.

An den Stirnseiten springen zwei Pavillons vor, von denen, wie von den Längsseiten, Wasserrinnen zum Löwenbrunnen führen. In seiner archaisch anmutenden Einfachheit steht der Löwenbrunnen in merkwürdigem Gegensatz zur überbordenden Gestaltung des übrigen Hofes. Hier im Herzen des Palasts verspürt man am deutlichsten den über der Alhambra schwebenden orientalischen Zauber.

★ ★
Patio de
los Leones

Die Sala de las dos Hermanas (Saal der zwei Schwestern) an der Nordseite des Löwenhofs war zusammen mit den dahinter liegenden Räumen wahrscheinlich die Winterwohnung der Frauen. Der Saal bildet mit seiner Dekoration den künstlerischen Höhepunkt der Alhambra. Das Gewölbe in Form eines achtzackigen Sterns, der in 16 Strahlen ausläuft, ist die **größte aller arabischen Stalaktitenwölbun-**

★ ★
◄ Sala de las
dos Hermanas

← *Über dem Myrtenhof wacht die Torre de Comares.*

ALHAMBRA

✱ ✱ Der Name Alhambra leitet sich ab vom arabischen Kala al-Hamra, was »Rote Burg« bedeutet, denn ihre Mauern und Türme erstrahlen im Licht der Abendsonne rot. Mit Alhambra ist nicht nur der Palast der Nasriden, die schönste arabische Palastanlage Europas, sondern die gesamte Anlage mit dem Palast Karls V., der Alcazaba und dem Gartenpalast Generalife gemeint.

🕐 Öffnungszeiten:
Mitte Okt.–Mitte März tgl. 8.30–18.00;
nächtliche Besuche: Fr., Sa. 20.00–21.30;
Mitte März–Mitte Okt. tgl. 8.30–20.00;
nächtliche Besuche: Di.–Sa. 22.00–23.00 Uhr

① Mexuar
Im Wohnsitz der Könige von Granada diente der Mexuar des Nasridenpalastes der öffentlichen Rechtsprechung und Versammlungen. Karl der V. baute ihn zur Kapelle um.

② Diwan oder Serail
Das Serail bezeichnete den eigentlichen königlichen Palast: Hier befindet sich der Patio de los Arrayanes (Myrtenhof) mit einem größeren Wasserbecken, das von Myrten eingefasst ist.

③ Harem
In den Frauengemächern spielte sich das private Leben der Monarchen ab. Im Zentrum befindet sich der Patio de los Leones (Löwenhof) mit dem Löwenbrunnen.

④ Patio de Mexuar
An den Mexuar schließt sich als Bindeglied zum Myrtenhof der Patio de Mexuar an, der sich durch seine Marmor- und Azulejoverkleidungen in warmen Tönen auszeichnet, was besonders im Cuarto Dorado (»Goldenes Zimmer«) und an der zum Myrtenhof liegenden Fassade zur Geltung kommt.

⑤ Torre de Comares und Sala de Embajadores
Mit 45 m ist die Torre de Comares der höchste Turm der Burg. Im Erdgeschoss fanden in der 11 m im Quadrat messenden und 18 m hohen Sala de los Embajadores (Saal der Gesandten) die Audienzen statt. Dank seiner prächtigen Zedernholzkuppel und der Ornamentik aus über 150 verschiedenen floralen und geometrischen Mustern sowie Koranversen gehört der Raum zu den schönsten der Alhambra. Der Thron des Herrschers stand dem Eingang gegenüber, sodass von drei Seiten Licht auf ihn fiel, während die Eintretenden ihn nur im Gegenlicht sahen, er sie jedoch genau erkennen konnte.

⑥ Sala de la Barca
Der Torre de Comares vorgebaut ist die Halle aus sieben Arkaden. Ihr Name ist entweder von der schiffsförmigen Artesonadodecke aus Zedernholz oder vom arabischen »baraka« (Segen) herzuleiten. Hier versammelten sich die Gesandten am Hof von Granada vor der Audienz.

⑦ Sala de los Reyes
Fünf hohe Stalaktitenkuppeln überwölben den Raum. Als große Seltenheit erweisen sich drei auf Leder gemalte und auf Holz aufgezogene höfische Szenen, denn der Islam verbietet normalerweise bildliche Darstellungen: eine Besprechung zwischen zehn prächtig gekleideten Männern (daher der Name »Saal der Könige«), eine Jagdszene sowie die Befreiung eines Mädchens aus der Gewalt eines Wilden.

⑧ Tocador de la Reina
Das »Ankleidezimmer der Königin« ist einer der anmutigsten Räume des Palasts: Er wurde als aussichtsreicher Mirador angelegt und von Isabella der Katholischen und den Gemahlinnen Karls V. und Phillips II. benutzt.

⑨ Torre de las Damas
Sie ist mehr Zierbau als Festung und eine der ältesten Bauten des Nasridenpalasts, errichtet unter Mohammed III. Anfang des 14. Jh.s.

⑩ Palast Karls V.
Insgesamt macht das mächtige Quadrat von 63 m Seitenlänge einen strengen Eindruck, der sich im Innenhof, einem 31 m durchmessenden zweistöckigen Rundbau mit dorischen Säulen in der ersten und ionischen in der zweiten Galerie, noch verstärkt. Im Erdgeschoss das Museo de la Alhambra, im oberen Stockwerk das Museo Provincial de Bellas Artes.

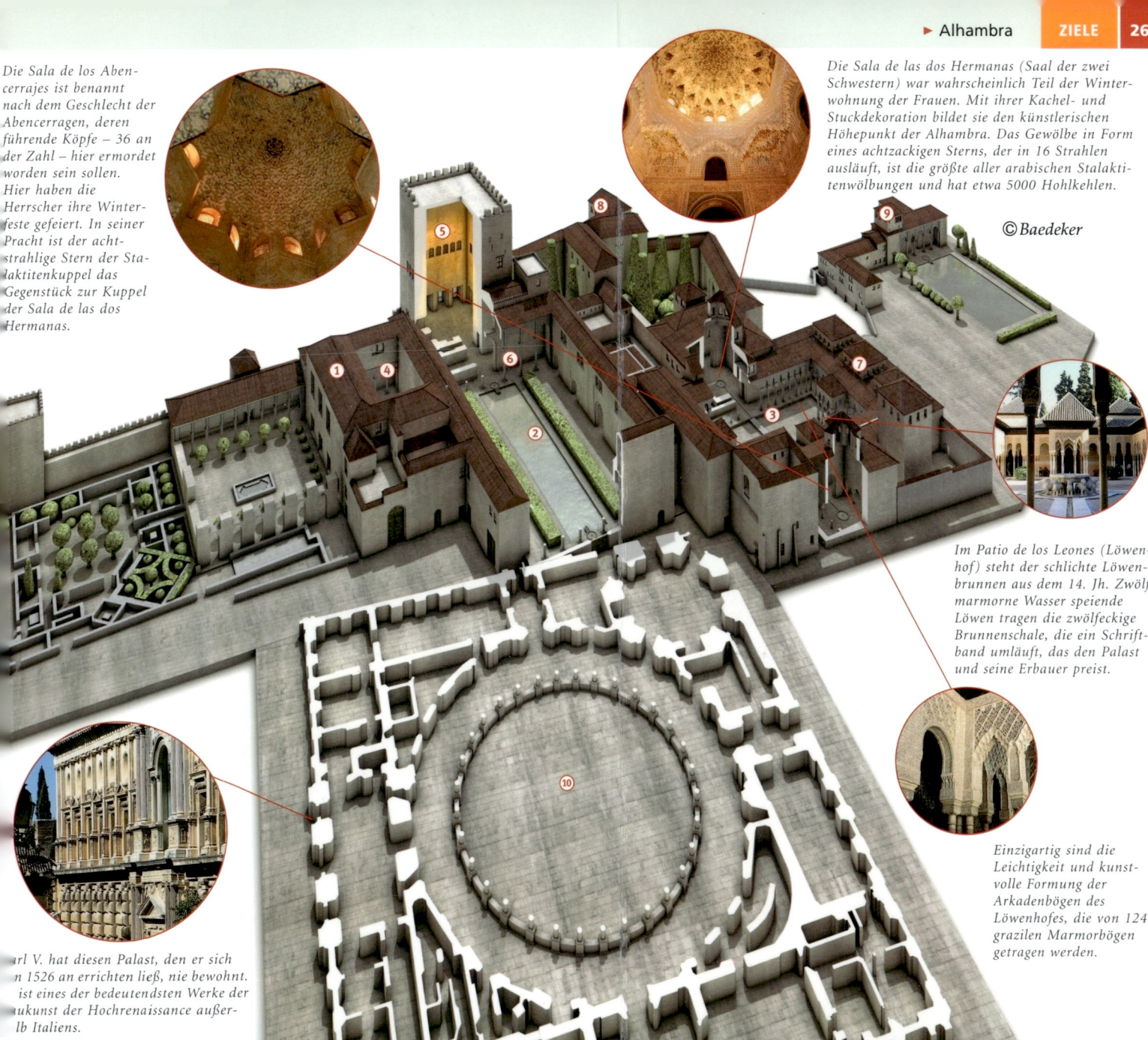

Die Sala de los Abencerrajes ist benannt nach dem Geschlecht der Abencerragen, deren führende Köpfe – 36 an der Zahl – hier ermordet worden sein sollen. Hier haben die Herrscher ihre Winterfeste gefeiert. In seiner Pracht ist der achtstrahlige Stern der Stalaktitenkuppel das Gegenstück zur Kuppel der Sala de las dos Hermanas.

Die Sala de las dos Hermanas (Saal der zwei Schwestern) war wahrscheinlich Teil der Winterwohnung der Frauen. Mit ihrer Kachel- und Stuckdekoration bildet sie den künstlerischen Höhepunkt der Alhambra. Das Gewölbe in Form eines achtzackigen Sterns, der in 16 Strahlen ausläuft, ist die größte aller arabischen Stalaktitenwölbungen und hat etwa 5000 Hohlkehlen.

©Baedeker

Im Patio de los Leones (Löwenhof) steht der schlichte Löwenbrunnen aus dem 14. Jh. Zwölf marmorne Wasser speiende Löwen tragen die zwölfeckige Brunnenschale, die ein Schriftband umläuft, das den Palast und seine Erbauer preist.

Einzigartig sind die Leichtigkeit und kunstvolle Formung der Arkadenbögen des Löwenhofes, die von 124 grazilen Marmorbögen getragen werden.

Karl V. hat diesen Palast, den er sich ab 1526 an errichten ließ, nie bewohnt. Er ist eines der bedeutendsten Werke der Baukunst der Hochrenaissance außerhalb Italiens.

gen. Der Saal verdankt seinen Namen den beiden großen in den Boden eingelassenen identischen Marmorplatten. Schriftbänder mit Gedichten von Ibn Zamrak schmücken die Wände.

An den Saal der zwei Schwestern schließt sich die **Sala de los Ajimeces** an; zwischen den beiden rückwärtigen Bogenfenstern (ajimeces) öffnet sich der Mirador de Lindaraja, ein reizvoller Erkerbau mit drei fast bis zum Boden reichenden Fenstern, von denen man zum stillen Patio de Lindaraja blicken kann.

★ ★
Sala de los Reyes ▶

An der Ostseite des Löwenhofs liegt die lang gestreckte Sala de los Reyes (Saal der Könige; auch Sala de la Justicia). Als große Seltenheit erweisen sich hier drei auf Leder gemalte und auf Holz aufgezogene höfische Szenen, denn der Islam verbietet normalerweise bildliche Darstellungen. Die Nebenräume der siebenteiligen Halle schmücken Deckenbilder aus dem späten 15. Jahrhundert.

★ ★
Sala de los Abencerrajes ▶

An der Südseite des Hofs betritt man die Sala de los Abencerrajes. Die Mitte des Saals nimmt ein zwölfeckiger Marmorbrunnen ein, darüber wölbt sich der achtstrahlige Stern der Stalaktitenkuppel.

Übrige Alhambra

Patio de Lindaraja

Nun verlässt man den Palast der Nasriden und geht treppab nach links und nochmals links in den stimmungsvollen, mit Zypressen und Orangen bestandenen Patio de Lindaraja, den früheren inneren Palastgarten. Er wurde nach der Eroberung durch die christlichen Könige angelegt; der Brunnen stand zuvor im Hof des Mexuar.

Patio de Ciprèses

An den Garten schließt sich der kleine Zypressenhof an, von dem eine Galerie zu den **Gemächern Karls V.** führt, die der Kaiser mit Gemahlin bei Aufenthalten in Granada bewohnte; auch sein Sohn Philipp II. logierte hier. Ein weiterer prominenter Gast war 1829 für vier Monate der amerikanische Schriftsteller Washington Irving, an den eine Plakette erinnert. Auf derselben Galerie, die offen zum Abhang hin liegt und schöne Aussichten auf den Albaicín freigibt, gelangt man zum **Tocador de la Reina** (»Ankleidezimmer der Königin«) im Obergeschoss der Torre del Peinador. An der Südseite des Hofs befinden sich die Bäder (**Baños**), eine ausgedehnte unterirdische Anlage aus der Zeit Júsufs I.

★
Jardines del Partal

Nach der Besichtigung des Palasts sind die **Gärten der Alhambra** (Jardínes del Partal) mit ihren labyrinthartigen Wegen, Wasserläufen, Teichen und herrlichen Pflanzen ein idealer Ort zum Entspannen. An ihrer Nordmauer erhebt sich die **Torre de las Damas**, rechts davon die Torre del Mihrâb mit einem diskreten Gebetsraum. In den oberen Gärten (Alhambra Alta) liegt das Kloster **San Francisco**, heute zum **luxuriösesten Parador Spaniens** umgebaut. Es wurde 1495 gegründet und war Grablege der Katholischen Könige, bevor sie in die Kathedrale umgebettet wurden.

Auf dem Weg zum Palast Karls V. passiert man die 1581 bis 1618 an Stelle der Alhambra-Moschee erbaute Kirche **Santa María**. In der Moschee wurde nach der Übergabe Granadas die erste Heilige Messe gelesen. Die Steinsäule rechts neben dem Hauptportal erinnert an den Tod zweier christlicher Märtyrer im Jahr 1397.

Von 1526 an ließ sich Karl V. an der Ostseite des Zisternenplatzes direkt an den Myrtenhof einen Palast bauen, den er mit einer den in Granada verbliebenen Mauern auferlegten Sondersteuer finanzierte.

Hochrenaissance in Reinform: Palast Karls V.

Den Entwurf lieferte Pedro Machuca, dessen Sohn die Arbeit fortsetzte, sie jedoch nicht vollendete. Dennoch ist der Palast eines der bedeutendsten Werke der **Baukunst der Hochrenaissance** außerhalb Italiens. In der Nordostecke wurde eine achteckige Kapelle mit direktem Zugang vom Nasridenpalast her eingebaut, die jedoch ebenfalls unvollendet blieb. Im Erdgeschoss stellt das Museo de la Alhambra zahlreiche maurisch-arabische Stücke aus, darunter vieles aus der Alhambra. Man sieht u. a. Glas, Keramik, Schmuckfriese, Azulejos und Metallarbeiten. Glanzstücke sind die 1,30 m hohe Alhambra-Vase (1320), mit springenden Antilopen und Blumenmustern in Emailmalerei prachtvoll dekoriert, sowie ein wohl aus Córdoba stammendes Marmorbecken, auf dem Hirsche reißende Löwen sowie Adler dargestellt sind und in einem später angebrachten kufischen Schriftband Mohammed V. gepriesen wird. Das Museo Provincial de Bellas Artes im oberen Stockwerk stellt vor allem Künstler der Schule von Granada vor. Unter den Skulpturen ragen »Christi Begräbnis« von Jacopo Florentino, »San Juan de Dios« und »Jungfrau mit Kind« von Diego de Siloé sowie eine Arbeit mit demselben Thema von Roberto Alemán heraus, weiterhin Werke von Pedro de Mena und als Prunkstück das »Triptychon des Gran Capitán«, eine Arbeit aus Email des Meisters Léonard Pénicaud aus Limoges. Die Malerei ist u. a. vertreten mit Fray Juan Sanchez Cotán (»Maria und das schlafende Jesuskind«) und Alonso Cano (»Jungfrau mit Kind«, »Hl. Bernhard von Siena«, »Kopf von Juan de la Cruz«). Der »Saal des italienischen Kamins« (16. Jh.) ist mit für den Palast erworbenen Wandteppichen aus Genua und Brüssel behängt.

Westlich vor dem Palast Karls V. erstreckt sich die Plaza de los Aljibes, der Zentralplatz der Alhambra. Er wurde erst Ende des 15. Jh.s als Waffen- und Exerzierplatz angelegt und ist von Zisternen unterhöhlt, die die Alhambra mit Wasser versorgten.

★
Palast Karls V.

◄ Museo de la Alhambra
Di.–So.
8.30–14.30

◄ Museo Provincial de Bellas Artes
Mitte März–Mitte Okt. Di.
14.30–20.00,
Mi.–Sa.
9.00–20.00,
So. 9.00–14.30;
Mitte Okt.–Mitte März jew. nur bis 18.00

Plaza de los Aljibes

Puerta de la Justicia

Durch die Puerta del Vino, unter Mohammed V. erbaut, kommt man hinab zur mächtigen Puerta de la Justicia, die der ursprüngliche Eingang zur Alhambra war. Das 1348 unter Jûsuf I. erbaute Tor, zeitweise Hinrichtungsstätte, besteht aus einem großen und einem kleinen Hufeisenbogen. Der Schlussstein des großen Bogens zeigt eine Hand, Sinnbild der **fünf Grundprinzipien des Islam**: das Bekenntnis zur Einzigartigkeit Gottes, die Pflicht zum Gebet, die Barmherzigkeit durch Geben von Almosen, die Enthaltsamkeit durch Fasten und die Pflicht zur Pilgerfahrt nach Mekka. Am zweiten Bogen sieht man einen Schlüssel, Symbol des von Allah dem Propheten Mohammed verliehenen Himmelsschlüssels. An der Treppe unterhalb des Tores ist der Renaissancebrunnen **Pilar de Carlos V.** in die Wand eingelassen.

★
Alcazaba

An der Westseite des Zisternenplatzes verläuft die Mauer der Alcazaba, des ältesten Teils der Alhambra. Mohammed I. begann im 13. Jh. rund um Vorgängerbauten aus der Zeit der Ziriden mit dem Bau der Königsburg, von der nur die doppelten Umfassungsmauern mit den gewaltigen Türmen im inneren Mauerring übrig sind. Deren eindrucksvollste sind an der Eingangsmauer die Torre Quebrada und rechts daneben die 25 m hohe Torre del Homenaje, in der der Kommandant wohnte; in der Nordmauer erheben sich die Torre de las Armas, die einstige Waffenkammer, von wo man eine gute Sicht ins Tal des Darro und auf den Albaicín hat, sowie daneben die Torre de los Hidalgos. Von der Südmauer, in die die Torre de la Pólvora eingebaut ist, sieht man hinab auf die im 13. Jh. zwischen dem äußeren und inneren Mauerring angelegten Jardínes de los Adarves.

★ ★
Blick von der Torre de la Vela ►

Den schönsten Blick allerdings bietet die 26 m hohe Torre de la Vela über dem westlichen Vorwerk (Baluarte). Der Turm erhielt im 18. Jh. einen Glockenträger aufgesetzt, dessen Glocke alljährlich am 2. Januar, dem Tag des Einzugs der Katholischen Könige Ferdinand und Isabella, geläutet wird. Von den Zinnen genießt man einen hervorragenden Blick auf die Stadt, aus der die mächtige Kathedrale herausragt. Rückwärts gewandt übersieht man den Hof der Alcazaba mit den Fundamenten von Magazinen, Mannschaftsräumen, Badeanstalt und Gefängnis; dahinter den Palast Karls V., die Türme der Palastanlagen und in der Ferne den Generalife.

Türme

Bei einem Spaziergang durch die Alhambra alta, die oberen Gärten, kann man einen näheren Blick auf einige der Türme werfen. Östlich vom Palast erhebt sich die Torre de las Damas, ein Festungsturm mit anschließender Bogenhalle, Wasserbecken und kleiner Moschee. An der Torre de los Picos (»Zinnenturm«) vorbei geht man zur Torre del Candil und zur Torre de la Cautiva (»Turm des Gefangenen«), die einen kleinen Patio und einen prächtig dekorierten Hauptraum besitzt. Dann folgt die Torre de las Infantas mit einer reich ausgestatteten Halle; von der oberen Plattform genießt man eine weite Aussicht. Am Ostende des Alhambrahügels liegt die Torre del Agua mit dem Sammelbecken für die Wasserleitung der Alhambra. An der Südseite ist vor allem der Turm der Puerta de los Siete Suelos (Tor der sieben Stockwerke) interessant.

✶ ✶ Generalife

Der östlich gegenüber der Alhambra am Abhang des Cerro del Sol liegende Generalife (arab. »djennat al-Arif« = Garten des Architekten) ist der 1319 unter Ismail I. vollendete **Sommersitz der maurischen Könige**. Es ist weniger das im Vergleich zum Nasridenpalast eher unscheinbare Bauwerk, sondern vielmehr die **Harmonie** zwischen den Gebäuden, den Gärten und den Wasserspielen, die den Reiz dieser Anlage ausmachen, die von vielen als **eine der schönsten Gartenanlagen der Welt** bezeichnet wird. Eine Zypressenallee führt zum Eingangsgebäude (16. Jh.), darauf folgt der mit Lorbeer und Myrten sowie Orangenbäumen bepflanzte Patio de la Acequia mit seiner zauberhaften Fontänenreihe. Deren Ende nimmt das schlichte Gebäude des herrschaftlichen Wohntrakts ein; von einem Nebenraum bietet sich ein prachtvoller Blick auf die Alhambra und das Darrotal. Oberhalb des Gebäudes bezaubern die Blütenpracht weiterer verwunschener Gärten, Grotten und Wasserspiele, darunter eine aus Kaskaden gebildete »Wassertreppe«. Von hier führt ein Aufgang zur Silla del Moro, einem Aussichtspunkt außerhalb der Gärten.

»Der Garten des Architekten«

Murmelnde Wasserfontänen im Generalife – die maurischen Könige waren Genießer des Augenblicks.

Rund um die Kathedrale

✶
Catedral Santa
María de la
Encarnación

Aus dem Häusergewirr der Innenstadt erhebt sich die Kathedrale Santa María de la Encarnación, **bedeutendste der vier großen Renaissancekirchen Andalusiens**. Sie wurde von Enrique de Egas 1523 gotisch begonnen, 1525 von Diego de Siloé plateresk weitergeführt und 1561 unvollendet geweiht. 1563 setzte Juan de Orea die Arbeiten fort, die sich bis 1703 hinschleppten und schließlich abgebrochen wurden, ohne dass die vorgesehenen zwei Türme erstellt waren; auch der begonnene Turm erreichte nicht die geplante Höhe.

Mächtig: Kathedrale aus dem 16. Jh.

Die Westfassade (1667) stammt von Alonso Cano, das Relief über dem Hauptportal von José Risueño (1717). Nach Nordwesten liegen die Puerta de San Jerónimo mit Skulpturen von Siloé, Maeda u. a. sowie die mit allegorischen Figuren und dem kastilischen Wappen dekorierte, 1537 vollendete Puerta del Perdón, ebenfalls von Siloé.

Bedingt durch den Umstand, dass 1929 der normalerweise im Mittelschiff stehende Chor abgebrochen wurde, wandert der Blick frei durch den Kirchenraum: Auf 116 m Länge und 67 m Breite erstrecken sich die von gewaltigen Bündelpfeilern getragenen fünf Langschiffe. Seinen höchsten Punkt erreicht der Innenraum in der 47 m hohen Kuppel der Capilla Mayor.

✶
Capilla Mayor ▶

Diese entwarf Diego de Siloé, der auf einem 22 m durchmessenden Kreis zwei Balustradenreihen anordnete, die auf zum Chorumgang offenen Rundbögen ruhen. Zwischen den Bögen steht rechts die Statue des Apostels Paulus von Alonso de Mena, links der Apostel Petrus von Martín de Aranda. In der ersten Balustrade sieht man Bilder von Pedro Atanasio Bocanegra und Juan de Sevilla (ebenso in der Vierung), darüber sieben Gemälde Alonso Canos mit Szenen aus dem Leben der hl. Jungfrau.

Die dazwischen und darüber sich öffnenden Fenster tragen flämische Glasgemälde aus dem 16. Jh; an den Pfeilern des Eingangsbogens befinden sich die Statuen der Katholischen Könige von Pedro de Mena und darüber die von Alonso Cano geschaffenen Köpfe von Adam und Eva.

✶
Portal der
Capilla Real ▶

Im rechten Seitenschiff liegt das verschlossene Portal zur Capilla Real, ein Meisterwerk spätgotischer Steinmetzarbeit nach Entwürfen von Enrique de Egas. Es trägt die Wappen Kastiliens und der Katho-

Catedral Santa María de la Encarnación Orientierung

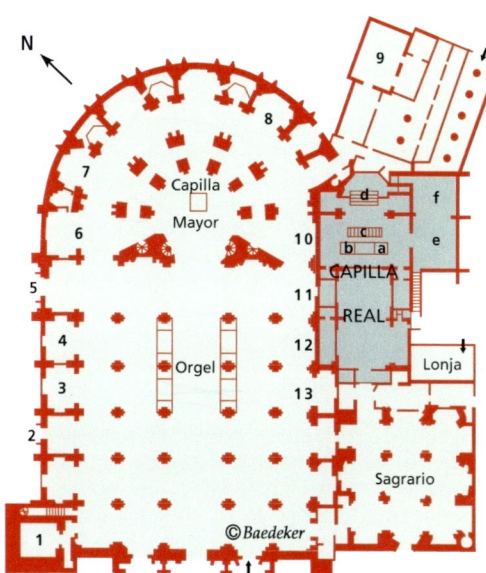

1 Tesoro
2 Puerta de San Jerónimo
3 Capilla de
  N. Sra. del Carmen
4 Capilla de
  N. Sra. de las Angustias
5 Puerta del Perdón
6 Capilla de la Antigua
7 Capilla de Santa Lucía
8 Capilla de Santa Ana
9 Sacristía
10 Altar de Santiago
11 Ehem. Eingang
   zur Capilla Real
12 Altar de Jesús Nazareno
13 Capilla de la Trinidad

Capilla Real

a Grabmal der
  Katholischen Könige
b Grabmal Philipps des Schönen
  u. Johannas der Wahnsinnigen
c Krypta (unterirdisch)
d Hochaltar
e Museum
f Sakristei

lischen Könige, darüber Maria mit dem Jesuskind, flankiert vom hl. Jakobus und dem Drachentöter Georg. Links daneben ist ein großer Altar dem spanischen Nationalheiligen Santiago (Jakobus) geweiht, in seiner typischen Rolle als Maurentöter dargestellt. Das kleine Gemälde der Gnadenjungfrau darauf ist ein Geschenk von Papst Innozenz III. an Königin Isabella. Rechts vom Portal birgt der goldüberladene Altar des Jesus von Nazareth einige wertvolle Gemälde: rechts »Hl. Augustinus«, »Via Dolorosa« und »Hl. Jungfrau« von Alonso Cano sowie »Martyrium des hl. Laurentius«, »Das Jesuskind erscheint dem hl. Antonius« und eine weitere »Via Dolorosa« von Antonio Ribera, links »Hl. Franziskus« von El Greco, »Hl. Magdalena« von Ribera und eine Christusdarstellung von Cano.
Die **Sakristei**, vom rechten Chorumgang aus durch ein Portal von Diego de Siloé zugänglich, birgt einige sehenswerte Kunstwerke, wiederum herausragend Arbeiten von Alonso Cano. Der Kirchenschatz ist im ehemaligen Kapitelsaal im Turm zu besichtigen.

An die Südostseite der Kathedrale wurde 1705 bis 1759 die Iglesia del Sagrario angebaut, die einen schönen Renaissancetaufstein besitzt. An deren Nordostseite liegt die Lonja, die ehemalige Börse mit Loggia, erbaut zwischen 1518 und 1522.

Sagrario und Lonja

★ ★
Capilla Real

Über die Lonja gelangt man in die Capilla Real, die Grabkapelle der Katholischen Könige, die 1505 bis 1521 auf früherer Anordnung Isabellas in spätgotischem Stil unter Leitung von Enrique de Egas an der Südseite der Kathedrale errichtet wurde. Zunächst betritt man einen Vorraum mit einer Kopie des Historienbildes »Übergabe von Granada« von Carbonero. Ein außerordentlich schönes vergoldetes Gitter (span. »reja«) von Bartolomé de Jaén trennt die eigentliche Grabkapelle ab. Das Gitter trägt, von Löwen gestützt, das kastilische Wappen, daneben Joch und Pfeile, die Symbole der Katholischen Könige. Eine lange Reihe biblischer Szenen schließt das Gitter ab, bekrönt von einer Kreuzdarstellung.

★ ★
Königsgräber ▶

Darauf folgt der Raum mit den Königsgräbern: rechts die von dem Florentiner Domenico Fancelli 1522 in Carrara-Marmor gearbeiteten Grabmäler von Ferdinand († 1516), das Schwert in der Hand, und Isabella († 1504), zu ihren Füßen ein Löwe bzw. eine Löwin; links die von Bartolomeo Ordoñez geschaffenen Figuren von Philipp dem Schönen († 1506) und Johanna der Wahnsinnigen († 1555), Tochter der Katholischen Könige.

Den großen Flügelaltar mit geschnitzten biblischen Szenen von Felipe Vigarny flankieren die Statuen der Katholischen Könige von Diego de Siloé. In beiden Querschiffen haben reich verzierte Reliquienaltäre von Alonso de Mena (1623) Platz gefunden; im linken Querschiff sieht man neben dem Altar das berühmte »Passionstriptychon« von Dieric Bouts. In der Krypta ruhen in einfachen Bleisärgen die sterblichen Überreste der Katholischen Könige sowie von Johanna und Philipp und des portugiesischen Thronerben Miguel, Enkel des Königspaars.

★ ★
Museo ▶

In der Sakristei der Capilla Real werden **persönliche Gegenstände der Katholischen Könige** aufbewahrt, darunter beider Kleidung, das Schwert Ferdinands, Krone, Szepter und Reliquienkästchen Isabellas sowie beider Messbuch.

Dass die Königin auch **Kunstsammlerin** mit Verstand war, zeigen einige hervorragende Gemälde: »Christus am Ölberg«, möglicherweise von Botticelli, »Pietàs« und »Jungfrau mit Kind« von Rogier van der Weyden, »Kreuzabnahme«, »Jungfrau mit Kind« und »Klagende Frauen« von Hans Memling, eine weitere Mariendarstellung von Dieric Bouts, »Leidender Christus« von Perugino und »Apostel Johannes« von Pedro Berruguete. Auch zwei großartige Holzskulpturen des betenden Königspaars von Felipe Vigarny sind ausgestellt (Öffnungszeiten: Mo. – Sa. 10.15 – 13.30, 16.00 – 19.30, So. 11.00 – 13.30, 15.30 – 19.30 Uhr).

Madraza

Obwohl das Haus gegenüber der Capilla und der Lonja eine Barockfassade und ein kastilisches Wappen zeigt, ist es wesentlich älter. Es handelt sich um die 1349 von Jûsuf I. gegründete **arabische Universität**, die Madraza. Das Gebäude wurde von 1500 an als Rathaus (Casa cabildo) genutzt; aus maurischer Zeit geblieben ist ein Gebetsraum mit Mihrâb, den man über den Patio erreicht.

▶ Granada

Die Alcaicería – nur ein bisschen Souk

Am Erzbischöflichen Palast auf der Plaza de Alonso Cano vorbei geht es auf die von Geschäften, Blumenhändlern, Restaurants und Bars belebte **Plaza de Bib-Rambla**, wo zwischen Bäumen und Kiosken die Fuente de los Gigantones plätschert – ein wunderbarer Ort für einen Café solo.

Zwischen der Plaza und der Katedría erstreckt sich die **Alcaicería**, das 1843 abgebrannte Markt- und Ladenviertel der Mauren, wo hauptsächlich Stoffe gehandelt wurden. Neu aufgebaut, zeigt es sich heute eher als Ansammlung von Souvenirläden und Boutiquen, strahlt aber für manche die Atmosphäre eines arabischen Souks aus.

An der Rückfront der Kathedrale liegt die Gran Vía de Colón. Sie mündet in die Plaza Isabel la Católica, auf der ein Denkmal von 1892 den Moment festhält, als Kolumbus der Königin seine Pläne unterbreitet. Vom Platz geht die C. Reyes Católicos nach Osten ab, nach der Gran Via de Colón die zweitwichtigste Geschäftstraße.

Plaza Isabel la Católica

Von der C. Reyes Católicos zweigt unweit östlich des Platzes eine Gasse nach links zur C. Mariana Piñeda ab. Hier sieht man den Hufeisenbogen des Corral del Carbón, der einzigen erhaltenen **Karawanserei** in Spanien, ein sog. Funduq. Das vom Beginn des 14. Jh.s stammende Gebäude besitzt einen Vorraum mit Stalaktitenkuppel und einen von einer Galerie umlaufenen Innenhof. Nach der Vertreibung der Mauren diente es als Lager der Holzkohlenhändler, danach als Theaterbühne, auf der die Dramen von Lope de Rueda gespielt wurden, schließlich als Wohnhaus. Heute ist hier außer der Touristeninformation der Provinz eine Filiale der Artespaña untergebracht, die sich bemüht, anspruchsvolles Kunsthandwerk zu verkaufen.

★
Corral del Carbón

Die Casa de los Tiros in der C. de Pavaneras liegt gegenüber der Militärkommandantur unweit der Plaza Isabel la Católica. Das sehr schlichte Gebäude war im 16. Jh. Teil der Befestigungsmauer; einziger Schmuck sind fünf Figuren, die Herkules, Theseus, Jason, Hektor und Merkur darstellen. Im Gebäude zeigt das Museo de Artes y Costumbres Populares neben Möbeln, Kunsthandwerk, alten Plänen und Bildern aus Granada auch eine komplette Küche sowie zwei Erinnerungszimmer an Washington Irving bzw. Eugenia de Montijo aus Granada, die als Eugénie Gemahlin Napoleons III. wurde. Schönster Raum ist die Cuadra Dorada mit Artesonadodecke und Reliefs.

Casa de los Tiros

◀ Museo de Artes y Costumbres Populares
Di. 14.30 – 20.30,
Mi. – Sa.
9.00 – 20.30,
So. 9.00 – 14.30

✹✹ Albaicín

Das alte maurische Viertel

Auf dem Albaicín, dem Hügel gegenüber der Alhambrahöhe, spürt man noch am stärksten die maurische Zeit – nicht zuletzt, weil vermehrt Muslime sich hier niederlassen und etwa die Calderería Nueva in eine Basarstraße verwandelt haben. Sichtbares äußeres Zeichen war die Eröffnung der Mezquita Mayor 2003. Es sind weniger spektakuläre Sehenswürdigkeiten als vielmehr die **Atmosphäre und der Zauber**, den die engen und steilen Gassen ausstrahlen, die winkeligen weiß getünchten Häuser, die Patios und einige Kirchen, vor allem aber die klassischen Aussichten auf die Alhambra – am besten zu genießen am Nachmittag. Hier herauf führen viele Wege: Von der Plaza Nueva, von der Puerta Elvira im Universitätsviertel oder von der Carrera del Darro steigen immer wieder Gässchen hinauf. Unbedingt unternehmen sollte man einen Abendspaziergang auf der Carrera del Darro, denn hier lebt Granada bis tief in die Nacht – in Scharen, laut und vergnügt tummelt man sich in den Bars und Cafés direkt unterhalb der einzigartigen Kulisse der angestrahlten Alhambra.

✹ Plaza Nueva

Die Plaza Nueva ist die lang gestreckte Fortsetzung der C. Reyes Católicos unterhalb des Alhambrahügels und einer der beliebtesten abendlichen Treffpunkte in Granada. Schon in früheren Zeiten war hier allerhand geboten: Wettrennen, Stierkämpfe, aber auch Hinrichtungen. Das imponierendste Gebäude am Platz, die wohl von Diego de Siloé entworfene und 1531–1587 erbaute Audiencia (Gerichtshof), imponiert mit einem zweistöckigen Arkadenhof und einer monumentalen Treppe mit kunstvoller Holzdecke.

Am Río Darro

Der Río Darro trennt den Alhambrahügel vom Albaicín. Am Nordostende der Plaza Nueva, wo er in den Untergrund fließt, steht die Kirche Santa Ana, ein 1541–1548 nach Plänen von Diego de Siloé errichteter Renaissancebau mit platereskem Portal und minarettartigem Turm von 1563. Hier beginnt die Carrera del Darro, **eine der ältesten Straßen Granadas**, wie die zweite Brücke über den Fluss belegt, denn sie ist noch maurisch. Zuvor zweigt die C. Santa Inés zum Palacio de Santa Inés aus dem 16. Jh. ab, dessen Renaissance-Innenhof mit Fresken des Raffaelschülers Alejandro Mayner ausgemalt ist. Weiter auf der Carrera del Darro kommt man am **Bañuelo** (Haus Nr. 31) vorbei, einem maurischen Bad aus dem 11. Jh., von dem noch der Umkleideraum und drei von maurischen Bögen mit westgotischen Kapitellen getragene Baderäume erhalten geblieben sind (Öffnungszeiten: Di.–Sa. 10.00–14.00 Uhr). Der weitere Weg führt zur rechts liegenden Kirche San Pedro y San Pablo. Links gegenüber steht die **Casa de Castril**, ein Renaissancebau, dessen platereskes Portal wohl ein Entwurf von Diego de Siloé ist. Das **Museo Arqueológico Provincial** präsentiert hier eine Sammlung maurischer Gegenstände wie bemalte Keramik, Glas, Schmuck und Stoffe (Öffnungszeiten: Di. 14.30–20.30, Mi.–Sa. 9.00–20.30, So. 9.00–14.30 Uhr).

Carrera del Darro ▸

Der Albaicín, das ehemalige maurische Viertel gegenüber der Alhambra

Am Ende der Carrera del Darro taucht man hügelan auf der Cuesta del Chapiz in das Gassengewirr des Albaicín ein. Gleich zu Beginn stellt die Casa del Chapiz ein schönes Beispiel für ein Wohnhaus wohlhabender Morisken im 16. Jh. dar; sie ist nun Sitz des Instituts für arabische Studien.

Casa del Chapiz

Man hält sich links und erreicht die mudejare Kirche San Salvador, die auf dem Grund der ehemaligen Hauptmoschee des Albaicín steht und schon 1499 geweiht wurde.

San Salvador

Von hier geht es geradeaus auf die Plaza Larga – idealer Ort für eine Pause –, von der ein Gässchen hinab zur 1525 erbauten Kirche San Nicolás steigt, dem Herz des Albaicín. Vom malerischen Platz vor der Kirche genießt man die ebenso berühmte wie grandiose Aussicht auf die Alhambra und die Sierra Nevada – insbesondere bei Sonnenuntergang ein unvergessliches Erlebnis. Im Juli 2003 wurde nahebei die neue Moschee eröffnet. Der belgische Maler Max Moreau (1902 – 1992) lebte 30 Jahre lang in einem Haus etwas unterhalb von San Nicolás. Es ist nun als **Casa Museo Max Moreau** Museum (Öffnungszeiten: Di. – Sa. 10.00 bis 13.30, 16.00 – 18.00 Uhr).

San Nicolás

★ ★
◄ Blick auf
die Alhambra

🕐

Von der Plaza Larga zieht sich hügelabwärts entlang der Cuesta de la Alhacaba ein gut erhaltener Teil der arabischen Stadtmauer (Muralla árabe) bis hin zur Puerta Monaitia. Noch weiter an der Plaza del Triunfo abwärts steht das einstige Haupttor Granadas, die Puerta de Elvira, die auf das 9. Jh. zurückgeht.

Muralla árabe

San José Auf der der Alhambra zugewandten, parallel zur Mauer verlaufenden Gasse geht es an der Kirche San Miguel Bajo wieder hinab zur Plaza Nueva. Man kommt an der Kirche San José vorbei, deren Glockenturm das Minarett einer Moschee aus dem 9. Jh. und somit eines der ältesten maurischen Baudenkmäler in Andalusien ist.

Mezquita Mayor del Albaicín Gleich neben der Kirche San José und gegenüber der Alhambra gibt es erstmals seit 500 Jahren wieder eine Moschee. Nach 23 Jahre währendem Kampf mit Nachbarn und städtischen Behörden ist die Moschee im andalusischen Stil, gebaut mit Geld aus Marokko und den Vereinigen Arabischen Emiraten, im Juli 2003 eingeweiht worden. Die Straßen unterhalb der Kirche haben sich schon in den letzten zehn Jahren in einen Basar voller arabischer Teestuben und Restaurants verwandelt. Rund 15 000 Muslime leben wieder in der 265 000-Einwohner-Stadt, etwa die Hälfte von ihnen sind Arbeitsimmigranten, die andere Hälfte Studenten. Zwischen den ausländischen Muslimen ist eine Gruppe spanischer Muslime herangewachsen, etwa 1500 Konvertiten, die der katholischen Kirche den Rücken gekehrt haben.

> **!** *Baedeker* **TIPP**
>
> **Kneipenmeile**
>
> Bekannteste Tapa- und Restaurantmeile ist die Navas. Doch ein paar hundert Meter weiter, rund um die C. Alhamar, findet man von der Designerbar bis zur Stadtteilkneipe alles – und viel weniger auf Touristen ausgerichtet.

Sacromonte Von der Cuesta del Chapiz führt ein Weg an der Berglehne hinauf und vorbei an ehemaligen Höhlenwohnungen, in denen seit 1532 in Granada nachweisbar Gitanos wohnen, zum einstigen Benediktinerkloster Sacromonte (12. Jh.). Hier sollen angeblich die Gebeine der hl. Cecilo, Hiscio und Tesifonte gefunden worden sein, was den Namen – Heiliger Berg – erklärt. Andere Fußwege, z. T. steil durch tief eingeschnittene Schluchten voller Geröll, steigen zur hoch gelegenen Ermita San Miguel de Alto auf, von der man eine großartige Aussicht bis zur Sierra Nevada hat. Der Sacromonte gilt als Heimstatt der Kultur der Gitanos, wo es angeblich Flamenco pur zu genießen gibt. Bei näherem Hinsehen entpuppt sich allerdings vieles als Touristennepp.

Universitätsviertel · La Cartuja

Universität Im Nordwesten der Innenstadt liegt das Universitätsviertel, das sich um das 1759 bezogene barocke ehemalige Jesuitenkollegium in der C. San Jerónimo gruppiert.

★

Convento de San Jerónimo Unweit davon kommt man in der C. del Gran Capitán zum 1496 gegründeten Convento de San Jerónimo. Die mit Wandmalereien des 18. Jh.s bedeckte Kirche wurde 1496 – 1547 von Jacopo Florentino und Diego de Siloé als Grabkirche für den Heerführer der Katholischen Könige Gonzalo Fernández de Córdoba und seine Gemahlin erbaut. Beider kniende Figuren flankieren den Hauptaltar mit dem Retablo von Juan de Aragón und Lázaro de Velasco; im Chor stehen Skulpturen von Diego de Siloé. Dieser gestaltete auch die prächtigen Tore des im gotischen Stil gehaltenen Patios; der zweite Hof zeigt sich als Gemisch aus Gotik, Mudejar- und Renaissancestil.

Einer der schönsten barocken Sakralbauten Granadas, die doppeltürmige Kirche des Hospital San Juan de Dios, liegt wenig südwestlich oberhalb von San Jerónimo. Über dem Eingangsportal wacht der namengebende Heilige; im ausgeschmückten Inneren ist hinter dem Retablo von Guerrero der hl. Juan de Dios begraben, Vater des Ordens der Barmherzigen Brüder und Gründer des Hospitals 1552.

**San Juan
de Dios**

Das **Kartäuserkloster** La Cartuja liegt von der C. San Juan de Dios nur noch gut einen Kilometer in nördlicher Richtung entfernt (Buslinien U und C). Das Kloster wurde 1506 auf Veranlassung des Gran Capitán gegründet, doch erst 250 Jahre später vollendet. Erhalten sind Kreuzgang, Refektorium, Kirche und Sakristei. In den überaus verschwenderisch gestalteten Innenräumen hat der **Churriguerismus** einen seiner Gipfel erreicht. Das Refektorium und die angrenzenden Räume, vom Kreuzgang aus zu betreten, bergen eine Sammlung von Gemälden von Juan Sanchez Cotán und Vicente Carducho. Der Innenraum der Kirche wurde im 17. Jh. in **überschwänglichem Barock** gestaltet. Den Mittelchor teilt ein schönes Gitter in den Bereich für die Mönche und für die Laienbrüder; die Deckengemälde schuf Pedro Atanasio Bocanegra. Über der Marienskulptur von José de Mora steigt ein leicht wirkender Baldachin auf. An den Altarraum schließt sich der Sagrario an, eine Arbeit von Hurtado Izquierdo, überwölbt von einer Kuppel mit Trompe-l'œil-Malerei und ausgestattet mit Gemälden von Palomino und Cotán sowie Skulpturen von Risueño und Duque Cornejo. Höhepunkt der Besichtigung ist die Sakristei von Luis de Arévalo, der hier überreiche Stuckornamente schuf.

**★
La Cartuja**
🕐
Öffnungszeiten:
Sommer: Mo. – Sa.
10.00 – 13.00,
15.30 – 20.00,
So. 10.00 – 12.00;
Winter. dsgl.,
nachm. nur bis
18.00

★ ★
◄ Sakristei

Südwestliche Stadt

Die Familie des jungen **Federico García Lorca** (► Berühmte Persönlichkeiten) verbrachte im Landhaus Huerta de San Vicente die Sommer. Als sein Vater das Haus erwarb, war es von Obstbäumen umgeben, die typischer Vorortsbebauung weichen mussten. Ein Rosengarten umgibt das nun zum **Museum** umgewidmete Haus, das teilweise noch original eingerichtet ist (Bus Nr. 4 ab Gran Via de Colón; Öffnungszeiten: Juli / Aug. Di. – So. 10.00 – 14.30, April – Juni, Sept. dsgl. 10.00 – 12.30, 17.00 – 19.30 bzw. Okt. – März 16.00 – 18.30Uhr).

**Huerta de
San Vicente**

🕐

Nichts zu tun mit der Vergangenheit Granadas hat der **Wissenschaftspark** an der Avenida Mediterráneo. Hier handelt es sich um ein **interaktives Museum**, das Naturwissenschaften zum Anfassen bietet (Öffnungszeiten: Di. – Sa. 10.00 – 19.00, So. bis 15.00 Uhr).

**Parque de
las Ciencias**

🕐

Umgebung von Granada

Viznar

Bei dem nordöstlich von Granada gelegenen Ort Viznar wurde 1936 Federico Garcia Lorca von Falangisten erschossen. Heute ist hier eine **Gedenkstätte** für ihn und alle Opfer des Bürgerkriegs eingerichtet.

In die Vega de Granada

Verlässt man Granada nach Westen auf der A-92, erreicht man nach wenigen Kilometern **Santa Fé**, das auf Befehl von Königin Isabella der Katholischen 1491 bei der Belagerung Granadas als Hauptquartier in **Form eines römischen Lagers** erbaut wurde; von den vier Toren in der Mauer sind noch drei erhalten. Hier wurde 1491 die Kapitulation von Granada unterzeichnet und hier unterzeichnete die Königin am 17. April 1492 mit Kolumbus den Vertrag für seine Reisen, die zur Entdeckung der Neuen Welt führten. In **Fuente Vaqueros** nordwestlich von Santa Fé wurde Federico García Lorca geboren. Sein **Geburtshaus** ist als Museum eingerichtet, auch ein Denkmal ehrt ihn (Öffnungszeiten: Mo. bis Sa. 10.00 – 13.00 Uhr, nachmitags unterschiedlich geöffnet). Nächste Station ist das alte **Loja**. Aus maurischer Zeit ist noch die hoch ragende Ruine der Burg erhalten; bemerkenswertestes Zeugnis aus christlicher Zeit ist die Kirche San Gabriel (16. Jh.) mit Portal und Kuppel von Diego de Siloé.

Denkmal zu Ehren Federico García Lorcas in Fuente Vaqueros

Alhama de Granada

Schon kurz vor Loja zweigt eine kleine Nebenstraße nach Süden zum 26 km entfernten, reizenden Kurort Alhama de Granada ab (»heiße Quelle«). Als die Mauren, eifrige Nutzer ihrer heilenden Wasserkräfte, 1482 ihre Bäder an die Christen verloren, beklagten sie diesen Verlust bitterlich mit dem heute noch gebräuchlichen Ausruf »Ay de mi Alhama!«. Die 45 °C warme Quelle sprudelt aus den Tiefen einer auf römischen Fundamenten ruhenden maurischen Zisterne, die im Hotel Balenario (ca. 1 km außerhalb des Orts) besichtigt werden kann. Bemerkenswerte Profanbauten sind die Casa de la Inquisición mit isabellinisch gestalteter Fassade, das ehemalige Gefängnis aus dem 17. Jh. an der Plaza de los Presos und ein Getreidespeicher aus dem 16. Jahrhundert.

! *Baedeker* TIPP

Frische Forellen

Wer für frisch zubereitete Forellen schwärmt, serviert auf idyllischer, strohgedeckter Terrasse, und einen kleinen Umweg in Kauf nimmt, sollte unbedingt den Landgasthof Venta Riofrío im Dorf Riofrío etwas südlich von Loja ansteuern (Tel. 958 32 16 15). Danach bietet sich ein Spaziergang am Fluss an.

✴ Guadix

Provinz: Granada   **Höhe:** 949 m ü. d. M.
Einwohnerzahl: 20 300

Abseits der großen Touristenströme, aber von ▶Granada aus in einem Tagesausflug gut zu erreichen, liegt auf der Hochebene Hoya de Guadix das Städtchen Guadix. Der Weg lohnt sich, führt er doch durch eine archaisch anmutende, karge Tuffsteinlandschaft zu einem der größten Höhlenwohnviertel Andalusiens. Beliebte Souvenirs aus der Gegend sind Töpferarbeiten.

Funde aus der Megalithkultur belegen die frühzeitige Besiedlung des Gebiets. Die Römer errichteten auf einer iberischen Siedlung ihr Julia Gemelli Acci. Nach dem Einfall der Mauren erlebte die Stadt eine neue Blüte als Wadi Asch, aus dem sich der heutige Name ableitet. Erst 1489 konnten die Katholischen Könige Guadix den Mauren wieder entreißen. Berühmte Söhne der Stadt sind **Pedro de Mendoza** (1499 – 1537), der **Gründer von Buenos Aires**, und der Dichter Pedro Antonio de Alárcon (1833 – 1891).

Stadt der Höhlenwohnungen

Sehenswertes in Guadix

Schon bei der Einfahrt nach Guadix unübersehbar ist die hoch aufragende Kathedrale, 1594 an Stelle einer Moschee begonnen. Diego de Siloé entwarf ihre Apsis und die Kapelle des hl. Torcuato. Der Turm wurde im 17. Jh. vollendet, die ursprünglich rein platereske Hauptfassade im 18. Jh. mit barocken und klassizistischen Elementen versehen. Im Inneren der dreischiffigen Kirche findet man ein beachtliches churriguereskes Chorgestühl; das Museum besitzt Reliquien des hl. Torcuato, Goldschmiedearbeiten, Handschriften und Gemälde.

✴
Catedral

▶ GUADIX ERLEBEN

AUSKUNFT (OFICINA DE TURISMO)

Avda. Mariana Pineda, s/n,
E-18500 Guadix
Tel. 958 66 26 65, Fax 958 66 53 38
www.guadix.es

ESSEN UND ÜBERNACHTEN

▶ Günstig
Comercio
C. Mira de Amezcua, 3
Tel. 958 66 05 00

www.hotelcomercio.com
Gepflegtes Hotel mit gutem Restaurant im Zentrum.

Cuevas Pedro Antonio de Alarcón
Barriada San Torcuato
Tel. 958 66 49 86
Fax 958 66 17 21, 19 Z.
Wer schon immer einmal in einem Höhlenapartment übernachten wollte, kann es in Guadix ausprobieren.

*Ökologisches Wohnen mit Tradition
in der Barriada de las Cuevas*

Von der arkadenumsäumten Plaza Mayor gelangt man rechts durch eine schmale Gasse zum Convento de Santiago, das im 16. Jh. im mudejaren Stil erbaut wurde. Über dem plateresken Portal erkennt man das Wappen Karls V.
Das wohl schönste weltliche Gebäude von Guadix ist aber der Palacio de Peñaflor aus dem 17. Jahrhundert.

Über der Altstadt thront die Ruine der maurischen Burg, der **Alcazaba**, im 11. Jh. in typischer Bauweise aus roten Ziegelsteinen errichtet. Im Burgbereich sind noch Reste des Vorgängerbaus aus dem 9. Jh. erhalten.

**★
Barriada
de las Cuevas**

Zweifellos die interessanteste Sehenswürdigkeit der Stadt ist jedoch das **Höhlenviertel** Barriada de las Cuevas bzw. Barrio de Santiago. Die Menschen in dieser bizarren »Wohnlandschaft« leben in den in weichen Löss gegrabenen Höhlenwohnungen, von denen man nur die weiß gekalkten Schornsteine und Vorbauten sieht, die die oft großzügigen und gut ausgestatteten Räumlichkeiten im Berg nicht ahnen lassen. Für die großen Klimaschwankungen dieser Gegend sind die Höhlenwohnungen eine nahezu ideale Wohnform: Im Sommer angenehm kühl, speichern sie im Winter die Wärme. Wie es in so einer Höhlenwohnung aussieht, erfährt man in der **Museumshöhle** am Ende der C. San Miguel bei der Ermita Nueva (Cueva Museo; Öffnungszeiten: Mo. – Fr. 10.00 – 14.00, 17.00 – 19.00 / Winter 16.00 bis 18.00, Sa. 10.00 – 14.00 Uhr).

Umgebung von Guadix

Purullena

Das 6 km westlich in einer Tuffsteinlandschaft liegende Purullena besteht fast nurb aus Höhlenwohnungen. Entlang der A 92 hat sich eine Tourismusmeile mit aneinandergereihten Souvenirläden, Restaurants und Bars etabliert, doch schon wenige Schritte dahinter zeigt sich Purullena von seiner interessanten Seite.

**Castillo de
La Calahorra**

Über dem südlich von Guadix (17 km) rechts abseits der A-92 inmitten einer sehr karg anmutenden Landschaft gelegenen Lacalahorra

*Karge Erde und unendliche Weite prägen die Hochebene von Guadix –
die Schafe grasen vor der Kulisse der Burg Lacalahorra. →*

🕐
Öffnungszeiten:
Mi. 10.00 – 13.00,
16.00 – 18.00

ragt ein Hügel mit der mächtigen im 16. Jh. erbauten Burg auf. Im Gegensatz zum schroffen Äußeren mit seinen vier gewaltigen Rundtürmen steht der elegante Renaissancepatio der Festung, die als solche aber nie genutzt wurde (Besichtigung auch unter Voranmeldung, Tel. 958 67 70 98). Von Lacalahorra kann man die Fahrt nach Süden in die ▶Alpujarras oder nach Südwesten nach ▶Almería fortsetzen.

Baza bei Guadix

45 km nach Nordosten sind es von Guadix nach Baza, das recht unbedeutend geblieben wäre, hätte man hier nicht 1971 eine außerordentliche **iberische Frauenskulptur, die »Dama de Baza«**, gefunden, die heute im Archäologischen Nationalmuseum von Madrid zu bewundern ist. In der Stadt kann man die Kollegiatskirche Santa María (16. / 18. Jh.) mit ihrem achteckigen Turm, die Alcazaba und spärliche Reste maurischer Bäder besichtigen. Wanderer finden im Parque Natural Sierra de Baza ein großes Revier.
Für Freunde der Archäologie empfiehlt sich die Weiterfahrt zum noch einmal 42 km nordöstlich entfernten Ort **Galera**, denn hier entdeckte man die **iberische Nekropole Tutúgi** mit 150 Grabstätten aus dem 5. bis 3. vorchristlichen Jahrhundert.

Huelva · Ruta Colombina

B 7

Provinz: Huelva	**Höhe:** 56 m ü. d. M.
Einwohnerzahl: 146 100	

Huelva, gelegen auf einer Halbinsel, die der Río Odiel und der Río Tinto umfließen, definiert sich vor allem als Wirtschaftsstandort.

Hafen- und Industriestadt

Der **Handelshafen** ist, gemessen am Warenumschlag, einer der größten Spaniens, hauptsächlich durch die Verladung der Erze von Río Tinto und Tharsis und durch die **petrochemische Industrie**, die auch für eine entsprechend dramatische Umweltsituation sorgt. Bedeutend sind auch der Tunfischfang, die Sardinenfischerei und die Fischkonservenindustrie. Die Provinz Huelva wiederum ist eines der **größten europäischen Anbaugebiete für Erdbeeren**, die hier unter ähnlichen Bedingungen gezogen werden wie das Gemüse aus ▶Almería. All das deutet nicht darauf hin, dass Huelva unbedingt attraktiv ist – doch in der Umgebung kann man auf den Spuren von Christoph Kolumbus wandeln.

Geschichte

Denn Huelva hatte große Bedeutung für die Entdeckungsfahrten des Genuesers Kolumbus, der einen guten Teil seiner Mannschaften hier rekrutierte. Die Anfänge der Stadt liegen wahrscheinlich in einer phönizischen Gründung, die die Römer als Onuba übernahmen. Manche Forscher vermuten hier das legendäre Tartessos (Tharsis) der Antike. Alfons X. entriss 1257 den Mauren die Stadt; Pedro der

► HUELVA · RUTA COLOMBINA ERLEBEN

AUSKUNFT (OFICINA DE TURISMO)

Avda. Presidente Adolfo Suárez s/n
E-21001 Huelva
Tel. 959 54 18 17, Fax 959 26 07 07
www.turismohuelva.org

ESSEN

► Fein und teuer

Casa Rufino
In Isla Cristina, Avda. de la Playa
Tel. 959 33 08 10
Mit seinem »Menú Tonteo« nahm
Rufino Zaiño vor gut 30 Jahren die
Nouvelle Cuisine vorweg. »Lang und
dünn« ist diese bis heute gepflegte
Speisenfolge: vier Gedecke, acht Pla-
tos – da verkraftet man eine Über-
dosis Knoblauch im sechsten Gang.

► Erschwinglich

① **Las Candelas**
In Aljarque, Avda. de Huelva
Tel. 959 31 83 01
Excellente Fischgerichte.

② **Las Meigas**
Avda. de Guatemala, 44
Tel. 959 27 19 88
Ausgezeichnetes Restaurant mit
Fischspezialitäten – baskisch, galizisch
und andalusisch zubereitet.

► Preiswert

③ **Taberna del Condado**
Sór Angela de la Cruz, 3
Tel. 959 26 11 23
Tapas-Bar mit Atmosphäre.

ÜBERNACHTEN

► Komfortabel

Parador Costa de la Luz
In Ayamonte
Avda. de la Constitución, s/n
Tel. 959 32 07 00,
www.parador.es, 48 Zi.

Zimmer teilweise mit Blick über die
Mündung des Río Guadiana.

Hotel Oasis Islantilla
In Isla Cristina, Ctra. La Antilla
Tel. 959 48 64 22
www.redhoteles.com, 479 Zi.
Riesen-Luxusherberge am Strand,
allein drei Golfplätze in der Nähe.

► Günstig

① **Luz Huelva**
Alameda Sundheim, 26
Tel. 959 25 00 11
www.nh-hoteles.es, 107 Z.
Solide, zentrale Unterkunft.

El Paraíso-Playa
Avda. de la Playa, s/n
Tel. 959 33 02 35
www.hotelparaisoplaya.com, 34 Z.
Gepflegtes, freundliches
Strandhotel in schöner Lage.

Pato Amarillo
In Punta Umbria, Avda. Océano,
Urb. Everluz
Tel. 959 31 12 50
www.hotelespato.com, 120 Z.
Großes Strandhotel mit entspre-
chender Ausstattung.

SHOPPING

Viele Geschäfte reihen sich in der
Fußgängerzone von der C. Concepción bis zur C. Berdigón, an der Plaza
de España gibt es ein Kaufhaus der
Kette El Corte Inglés.

FEST

Fiestas Colombinas
Ende Juli / Anfang August wird mit
Segelregatten und Stierkampf in
Erinnerung an Kolumbus gefeiert, der
sich 1492 von Palos zu seiner Ent-
deckerfahrt aufmachte.

Grausame machte sie seiner Geliebten María de Padilla zum Geschenk, bevor sie Mitte des 15. Jh.s an die Herzöge von Medina Sidonia kam. Das Erdbeben, das am 1. November 1755 Lissabon zerstörte, hatte auch für Huelva verheerende Folgen – es zerstörte große Teile der Stadt, sodass sie heute wenig an beeindruckenden Sehenswürdigkeiten zu bieten hat.

Sehenswertes in Huelva

Kirchen Erwähnenswerte Kirchen sind die, auf den Ruinen einer Moschee erbaute und nach dem Beben restaurierte San Pedro (16. Jh.) und La Concepción (16. Jh.), die zwei kleine Gemälde von Zurbarán besitzt. Die Kathedrale, die einst zum Kloster La Merced (heute Krankenhaus) gehörte und wie dieses etwas einförmige Barockarchitektur aufweist, wurde erst 1953 geweiht. Die 3 km nördlich des Zentrums liegende Nuestra Señora de la Cinta (Madonna des Gürtels) besitzt ein Dach im Mudejarstil und eine wohl von Montañés gearbeitete Figur der Schutzpatronin der Stadt, die einen Schuhmacher durch Anlegen eines Gürtels von seinen Schmerzen geheilt haben soll.

Barrio Reina Victoria Als Kleinod entpuppt sich das östlich des Provinzmuseums liegende Viertel Reina Victoria, das die englische Rio Tinto Mining Company 1917 ganz **im Stil viktorianischer Arbeiterviertel** bauen ließ.

Huelva Orientierung

Essen
① Las Candelas
② Las Meigas
③ Taberna El Condado

Übernachten
① Luz Huelva

Am Südende der Stadt bewacht ein martialisches, 34 m hohes **Kolumbusdenkmal** die Brücke über den Río Tinto an der Punta del Sebo. Die Skulptur, ein Werk der amerikanischen Bildhauerin Gertrude Whitney von 1929, ist ein Geschenk der USA an Huelva.

Umgebung von Huelva

Das Mündungsdelta der Flüsse Odiel und Tinto bildet südlich von Huelva, in Richtung Punta Umbría zu erreichen, eine ausgedehnte Schwemmlandschaft und ein geschütztes Biotop für zahlreiche Vogelarten. Mehr als 2000 Flamingos überwintern hier im Paraje Natural Marismas del Odiel trotz naher Industrie, dazu kommen Wat- und Entenvögel sowie Löffler. Das Centro de Recepción de Visitantes organisiert, außer im Winter, Wander-, Kanu- oder Bootstouren (Öffnungszeiten: Mi. – So. 10.00 – 14.00, 16.00 – 18.00 Uhr).

Von Huelva erreicht man sehr gut den Abschnitt der ►Costa de la Luz, der nördlich der Mündung des Guadalquivir liegt. Hat man die Tanks, Kräne, Lagerhallen und Fabriken im Süden der Stadt erst hinter sich gelassen, kommt man auf der Küstenstraße an kilometerlangen, feinsandigen Stränden mit dahinter in Pinienwäldern liegenden Campingplätzen vorbei. Zwar versperren viele Privatgrundstücke und militärisches Sperrgebiet den Weg ins Wasser,

Entlang der Costa de la Luz

Den Blick auf die Weite des Ozeans kann man bei Isla Cristina auf stundenlangen Strandspaziergängen genießen.

doch in zwei Badeorten kann man das Meer genießen: in **Mazagón**, das sich 13 km Strände und der **meisten Sonnenstunden an dieser Küste** rühmt, und in Matalascañas beim Nationalpark ► Coto de Doñana.

Punta Umbria

Punta Umbria auf der Landspitze westlich des Mündungsdeltas gibt sich als Hausstrand Huelvas mit Strandbars und Discorummel bis spät in die Nacht. Von Huelva fahren auch Boote hierher.

Ayamonte

Die zur portugiesischen Grenze führende N-431 schlägt einen Bogen über Gibraleón und bietet mehrere Zufahrten zu den Stränden der nordwestlichen Costa de la Luz: El Rompido, La Antilla und Isla Cristina. Nach 60 km erreicht sie das spanische Grenzstädtchen Ayamonte, einen Fischerhafen phönizischen Ursprungs an der Mündung des Río Guadiana. Neben einigen Herrenhäusern sind auch die Kirchen sehenswert, darunter Nuestra Señora de las Angustias mit einer schönen Fassade und einer Capilla Mayor mit Mudejardecke. Mit der Eröffnung der Hängebrücke über die breite Mündung des Río Guadiana im September 1991 wurde erstmals an dieser Stelle eine Straßenverbindung zwischen Spanien und Portugal geschaffen.

Tharsis

Von Gibraleón führt ein Abstecher auf der A-495 nach Nordwesten nach Alosno, der Heimat des Fandango. Hier beginnt das **Minengebiet von Tharsis**, in dessen Namen das schon in der Bibel erwähnte **Tarschisch** auflebt, das die Griechen **Tartessos** nannten. Tharsis ist der Mittelpunkt eines Bergbaugebiets, in dem schon Iberer und Römer nach Pyrit und Schwerspat gruben. Die Schürfrechte verkaufte Spanien im 19. Jh. an die Rio Tinto Mining Company.

Ruta Colombina

Wo Weltgeschichte geschrieben wurde

Das Mündungsgebiet des Río Tinto war am Ausgang des 15. Jh.s Schauplatz weltgeschichtlicher Ereignisse: Hier plante und begann **Christoph Kolumbus** sein Unternehmen, das die Entdeckung der Neuen Welt brachte. Die wichtigsten historischen Orte lernt man auf der Ruta Colombina kennen, die von Huelva über das Kloster La Rábida und Palos de la Frontera nach Moguer führt.

★
Monasterio de La Rábida

Die Ereignisse nahmen ihren Anfang im Kloster von La Rábida, dessen weiße Gebäude 8 km südlich von Huelva jenseits der Brücke über den Río Tinto von einem Hügel herab strahlen. Es wurde im 15. Jh. von Franziskanermönchen bei einer älteren Kirche gegründet. Nachdem Kolumbus vergeblich versucht hatte, Johann II. von Portugal für seine Pläne zu gewinnen, wollte er 1485 sein Glück in Spanien versuchen. Auf dem Weg dorthin fanden er und sein Sohn freundliche Aufnahme im Kloster und in den Patres Juan Pérez und Antonio de Marchena, dem Beichtvater der Königin Isabella, Fürsprecher. Nach langen Verhandlungen ließ sich Isabella zum Abschluss eines

Monasterio de Santa María de la Rábida *Orientierung*

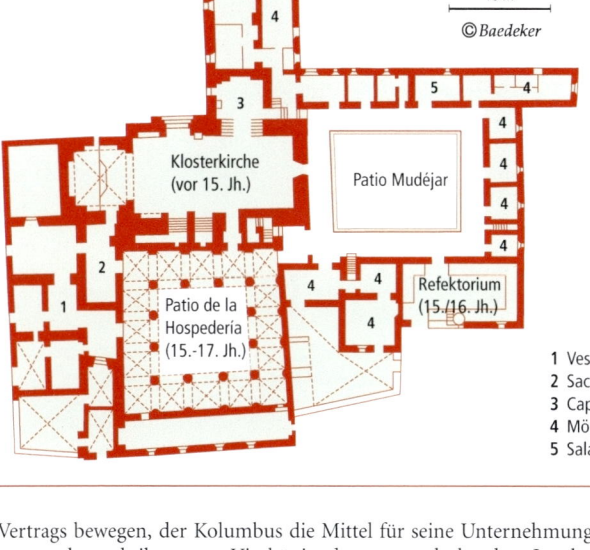

1 Vestibulo
2 Sacristía
3 Capilla de la Virgen
4 Mönchszellen
5 Sala capitular

Vertrags bewegen, der Kolumbus die Mittel für seine Unternehmung versprach und ihn zum Vizekönig der zu entdeckenden Länder machte. Das Kloster bietet wenig an Kunstgegenständen, ist aber dennoch sehenswert als **Erinnerungsstätte für den Aufenthalt von Christoph Kolumbus**, an den ein 1892 am Eingang aufgestelltes gusseisernes Kreuz erinnert. Den Vorplatz rahmen die Büsten der beiden Förderer von Kolumbus ein. Die hohe Säule bei der Ausfahrt wurde 1892 zur 400-Jahrfeier der Entdeckung Amerikas aufgestellt. Über den Patio de la Hospedería (18. Jh.) kommt man in die Klosterkirche, den ältesten Teil der Anlage (14. Jh.). Sie wurde im 18. Jh. nach dem Erdbeben von Lissabon erneuert und besitzt in der Capilla de la Virgen ihren wertvollsten Schatz: die um 1400 geschaffene Alabasterskulptur der »Santa María de la Rábida«, die Kolumbus und seine Gefährten vor der Abreise um Beistand anflehten, Namenspatronin für das Flaggschiff »Santa María«. An die Kirche schließt sich ein Kreuzgang im Mudejarstil an, dessen Galerie als Museum mit Schiffsmodellen, Originalgegenständen aus der Zeit der Entdeckungen und Porträts dient. Im Kapitelsaal sind u. a. Tische und Stühle zu sehen, an denen Kolumbus sich mit den Gebrüdern Pinzón – den Kapitänen der beiden anderen Karavellen – und den beiden Mönchen beraten hat. An den Wänden hängen Porträts von Persönlichkeiten aus der Entdeckerzeit; als feine Arbeit erweist sich ein Medaillon mit dem Kopf von Christoph Kolumbus, eine Kopie des von Guido Mazzoni geschaffenen Originals. In der Sala de las Banderas hängen die Flaggen aller lateinamerikanischer Staaten, in den Scha-

🕐
Öffnungszeiten:
Sommer: Di. – So.
10.00 – 13.00,
16.00 – 19.00,
Aug. bis 20.00;
Winter:
10.00 – 13.00,
16.00 – 18.15

Wie zu Kolumbus' Zeiten: Muelle de las Carabellas

tullen darunter wird Erde aus den jeweiligen Ländern aufbewahrt.

Muelle de las Carabellas ▶

Unterhalb, beim Foro Ibero-americano, liegen an der Muelle de las Carabellas **Nachbildungen der drei Kolumbusschiffe**, die besichtigt werden können. Diese sowie ein mittelalterlicher Markt und ein indianisches Dorf machen die Zeit der Entdeckungen lebendig. Im Botanischen Garten José Celestino Mutis gedeihen Pflanzen aus Spanien und Lateinamerika.

Palos de la Frontera

5 km weiter östlich liegt Palos de la Frontera, einst einer der wichtigsten Häfen für die Schiffe in die Neue Welt, heute Zentrum des Erdbeeranbaus. Am 3. August 1492 stach Kolumbus mit der »Santa María, der »Pinta« und der »Niña« von hier aus in See; hierher kehrte er auch am 15. März 1493 zurück. Auch Hernán Cortés landete nach seinem Zug durch Mexiko in Palos. Aus Palos stammten die Brüder Alonso Martín und Vicente Yañez Pinzón, Kapitäne der »Pinta« bzw. der »Niña«. Ein Denkmal beim Rathaus erinnert an Martín; sein Geburtshaus kann besichtigt werden (Öffnungszeiten: Mo.–Sa. 10.00–14.00 Uhr).

Casa Museo Pinzón ▶

Die Kirche **San Jorge**, auf einer Moschee erbaut, besitzt eine schöne geschmiedete Kanzel und Azulejoschmuck. Durch die Puerta de los Novios (Tor der Verlobten) schritten Kolumbus und die Gebrüder Pinzón hinab zum Ankerplatz, von dem heute jedoch nichts mehr zu erkennen ist. Etwas unterhalb des Chors steht das Brunnenhaus La Fontanilla, aus dem die Schiffe mit Wasser versorgt wurden.

Moguer

Die letzte Station auf der Ruta Colombina, das 7 km nordöstlich von Palos gelegene Moguer, hat natürlich auch mit Kolumbus zu tun, fast stolzer ist man aber darauf, dass hier der **Literaturnobelpreisträger** von 1956, **Juan Ramón Jiménez** (1881–1958), geboren wurde, der seiner Heimatstadt mit dem Roman »Platero y Yo (»Platero und ich«) ein Denkmal gesetzt hat. Allenthalben sieht man in Moguer Keramiktafeln mit Zitaten aus diesem Roman und selbstverständlich ehrt auf dem Platz am Rathaus ein Denkmal den Schriftsteller. Sowohl sein Geburtshaus als auch das Haus, in dem er mit seiner Lebensgefährtin Zenobia Camprubi wohnte, können besichtigt werden (Öffnungszeiten: Di. – So. 10.15 – 11.15, 12.15 – 13.15, 17.15 bis 19.00 Uhr, So. nur vormittags). Zum Haus gehört ein Ziehbrunnen, den die Eselsfigur »Platero« ziert, den »Helden« des Romans.

Moguer war einer der Hauptrekrutierungsorte für Kolumbus Schiffsbesatzungen. Nach der Rückkehr von seiner Fahrt verbrachte der Entdecker die erste Nacht auf europäischem Boden in Moguer im Convento de Santa Clara und ließ dort eine Messe lesen. Dieses Kloster wurde 1348 gestiftet und ist in seiner Stilmischung aus Gotik und mudejaren Elementen einer der bedeutendsten religiösen Bauten der Provinz Huelva, nicht zuletzt dank seiner Ausstattung: ein mudejares Chorgestühl auf einem mit Azulejos verkleideten Sockel, eine Montañés zugeschriebene Marienskulptur und ein Alabastergrabmal aus dem 15. Jh. mit lebensnahen Liegefiguren der Stifterfamilie Portocarrero in der Capilla Mayor. Sehr hübsch ist auch der von mudejaren Säulen getragene Kreuzgang.

◀ Convento de Santa Clara

Der bemalte Glockenturm der Kirche **Nuestra Señora de la Granada** (14. / 18. Jh.) erinnert an die Giralda von ▶Sevilla. Im fünfschiffigen Inneren findet man u. a. das Murillo zugeschriebene Gemälde »Anbetung der Hl. Drei Könige«.

∗ Itálica

C 7

Provinz: Sevilla   **Höhe :** 20 m ü. d. M.

Nur 10 km nördlich von ▶Sevilla liegt westlich der N-630 nach Mérida bei der Ortschaft Santiponce die römische Ruinenstadt Itálica. Sie war die erste Siedlung der Römer auf iberischem Boden und ist in ihrer Größe und Abgeschlossenheit – wenn im Wesentlichen auch nur die Grundmauern erhalten geblieben sind – einzigartig unter den Relikten der Römer im heutigen Spanien.

Im Jahr 206 v. Chr. besiegte Publius Cornelius Scipio d. Ä. im nahe gelegenen Ilipa (heute Alcalá del Río) ein zahlenmäßig überlegenes karthagisches Heer unter Mago und Hasdrubal Gisco und verdrängte damit die Karthager aus Iberien. Den Verwundeten und Veteranen befahl er, am Ort des heutigen Santiponce eine Siedlung zu gründen, die »vetus urbs« (alte Stadt). So wurde Itálica **Ausgangspunkt der Latinisierung Iberiens**. Aus zwei der Urfamilien gingen die römischen Kaiser Trajan und Hadrian hervor, die ihre Heimatstadt bevorzugt ausbauten und die »nova urbs«, die neue Stadt schufen. Sie hatte ihre

Römische Ruinenstadt mit herrlichen Mosaiken

Herrliche Mosaikfußböden sind in Itálica, der ersten römischen Siedlung auf iberischem Boden, erhalten geblieben.

Blüte im 2. und 3. Jh. n. Chr., als sie hauptsächlich vom Handel mit Wein und Olivenöl lebte. Noch im 7. Jh. war Itálica Bischofsstadt, danach geriet es in Vergessenheit. Im 17. Jh. benutzten die Bewohner von Santiponce die Häuser als Steinbruch für den Wiederaufbau ihres Dorfs, das durch eine Überschwemmung zerstört worden war. Die unteren Schichten blieben dabei jedoch unversehrt.

Santiponce Der Ort Santiponce steht auf den Resten der ersten Veteranensiedlung. Erhalten ist ein **römisches Theater**, das als Besonderheit sog. Tabulae lusoriae und Einritzungen vorweisen kann. Auf ihnen sind u. a. Namen von Pferden verzeichnet, die in der Arena bei Rennen liefen. Am südlichen Ortsrand liegt das einer Festung ähnliche Kloster San Isidoro del Campo, das aus zwei Kirchen und mehreren Patios besteht. Die ältere der Kirchen gründete 1294 Alonso Pérez de Guzmán, genannt El Bueno, der heldenhafte Verteidiger von ▶Tarifa. Er und seine Frau knien als von Montañés geschaffene Skulpturen beiderseits des ebenfalls von Montañés stammenden Retablos. Die zweite Kirche stiftete Guzmáns Sohn Juan Alonso Pérez, der mit seiner Frau begraben ist.

Ruinenstadt Itálica Vom Eingang führt der Weg zum **Amphitheater** (anfiteatro), einer der größten bekannten Anlagen dieser Art mit 160 m in der Längsachse, 137 m in der Querachse und Platz für 25 000 Zuschauer. In dieser Arena fanden exzessive Tierhatzen und Gladiatorenkämpfe statt, wie eine Bronzetafel belegt, auf der Kaiser Marc Aurel die Einschränkung derartiger Spektakel anordnet (heute im Archäologischen Nationalmuseum Madrid). Der kreuz-

ITÁLICA

AUSKUNFT (OFICINA DE TURISMO)
C. La Feria, s/n, E-41970 Santiponce
Tel. 955 99 80 28
Fax 955 99 64 00

Römerstadt Itálica *Orientierung*

1 Casa de la Exedra
2 Casa del Mosaico Neptuno
3 Casa de los Pajaros
4 Casa de Hylas
5 Casa del Emparrado
6 Casa de la Cañada Honda
7 Insula del Mosaico de Venus
8 Foro
9 Casa del Planetario
10 Termas Mayores

© Baedeker

förmige Unterbau in der Mitte des Ovals diente als Tiergehege und Magazin. Rundum steigen die Sitzreihen an, deren erste Reihe den Patriziern vorbehalten war, wie man an den eingemeißelten Namen heute noch erkennen kann; darüber saß das einfache Volk (Öffnungszeiten: April – Sept. Di. – Sa. 8.30 – 21.00, So. 9.00 – 15.00; Okt. bis März Di. – Sa. 9.00 – 18.30, So. 10.00 – 16.00 Uhr).

Stadtbezirk

Nach Verlassen des Theaters geht es rechts bergauf zur »nova urbs« auf die gepflasterte Hauptstraße, den »cardo maximus«. Ihn flankieren Säulen, die die Wandelhallen entlang der Straße trugen. Man mag vielleicht enttäuscht sein, dass von den Gebäuden kaum mehr etwas steht, doch lassen sich die Grundrisse der Häuser sehr gut erkennen, da die Sockelmauern erhalten oder wieder aufgebaut sind. Vor allem aber sind herrliche **Mosaikfußböden** geblieben, deren wertvollste allerdings ins Archäologische Museum von ▶ Sevilla geschafft wurden. So sieht man Vogelmotive im Gebäude links vor dem Friedhof, der Casa de los Pajáros. In dieser Seitenstraße weiter liegt rechts die Casa de Hylas mit geometrisch gemustertem Mosaikfußboden. Am Ende dieses Weges nach links kommt man zu einer kleinen Anhöhe, geschmückt mit einer Kopie von Praxiteles' Knidischen Venus. Von hier führt ein Weg zurück zur Hauptstraße, vorbei an der Casa del Mosaico de Neptuno, das den schönsten Mosaikschmuck besitzt: Meeresgott Neptun umgeben von Delfinen, Fischen und Fabelwesen; davor ein Mosaik, welches das Labyrinth des kretischen Knossos darstellen soll. Etwas außerhalb, leicht hügelab rechts der Hauptstraße, befanden sich die Badeanlagen von Itálica.

Museo

Im Museum beim Eingang sind Mosaiken, Lampen, Gläser, Münzen sowie eine Skulptur Kaiser Hadrians als nackter Athlet ausgestellt.

★ Jaén

H 6

Provinz: Jaén   **Höhe:** 574 m ü. d. M.
Einwohnerzahl: 117 500

Dass Jaén, der alte Bischofssitz am Fuße der Sierra Jabalcuz und Sierra de la Pandera im Nordosten Andalusiens, Spaniens Olivenhauptstadt ist, sieht und riecht man: Die ganze Provinz – das größte geschlossene Olivenanbaugebiet der Welt – ist überzogen mit Olivenbäumen und über allem schwebt der Duft des Oliventresters.

Spaniens Olivenhauptstadt Für Touristen ist die Stadt sicher weit weniger spektakulär als etwa ► Granada oder ►Córdoba, doch ist man erst einmal durch die Gassen unter der wahrlich beherrschenden Burg geschlendert, spürt man ihren leicht rauen, stillen Charme. Und auch einen kleinen Ausflug in die Olivenwelt sollte man unternehmen. Besonders schöne Land-

Jaén Orientierung

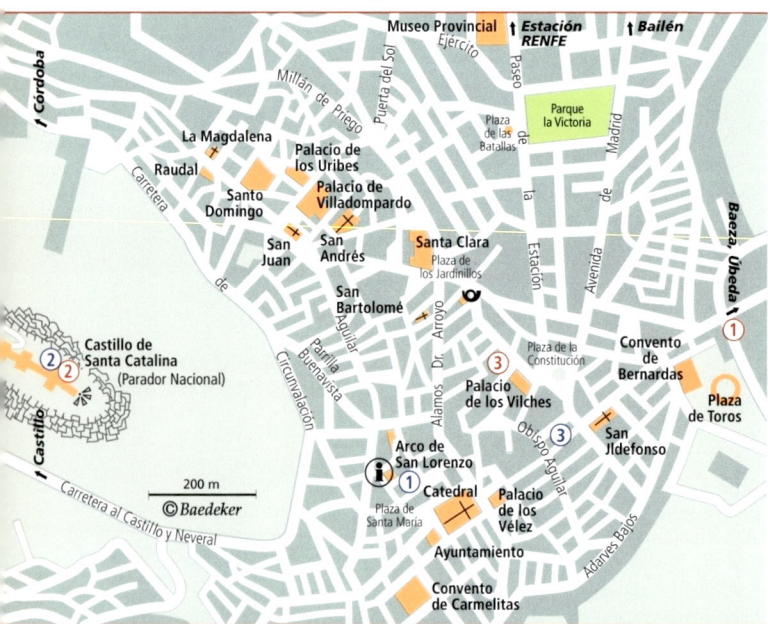

Essen

1 Casa Vicente
2 Restaurant im Parador Castillo de Santa Catalina
3 Río Chico

Übernachten

1 Europa
2 Parador Castillo de Santa Catalina
3 Xauen

▶ JAÉN ERLEBEN

AUSKUNFT (OFICINA DE TURISMO)

C. Ramón y Cajal, 14
E-23002 Jaén
Tel. 953 19 04 55, Fax 953 31 32 83
www.promojaen.es

ESSEN

► Fein und teuer

① *Casa Vicente*
C. Francisco Martín Mora, 1
Feine regionale Küche.

► Erschwinglich

② *Restaurant im Parador*
Tel. 953 23 00 00
Hoch über der Stadt wird im Rittersaal der alten Maurenburg andalusische Küche serviert, am besten man
macht eine kulinarische Rundreise: in
kleinen Töpfen bekommt man sechs
Vorspeisen und sechs Hauptgänge für
zwei Personen auf den Tisch.

► Preiswert

③ *Río Chico*
C. Nueva, 12
Tel. 953 24 08 02
Große Auswahl an Tapas und Ra-
ciones in der Bar, Restaurant im
ersten Stock.

ÜBERNACHTEN

► Günstig

① *Europa*
Plaza de Belén, 1
Tel. 953 22 27 00, Fax 953 22 26 92
www.husa.es
Zentral, ruhig, freundlich.

③ *Xauen*
Plaza de Deán Mazas, 3
Tel. 953 24 07 89, Fax 953 19 03 12
www.xauenjaen.com, 35 Z.
Zentrales, preisgünstiges Haus, 2006
komplett renoviert.

Baedeker-Empfehlung

► Komfortabel

② *Parador Castillo de Santa Catalina*
Tel. 953 23 00 00
Fax 953 23 09 30
www.parador.es, 45 Z.

Unter den Paradores ist der in der Burg von
Jaén noch immer eine Ausnahmeerschei-
nung: Hoch über der Stadt kann man sich
schon wie ein Ritter fühlen, auch wenn die
Zimmer nicht in der Burg aus dem 14. Jh.,
sondern in einem ihr nachempfundenen
Anbau sind. Von den Balkonen genießt man
einen unerreichten Blick auf die Olivenhügel. Sehr gutes Restaurant im Rittersaal.

SHOPPING

Haupteinkaufsstraßen sind die
C. Roldán y Marín, der Paseo de la
Estación und die C. de San Clemente.

FESTE

Semana Santa

Feria de San Lucas
Mitte Oktober: Eine Woche wird das
Stadtfest gefeiert – mit Saisonab-
schluss für Spaniens beste Stierkämpfer, die sich für Engagements in
Mittel- und Südamerika empfehlen
wollen.

schaftseindrücke gewinnt man im bergigen Süden der Stadt und im Osten, wo die Hügel sich sanfter wellen und die Olivenplantagen mehr und mehr von leuchtenden Kornfeldern abgelöst werden.

Geschichte Die Römer, die 207 v. Chr. den von den Karthagern befestigten Ort eroberten, waren weniger am Olivenöl als an den ringsum liegenden Silberminen interessiert, weshalb sie den Ort Auringis nannten; noch heute spricht man vom »silbernen Jaén«. Unter den Mauren, die 712 einzogen, war der Ort nach dem Zerfall des Kalifats von Córdoba als Yayyan oder Geen (»Ort an der Kreuzung der Karawanenwege«) Hauptstadt einer Taifa und erhielt sein städtisches Gepräge. 1246 vertrieb Ferdinand III. Ibn al-Ahmar, den Gründer des Nasridengeschlechts, der sich nach Granada zurückzog. Jaén bildete von nun an einen ständig umkämpften Vorposten der Reconquista und erhielt 1466 den Ehrentitel »Sehr noble, berühmte und treue Stadt Jaén, Wächterin und Verteidigerin der kastilischen Könige«. 1491 sammelten sich hier die Heere zur Eroberung Granadas.

Rund um die Kathedrale

✹
Catedral Erhöht in der Altstadt steht am Ort der maurischen Hauptmoschee die mächtige Kathedrale, ein sehr gelungenes Beispiel der spanischen

Die Kathedrale von Jaén vor dem endlos scheinenden Ozean aus Olivenhainen

Catedral de Jaén Orientierung

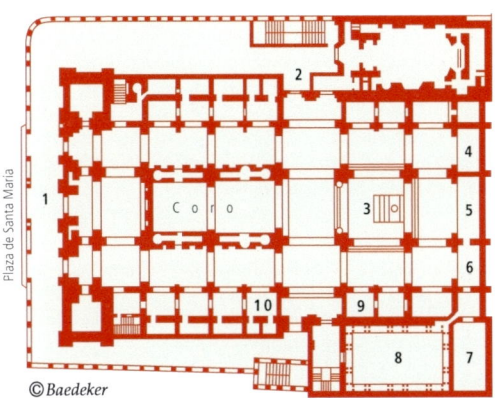

Plaza de Santa María

C o r o

© Baedeker

1 Puerta Mayor
2 Puerta del Norte
3 Capilla Mayor
4 Capilla de San Fernando
5 Capilla del Santo Rostro
6 Capilla de Santiago
7 Sala capitular
8 Sacristía
9 Capilla de la Virgen
  de las Angustias
10 Capilla de la Virgen
   de los Dolores

Renaissance. Mit ihrem Bau wurde um 1500 begonnen, doch erst ab der Mitte des 16. Jh.s unter Andrés de Vandelvira gingen die Arbeiten zügiger voran, deren völliger Abschluss sich bis zum Ende des 18. Jh.s hinzog. Der reiche Figurenschmuck (17. Jh.) der von zwei Türmen flankierten Hauptfassade stammt im Wesentlichen von Pedro und Julián Roldán. Auf der Balustrade sind in der Mitte Ferdinand III. der Heilige, an seiner Seite die vier Evangelisten und die vier Kirchenväter zu erkennen. Im Tympanon stellten die Künstler die Hl. Jungfrau dar. Auch das Nordportal von Juan de Aranda zeigt Maria, dieses Mal im Gebet. Das Südportal schuf Vandelvira.

Der **Innenraum** der Kathedrale gliedert sich in drei gleich hohe Schiffe mit einer meisterlichen Vierungskuppel von Juan de Aranda. Herausragend ist ein herrlich geschnitztes **Chorgestühl** aus dem frühen 16. Jh. mit Szenen des Alten und des Neuen Testaments. Für die Capilla Mayor schuf Meister Bartolomé den Hauptaltar mit einer Mariendarstellung. Dahinter schließen sich an der Ostwand drei Kapellen an. Die mittlere birgt in einem in Cordobeser Goldschmiedearbeit ausgeführten Schrein eine berühmte Reliquie: das **Schweißtuch der hl. Veronika**, Santo Rostro genannt, das jeweils freitags nach den Messen gezeigt wird. Allerdings ist dieses Tuch, mit dem die Heilige Jesus auf dem Gang nach Golgatha das Gesicht abgewischt haben soll, wobei der Gesichtsabdruck übertragen wurde, eines von drei existierenden (die beiden anderen sind in Rom bzw. Genua). Über dem Schrein steht die gotische Figur der Nuestra Señora de la Antigua, die Ferdinand III. auf seinen Kriegszügen begleitet haben soll; die Gemälde stammen u. a. von Cellini und Tizian. In der Capilla de San Fernando links daneben steht ein fast schon kitschig wirkender

 ◄ Chorgestühl

 ◄ Santo Rostro

Kreuz tragender Christus, der bei Prozessionen mitgeführt wird; in den Seitenkapellen Capilla de la Virgen de las Angustias und Capilla de la Virgen de los Dolores sieht man einen Retablo von José de Mora bzw. eine Darstellung der Schmerzensmutter von Pancorbo.

Weitere Räume ▶ Rechts der Capilla del Santo Rostro geht es in den Kapitelsaal, wo ein Retablo mit einem Gemälde von Pedro Machuca aufgestellt ist. Die Sakristei schloss Vandelvira mit einem kassettierten Tonnengewölbe ab. Das Kathedralmuseum unter der Sakristei zeigt Gemälde (u. a. von Ribera) und religiöse Gerätschaften, darunter die große silberne Custodia El Vandalino von Juan Ruiz und einen fünfzehnarmigen Leuchter von Meister Bartolomé de Jaén.

Convento de Carmelitas Wenig südlich der Kathedrale wird im 1615 gegründeten Convento de Carmelitas (Monasterio de Santa Teresa) das Originalmanuskript des Cántico Espiritual des Mystikers Juan de la Cruz (Johannes vom Kreuz) aufbewahrt. Das Kloster war das erste der hl. Teresa von Ávila geweihte Ordenshaus der Karmelitinnen.

Adelshäuser Der Palacio de los Vélez an der Ostseite der Kathedrale und der etwas weiter entfernte Palacio de los Vilches sind zwei schöne Beispiele für Renaissancepaläste, wie man sie mehrfach in der Nachbarschaft des Gotteshauses und in der übrigen Altstadt von Jaén findet.

San Bartolomé Nördlich der Kathedrale, in Richtung der maurischen Altstadt, kommt man zur im 15. Jh. erbauten Kirche San Bartolomé, in der u. a. ein gotisches Keramik-Taufbecken und ein meisterlicher Christus am Kreuz von Martínez Montañés zu sehen sind.

Monasterio de Santa Clara Benachbart ist das Monasterio de Santa Clara (13. Jh.), das älteste Kloster der Stadt, das einen schönen Kreuzgang und die wertvolle Christusfigur Cristo del Bambú besitzt.

✴ La Magdalena

Vom Kloster weiter nördlich parallel zum Burgberg gehend, betritt man die **maurisch geprägte Altstadt** von Jaén, nach ihrer Hauptkirche La Magdalena genannt. Von dort steigen die engen Gässchen steil am Burgberg hinauf.

Capilla de San Andrés Diese am Rand der Altstadt stehende Kapelle stiftete 1515 Gutiérrez González Doncel, der Schatzmeister der Päpste Leo X. und Clemens VII. In ihrer Capilla la Purísima sieht man eine Marienstatue aus der andalusischen Schule sowie ein Tafelbild der Virgen del Pópulo; viel beeindruckender aber ist das prächtige Chorgitter von Meister Bartolomé de Jaén.

Palacio de los Villardompardo Kurz darauf folgt der Palacio de los Villardompardo, unter dem 1913 **Badeanlagen aus dem 11. Jh.** gefunden wurden, die ausgedehntesten aus maurischer Zeit in Spanien. Der Legende nach soll hier der Jaén regierende König Alí von seinen Rivalen ermordet worden sein. Die Bäder bestehen aus mehreren durchschnittlich 3 – 4 m breiten Räumen, die durch Schächte in achtzackiger Sternform beleuchtet und belüftet wurden. Baumaterialien sind Ziegelsteine und Marmor. Im 14 m langen Vorraum wurden die Kleider abgelegt. Im Dampfbad (al-bayt al Sajun), annähernd 16 m lang, wurde der Boden durch Heißwasserkanäle erhitzt. Dieser Raum geht über in einen einst wohl temperierten, 11 m im Quadrat messenden Entspannungsraum (al-bayt al Wastani), in dessen Mitte wie unter einem Baldachin aus Hufeisenbögen ein Ruhebecken steht. Der letzte Badegang fand im 11,40 m langen Duschraum (al-bayt al Barid) statt, in dem die Badegäste mit kaltem Wasser aus Tonkrügen begossen wurden. Im Palast sind noch ein **Volkskunde- sowie ein Kunstmuseum** untergebracht (Öffnungszeiten für Bäder und Museen: Sommer Di. – Sa. 8.45 bis 21.30, So. 9.15 – 14.45 Uhr, im Winter verkürzt).

◄ Baños Árabes

🕐

Vorbei am Convento de Santo Domingo, der an der Stelle des arabischen Herrscherpalasts steht und mit den Bädern durch einen unterirdischen Gang verbunden ist, erreicht man die Kirche La Magdalena, über einer arabischen Moschee errichtet und wohl das älteste Gotteshaus der Stadt. Es besitzt ein spätgotisches Portal und einen wertvollen Retablo, vor allem aber einen sehr stimmungsvollen Patio, in dem noch die Wasserbecken zur rituellen Waschung vor dem Gang in die Moschee zu sehen sind. Der Kirche gegenüber erkennt man den Raudal de la Magdalena, einen schon von den Römern benutzten Brunnen.

Iglesia de la Magdalena

Neustadt

Von der Plaza de la Constitución ist es nicht weit in östlicher Richtung hinab zur im 15. Jh. vollendeten zweitgrößten Kirche der Stadt, San Ildefonso. Hier wird die Schutzpatronin der Stadt verehrt, die Virgen de la Descenso. Hier ist auch Andrés de Vandelvira begraben, der eines der drei Portale im Stil der Renaissance schuf. Unter der Ausstattung ragen der barocke Altar der Gebrüder Roldán und die Capilla de la Virgen heraus.

San Ildefonso

Der Paseo führt vorbei an der Plaza de las Batallas, auf dem ein Denkmal an zwei große bei Jaén geschlagene Schlachten erinnert – die Schlacht von Navas de Tolosa im Jahre 1212 gegen die Mauren und die Schlacht von Bailén im Jahr 1808 gegen die Franzosen – zum Museo Provincial. Dieses teilt sich in eine Skulpturen- und Gemäldesammlung im ersten Stock (Alonso Cano: Jungfrau mit Kind; Pedro Berruguete: Geißelung Christi) und die archäologische Abteilung im Erdgeschoss. Ein römisches Mosaik, der frühchristliche Sarkophag von Martos und iberische Plastiken wie die Stierkämpfer von Porcuna sind die interessantesten Stücke.

Museo Provincial

🕐
Öffnungszeiten:
Di. 14.30 – 20.30,
Mi – Sa.
9.00 – 20.30,
So. 9.00 – 14.30

Castillo de Santa Catalina

🕐
Öffnungszeiten:
Sommer tgl. außer
Mo. 10.00 – 14.00,
17.00 – 21.00
Winter
10.00 – 14.00,
15.30 – 19.30

Westlich vom Stadtzentrum ragt der Bergrücken mit dem 1246 von Ferdinand III. eroberten Castillo de Santa Catalina auf, einer der **schönsten und eindrucksvollsten Burganlagen Andalusiens**. Man gelangt zu ihr am besten mit dem Auto auf der 5 km langen, mit Parador Nacional gekennzeichneten Strecke. Schon die Karthager hatten auf dem Berg einen Turm errichtet; die heutige Burg aber geht auf eine arabische Festung zurück, die Ibn al-Ahmar zu ihrer imposanten Größe ausbaute. Da Ferdinand sie am Tag der hl. Katharina eroberte, trägt sie heute deren Namen. Von der Altstadt kommend, sieht man noch Teile der alten Befestigungsmauern. Die Burg besteht aus einem großen Ehrenhof und der mächtigen Torre del Homenaje, die durch Wehrgänge mit anderen Türmen verbunden ist; eine Ausstellung und ein Film erläutern ihre Geschichte. Von der wie ein Schiffsbug hinausragenden Höhe bietet sich vom mit einem großen Kreuz markierten Aussichtspunkt (nur für Schwindelfreie) ein überwältigender Blick auf die Stadt und Olivenplantagen.

Aussichtspunkt ▶

Umgebung von Jaén

La Guardia
de Jaén

Reste römischer Bauten verweisen auf den Ursprung des Städtchens La Guardia de Jaén (11 km südöstlich); außerdem gibt es hier die Ruinen einer alten Burg, eine sehenswerte Pfarrkirche sowie einen von Vandelvira geschaffenen Klosterhof, einziges Überbleibsel eines im 16. Jh. gegründeten Dominikanerklosters.

✶
Martos

Das von zwei Burgen beherrschte Martos, 20 km westlich von Jaén, ist die **Olivenhauptstadt Spaniens** – auf keiner anderen Gemeindegemarkung des Königreichs wachsen so viele Olivenbäume wie hier. Das aus der iberischen Siedlung Tucci hervorgegangene Martos wurde 1222 von Ferdinand III. den Mauren entrissen und war wichtiger Vorposten bei der Rückeroberung Córdobas. Ein Besuch in Martos lohnt sich schon durch den Gesamteindruck des Städtchens: Im Zentrum steigt der Burghügel auf, an den sich weiße Würfelhäuser in engen Gassen schmiegen; auf dem schroffen Felsen erkennt man die Ruinen des Castillo de la Peña de los Carvajales. Von ihm wurden die Brüder Carvajal in den Tod gestürzt, nachdem sie, obwohl unschuldig, des Mordes an einem Günstling Ferdinands IV. bezichtigt worden waren. Innerhalb der Mauern der zweiten Festung, der Stadtburg, steht die im 13. Jh. erbaute und im 15. Jh. gotisch veränderte Kirche Santa María de la Villa. Ein Barockretablo und ein frühchristlicher Sarkophag aus dem 4. Jh. sind ihre bedeutendsten Schätze. Sehenswert sind noch das Rathaus von 1577 und der Renaissancebrunnen Fuente Nueva von 1580.

Alcaudete

Auch Alcaudete, 22 km südwestlich von Martos, hat viele Schlachten gesehen und wechselte oft den Besitzer, bevor es 1245 von Ferdinand III. endgültig erobert wurde. Dieser machte den Calatrava-Orden zum Herrn der Burg, deren Reste noch den Ort überragen. Unterhalb der Festung kommt man zur gotischen Kirche Santa María aus dem 15. Jh. und zum Adelspalast Casa del Almirante.

✶ ✶ Jerez de la Frontera

C 8

Provinz: Cádiz   **Höhe:** 56 m ü. d. M.
Einwohnerzahl: 207 500

Jerez de la Frontera, nicht weit landeinwärts von ►Cádiz gelegen, ist weltberühmt als Herkunftsort des Jerez-Weins, in unseren Breiten besser bekannt als Sherry. Ebenso große Bedeutung hat die im Staatlichen Hengstdepot betriebene Zucht von Rassepferden, Inbegriff der feurigen andalusischen Pferde; schließlich ist Jerez de la Frontera ein Zentrum des Flamenco und des Cante Jondo (►Baedeker Special S. 62).

Sherry, Pferde und Flamenco finden sich vereint in drei großen, alljährlich stattfindenden Festen: dem **Festival del Flamenco**, der **Feria del Caballo** und den **Fiestas del Otoño** nach der Weinlese. Vor allem

Sherry, Pferde und Flamenco

In einer lauen Sommernacht bei einem Glas Amontillado kommt man in Jerez zur Ruhe.

◉ JEREZ DE LA FRONTERA ERLEBEN

AUSKUNFT (OFICINA DE TURISMO)

Alameda Cristina s/n
Claustros de Santo Domingo
E-11403 Jerez de la Frontera
Tel. 956 34 17 11, 956 33 88 74
www.jerez.es
www.turismojerez.com

ESSEN

▶ Fein und teuer

Bodega La Andana
C. Moscatel, 4 / Urbanización Parque
Serrana BL. 5
Tel. 956 30 73 85
Anspruchsvolle Küche etwas außerhalb des Zentrums, bekannt für seine feinen Tapas.

① **Gaitán**
Gaitán, 3
Tel. 956 16 80 21
www.restaurantegaitan.com
Eines der beliebtesten Restaurants von Jerez, gelobte Küche.

③ **La Mesa Redonda**
Manuel de la Quintana, 3
Tel. 956 34 00 69
Die unbestritten beste traditionelle Küche zum Sherry in Jerez de la Frontera – lassen Sie sich vertrauensvoll zum Menü verführen.

▶ Preiswert

① **Bar Juanito**
Pescadería Nueva, s / n
Tel. 956 34 12 18
Hier gibt es die besten Tapas der Stadt in riesiger Auswahl. Fast genauso groß ist das Angebot an Finos.

ÜBERNACHTEN

▶ Luxus

③ **Jerez**
Avda. Alcalde Alvaro Domecq, 35
Tel. 956 30 06 00
Fax 956 30 50 01
www.jerezhotel.com, 121 Z.
Das beste Hotel der Stadt, inmitten schöner Gärten, aber am Rand des Zentrums.

▶ Günstig

① **Doña Blanca**
Bodegas, 11
Tel. 956 34 87 61
Fax 956 34 85 86
www.hoteldonablanca.com, 30 Z.
Gut, in zentraler Lage.

② **El Coloso**
Pedro Alonso, 13
Tel. / Fax 956 34 90 08
www.elcolosohotel.com, 28 Z.
Zentral und preisgünstig.

④ **Nuevo**
Caballeros, 23
Tel. 956 33 16 00, Fax 956 33 16 04
www.nuevohotel.com
Freundlich und schlicht.

BODEGAS (Auswahl)

In Jerez, der Stadt des Sherry, sollte man sich zu einer Bodega-Besichtigung anmelden, die auch auf Englisch, Französisch oder Deutsch durchgeführt wird und immer mit einer Verkostung endet. Auf den Webseiten oder per Telefon erfährt man die Zeiten für Besichtigungen und kann reservieren.

Bodegas Tio Pepe/González Byass
Manuel María Gonzalez, 12
Tel. 956 35 70 16
www.tiendatiopepe.com
Diese zentral beim Alcázar gelegene Bodega produziert auch einen sehr guten Brandy.

Bodegas Domecq
San Ildefonso, 3
Tel. 956 15 15 00
www.domecqbodegas.com
Hinter der Kathedrale liegen auf
einem weitläufigen Areal die Bodegas
dieses Großproduzenten.

Harveys
Pintor Muñoz Cebrián, s/n
Tel. 956 15 15 00
www.bodegaharveys.com
Ganz britisch mit stilvollen Oldtimern
im Eingangsbereich.

Williams & Humbert
Ctra. N-IV, Km. 641,75
Tel. 956 38 31 00
www.bodegas-williams-humbert.com
Unweit der Stierkampfarena, mit
Stallungen und einem Garten.

Frisches aus einer der ältesten Markthallen Spaniens

Sandeman
Pizarro, 10
Tel. 956 31 29 95, www.sandeman.eu
Die Storchennester auf der Lagerhalle
sind das Wahrzeichen dieser Bodega
nahe der Königlichen Reitschule.

Maestro Sierra
Plaza de Silos, 3
Tel. 956 34 24 33
www.maestrosierra.com
Kleinere Bodega beim Alcázar.

Emilio Lustau
Arcos, 53
Tel. 956 34 77 89
www.emilio-lustau.com
Kleine, aber preisgekrönte Bodega.

SHOPPING

Rund um die C. Larga gibt es Mode,
Kunsthandwerk (Spezialität: Reitu-
tensilien, Weidengeflecht), Keramik,
Lederwaren und Schmuck. Nicht
versäumen: die Markthalle an der
Plaza Estévez.

Casa del Jerez
C. Divina Pastora, 1, Local 3,
gegenüber der Reitschule
Sherry aller Marken und Kunsthandwerk in großer Vielfalt.

FESTE

Festival del Flamenco
Im Februar / März: Informationen
unter www.andalucia.org/flamenco.

Semana Santa

Feria del Caballo
Reiterfest und Pferdemarkt im Mai.

Festival de la Bulería
Fest der Bulería, die Flamencovariante
aus Jerez, im September.

Fiestas del Otoño
Mehrere Feste von September bis
Oktober wie das Weinlesefest und
eine große Pferdeparade.

auch bei solchen Anlässen wird deutlich, dass Jerez de la Frontera eine Stadt aristokratischen Charakters ist, in der die Sherrybarone das Sagen haben.

Augenfällig setzen sich ihre von hohen Mauern umgebenen, weitläufigen Bodegas vom übrigen Stadtbild ab. Herrschaftliche Häuser in gepflegten Parks, edle Pferde und Kampfstiere, die sie auf ihren riesigen Ländereien züchten, werden voll Stolz gezeigt und kaum schlägt das soziale Gewissen angesichts der Tausende von Tagelöhnern, die in den Randbezirken hausen und deren wichtigste Verdienstquelle die Weinlese ist.

Schließlich hat sich Jerez auch einen Namen im Motorsport gemacht. 10 km außerhalb Richtung ▶ Arcos de la Frontera liegt der Circuito de Jerez, auf dem u. a. Läufe der Motorradweltmeisterschaft ausgetragen werden.

Geschichte Der Raum zwischen Jerez und dem Cabo de Trafalgar war 711 Schauplatz des großen Entscheidungskampfs zwischen den Westgoten unter Roderich und den Mauren unter Tarik. Die muslimischen Sieger nannten den Platz Seris und bauten ihn zur Festung aus. 1264 eroberte Alfons X. die Stadt zurück, doch erst 1340 verhinderte eine weitere Schlacht am Río Salado mit einem Sieg der Christen die letzte Invasion aus Nordafrika. Den Beinamen de la Frontera (an der Grenze) teilt Jerez seit 1379 mit weiteren im spanisch-maurischen Westen gelegenen Grenzstädten.

Altstadt

Plaza de la Asunción Von der Alameda Cristina kommt man auf der C. Tomería zur Plaza de la Asunción mit dem 1575 von Andrés de Ribera erbauten plateresken Cabildo Municipal, dem ehemaligen Rathaus. Am Platz stehen auch die Torre de la Vela, die einst als Signalturm diente, und die Kirche San Dionisio, die 1430 im Mudejarstil errichtet wurde. Sie besitzt einen bemerkenswerten 20 m hohen Barock-Retablo.

San Miguel Über die Plaza del Arenal erreicht man südöstlich die 1482 begonnene Kirche San Miguel, zu erkennen am blau gekachelten Turm und ihrer dreistöckigen Westfassade aus dem 17. Jh.; ihr Hochaltar trägt ein Retablo mit Reliefs von Martínez Montañés und José de Arce (1625) unter den Gemälden aus der Zurbarán-Schule ragt ein »Göttliches Antlitz« heraus.

Jerez de la Frontera Orientierung

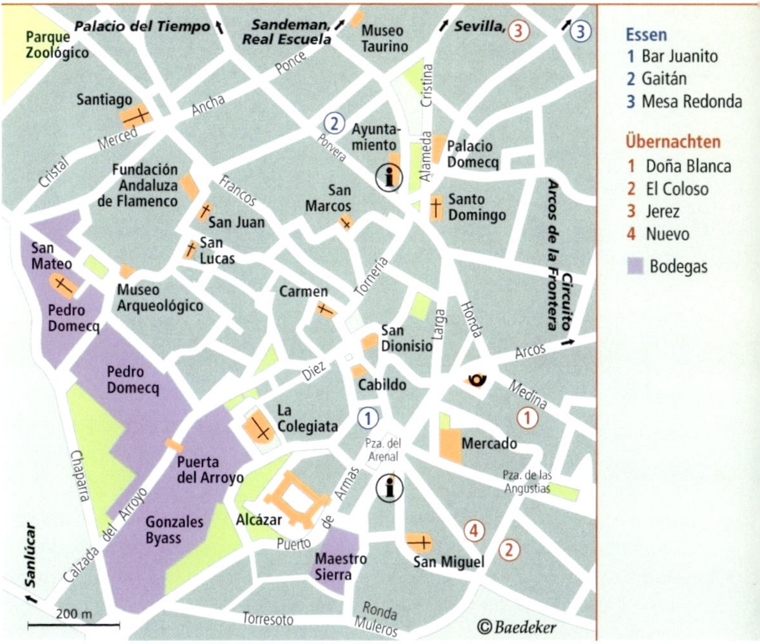

Parque Zoológico
Palacio del Tiempo ⟍ Sandeman, Real Escuela ⟋ Museo Taurino ⟋ Sevilla ③ ③

Santiago
Ponce
Cristina

Ancha
Merced

② Ayunta-miento ⓘ
Ponera
Alameda
Palacio Domecq

Cristal
Fundación Andaluza de Flamenco
Francos
San Marcos
Santo Domingo
Arcos de la Frontera
Circuito de la Frontera

San Juan
San Lucas
San Mateo

Museo Arqueológico
Carmen
Tornería
Larga
Honda
Arcos

Pedro Domecq
San Dionisio
Medina ①

Pedro Domecq
Diez
Cabildo
👁

La Colegiata ①
Pza. del Arenal
Mercado
Pza. de las Angustias

Chapara
Puerta del Arroyo
ⓘ

Calzada del Arroyo
Gonzales Byass
Alcázar
Puerto
④ ②

Sanlúcar
Maestro Sierra
San Miguel

200 m
Torresoto
Ronda Muleros
©Baedeker

Essen
1 Bar Juanito
2 Gaitán
3 Mesa Redonda

Übernachten
1 Doña Blanca
2 El Coloso
3 Jerez
4 Nuevo

🟪 Bodegas

Wenig westlich von San Miguel erstreckt sich auf einem erhöht liegenden Plateau direkt an den Bodegas Gonzáles Byass der Alcázar, ein bis in das 11. Jh. zurückreichender mächtiger Bau der Almohaden, der in den vergangenen Jahren renoviert wurde. Man betritt ihn durch die Puerta de la Ciudad und entdeckt hinter seinen Mauern eine gut erhaltene überkuppelte Moschee mit restauriertem Mihrâb sowie eine aus dem 14. Jh. stammende Badeanlage. Der im Stil der Renaissance umgebaute Palacio de Villavicencio bietet im Turm eine **Camera Obscura**, die ungewöhnliche Stadtansichten erzeugt.

★
Alcázar

⊙
Öffnungszeiten:
Mai – Mitte Sept.
10.00 – 20.00
Mitte Sept. – April
tgl. 10.00 – 18.00

Vom Alcázar blickt man auf die Rückseite der 1695 im Barockstil erbauten Kathedrale San Salvador, Nachfolgerin eines Kirchenbaus aus dem 13. Jh., der wiederum auf den Grundmauern einer Moschee entstanden ist. Auffallend sind der frei stehende Glockenturm, das ausladende Strebewerk zum Schutz vor Erdbebenschäden, die von Skulpturen umgebene Kuppel sowie die schöne barocke Freitreppe vor der Hauptfassade. In der Sakristei wird ein wertvolles Kruzifix von Juan de Mesa aufbewahrt; vor allem aber sollte man das **Zurbarán-Gemälde La Virgen Niña** betrachten, eine seltene Darstellung Mariens als schlafendes Kind. Auf dem Platz vor der Kathedrale be-

★
Catedral

◀ weiter auf S. 312

DER SHERRY UND SEINE VERWANDTEN

In jeder Bar sieht man sie und irgendwann ist die Neugier zu groß und man bestellt ebenfalls: die »copita«, das sich nach oben verjüngende Gläschen, in dem sich das unvergleichliche Aroma eines Sherry voll entfaltet. Achtung aber: Bitte keinen »Sherry« bestellen, denn es gibt viele Sorten, z. B. einen »Fino« oder einen »Amontillado«...

Der bekannteste aller andalusischen Weine verdankt seinen internationalen Ruhm den Briten, deren Seeheld **Sir Francis Drake** von seinem Raubzug gegen Cádiz 1587 auch eine erkleckliche Anzahl »Wein aus Jerez« mitbrachte. Die Importeure kauften bald die Weinfelder, um ihren Sherry in eigener Regie zu produzieren, sodass noch heute einige der berühmtesten Bodegas wie **Williams und Humbert** oder **Harveys** in britischem Besitz sind. Der wohl berühmteste Sherrybaron stammt jedoch ursprünglich aus Frankreich, der 1730 nach Jerez gekommene **Pedro Domecq**.

Das Sherry-Dreieck

Sherry wird ausschließlich in einem 23 000 ha großen Küstengebiet in der Provinz Cádiz angebaut, das von dem Städtedreieck **Jerez de la Frontera, Sanlúcar de Barrameda und El Puerto de Santa María** gebildet wird. Denn nur hier klappt das Zusammenspiel zwischen den Kalkböden (»albarizas«) und dem milden atlantischen Klima, das für die Qualität eines Sherry grundlegend ist. Gezogen werden die Rebsorten **Palomino** für die besten Finos, **Pedro Ximénez** (die ein deutscher Soldat aus dem Heer Karls V. namens Peter Siemens aus dem Rheinland mitgebracht haben soll) und Moscatel (Muskateller), die für süßere Weine verwendet wird.

Das Geheimnis

Was den Sherry jedoch wirklich ausmacht, ist der **komplizierte Reife- und Produktionsprozess**. Sherrys sind keine Jahrgangsweine (und erst recht

Kleine Mengen werden bei der Sherryprobe mit der venencia aus dem Fass geschöpft. Dieses Utensil, eine dünne, etwa achtzig Zentimeter lange Stange mit einem zylinderförmigen Gefäß am Ende, lässt die Probe in hohem Bogen ins Glas fließen, sodass der Wein sein volles Aroma entfaltet.

kein Destillat, wie viele immer noch glauben), sondern er entsteht als **Verschnitt** aus Weinen verschiedener Jahrgänge, aber gleichen Charakters. Die Trauben werden vor dem Auspressen erst einige Tage – je nach beabsichtigter Sorte – an der Sonne getrocknet. Der junge Wein wird mit Weinbrand auf einen Alkoholgehalt von 15 – 18 % **aufgesprittet und auf Eichenfässer gezogen**, die allerdings maximal zu vier Fünfteln gefüllt werden. So entsteht auf dem Wein eine vor Oxidation schützende Decke aus Hefepilzen, »flor« genannt. Nach der ersten Fermentation teilt man dann die Weine entsprechend ihrem Typ den einzelnen **»soleras«** zu. Dies sind meistens fünf übereinander liegende Reihen von Fässern mit Weinen desselben Charakters. In der untersten Reihe ist der älteste Wein, in der obersten der jüngste. Abgefüllt wird nur aus der untersten Reihe; die entnommene Menge ersetzt man aus der darüber liegenden zweiten Reihe, diese wiederum wird aus der dritten Reihe aufgefüllt usf. Auf diese Weise gewinnt man über mehrere Jahre hinweg einen Wein von **gleichbleibendem Charakter und Qualität**.

Probieren!

Keine Andalusienreise ohne Kostprobe in einer Bodega (in diesem Falle: eine Sherry-Bar und nicht die Lagerhalle der Sherry-Produzenten)! Finos und Amontillados werden eisgekühlt serviert; nur die süßeren Weine haben Zimmertemperatur. Dabei wird man auch feststellen, dass ein Gläschen Fino zu jeder Gelegenheit und nicht nur als Aperitif getrunken wird, insbesondere dann, wenn es dazu eine kleine Tapa gibt.

Was es alles gibt …

Der **Fino** ist ein hellgelber, sehr trockener, leicht säuerlicher und lebendiger Wein mit einem Alkoholgehalt von 15 bis 17 %; er ist der typischste aller Sherrys und wird am häufigsten getrunken. Ein **Amontillado**, dessen Name vom Wein aus

Eine Kathedrale des Sherry: Bodega von Pedro Domecq in Jerez de la Frontera

Montilla kommt, ist ein etwas älterer Fino, amber- oder bernsteinfarben, weicher, aber immer noch mit dem charakteristischen Aroma und einem Alkoholanteil von 16 – 18 %. Ein **Oloroso** hat eine dunkelgoldene Farbe. Er ist noch trocken bis leicht süß und verströmt ein deutliches Nussaroma bei einem Alkoholgehalt von 18 – 20 %. Spielarten sind der **Raya** von etwas geringerer Qualität und der selten zu bekommende **Palo Cortado**. **Cream-Sherrys** schließlich sind die süßesten und schwersten Sherrys, die als Verschnitt aus einem Oloroso und einem Süßwein (oft Moscatel) gewonnen werden. Sie enthalten um 20 % Alkohol.

... und wo es das gibt

Alles Wissenswerte über Sherry erfährt man im Internet auf der englischen Website www.sherry.org oder der deutschen Website www.sherry-info.de. Das ersetzt aber nicht die Wirklichkeit – die Besichtigung der Bodega eines Sherry-Produzenten ist **ein Muss** bei einem Besuch in Jerez de la Frontera. In aller Regel kann man sie vormittags im Rahmen einer Führung (mit **Kostproben**) besuchen;

es empfiehlt sich eine vorherige Anmeldung. Bodegas sind keine Keller, sondern teilweise riesige Hallen, in denen eine Solera-Reihe an der anderen steht (Adressen s. S. 308).

Die kleinen Brüder

Zwei Anbaugebiete gibt es noch, die dem Sherry sehr ähnliche Weine hervorbringen. In der unmittelbaren Umgebung von Sanlúcar de Barrameda gedeihen die Trauben für den **Manzanilla**, ein sehr heller, knochentrockener Fino, den manche dem Fino aus Jerez vorziehen. Sein leicht salziger Geschmack kommt vom durch die Bodegas wehenden Seewind; außerdem wird er nicht gesprittet.

Im 18 500 ha großen Anbaugebiet von Montilla-Moriles im heißen Süden der Provinz Córdoba werden – und das ist der **erste große Unterschied zum Sherry** – vor allem Trauben der Sorte Pedro Ximénez angebaut. Der **zweite große Unterschied** besteht in der Lagerung während des Reifeprozesses: Nicht in Eichenfässern, sondern in großen Tonkrügen, den »tijanas«, wird nach der Solera-Methode verschnitten. Montilla-Moriles er-

Weinanbaugebiete in Andalusien

Villaviciosa de Córdoba · Córdoba · Bailén · Jaén · Torreperogil · Lopera · © Baedeker · Rio Guadalquivir · Sevilla · Huelva · CONDADO DE HUELVA · Aljarafe · Los Palacios · MONTILLA-MORILES · Granada · Costa-Albondón · Laujar · Almería · Jerez · JEREZ SHERRY · MÁLAGA · Málaga · Cádiz · MÁLAGA · GIBRALTAR

zeugt dieselben Sorten wie Jerez, dazu kommt der Pedro Ximénez, nur aus diesen Trauben hergestellt, sehr dunkel und mit einem Alkoholgehalt von 28 %.

Die Vettern

Von der Costa del Sol kommt der **Málaga**, ein klassischer Dessertwein. Die Trauben – Moscatel und Pedro Ximénez – werden um Estepona und östlich und nördlich von Málaga auf einer Fläche von 2500 ha angebaut, müssen zur Produktion aber nach Málaga gebracht werden. Auch diese Weine werden im **Solera-Verfahren** erzeugt, aber, um süßer zu werden, mit konzentriertem Traubensaft versetzt. Der bekannteste Málaga ist der **Dulce Color**, von dunkler, bernsteinähnlicher Farbe und mit einem Alkoholgehalt von 15 – 23 %. Ebenfalls dunkel ist der fruchtige **Moscatel** mit 15 – 20 % Alkohol. Nur aus der gleichnamigen Rebsorte wird der leicht rötliche **Pedro Ximénez** gewonnen (16 – 20 %). Der hellste und auch seltenste Málaga ist der **Blanco Secco**, trockener und meist alkoholärmer als die übrigen. Sehr teuer ist der goldfarbene **Lágrima**, bei dem die Trauben nicht ausgepresst werden, sondern nur der Most genommen wird, den das Eigengewicht der liegenden Trauben ausdrückt.

Schließlich baut man um Huelva auf 16 000 ha Rebfläche Wein an. Hergestellt werden in der D. O.-Region Condado de Huelva dieselben Sorten wie im Sherry-Gebiet, ohne allerdings deren Qualität zu erreichen. Daher hat man sich verstärkt auf die Produktion von Schankweinen verlegt und bringt dabei durchaus gute, frische Weißweine hervor.

Hochprozentiges

Schließlich und endlich gibt es auch Hochprozentiges aus dem Sherry-Dreieck. Zwar kommen die Destillate für den hier erzeugten **Weinbrand** meist aus der zentralspanischen Mancha, doch nur was in Jerez, Sanlúcar oder El Puerto de Santa María – ebenfalls im Solera-Verfahren – gereift ist, darf sich »Brandy de Jerez« nennen. Das schmeckt man und das hat man auch zu bezahlen: **Spitzenbrandys wie der Gran Duque de Alba Oro von Williams & Humbert** oder der **Hidalgo 200 Solera Gran Reserva** sind nicht unter 50 € die Flasche zu haben.

Majestätische Andalusier in der Real Escuela Andaluza del Arte Ecuestre

ginnt auf der Plaza Encarnación alljährlich im September das Weinlesefest mit dem traditionellen Traubenstampfen.

Nördliche und westliche Stadtteile

San Mateo   Von der Kathedrale ist man – immer entlang an den Bodegas Domecq – rasch im nordwestlichen Stadtteil und bei der Kirche San Mateo, die im 14. Jh. begonnen wurde und eine Kapelle im mudejaren Stil besitzt.

Museo Arqueológico   Unweit der Kirche zeigt das Archäologische Museum als seinen bedeutendsten Schatz einen griechischen Helm aus dem 7. Jh. v. Chr., Beleg für eine frühe griechische Besiedlung der Gegend. Weiterhin sind iberische, römische, westgotische und maurische Fundstücke ausgestellt. Die Cafeteria im Obergeschoss ist ein schöner Platz zum Verschnaufen (Öffnungszeiten: Di.–Fr. 10.00–14.00 und 16.00 bis 19.00, Sa. und So. 10.00–14.30 Uhr).

Centro Andaluz de Flamenco   Vorbei an der Kirche San Lucas (14. Jh.) kommt man zum Palacio Pemartín an der Plaza de San Juan. Der Palast aus dem 18. Jh. beherbergt das Centro Andaluz de Flamenco. Hier sieht und erfährt man in Ausstellungen, Videofilmen, Vorführungen und in der Bibliothek alles Wissenswerte über den Flamenco; selbst **Tanz- und Gitarrenkurse** werden angeboten (www.centroandaluzdeflamenco.es). Die Kirche San Juan de los Caballeros (15. Jh.) gegenüber fällt durch ihre neunteilige Apsis auf.

Der mehrfach ausgezeichnete Zoologische Garten von Jerez ist der größte Andalusiens und einer der besten Spaniens, eingebettet in einen botanischen Garten. Attraktionen sind das Schimpansenhaus und ein weißer Tiger (Öffnungszeiten: Sommer Di.–So. 10.00 bis 19.00, Winter bis 18.00 Uhr).

★

Parque Zoológico

🕐

Das frühere **Uhrenmuseum** La Atalaya wurde völlig neu konzipiert und firmiert nun als Palacio del Tiempo. Es zeigt aber nach wie vor über 300 teilweise äußerst wertvolle antike Uhren aus ganz Europa. Hinzugekommen ist das **Misterio de Jerez**, eine audiovisuelle Schau über den Wein, der die Stadt so berühmt gemacht hat (Führungen: März–Okt. Di.–Sa. 10.00–14.15, 17.00–18.15; Feb., Nov. Dez. nur vormittags, Jan. geschlossen).

Palacio del Tiempo

🕐

Im Norden der Stadt, an der Avda. Duque de Abrantes, erstreckt sich das weitläufige Gelände der **Königlichen Andalusischen Schule der Reitkunst**. Charles Garnier, Architekt der Pariser Oper, erbaute im 19. Jh. das Verwaltungsgebäude. In den Ställen daneben werden 60 der edelsten andalusischen Pferde gehalten, die von hier aus englische Vollblüter ebenso veredelt haben wie die Lipizzaner. Sie werden im nahe gelegenen Staatlichen Hengstdepot gezüchtet. Bei Führungen lernt man die Stallungen und den Ausstellungsraum kennen und kann beim Training zuschauen. Höhepunkt ist die Schau Cómo bailan los Caballos Andaluces (Wie andalusische Pferde tanzen) in der großen Halle (Vorführungen: Di., Do. 12.00, Fr. im Aug. 12.00, Fr., Sa. während der Feria del Caballo 22.00 Uhr, weitere Informationen auf www.realescuela.org).

★

Real Escuela Andaluza del Arte Ecuestre

Umgebung von Jerez de la Frontera

Wenige Kilometer südöstlich Richtung ▶ Medina Sidonia liegt das 1463 gegründete ehemalige Kartäuserkloster La Cartuja, in dem im 16. Jh. erstmals deutsche, italienische und andalusische **Rassepferde zur Kartäuserrasse** gekreuzt wurden. Das Gebäude besitzt ein prächtiges, frei stehendes Renaissancetor (1571) und eine gotische Kirche, der 1667 eine reiche Fassade angefügt wurde. In ihren Nischen stehen Figuren von Kartäusermönchen, zuoberst der hl. Bruno. Die für den Altar der Kirche von Zurbarán gemalten berühmten Bilder von Kartäusern sind heute im Besitz der kunsthistorischen Abteilung des Museums von ▶Cádiz. Noch ein Tipp für Freunde der Kartäuser-Pferde: Auf der Finca Fuente del Suero, ebenfalls in Rich-

★

La Cartuja

tung Medina Sidonia 6,5 km außerhalb von Jerez gelegen, hat sich das **Gestüt Yeguada de la Cartuja** auf die Zucht der berühmten Rösser spezialisiert, die jeden Samstag um 11.00 Uhr im Rahmen einer Führung bewundert werden können.

Lebrija In Lebrija, dem römischen Nebrissa, 30 km nördlich von Jerez de la Frontera, ist Juan Díaz de Solís geboren worden, der **Entdecker des Río de la Plata** im heutigen Argentinien. Unter den Kirchen des Orts ragt die hoch gelegene Santa María de la Oliva hervor, 1249 in einer Moschee begründet und seither mehrfach verändert. Ihr Glockenturm erinnert an die Giralda von Sevilla; innen findet sich ein Hochaltar von Alonso Cano mit einer Skulptur der Namenspatronin. Sehenswert sind auch die Einsiedelei Nuestra Señora del Castillo, 1535 am Ort eines maurischen Kastells gegründet und mit schöner Kassettendecke ausgestattet, sowie die von Adelshäusern umgebene Plaza Mayor. Ein Denkmal erinnert an den hier geborenen **Humanisten Antonio de Nebrija** (1442 – 1522), Verfasser der ersten Grammatik des kastilischen Spanisch und Chronist der Katholischen Könige.

Linares

H 5

Provinz: Jaén   **Höhe:** 418 m ü. d. M.
Einwohnerzahl: 61 300

Die Industrie- und Bergbaustadt Linares liegt im Norden der Provinz Jaén in einem schon seit der Antike genutzten Kupfer- und Bleierzgebiets am Rande der Sierra Morena. Heute lebt Linares von der Automobilindustrie – hier produzieren Suzuki und Landrover.

Linares hat seinen Ursprung in einer Vorstadt des altiberischen Cástulo, das 6 km nordöstlich ausgegraben wurde. Von dort soll **Hanni-**

Tod eines Toreros ▶ **bals Gattin Himilke** stammen. Traurige Berühmtheit in Spanien verdankt die Stadt aber einem Ereignis aus dem Jahr 1947: In der Arena von Linares ließ einer der berühmtesten Toreros des Landes, **Manolete**, bei einer Corrida sein Leben, als ihm sein Schicksal in Gestalt des Stiers Islero begegnete. Heute ist Linares aber auch ein Begriff für die Schachwelt: Hier findet seit 1978 eines der am stärksten besetzten Großmeister-Turniere statt.

Sehenswertes in Linares und Umgebung

Zwar weniger prachtvoll als in den benachbarten Renaissancestädten ▶Baeza und ▶Úbeda, haben doch

auch in Linares einige bemerkenswerte Palastbauten aus dieser Epoche überdauert: die Casa Consistorial, der Palacio de los Zambrana und die Casa de las Cadenas, im 17. Jh. Münzamt Philipps VI. Die Hauptkirche geht auf das 12. Jh. zurück und besitzt einen schönen Retablo aus dem 16. Jh.; an sie lehnt sich der Turm der ehemaligen Burg an.

Das Archäologische Museum zeigt im Palacio Dávalos-Biedma frühzeitliche, phönizische, griechische, iberische, römische und maurische Stücke, darunter Funde aus Cástulo. In Linares wurde der weltberühmte Gitarrist **Andrés Segovia** (1893–1987) geboren; sein Geburtshaus ist Museum und Grabstätte zugleich (Öffnungszeiten: Sept–Mai Di., Do. 10.00–14.00, Sa. So. 10.00–14.00; Juni bis Aug. Di.–So. 10.00–14.00 Uhr, www.segoviamuseo.com).

Letzte Vorstellung in Linares: Manolete

Bailén

Das 13 km westlich gelegene Bailén bietet keine Sehenswürdigkeiten, ist jedoch von großer historischer Bedeutung. Hier schlug 208 v. Chr. Publius Cornelius Scipio d. Ä. den Karthager Hasdrubal; rund 2000 Jahre später, am 22. Juli 1808, bezwangen spanische Truppen unter General Castaños die Franzosen unter Dupont und fügten damit den napoleonischen Armeen erstmals eine Niederlage zu – ein Sieg von hohem symbolischen Wert auch für Europa. Castaños ist in der Kirche La Encarnación begraben.

Entlang der A-4

Von Bailén führt die A-4 durch endlose Olivenplantagen nach Norden in die Sierra Morena. Bald geht nach links eine Stichstraße zum am Rande der Sierra de Andújar liegenden Baños de la Encina ab. Über dessen malerischen Gassen erhebt sich die maurische Burg Burgalimar, die mit ihren 14 Türmen und der mächtigen Torre de Homenaje (Bergfried) im 10. Jh. erbaut wurde.

◄ Baños de la Encina

Weiter nordwärts auf der A-4 folgt **La Carolina**, Hauptort jener Bergbausiedlungen, **die deutsche und französische Kolonisten**, von Karl III. zwischen 1767 und 1769 in die Sierra Morena geholt, angelegt hatten. Die ehemals reichen Bleierzbergwerke der Umgebung sind aufgegeben; der Ort selbst bie-

! TIPP

Klassische Gitarre

Im Geburtsort von Andrés Segovia wird natürlich klassische spanische Gitarrenmusik geboten. Informationen über Konzerte in der Fundación Andrés Segovia erhält man unter Tel. 953 65 13 90 oder www.segoviamuseo.com.

tet einige Adelshäuser, die klassizistische Kirche La Concepción und
das von Juan de la Cruz gegründete Karmeliterkloster. In unmittelbarer Nachbarschaft, zweieinhalb Kilometer rechts der A-4, liegt **Navas
de Tolosa**, ebenfalls ein ehemaliges Kolonistendorf, wo am 16. Juli
1212 das vereinigte Heer der Könige von Kastilien, Aragón und Navarra die Almohaden vernichtend schlug und damit das **Signal zur
endgültigen Reconquista** gab. Schließlich windet sich die A-4 über
die »Schlucht der hinabstürzenden Hunde«, den historischen Übergang von Andalusien in die Mancha; die wildromantische Landschaft
ist heute geschützt.

*Desfiladero de
Despeñaperros ►*

★ Málaga

Provinz: Málaga   **Höhe:** 8 m ü. d. M.
Einwohnerzahl: 588 300

**Das am Fuß der Montes de Málaga liegende Málaga, die zweit-
größte Stadt Andalusiens und wirtschaftlicher und kultureller Mittelpunkt der ► Costa del Sol, wird an 300 Tagen im Jahr von der
Sonne verwöhnt.**

*Drehscheibe der
Costa del Sol*

Die meisten nach Andalusien Reisenden sehen die Stadt allenfalls
beim An- und Abflug aus der Vogelperspektive, denn sie ist die Ver-

Blick von den Berghängen auf die Stadt und Bahía von Málaga

⏵ MÁLAGA ERLEBEN

AUSKUNFT (OFICINA DE TURISMO)

Plaza de la Marina, 11
E-29001 Málaga
Tel. 952 12 20 20
Fax 952 12 20 23

C / Granada, 70
E-29015 Málaga
Tel. 952 20 96 03
Fax 952 21 41 20
www.malagaturismo.com

Weitere Auskunftstellen bei der Kathedrale, auf der Alcazaba, an der
Plaza de la Merced, am Busbahnhof,
in der Hauptpost.

ESSEN

▶ Fein und teuer

② *Antonio Martín*
Paseo Marítimo, 4
Tel. 952 22 73 98
(So. und im Juli geschl.)
Wer im Sommer Appetit auf Fisch
verspürt, findet im östlichen Vorort
Pedregalejo an der Strandpromenade
ein Fischrestaurant am anderen –
Spitzenqualität bietet Antonio Martín.

③ *Café de París*

Vélez Málaga, s / n
Tel. 952 22 50 43
Gourmettempel – es kocht der junge
Starkoch José Carlos García Cortés.

▶ Preiswert

① *Antigua Casa de Guardia*
Alameda Principal, 18
Traditionsbodega im Regierungsge-
bäude; beste Adresse für Málagaweine
und Meeresfrüchte-Tapas.

④ *El Chinitas*

Moreno Monroy, 4 – 6
Tapas-Bar mit Tradition; bevor der

Tapas, Wein und gute Laune

Fisch frittiert wird, sucht man ihn
sich im Bassin aus.

⑤ *La Cancela*

Denis Belgrano, 5
Tel. 952 22 31 25
Günstige, schmackhafte, einfache
Küche in der Altstadt.

El Tintero

Playa del Palo II
Tel. 952 20 68 26
In diesem großen Strandrestaurant im
Osten Málagas vor dem Club Náutico
wird gegessen, was der Ober an
frittiertem Meeresgetier vorbeiträgt
und lauthals anbietet; bezahlt wird,
was sich an Kreidestrichen auf dem
Holztisch ansammelt. Keine Reservierung: Seinen Tisch muss man
rechtzeitig besetzen.

ÜBERNACHTEN

► Komfortabel

③ *Larios*
Marqués de Larios, 2
Tel. 952 22 22 00
Fax 952 22 24 07
www.hotel-larios.com
Vom obersten Stockwerk des gehobenen Hotels hat man Ausblick auf die Kathedralentürme; zur blauen Stunde sollte man auf der Dachterrasse einen Cocktail nehmen.

④ *Parador de Málaga Gibralfaro*
Castillo de Gibralfaro
Tel. 952 22 19 02
Fax 952 22 19 04
www.parador.es, 38 Z.
Der renovierte Parador auf dem Burgberg bietet konkurrenzlose Ausblicke.

⑤ *Parador de Málaga Golf*
Apartado de Correos 324
Tel. 952 38 12 55
Fax 952 38 89 63
www.parador.es, 56 Z.
Málagas zweiter Parador – im Regionalstil direkt über dem Strand – ist ideal für Golfer: herrliche hauseigene Anlage unter Palmen.

► Günstig

① *California*
Paseo de Sancha, 17
Tel. / Fax 952 21 51 64
www.hotelcalifornianet.com
Stadthaus mit Terrassen und Balkonen, zum Strand La Malagueta ist es nicht weit.

② *Hostal Pedregalejo*
Conde de las Naves, 9
Tel. 952 29 32 18
Fax 952 29 75 25, 10 Z.
Hübsche, 2007 renovierte Pension im Vorort Pedregalejo, der für seine Fischrestaurants bekannt ist.

SHOPPING

Herrlich Frisches aus dem Wasser oder vom Land gibt es auf dem Morgenmarkt in der C. Marqués de Larios, hier ist auch Modisches zu finden. Die Schätze aus der Hoya und aus dem Meer, dazu Wein hält natürlich die im 19. Jh. erbaute Markthalle bereit.
Weitere Einkaufszonen sind die Straßen um die Plaza Flores, die Plaza de Félix Sáenz, die C. Puerta del Mar und die C. Nueva. Das gigantische Kaufhaus der Kette El Corte Inglés befindet sich in der Avenida de Andalucía.

PLAZA DE TOROS

Paseo Reding, 8
Tel. 952 22 17 27
Die wichtigsten Kämpfe im August.

FESTE

Karneval
Der Karneval wird in Málaga ausgelassen gefeiert.

Semana Santa
Wirklich außergewöhnlich ist die Karwoche von Málaga, denn hier werden die größten und schwersten Prozessionsaltäre ganz Spaniens durch die Straßen getragen – der größte wiegt fünf Tonnen und muss von 260 Mann geschultert werden! Damit nicht genug, werden diese tronos auch noch hin und her gewiegt. Mehr darüber erfährt man im neu eröffneten *Museo de la Semana Santa*, C. Muro de San Julián, 2.

Feria
In der ersten Augusthälfte findet die größte Feria Andalusiens statt mit Feuerwerk, Musik und Tanz; nachts wird auf dem Festgelände Cortijo de Torres, 4 km südwestlich der Innenstadt, weitergefeiert.

kehrsdrehscheibe der Sonnenküste, von der man in die Badeorte weitertransferiert wird. Jährlich knapp sieben Millionen Touristen kommen auf dem Flughafen an, der elf Millionen Passagiere verkraften kann. Dabei hat Málaga durchaus seine Reize, auch wenn es keinem Vergleich mit den klassischen Reisezielen ▶Córdoba, ▶Granada und ▶ Sevilla standhält. Insbesondere seine Parks und die Lage an den zur Bahía de Málaga abfallenden Berghängen lohnen zumindest einen Tagesaufenthalt und entschädigen für die gesichtslosen Vorstädte. Im Westen Málagas erstreckt sich die üppige Vega oder Hoya de Málaga, in der Orangen, Feigen, Bananen, Zuckerrohr, Baumwolle u. a. gedeihen. Besonders berühmt ist die Stadt wegen ihrer Rosinen (pasas) und ihrer Dessertweine, von denen vor allem der Pedro Ximénez sowie die Muskateller Dulce und Lágrimas bekannt sind.

Málaga Orientierung

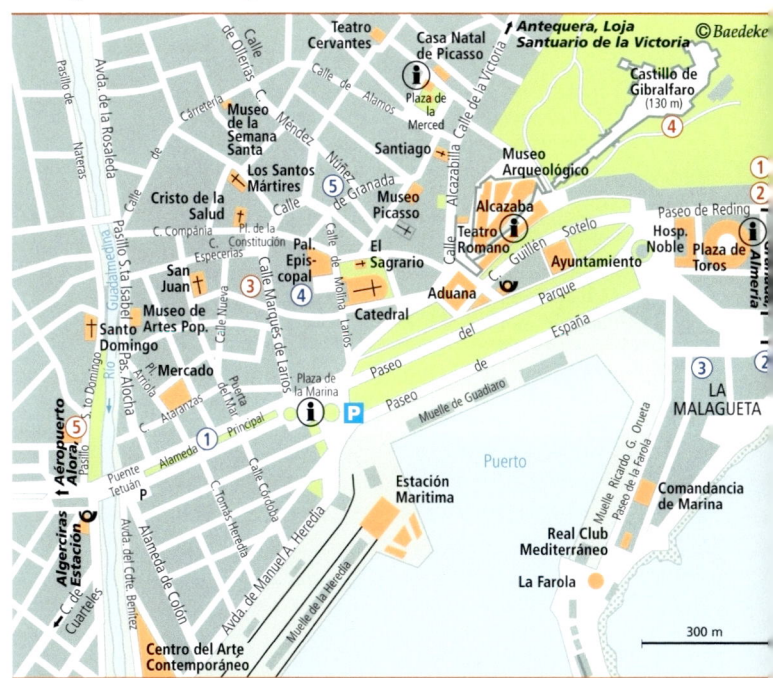

Essen
① Antigua Casa de Guardia
② Antonío Martín
③ Café de París
④ El Chinitas
⑤ La Cancela

Übernachten
① California
② Hostal Pedregalejo
③ Larios
④ Parador del Gibralfaro
⑤ Parador de Málaga Golf

In Málaga lebte und starb der Bildhauer Pedro de Mena (1628 bis 1688); ein weiterer berühmter Sohn der Stadt ist der jüdische Philosoph und Dichter Ibn Gabriol (11. Jh.). Über allen aber strahlt heute der Stern **Pablo Picassos**, auch wenn er seine Geburtsstadt schon mit 15 Jahren verließ (▶ Berühmte Persönlichkeiten). Das meist trockene Bett des Río Guadalmedina teilt Málaga in zwei große Bereiche: im Westen die Neustadt, Hochhaus an Hochhaus gereiht und von breiten, heftig befahrenen Straßen durchzogen; im Osten unter der Alcazaba die Altstadt mit der Kathedrale als Mittelpunkt.

TIPP

El Pimpi und Café Central

Für den wahren Malageño gibt es nur einen Platz, seinen Nachmittagskaffee, ein Gläschen Wein oder eine Tapa zu nehmen: das über zwei Stockwerke reichende El Pimpi in der Calle Granada. Allerdings macht diese Bodega erst gegen 17.00 Uhr auf; wer zuvor schon gern in ein klassisches Café will, kann es im Central an der Plaza de la Constitución versuchen.

Geschichte   Málaga ist eine Gründung der Phönizier, die hier einen Handelsplatz für gesalzene Fische besaßen, was vermutlich den Namen der Stadt erklärt: Das phönizische Malaka leitet sich von malac = salzen her. Auf die Phönizier folgten im 8. Jh. v. Chr. die Griechen mit ihrer Kolonie Mainake. Die Karthager bauten diese Stadt zur Festung aus, bis die Römer sie eroberten und als Malacitanum ihrem Reich einverleibten. Nach einem byzantinischen Intermezzo kamen die Westgoten, die 711 von den Mauren verdrängt wurden. Längere Zeit war die Stadt nun ein kleines Königreich, das sich nicht den Emiren von Córdoba fügte. Unter der Herrschaft der Nasriden von Granada erlebte Málaga als Hafen des Königreichs seine Blütezeit. 1487 eroberten die Truppen der Katholischen Könige Málaga zurück. In diese Zeit fällt der Bau vieler Gotteshäuser, von denen im Mai 1931 nach der Ausrufung der Republik über 40 angezündet und zerstört wurden; auch im Bürgerkrieg hat die Stadt schwer gelitten. Mit dem aufkommenden Tourismus an der Costa del Sol begann auch Málagas Wiederaufstieg.

Hafenbereich

Paseo del Parque   Am Paseo del Parque, dem schönsten Platz Málagas, von Palmen- und Platanen-Promenaden gesäumt und exotisch bepflanzt, fallen zwei Denkmäler besonders auf. Sie stellen Volkstypen aus Málaga dar, die inzwischen aus den Straßen verschwunden sind: den Biznaguero, der im Frühjahr duftende Blüten verkaufte, und den Cenachero, der frischen Fisch anpries. Gegenüber dem Rathaus (1912 – 1919) steht der Brunnen Fuente de Cisne, um 1560 in Genua geschaffen und ursprünglich für die Alhambra in Granada gedacht.

In der klassizistischen **Aduana**, dem ehemaligen Zollamt an der Nordseite des Paseo, wird bis auf weiteres ein Querschnitt aus den Sammlungen des **Museo de Bellas Artes** ausgestellt, darunter Alonso

Cano (Johannes der Evangelist), Ribera (Hl. Franz von Assisi), Murillo (Hl. Franz von Paula), Luis de Morales (Ecce Homo, Mater Dolorosa) und Zurbarán (Hl. Hieronymus).

An der Plaza de la Marina geht der Paseo in die Alameda Principal über. Von ihr ist es nicht weit in die C. Ataranzas zur Markthalle. Abgesehen von den Köstlichkeiten ist auch das marmorne Eingangstor sehenswert, die Puerta de Ataranzas. Sie wird von einem 14 m hohen maurischen Hufeisenbogen mit kufischen Schriftzeichen gebildet und ist der letzte Rest der unter Abd ar-Rahman III. erbauten riesigen Schiffswerft von Málaga.

Mercado

Altstadt

Der mächtige Kalksteinbau der Kathedrale, der mit denjenigen von ▶ Cádiz, ▶ Jaén und ▶ Granada zu den wichtigsten Kirchenbauwerken der Renaissance in Andalusien zählt, wurde an Stelle einer Moschee 1528 nach Plänen von Pedro López und Diego de Siloé begonnen und 1588 geweiht. Am Gesamtbau, der aus Geldmangel 1783 abgebrochen wurde, waren berühmte Meister wie Enrique de Egas, Andrés de Vandelvira und Diego de Vergara beteiligt. Die sich in drei Portalen öffnende Hauptfassade sollten zwei Türme flankieren, doch nur der 86 m hohe Nordturm ist vollendet. Vom Südturm ragen nur Säulenstummel über die Fassade hinaus, weshalb man die Kathedrale auch La Manquita – »der etwas fehlt« – nennt. Der 115 m lange und 52 m hohe dreischiffige **Kirchenraum** zeichnet sich durch großartige Proportionen und mächtige korinthische Bündelpfeiler aus. Herausragendes Ausstattungsstück ist im Chor (1592 – 1631) das Gestühl

★
**Catedral
La Manquita**

★
◀ Chorgestühl

Catedral de Málaga Orientierung

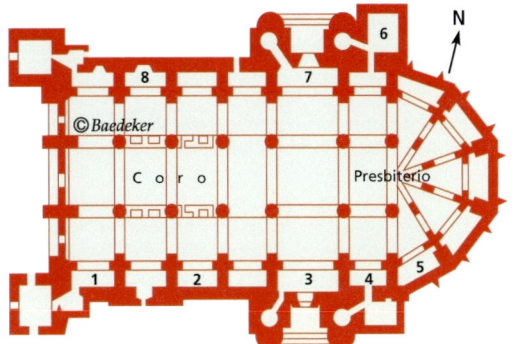

© Baedeker

Coro　Presbiterio

N

1　Capilla Nueva
2　Capilla del Rosario
3　Puerta del Sol
4　Capilla de
　　N. Sra. de los Reyes
5　Capilla de San Francisco
6　Sacristía
7　Puerta de las Cadenas
8　Capilla del Cristo
　　de la Buena Muerte

*Die Kathedrale – eine der wichtigsten
Renaissancekirchen in Andalusien*

(1647 – 1660), von dessen 103 geschnitzten Figuren 40 Pedro de Mena schuf, der von 1658 an der Arbeit von Luis Ortíz und José Micael – von ihnen stammen zwei bzw. zehn Apostelfiguren – fortsetzte. Der moderne Altar in der Capilla Mayor trägt Passionsbilder von 1580. Von den Seiten- und Chorumgangskapellen seien nur die interessantesten erwähnt: Erste Kapelle im rechten Seitenschiff ist die Capilla Nueva mit der Madre Dolorosa de Camponuevo von Pedro de Mena. Die Capilla del Rosario birgt die Rosenkranzmadonna von Alonso Cano. Es folgt die Puerta del Sol mit Gemälden von Palma Vecchio; anschließend die Capilla de Nuestra Señora de los Reyes, die mit die bedeutendsten Kunstwerke der Kathedrale enthält: die knienden Figuren der Katholischen Könige von Pedro de Mena (1681) sowie eine Marienstatuette, die das Paar auf seinen Kriegszügen mitgeführt haben soll. Im linken Seitenschiff verdient die Capilla del Cristo de la Buena Muerte mit Skulpturen von Pedro de Mena Beachtung. Im Kapitelsaal zeigt das Kathedralmuseum religiöse Kunstgegenstände.

Palacio Episcopal Der Palacio Episcopal (Bischofspalais) aus dem 18. Jh. gegenüber dient nun als Ausstellungssaal (Öffnungszeiten: Di. – So. 10.00 bis 14.00, 18.00 – 21.00 Uhr).

Sagrario An der Nordflanke der Kathedrale fällt diese kleine Kapelle mit ihrem sehr schönen isabellinischen Portal auf. Sie war bis zur Weihe der Kathedrale Bischofskirche.

★ **Museo Picasso** Nördlich der Kathedrale ist im Herbst 2003 ein neuer **Anziehungspunkt für alle Picasso-Liebhaber** eröffnet worden: das Picasso-Museum im Renaissancepalast Palacio de los Condes de Buenavista in der C. San Agustín Nr. 8 (www.mpicassom.org). Sein Grundstock ist eine 138 Picasso-Werke umfassende Stiftung der Schwiegertochter des Künstlers. Große Werke fehlen ebenso wie ein konzeptioneller roter Leitfaden. Zu sehen sind Ölbilder, Zeichnungen, Skulpturen und Keramiken aus allen Schaffensphasen, soweit sie der Familienschatz hergibt. Doch ermöglicht wird auch ein intimer Blick auf **Picassos persönliches und familiäres Umfeld** (Öffnungszeiten: Di. – So. 10.00 – 20.00, Fr., Sa. bis 21.00 Uhr).

Die nächste Picasso-Stätte liegt weiter nördlich an der Plaza de la Merced, wo im Haus Nr. 15 Pablo Picasso geboren wurde. Hier sind das Studienzentrum der Fundación Picasso und – in der ehemaligen Wohnung der Familie – ein Museum zu Hause, das Keramik und grafische Arbeiten des Künstlers zeigt (Öffnungszeiten: tgl. 9.30 bis 20.00 Uhr).

Museo Casa Natal de Picasso

> **! TIPP**
>
> **El Hammam**
> Luxuriöses türkisches Bad im ehemaligen jüdischen Viertel von Málaga, unweit des Museo Picasso. Massagen werden angeboten (Anmeldung empfohlen Tel. 952 21 23 27 oder www.elhammam.com).

Wo 1487 die Katholischen Könige ihr Feldlager aufschlugen, wurde die Kirche **Nuestra Señora de la Victoria** errichtet. Sie birgt in einem Camarín die Virgen de la Victoria (15. Jh.), eine Figur der Schutzpatronin der Stadt, Geschenk des Kaisers Maximilian I. an die Katholischen Könige.
Auch zwei Bildwerke von Pedro de Mena sowie die Krypta der Grafen von Buenavista verdienen Beachtung.

Ganz im Westen der Altstadt am Río Guadalmedina ist in dem aus dem 17. Jh. stammenden Gasthof Mesón de Victoria das Museo de Arte y Tradiciones Populares eingerichtet.
Man sieht hier in kunterbunter Anordnung u. a. Kutschen, Weinpressen, eine Backstube, Möbel und eine Sammlung kleiner Figuren mit Trachten des 18. und 19. Jh.s (Öffnungszeiten: Mo. – Fr. 10.00 bis 13.30, 16.00 – 19.00, Sa. 10.00 – 13.30 Uhr).

Museo de Arte y Tradiciones Populares

✱ Alcazaba

Zur Alcazaba, der über dem Hafen und der Altstadt thronenden Burg der maurischen Herrscher, steigt man von der unterhalb der Westflanke verlaufenden C. Alcazabilla auf einem steilen Treppenweg durch Gärten hinauf. Dabei passiert man am Hang die Reste eines römischen Theaters, das zur Zeit des Kaisers Augustus erbaut und 1951 entdeckt wurde.
Der Bau der Festung begann auf römischen Resten im 11. Jh. und erfuhr im 14. Jh. unter den Nasriden erhebliche Erweiterungen und Ausmaße, die der Alhambra von Granada nahekommen. Nach dem Untergang der Mauren verfiel die Burg und erst von 1931 an wurden ernsthafte Rekonstruktionsarbeiten unternommen, sodass man heute wieder einen Eindruck von der einstigen Pracht erhält. Den großen

Öffnungszeiten:
Sommer
tgl. außer Mo.
9.30 – 20.00,
Winter 8.30 – 19.00

In den Gärten der Alcazaba

Reiz der Alcazaba machen jedoch die **wunderschönen Gartenanlagen** in den Höfen aus. Zwei Mauerringe umlaufen den Burgberg. Man betritt den inneren Festungsbezirk durch den Arco de Cristo und befindet sich auf dem Waffenhof. Rechter Hand liegen hinter einem weiteren Torbau die Cuartos de Granada, die bei der Rekonstruktion der Architektur der Alhambra in einfacher Form nachempfunden wurden. Anschließend kommt man in die ebenfalls rekonstruierten Paalsträume der Nasriden und in die Wohnungen des Hofstaats mit Patios, Badeanlage und Zisterne. Am höchsten Punkt erhebt sich die große Torre del Homenaje. Auf der Burg sollen zukünftig wieder die maurischen Sammlungen des Museo Arqueológico präsentiert werden.

Castillo de Gibralfaro

🕒 Öffnungszeiten: Sommer tgl. 9.00 – 20.00, Winter bis 18.00

Von der Alcazaba sieht man hinüber zum Gibralfaro (von arab. Yabal-Faruk = Berg des Leuchtturms). An diesem Platz hatten wohl schon die Phönizier einen Leuchtturm erbaut. Jûsuf I. von Granada errichtete im 14. Jh. eine sechstürmige Festung, die durch einen gedeckten Mauergang mit der Alcazaba verbunden ist, der heute jedoch nicht mehr begehbar ist. Bis auf die Ringmauer ist wenig erhalten; im restaurierten Pulvermagazin erläutert eine Ausstellung die Geschichte der Burg seit 1487. Man gelangt hierher entweder auf einem längeren Fußmarsch (Camino Nuevo nordöstlich der Plaza de la Merced), mit dem Auto oder mit dem Bus Nr. 35 vom Paseo del Parque aus. Belohnt wird man mit einer herrlichen Aussicht auf Stadt, Hafen und Meer und einer Pause im Parador.

★ Aussicht ▶

Umgebung von Málaga

Sport und Freizeit

Málaga besitzt einen großen Sporthafen; im Stadtbereich liegen die Strände Baños del Carmen, El Palo, Acacias, Pedregalejo, El Chanquete und San Andrés. Golf (mehrere Plätze), Tennis, Reitsport und Aquaparks bieten vielfältige Möglichkeiten.

★ **Jardin Botánico La Concepción**

Fährt man auf der Autobahn Richtung Granada und nimmt die Abfahrt Finca de la Concepción, gelangt man ca. 10 km nördlich von Málaga zu einem herrlichen botanischen Garten, der Mitte des 19. Jahrhunderts **von der Engländerin Amalia Loring angelegt** wurde und seit 1990 der Stadt Málaga gehört. Auf fünf verschiedenen Lehrpfaden kann man hier eine sagenhafte Vielfalt an exotischen Pflanzen kennenlernen (Öffnungszeiten: tgl. außer Mo. ab 9.30 Uhr, saisonal unterschiedliche Schließzeiten).

🕒

Die nach Osten durch Zuckerrohrpflanzungen hindurchziehende Küstenstraße erreicht nach 10 km Rincón de la Victoria, einen vor allem von den Einwohnern von Málaga gern frequentierten Badeort. Über ihm entdeckte man eine **große Höhle**, die jungsteinzeitliche Felszeichnungen enthält und Zufluchtsort für Christen und Mauren war. Ihr Name Cueva del Tesoro rührt von dem Volksglauben her, dass die maurischen Herrscher hier Schätze vergraben hätten.

Rincón de la Victoria

Nur 14 km nördlich von Málaga liegt der 4762 ha große Naturschutzpark; er ist auf der A-45 in Richtung Casabermeja zu erreichen. Er bietet mediterrane Vegetation und Nistplätze für Greifvögel.

Montes de Málaga

★ Marbella

F 8

Provinz: Málaga   **Höhe:** 14 m ü. d. M.
Einwohnerzahl: 134 600

War Marbella jahrzehntelang der mondäne Mittelpunkt der ►Costa del Sol, so ist der Lack nun ab: Über hundert anhängige Gerichtsverfahren gegen Amtsträger und ihre Hintermänner haben die Stadt zum Symbol für die an der gesamten Küste grassierende, von Korruption genährte hemmungslose Bauspekulation gemacht. Von diesem Imageschaden erholt man sich nur mühsam– da tat es gut, dass 2010 Michelle Obama zum Baden an den Strand kam.

Die Scheichs und Adeligen haben Marbella inzwischen verlassen; ihren Platz haben Neureiche eingenommen, die nicht immer gern Auskunft über die Quellen ihres Wohlstands geben. Dennoch: Man darf Marbella nicht Unrecht tun. Denn der Ort selbst war nie ein Platz des Massentourismus und zeigt sich als gepflegter, immer noch teurer Ferienort, der sich zwar einigermaßen wohltuend etwa von ► Fuengirola oder ►Torremolinos unterscheidet, doch auch hier säumen Neubauten mit Bars, Restaurants und Boutiquen die Strandpromenade und wird der Hauptverkehr mehrspurig durch den Stadtkern geleitet. Hotelburgen gibt es auch hier, aber Marbella ist vor allem ein Domizil der Villenbesitzer, was auch dazu beiträgt, dass die Zahl von Restaurants, Geschäften und Hotels der gehobenen und höchsten Klasse alle anderen Orte an der Sonnenküste übertrifft.

Trotzdem: ein angenehmer Ferienort

Auch für weniger Betuchte hält Marbella allerhand Zeitvertreib bereit: Lange Strände bieten alle Möglichkeiten zum Wassersport; daneben findet man 50 (!) Golfplätze, eine große Zahl Tennisanlagen, Reiterhöfe, drei Sporthäfen und Segelclubs. Als beste Strände hinsichtlich Qualität und Angebot gelten die Playas de Fontanilla und Nagüeles, die auch entsprechend bevölkert sind.

Sport und Freizeit

⏵ MARBELLA ERLEBEN

AUSKUNFT (OFICINA DE TURISMO)

Glorieta de la Fontanilla, s / n
Paseo Marítimo
Tel. 952 86 89 77, Fax 952 77 14 42
www.marbella.es
Öffnungszeiten: Mo. – Fr. 9.00 – 21.00,
Sa. 10.00 – 14.00 Uhr

ESSEN

► Fein und teuer

La Hacienda
Hacienda las Chapas, N-340, km 193,
Ausfahrt Las Chapas
Tel. 952 83 12 67
Überaus gelobt für seine andalusisch-
moderne Küche; sehr schöne Terrasse.

► Erschwinglich

La Meridiana
Camino de la Cruz, s / n, 3,5 km
Ri. Puerto Banús
Tel. 952 77 61 90
Zum Meridiana mit seiner sehr guten
mediterranen Küche gehört nebenan
der Nobel-Nightclub »La Notte«.

Cuarto Hondo
In Benahavis, Plaza del Castillo, 1
Tel. 952 87 71 37
Im Restaurant der maurischen Burg
sind Fisch und Fleisch zu genießen.

Refugio de Juanar
Bei Ojén, Sierra Blanca, s / n
Tel. 952 88 10 00
Liegt mitten im Jagdgebiet, 10 km
außerhalb von Ojén. Ohne zu zögern
zu empfehlen: Fasan mit Rosmarin.

► Preiswert

① *Altamirano*
Plaza Altamirano, 3
Tel. 952 82 49 32
Sehr gute Fischgerichte und Tapas in
der Altstadt.

② *Bodega La Venencia*
Avda. de Miguel Cano, 15
Tel. 952 85 79 13
Tapas und viele junge Leute.

③ *Restaurante Santiago*
Paseo Marítimo, 5
Tel. 952 77 00 78
Am Paseo Marítimo gehört das San-
tiago mit seinen Meeresfrüchten zu
den besten.

ÜBERNACHTEN

► Luxus

③ *Marbella Club Hotel*
Crta. de Cádiz
Tel. 952 82 22 11
Fax 952 82 98 84
www.marbellaclub.com, 132 Z.
Kleine Luxusbungalows für viel Geld,
dazu Wellness und Golf.

► Komfortabel

② *El Fuerte*
Castillo de San Luis
Tel. 902 34 34 10
www.fuertehoteles.com, 263 Zi.
Das recht edle Haus am Meer – und
doch nahe am alten Ortskern – bietet
schöne Zimmer, Wellness und Sport.

► Günstig

① *El Castillo*
Plaza de San Bernabé
Tel. 952 77 17 39
www.hotelelcastillo.com, 27 Z.
Sehr preisgünstig kommt dieses Hotel
in einem älteren Gebäude im Stadtkern daher. Nicht weit von der Plaza
de los Naranjos.

FEST

Feria de San Bernabé
Hauptfest der Stadt in der
2. Juniwoche.

Marbella war der Hotspot des Jet-Set – die teuren Limousinen steuern heute andere Zeitgenossen.

Die Phönizier gründeten an dieser Küstenstelle eine Niederlassung namens Salduba (Salzstadt). 1485, als die Katholischen Könige die Mauren vertrieben hatten, soll Königin Isabella beim Anblick der Küste ausgerufen haben »¡Qué mar bella!« – »Was für ein schönes Meer!« – und der Name der Stadt war geboren. Marbellas Eintritt in die touristische Welt erfolgte 1953, als **Prinz Alfonso von Hohenlohe** den Marbella-Club gründete, jahrzehntelang Mittelpunkt der High Society. Hier trafen sich Mitglieder des europäischen Adels, Industrielle, Playboys und alle, die dazugehören wollten, und machten das kleine Fischerdorf zu einem Ort der ständigen Parties und des Luxus. Doch erst zu Beginn der 1970er-Jahre kamen die wirklich Reichen: **Arabische Potentaten**, darunter der König von Saudi-Arabien, erkoren Marbella zu ihrem Sommerrefugium und ließen sich Paläste errichten, in denen sie zwar ein vom übrigen Rummel relativ abgeschiedenes Leben führten, aber sehr viel Geld in den Geschäften Marbellas ließen. Als der Costa-del-Sol-Tourismus Mitte der 1980er-Jahre eine Krise durchlebte, zogen sich viele Investoren zurück. Während des Golfkriegs 1991 blieben die Scheichs aus und nun schwang sich die **Skandalfigur Jesús Gil y Gil**, schwerreicher Bauunternehmer und Präsident des Fußballklubs Atlético de Madrid, zum Retter auf, indem er sich zum Bürgermeister wählen ließ – erklärtermaßen, weil ihm sein sozialistischer Vorgänger seine Immobilienspekulationen nicht genehmigte. Gil erlaubte sie nun sich und seinen Freunden selbst, regierte Marbella nach Gutsherrenart und zog frisches Geld heran, wobei es ihm gleichgültig war, ob es von russischen Mafiosi oder zwielichtigen Waffenhändlern kam. Auch die Araber kamen wieder. 2002 enthob der oberste Gerichtshof Spaniens Gil allerdings des Amtes; dubiose Machenschaften bei Atlético brachten ihm 2003 eine Haftstrafe ein und als Präsident des Klubs trat er zurück. Nach seinem Tod 2004 wurde seine Parteigängerin Marisol Yagüe Bürgermeisterin; sie setzte nahtlos das System Gil fort, bis der Sumpf der Korruption so groß geworden war – der Schaden wird auf über zwei Mrd. € beziffert –, dass die spanische Regierung im April 2006 das Stadtparlament zwangsauflöste. Yagüe und 22 ihrer Konsorten wurden verhaftet.

Sehenswertes in Marbella

✴
Ortskern
Im Vergleich zum Rest von Marbella gibt sich der Ortskern mit seinen weißen, blumengeschmückten Häusern und den Überresten der mittelalterlichen Wehrmauer etwas ruhiger. Man trifft sich am seit 1704 plätschernden Brunnen auf der von Orangenbäumen, Bars und

Marbella Orientierung

Essen
1 Altamirano
2 Bodega La Venecia
3 Restaurante Santiago

Übernachten
1 El Castillo
2 El Fuerte
3 Marbella Club Hotel

Restaurants gesäumten Plaza de los Naranjos; hier steht auch das Rathaus, dessen oberes Stockwerk mit Fresken aus dem 16. Jh. ausgemalt ist. Das **Museo del Grabado** erläutert die **Kunst des Gravierens** und zeigt entsprechende Werke von Picasso, Miró und Tapiés (Öffnungszeiten: Di. bis So. 11.00 – 14.00 und 16.00 bis 19.00 Uhr); nicht weit davon sollte man in der Kirche Nuestra Señora de la Encarnación einen Blick auf den barocken Retablo werfen. Oberhalb des Orts stehen noch die Reste eines maurischen Kastells mit Mauern, Burghof und Bergfried.

Herz der Altstadt ist die Plaza de Naranjos.

Im Parque de Arroyo de la Represa kann man eine stattliche Sammlung von Bonsai-Gewächsen bewundern (tgl. 10.30 bis 13.30, 17.00 – 20.00, Winter: 16.30 – 18.30 Uhr).

Museo Bonsai
🕐

Am westlichen Ortsrand Richtung San Pedro leuchtet links oberhalb der Küstenstraße die Moschee von Marbella, die Prinz Salman, der Gouverneur der saudi-arabischen Hauptstadt Riad, als **erstes moslemisches Gotteshaus in Spanien seit dem 15. Jh.** errichten ließ. Ein Pferdestall und ein Hubschrauberlandeplatz gehören selbstverständlich dazu. König Fahd und Familie residieren übrigens in einem dem Weißen Haus nachempfundenen Palast.

Mezquita del Rey Abd-el Aziz
🕐
Öffnungszeiten: Sommer: Sa. – Mi. 19.00 – 21.00, Winter: 17.00 – 19.00

Am nordwestlichen Stadtrand wurde in der C. José Luis Morales y Marín eine Ölmühle zur charaktervollen Ausstel-

Cortijo de Miraflores

Auch den Marbella-nos wurde es zu bunt: 2006 gingen sie gegen die korrupte Verwaltung auf die Straße.

EIN SUMPF DER KORRUPTION

Marbella ist das Symbol des »desarrollismo«, einer hemmungslosen »Stadtentwicklung«, die diesen Namen nicht verdient, denn sie unterlag nur einer Regel: Geld machen um jeden Preis.

Allerdings ist dieses Problem nicht auf Marbella oder die Costa del Sol beschränkt, es ist ebenso an der Costa Brava oder an der Costa Blanca zu beobachten. Nur: In Marbella haben die Akteure alle Grenzen schamlos überschritten – angefangen bei Gil y Gil, der gelegentlich in Champagner badete, fortgesetzt von Marisol Yagüe, die sich ihre Schönheitsoperationen von Spekulanten bezahlen ließ, dabei unterstützt von ihrer Stellvertreterin Isabel Marcos, die bei ihrer Verhaftung 360 000 Euro in der Plastiktüte dabei hatte, und »vollendet« von beider Nachfolger Julian Muñoz, der schon nach zwei Monaten im Amt verhaftet wurde.

Der Mann im Hintergrund

Die Fäden zog aber Juan Antonio Roca, selbst ernannter »Städtebauberater«, der sich – nur eine kleine Extravaganz – im Garten einen Tiger hielt. Er war 1991 arbeitslos in Marbella angekommen und erschloss sich bald einen lukrativen Verdienst: Geldwäsche. Dubioses Geld steckte er in den Kauf von Grundstücken und in Bauprojekte, die jegliche Vorschriften ignorierten – schließlich waren die kommunalen Entscheidungsträger kräftig geschmiert worden. Möglich war dies aber nur durch das 1998 erlassene **Grund- und Bodengesetz**, das den Gemeinden so gut wie keine Schranken bei der Deklarierung von Bauland auflegte – die Lizenz zum Geld drucken. Marbella wurde zum quasi rechtsfreien Raum, was Roca auch nicht verhehlte: »Das Rathaus bin ich.« Er ahnte nicht, dass sein Telefon abgehört wurde. Im Frühjahr 2006 schlug die Staatsmacht zu und verhaftete ihn und seine Komplizen. Ende September 2010 begann schließlich der Prozess gegen über 100 Angeklagte.

Und nun?

In Marbella gibt es heute **ca. 30 000 illegal gebaute Wohnungen**, von vielen in gutem Glauben erworben. Man kann sie schlecht belangen. Also werden nur baufällige Gebäude abgerissen und bei Neubauten peinlich die Vorschriften befolgt. Ansonsten setzt man auf den »Plan Qualifica« für einen hochwertigen Tourismus, der u. a. Radwege vorsieht.

lungshalle umgewandelt, die hauptsächlich **moderne Kunst** zeigt
(Öffnungszeiten: Mo. – Fr. 9.00 – 14.30, 17.00 – 21.30 Uhr).

Umgebung von Marbella

Westlich von Marbella können Freizeitkapitäne mit entsprechendem
Portemonnaie im Luxus-Sporthafen Puerto Banús ankern. Wer kein
Boot hat, kann hier immerhin **manche Luxusyacht**, **den dazugehöri-
gen Rolls oder Ferrari** bestaunen und **Prominente gucken**. Die lassen
sich gerne in einem der Luxusrestaurants an der Promenade nieder,
bevor es zum Feiern in die Disco oder ins Casino geht.

Puerto Banús

Im Hinterland von Marbella, der Sierra Blanca, herrscht nur wenige
Kilometer vom Society-Rummel entfernt die Ruhe der Natur. Ausflüge lohnen sich nach Ojén mit seiner Kirche aus dem 16. Jh. und
weiter nach Monda, wo ein hübscher Ortskern die barocke Iglesia de
Santiago umschließt, während die Reste der maurischen Burg in ein
Hotel integriert wurden – das wiederum eine wunderschöne und gar
nicht einmal so teure Unterkunft abgibt.

Sierra Blanca

San Pedro Alcántara

Zur Gemeinde Marbella gehört das westlich sich anschließende San
Pedro Alcántara. Es steht touristisch im Schatten des mondänen
Nachbarn, zumal es noch knapp einen Kilometer landeinwärts liegt.
Das hat den Vorteil, das es auf der zentralen Plaza de la Iglesia eini-
germaßen ruhig zugeht und den Nachteil, dass man zur Strandpro-
menade etwas länger unterwegs ist. Trotzdem manifestiert sich der
Tourismus in einer Vielzahl von Ferienwohnungen und Bungalows.
San Pedro wurde 1860 vom Marqués del Duero als Landkolonie ge-
gründet; aus dieser Zeit stammt noch die Zuckerfabrik El Trapiche
de Gaudaiza. Zudem findet man drei bemerkenswertere Altertümer.

Ein junger Ort

In einem Eukalyptushain beim Strand sind die Grundmauern der
frühchristlichen Basilika Vega del Mar erhalten. Sie wurde im 4. Jh.
erbaut, kurz nach Fertigstellung durch eine Flut zerstört und danach
wieder errichtet. Im Jahr 526 erneut eingestürzt, diente sie den Westgoten fortan als Begräbnisstätte. Zu sehen sind zwei Taufbecken, davon eines in Form eines Kreuzes, sowie zwei Apsiden.

**Basilica
Vega del Mar**

Westlich der Basilika liegen an der Mündung des Río Guadalmina
die Reste eines römischen Bads aus dem 3. Jh. n. Chr., das aus einem
Becken mit sieben rundum angeordneten Räumen bestand.

**Römische
Thermen**

Wieder 4 km zurück Richtung Marbella entdeckte man bei Río Verde
Reste der römischen Siedlung Silniana: einen fünfbogigen Rundbau,
der als Wasserreservoir diente, und eine Villa mit sehr schönen Mosaikfußböden, auf denen allerlei **antikes Küchengerät** dargestellt ist.

**Römische
Ruinen**

★ ★ **Medina Azahara**

F 6

Provinz: Córdoba   **Höhe:** 649 m ü. d. M.

Nachdem Abd ar-Rahman III. sich als Kalif von Córdoba gefestigt hatte, begann er, eine repräsentative Residenz außerhalb der Stadt zu erbauen. Er wählte dafür einen Abhang der Sierra de Córdoba über der Ebene des Guadalquivir und gab ihr, vermutlich zu Ehren seiner Favoritin, den Namen Madinat al-Zahrá (die Blume).

Palaststadt der Kalifen von Córdoba

Auch wenn heute der allergrößte Teil der Palaststadt zerstört ist, geben die verbliebenen Bauten, umgeben von Zypressen, Palmen, Steineichen und Orangenbäumen, doch einen überwältigenden Eindruck von der Pracht, die einst hier geherrscht haben muss. Man erreicht den heute Medina Azahara genannten Ort am besten auf der aus ▶Córdoba herausführenden A-431, von der nach 8 km eine Zufahrtsstraße rechts abzweigt. Der Eingang zum Gelände befindet sich am höchsten Punkt der ehemaligen Stadt; von hier führt ein ausgeschilderter Rundgang zu den wichtigsten freigelegten Bauten.

Geschichte

Die Bauarbeiten begannen im November 936 unter der Leitung von Abd ar-Rahmans Sohn Al-Hakam und dauerten fast 25 Jahre. Über 10 000 Arbeiter und Handwerker waren beschäftigt, aus Kalkstein, Ziegeln und kostbarsten Materialien – u. a. roter, blauer und weißer Marmor, Ebenholz, Elfenbein und Gold – eine Stadt zu bauen, die in ihrer Glanzzeit Platz für 30 000 Menschen bot. Sie erstreckte sich auf 1500 m x 750 m und war, bis auf die Nordseite, von einer doppelten Mauer umgeben. Zwei Tore führten hinein, das Bergtor im Norden und das Tor der drei Kuppeln (Bab al-Cubbá) im Süden, das eine antike Frauenfigur krönte, die viele für das Abbild der Zahrá hielten. Medina Azahara war Schauplatz prunkvoller Feste und Empfänge für Gesandte. Doch die Pracht hielt keine 75 Jahre – die inneren Zwiste, an denen das Kalifat von Córdoba zerbrach, verschonten auch Medina Azahara nicht. Im Jahr 1010 fielen Berber, denen der Aufwand und der Prunk eine Gotteslästerung waren, in die Stadt ein und zerstörten sie. Die Almohaden und die Almoraviden benutzten die Trümmer als Steinbruch und Medina Azahara geriet in Vergessenheit. Erst zu Beginn des 20. Jh.s begannen Ausgrabungen, die bis heute noch nicht abgeschlossen sind. Am Rande der Ausgrabungsstätte bauten die Architekten Nieto und Sobejano ein 2009 eröffnetes **neues Museum**, das einen modernen Baukörper mit arabischem Stil vereint und somit das Ambiente von Medina Azahara unberührt lässt. Hier wird über die Geschichte der Palaststadt informiert und Fundstücke wie Keramik, Säulenkapitelle und Glas ausgestellt.

Rundgang

Die Stadt war in drei Bezirke unterteilt: Die höchste Ebene nahm der Palastbezirk ein mit der Residenz des Kalifen, den Häusern für die

Der besterhaltene Teil von Medina Azahara ist der Saal Abd ar-Rahmans III.

höchsten Würdenträger, dem Saal der Botschafter, den Militärgebäuden und Gärten. Er war durch eine Mauer von den übrigen Teilen der Stadt abgetrennt. In der mittleren Ebene waren weitere Gärten und eine Menagerie angelegt; in der unteren Ebene lagen Wohnhäuser für die Hofbediensteten, Läden und Werkstätten.

Rechts vom Eingangsgebäude liegen die nicht zugänglichen Reste des eigentlichen Kalifenpalasts und des Hauses des Großwesirs. Vom Eingang geht es nach links bergab zum nördlichen Tor und dann auf Rampen weiter zum rechts liegenden Dar al-Yûnd, der mit mehreren Innenhöfen als **Militärquartier** diente.

Der Rundgang führt weiter zum Dar al-Wuzara, dem **Haus der Wesire**, dessen Mittelpunkt ein geräumiger Basilikensaal bildet, in dem der Wesir Audienz hielt. Unterhalb dieses Gebäudes sieht man links vier mächtige Bögen. Sie bildeten das Tor zum **Waffenplatz**, auf dem exerziert wurde und Paraden stattfanden. Vom Waffenplatz blickt man hinab auf die **Fundamente der Moschee**, 941 als erstes Gebäude mit Vorhof, Brunnen für die rituellen Waschungen und fünfschiffigem Gebetsraum fertig gestellt. Deutlich erkennbar ist die Ausrichtung nach Mekka.

In der Mitte der Anlage liegt der Saal Abd ar-Rahmans III, auch **Saal der Botschafter**, denn hier empfing der Kalif die Gesandten fremder Fürsten. Es ist das am besten restaurierte und prächtigste Gebäude der Ruinenstätte. Hinter einer Front von fünf Hufeisenbögen, die auf roten und blauen Marmorsäulen mit kunstvollen Kapitellen ruhen, öffnet sich zunächst ein Vorraum. An ihn schließt sich der dreischif-

⏱
Öffnungszeiten:
Di. – Sa.
10.00 – 20.30
(Mitte Sept. – April
bis 18.30),
So. 10.00 – 14.00

★★
Saal Abd ar-
Rahmans III.

fige Hauptraum an, den ebenfalls von roten und blauen Säulen getragene Hufeisenbögen abteilen. Jenseits der beiden Seitenschiffe,
durch Wände abgetrennt, lagen die Schlaf- und Ruheräume, sodass
das Gebäude insgesamt aus fünf Schiffen besteht. Überwältigend ist
die Formenvielfalt der in feinster Steinmetzarbeit ziselierten Flach-
reliefs (ataurique) der Wände: Florale Motive wie der Lebensbaum
wechseln ab mit Vogeldarstellungen und kufischen Schriftzeichen,
die den Kalifen lobpreisen, die Namen der Bildhauer nennen und die
Bauzeit des Palastes (952 bis 957) angeben.

Gärten Unterhalb der vor dem Saal der Botschafter verlaufenden Rampe erstrecken sich die zu Zeiten des Kalifen mit exotischen Pflanzen bewachsenen und durch ein ausgeklügeltes Kanalsystem bewässerten
Gärten. Genau gegenüber des Saals sieht man die Reste des Pavillons
des Kalifen, der von vier Wasserbecken umgeben ist. Das Gelände
jenseits der Gärten ist nicht zugänglich.

Umgebung von Medina Azahara

San Jerónimo Wenig oberhalb der Palaststadt liegen die Ruinen des Klosters San
Jerónimo. Es wurde 1408 erbaut und hatte oft Isabella die Katholische zu Gast, die hier die bei der Eroberung von Granada 1492 er-
beuteten Banner aufbewahren ließ. Die Anlage ist Privatgelände.

Las Ermitas ▶Córdoba, Umgebung

Almodóvar ▶Córdoba, Umgebung

Medina Sidonia

D 9

Provinz: Cádiz   **Höhe:** 300 m ü. d. M.
Einwohnerzahl: 11 600

**Von einer Anhöhe inmitten des klassischen Lands der Kampfstier-
zucht leuchten die weißen Würfelhäuser von Medina Sidonia, dem
Sitz des gleichnamigen Herzogengeschlechts. Sie gehören zu den
reichsten Großgrundbesitzern Andalusiens – ihre einstige politische
Macht haben sie gegen eine nicht minder große ökonomische
eingetauscht.**

Alter Adelssitz Medina Sidonias Anfänge reichen weit zurück: Der Name verweist
auf das phönizische Sidon, sodass vermutet wird, dass phönizische
Seefahrer hier eine Siedlung gründeten. Alfons X., der 1264 die Mauren aus der Stadt vertrieben hatte, überließ sie 1292 nach der Eroberung von Tarifa Guzmán el Bueno, dessen Familie 1430 in den Her-
zogsstand erhoben und eine der mächtigsten Spaniens wurde. Alonso

de Guzmán, Herzog von Medina Sidonia, war der Kommandeur der Spanischen Armada, die 1588 im Ärmelkanal unterging. Er hat das Fiasko überlebt und wurde 1595 Capitán General del Mar Oceanao. Eine spätere Herzogin von Medina Sidonia, Luisa Isabel Álvarez de Toledo (1936–2008), war bekannt als **La Duquesa Roja (die rote Herzogin)**, denn als vehemente Franco-Gegnerin und Kämpferin für soziale Gerechtigkeit war sie für ihre Überzeugung auch ins Gefängnis gegangen. Sie lebte in ► Sanlúcar de Barrameda.

> ### ! TIPP
>
> **Verführungen**
>
> Die Mauren brachten die Zuckerbäckerei nach Andalusien. Besondere Fertigkeiten entwickelten die Konditoreien von Medina Sidonia, denn die Stadt ist bis heute eine Hochburg des süßen Handwerks. Berühmt sind die Alfajores aus Mandeln, Haselnüssen, Honig und Zimt – besonders gut sind sie aus der Konditorei Sobrina de las Trejas an der Plaza de España Nr. 7. Auch die Barfüßigen Augustinerinnen aus dem Convento de Jesús, María y José an der Plaza de las Descalzas verstehen sich aufs Backen.

Sehenswertes in Medina Sidonia

Stadttore
Drei mittelalterliche Stadttore sind erhalten: Arco de Belén, Arco del Sol und der den Eingang zur Altstadt bildende Arco de la Pastora, in maurischer Zeit als doppelter Hufeisenbogen errichtet.

Torre de Doña Blanca
Durch schmale Gassen erreicht man bergan den Festungsbezirk. Bedeutendster Rest der Burg ist die Torre de Doña Blanca, in der **Pedro der Grausame** seine Gemahlin Blanca de Borbón gefangen hielt, da er sich lieber mit María de Padilla vergnügte. Noch eine Tragödie spielte sich in der Burg ab: Pedro der Grausame ließ hier die Geliebte Alfons XI., Leonór de Guzmán, ermorden. Er selbst wurde 1369 von Leonórs Sohn Enrique umgebracht.

 MEDINA SIDONIA ERLEBEN

AUSKUNFT (OFICINA DE TURISMO)

Plaza de la Iglesia Mayor, s/n,
E-11170 Medina Sidonia
Tel. / Fax 956 41 24 04
www.turismomedinasidonia.com

ESSEN

► **Preiswert**
Cádiz
Plaza España, 13
Tel. 956 41 02 50
Hier am Hauptplatz treffen sich auch die Einheimischen, regionale Küche.

Mesón Machín
Plaza Iglesia, 9
Gute und günstige Gerichte und Tapas gegenüber der Kirche Santa María, von der Terrasse Panoramablick über die Stadt.

ÜBERNACHTEN

► **Günstig**
Los Balcones
C. La Loba
Tel. 652 04 85 16
www.losbalcones.net
Kleines, schönes Stadthotel.

Medina Sidonia in der Abenddämmerung

Santa María la Coronada

Auf dem Burghügel erbaute man Ende des 15. Jh.s die Pfarrkirche Santa María la Coronada. In ihr tagte die **Inquisition**, wie Schnitzereien – Schwert, Palme, Dominikanerkreuz – auf einer Bank hinter dem Chorgestühl belegen. Sehenswert sind auch ein Porträt von Ribera und der riesige Marienretablo von Vazquez d.Ä. und Turín.

Römische Ausgrabungen

Einen eindrucksvollen Blick in römisches Alltagsleben eröffnet die ausgegrabene **Kanalisation**. Sie stammt aus dem 1. Jh. v. Chr. und ist mit Kanälen von ca. 30 m Länge und 2 m Höhe ein Meisterwerk römischer Ingenieurskunst (C. Espíritu Santo 3; Öffnungszeiten: Sommer tgl. 10.00 – 14.00, 18.00 – 20.00; Winter tgl. 10.00 – 14.00, 16.00 bis 18.00 Uhr.)

Ermita de los Santos Mártires

Die Ermita de los Santos Mártires am Stadtrand stammt aus der ersten Hälfte des 7. Jh.s und ist ein in Andalusien **rares Beispiel westgotischer Baukunst**. Alljährlich findet hier in der letzten Septemberwoche eine Prozession zu Ehren der Virgen de Loreto statt.

Umgebung von Medina Sidonia

Alcalá de los Gazules

Im 23 km östlich liegenden Alcalá de los Gazules, einem weiteren Weißen Dorf, sind noch die Reste der arabischen Burg und zwei Tore der Stadtmauer zu sehen. Alcalá ist ein idealer Ausgangspunkt für die Erkundung des Naturparks ►Los Alcornocales.

Cuevas del Tajo y de las Figuras

Über Benalup de Sidonia südöstlich von Medina Sidonia erreicht man die Höhlen von El Tajo und Las Figuras, in denen prähistorische Malereien, Werkzeuge und Pfeilspitzen entdeckt wurden.

Melilla

außerhalb

Spanisches Hoheitsgebiet in Afrika   **Provinz:** Málaga
Einwohnerzahl: 68 800   **Höhe:** Meereshöhe

**Die arabisch Mlilya oder Ras el Querk (berberisch: Tamlilt) genann-
te Hafen- und Garnisonsstadt Melilla, eine 12,3 km² große spanische Enklave (Plaza de Soberanía) und Freihandelszone, liegt an
der marokkanischen Mittelmeerküste in einer Bucht der Halbinsel
Beni Sicar, 25 km südlich vom Cabo Tres Forcas (Cap des Trois Four-
ches).**

Die Mehrzahl der Bewohner Melillas ist spanischer Nationalität.   **Enklave in**
Dem entspricht auch der andalusische Charakter der Stadt, die sich   **Nordafrika**
halbkreisförmig um den Hafen und die Küste erstreckt. Sie zeigt ein
typisch spanisches Flair mit großen, geraden, sich rechtwinklig
kreuzenden Straßen, weiträumigen Plätzen und Parks. Der alte, von
Festungsmauern umgebene Kern, 30 m hoch auf einer kleinen Landzunge gelegen, ist seit dem 16. Jh. beinahe unverändert geblieben.
War Melilla bislang aber rein spanisch geprägt, so fällt mittlerweile
an den Stadträndern und den Außenbezirken die Besiedlung durch
legal und illegal eingewanderte Marokkaner auf. Diese stellen heute
etwa 10 % der Bevölkerung.
Wirtschaftlich ist die spanische Enklave fast völlig vom Mutterland
abhängig. Der Hafen wurde zur Zeit des spanischen Protektorats für
den Export von Eisen- und Bleierzen aus den östlichen Ausläufern
des Rif über Melilla angelegt. Wichtiger ist derzeit allerdings die Sardinenfischerei; ein Großteil der Fänge wird an Ort und Stelle in Kon-
servenfabriken weiterverarbeitet. Neben Christen und Moslems lebt
in Melilla auch eine lebendige jüdische Gemeinde und sogar einen
Hindu-Tempel gibt es hier.

▶ MELILLA ERLEBEN

ANREISE

Mit dem Flugzeug aus Almería und
Málaga; Fähren der Trasmediterránea
verkehren 6- bis 7-mal pro Woche
von Almería und von Málaga (Fahr-
zeit 6 – 7 bzw. 7 – 8 Std.)

AUSKUNFT
(OFICINA DE TURISMO)

Palacio de Congresos y Exposiciones
C. Pintor Fortuny, 21, E-52004 Melilla
Tel. 952 97 61 51

Fax 952 67 96 16
www.melillaturismo.com

ÜBERNACHTEN
▶ Komfortabel
Parador de Melilla
Avda. Cándido Lobera, s / n
Tel. 952 68 49 40
Fax 952 68 34 86
www.parador.es, 40 Z.
Modernes Haus über der Stadt mit
Blick auf Festungswälle und Hafen.

Geschichte Melilla entstand aus der phönizischen Gründung Rusadir, neben Lixius die älteste Siedlung der Phönizier in Marokko. Sie erlitt dasselbe Schicksal wie alle phönizischen Siedlungen, wurde also zunächst karthagisch, dann römisch, vandalisch, byzantinisch und schließlich arabisch. Die Araber zerstörten sie bei ihrem zweiten Eroberungszug 705 völlig, bauten sie aber im 10. Jh. wieder auf und machten sie ab dem 13. Jh. unter den Meriniden zu einem der wichtigsten Häfen der nordafrikanischen Küste. 1497 eroberten die Spanier Melilla. In der Folgezeit war es zwar immer wieder, letztmals 1921 gegen Abd-el Krim, hart umkämpft, blieb aber stets in spanischen Händen. Nach der Erhebung zur zollfreien Zone 1887 erreichte Melilla schließlich in der Protektoratszeit zwischen 1914 und 1956 seinen zweiten wirtschaftlichen Höhepunkt. Als mit der Unabhängigkeit Marokkos das Hinterland verloren ging und 1962 mit der Unabhängigkeit Algeriens auch die Käufer zollfreier Waren aus diesem Land ausblieben, verlor Melilla wieder an Bedeutung. Der Rückgang der Einwohnerzahl von 100 000 auf ca. 65 000 zeigt dies deutlich. Zum 500. Jahrestag der Eroberung durch die Spanier, 1997 gefeiert, hat sich Melilla herausgeputzt und sich u. a. einen neuen Yachthafen gegönnt. Wie in Ceuta versuchten 2005 auch in Mellila illegale Einwanderer massenhaft die Grenzanlagen zu überwinden.

Sehenswertes in Melilla

Melilla Vieja (Altstadt) Als Ausgangspunkt für einen Stadtbummel bietet sich die Plaza de España an. Westlich davon liegt die Neustadt (Ciudad Moderna oder Nueva) und nordöstlich auf einer kleinen, etwas höher gelegenen Halbinsel, mit steil zum Meer abfallenden Felsen, die Altstadt. Sie wird auch Pueblo genannt und ist von Befestigungsmauern und Bastionen aus dem 16. Jh. umgeben; man betritt sie durch den Tunel de San Fernando und ist bald auf der zentralen Plaza de Armas, wo mit der Capilla de Santiago die **einzige gotische Kapelle Afrikas** steht. Von der Stadtmauer hat man Ausblicke auf die Stadt und die Küste. Im östlichen Teil der Altstadt kommt man zur **Iglesia de la Concepción** (16. Jh.) mit der Marienstatue Virgen de Victoria (17. Jh.), der Schutzpatronin der Stadt, und der eindrucksvollen Christusfigur Cristo del Socorro aus dem 16. Jh., die besonders verehrt wird. Nördlich der Kirche liegt das Stadtmuseum (**Museo Municipal**), das Funde aus neolithischer Zeit, Keramiken, Münzen und Eisenteile aus römisch-punischer Zeit sowie Waffen, Fahnen und Pläne aus der jüngeren Stadtgeschichte ausstellt.

Ciudad Moderna (Neustadt) Was man in Afrika kaum erwartet: **ein Jugendstilgebäude am anderen**, z. B. das Telegrafenamt (C. Candido Lobera) oder die Casa de los Cristales (C. General Prim). Die ab 1898 entstandene Neustadt war eine **Spielwiese des Modernisme**, denn ihre Planung bestimmte fast 50 Jahre lang der Gaudí-Schüler Enrique Nieto. Die von Nordwesten in die Plaza de España einmündende Avenida de Juan Carlos I

Rey ist die Hauptgeschäftsstraße der Neustadt; in der nördlich dazu parallel verlaufenden C. del Ejercito Español / C. Lopez Moreno sowie in einigen Querstraßen kann man ebenfalls einkaufen. Westlich der Plaza de España liegt der Parque Hernández.

Am südlichen Ausgang der Stadt laden die Playas de San Lorenzo und de los Cárabos zum Baden ein. ◀ Strände

★

25 km nördlich von Melilla stürzt am Ende der Halbinsel, dem Cabo Tres Forcas, das marokkanische Festland **400 m tief senkrecht ins Meer** ab. Vom Leuchtturm hat man eine prächtige Aussicht. Auf dem Rückweg empfiehlt sich ein kurzer Abstecher an den schönen Sandstrand Playa Charranes an der Nordwestküste der Halbinsel Beni Sicar (Gelaia). Das gesamte Gebiet gehört zu Marokko, so dass bei diesem Ausflug die Grenze überquert werden muss (Reisepass nicht vergessen!) – meist eine Zeit raubende Angelegenheit, zumal die Zufahrt auch schlecht ist.

Cabo Tres Forcas

Mojácar

Provinz: Almería   **Höhe:** 172 m ü.d.M.
Einwohnerzahl: 7600

Das im Nordosten der Provinz Almería gelegene Mojácar dämmerte vor vierzig Jahren noch im Dornröschenschlaf. Dann entdeckten es Mitteleuropäer, oft Künstler und Aussteiger, und die touristische Entwicklung nahm ihren Lauf.

Mit der touristischen Entwicklung entstand ein neuer Ortsteil: Mojácar Playa, dessen Discos, Bars und Hotels beiderseits des Paradors sich am Strand verteilen und dabei immerhin auf hässliche Betonburgen verzichten. Auch am ca. 2 km landeinwärts gelegenen alten Ort ist diese Entwicklung nicht spurlos vorübergegangen, was man in der Hochsaison deutlich bemerkt, wenn vor allem Briten, aber auch viele Deutsche den Ort regelrecht besetzen. Mittlerweile haben sich auch viele als Dauerresidenten niedergelassen. Doch nach wie vor besticht Mojácars spektakuläre Lage auf einem Bergrücken, von dem die aufeinander getürmten weißen Häuser herableuchten.Der nahe Strand ist einer der schönsten an dieser Küste.

Strandleben und herausgeputztes Idyll in spektakulärer Lage

Mojácar liegt in einem seit dem zweiten vorchristlichen Jahrtausend besiedelten Gebiet. Sein bis heute prägendes Erscheinungsbild verdankt es den Mauren, die den Ort Murgisacra nannten. Nachdem nach der Eroberung von Granada das moriskische Mojácar sich als königstreu erwiesen hatte, verliehen ihm die Katholischen Könige Religionsfreiheit, sodass bis ins 18. Jh. hinein Muslime, Juden und Christen friedlich zusammenlebten.

Geschichte

▶ MOJÁCAR ERLEBEN

AUSKUNFT (OFICINA DE TURISMO)

Plaza del Frontón, s/n,
E-04638 Mojácar
Tel. und Fax 950 61 50 25
www.mojacar.es

ESSEN

▶ Erschwinglich

Mamabel's
Embajadores, 5
Tel. 950 47 24 48
www.hotelmamabels.com
Das hübsche Hotel hat ein eben-
solches Restaurant. Sehr schön ist es
abends auf der Terrasse; Spezialitäten:
Paella und Couscous.

ÜBERNACHTEN

▶ Komfortabel

Parador de Mojácar
Paseo del Mediterráneo, 339

Tel. 950 47 82 50
www.parador.es, 87 Z.
Der moderne Parador liegt unten an
der Küste wenige Meter vom Strand
in einer großen Parkanlage. Die
Küche wird allgemein gelobt.

▶ Günstig

Mamabel's
Embajadores, 5
Tel. 950 47 24 48
www.hotelmamabels.com, 9 Z.
Gepflegte Bleibe voller Nostalgie im
alten Ort hoch über der Küste,
manche Zimmer haben Meerblick.

FEST

Moros y Cristianos
Anfang Juni lässt Mojácar far-
benprächtig die Erinnerung an die
Schlachten der Mauren und Christen,
die einst um den Ort tobten, aufleben.

Sehenswertes in Mojácar

★★
Aussichten

Mojácar besitzt keine nennenswerten Sehenswürdigkeiten, sieht man
von der Kirche Santa María aus dem 15. Jh. und dem Mirador del
Castillo ab, dem Rest der maurischen Alcazaba, von dem man eine
fantastische Aussicht auf Küste und Hinterland hat. Auch die Plattform an der Plaza Nueva bietet schöne Ausblicke. Mojácars Reiz liegt
in der herausgeputzten Romantik seiner engen Gassen, die mit viel
Blumenschmuck den Strandurlaubern das **Flair eines maurisch geprägten Dorfs** vermitteln will – was auch gelingen kann, sofern man
die Masse der Bars, Souvenirshops, Restaurants und die Touristen
beim Malkurs übersieht. Allüberall anzutreffen ist »Indalo«, das einer
prähistorischen Felszeichnung der Cueva de los Letreros bei ▶Vélez
Blanco nachempfundene Ortssymbol und touristisches Wahrzeichen
der Costa de Almería.

Umgebung von Mojácar

**Cuevas de
Almanzora**

Über das nördlich von Mojácar gelegene Garrucha – heute Strand-
bad, aber immer noch auch Fischerdorf und deshalb bekannt für sei-

ne Fischrestaurants – und das Landstädtchen Vera erreicht man nach 24 km von Mojácar Cuevas de Almanzora. Es verdankt seinen Namen prähistorischen Höhlen, die außerhalb in einer hohen Felswand zu finden sind (Weg ist ausgeschildert). Fast beeindruckender aber erweist sich im Ort der festungsartige Palacio del Marqués de los Velez aus dem 16. Jh., in dem ein archäologisches Museum, ein Museum für zeitgenössische Kunst sowie eine Freilichtbühne eingerichtet wurden.

Südlich von Mojácar folgt die Straße zunächst der Küste, biegt dann aber nach Agua de Enmedio ins Landesinnere ab, um in engen Kurven ein Vorgebirge zu umrunden. Dabei tut sich manch spektakulärer

Weiße Mauern und rote Blüten in Mojácar

Blick auf, bis man in Carbones am Nordrand des Naturparks ► Cabo de Gata angekommen ist, einem relativ ruhigen, nicht teuren Badeort – vielleicht, weil das riesige Elektrizitätswerk hinter dem Strand doch zu abschreckend wirkt. Viel hübscher ist da das noch 8 km entfernte Agua Amarga im Naturpark Cabo de Gata (►S. 197). Ebenfalls im Naturschutzgebiet liegt Spaniens berühmteste und inzwischen zur Touristenattraktion gewordene **Bauruine**, das unvollendete Luxushotel El Algarrobico.

Carboneras

Montilla

F 6

Provinz: Córdoba
Einwohnerzahl: 23 800

Höhe: 379 m ü. d. M.

Das südlich von ►Córdoba liegende Städtchen Montilla gab seinen Namen dem im D.O.-Gebiet Montilla-Moriles angebauten Wein, der so sehr den Weinen aus ►Jerez de la Frontera ähnelt, dass sogar eine ganze Sherry-Sorte Amontillado genannt wird.

Montilla-Wein steht dem Sherry in nichts nach; der Hauptunterschied besteht in einer anderen Rebsorte (Montilla: Ximénez-Traube; Sherry: Palomino-Traube), die etwas früher gelesen wird – Montilla gibt den **Startschuss für die Weinlese in ganz Spanien**. Der Wein wird in tinajas gefüllt, bis zu 5000 l fassenden birnenförmigen Ton-

Heimat des Montilla-Weins

⏵ MONTILLA

**AUSKUNFT
(OFICINA DE TURISMO)**
C. Capt. Alonso de Vargas, 3
E-14550 Montilla
Tel. 957 65 24 62
www.montilla.es

ESSEN

▶ **Erschwinglich**
Meson Las Camachas
Avda. Europa, 3
Tel. 957 65 00 04
Fleisch und Fisch – gebraten
und gegrillt.

FEST

Fiesta de la Vendimia
Weinlesefest Anfang September.

krügen (▶Baedeker Special S. 308). Die Region, eine der heißesten Spaniens mit Sommertemperaturen von oft über 40 °C, ist auch bekannt für ihre Olivenprodukte.

Unweit der heutigen Stadt fand im Jahr 45 v. Chr. die Schlacht von Munda Baetica zwischen den römischen Bürgerkriegsparteien von Pompejus und Cäsar statt. In Montilla wurde Gonzalo Fernández de Córdoba, genannt El Gran Capitán, der berühmte Feldherr der Katholischen Könige geboren.

Sehenswertes in Montilla

Größte **Bodega** am Platz und mit dem **Gründungsjahr 1729** eine der ältesten Spaniens ist **Alvear**: 20 000 Fässer und Tinajas lagern zwischen den Säulen der Solera-Halle (Information Tel. 957 65 01 00).

Casa Museo del Inca Garcilaso In dem heute von der Stadtverwaltung belegten Palast erinnert ein kleines Museum an Garcilaso de la Vega, den Inca Garcilaso (1539 bis 1616), Sohn eines spanischen Edlen und einer Cousine des letzten Inkaherrschers Atahualpa. Er machte sich mit den Comentares reales de los Incas einen Namen als Chronist des Andenreichs.

Castillo Die auf römischen Fundamenten von den Mauren erbaute Burg besaß einst 30 Türme, liegt heute jedoch in Ruinen – die Katholischen Könige ließen sie als Strafe für den ungehorsamen Burgherren Pedro Fernández de Córdoba schleifen.

Kirchen und Klöster Von Montillas Sakralbauten lohnen das mudejare Kloster Santa Clara, das im 16. Jh. im spätgotischen Stil von Hernán Ruiz el Viejo erbaut und mit einer Artesonadodecke versehen wurde, der Convento de Santa Ana mit Skulpturen von Pedro Roldán am Hauptaltar und die Iglesia de Santiago, in der das kleine Ortsmuseum untergekommen ist, einen Besuch.

Rundfahrt durch das Wein- und Olivenland

Aguilar de la Frontera Auf einem Hügel 13 km südlich von Montilla kauert Aguilar de la Frontera, westgotischer Bischofssitz bis zur Eroberung durch die Mauren. Es ist eine für Andalusien typische Stadt, in deren Gassen und Straßen man immer wieder schöne Herrenhäuser entdeckt. Als außergewöhnliche Konstruktion entpuppt sich die **klassizistische Plaza de San José**: Eine dreigeschossige Häuserreihe umschließt völlig den achteckigen Platz, auf den vier Torwege führen. Sehenswert sind auch die barocke Torre de Reloj, die sich zwischen den Ruinen der maurischen Burg erhebt, und der churriguereske Kirchenraum des im 18. Jh. fertig gestellten Klosters der Unbeschuhten Karmelitinnen. Reiche Barockverzierungen in Seitenkapellen und im Apsisbereich zeichnen Nuestra Señora del Soterrano aus, die Hauptkirche der Stadt.

★
◀ Plaza de San José

Lucena, 19 km weiter südöstlich, ist das ökonomische Zentrum von Montilla-Moriles. Hier werden die Tinajas hergestellt. Die Stadt machte in der spanischen Geschichte nur einmal von sich reden: 1483 hielt hier der Graf von Cabra den maurischen König von Granada, Boabdil, gefangen. Dieser kam erst frei, nachdem er Lösegeld gezahlt und sich neutral erklärt hatte. Vom Castillo del Moral, in dem Boabdil festgehalten wurde, ist nur noch der Turm gut erhalten. Daran schließt sich die Plaza Nueva mit der Kirche San Mateo an, erbaut im 15. und 16. Jh., die mit der Capilla del Sagrario ein **Kleinod andalusischer Rokokokunst** besitzt. Beachtlich ist auch der Retablo mit Szenen aus dem Leben Jesu von Rivas.

Lucena

★
◀ San Mateo

Über die Plaza del Coso geht es zum Kloster Santo Domingo, hinter dessen Fassade aus dem 19. Jh. sich ein manieristischer Kreuzgang verbirgt; aus der ersten Hälfte des 17. Jh.s stammt die Klosterkirche. Im weiß gekalkten Hospital de San Juan de Dios sollte man die Kapelle mit ihrem überladenen churriguereresken Altar besuchen. Vom schlichten Äußeren hebt sich das prächtige Barockportal ab. Die spätgotische, mit mudejaren Stilelementen versetzte Iglesia de Santiago aus der ersten Hälfte des 16. Jh.s besitzt einen monumentalen Glockenturm und ein Gemälde von Pedro Roldán. Ein doppelgeschossiger Arkadenkreuzgang schließt sich an die Konventskirche Madre de Dios an, die im 17. und 18. Jh. von dem einheimischen Künstler Francisco de Lucena ausgestattet wurde.

◀ Weitere Kirchen und Klöster

Wenig südlich außerhalb von Lucena liegt auf einem Bergrücken inmitten eines wildromantischen Naturschutzgebiets die Einsiedelei **Nuestra Señora de Araceli**.

Im 21 km südöstlich entfernten **Rute** wird traditionsgemäß Anisschnaps gebrannt. Wie er entsteht, kann man im **Anis-Museum** verfolgen. Auf landschaftlich schöner Strecke geht es von Rute weiter nach **Iznájar**, einem attraktiven Dorf am Rand des gleichnamigen Stausees, um den angenehme Spazierwege führen.

Die nächste Station ist Cabra, 12 km nördlich von Lucena, das römische Igabrum und schon im 4. Jh. als Egabrum westgotischer Bischofssitz. Außerhalb des Stadtkerns etwas bergan ruht die Iglesia de la Asunción aus dem 17. und 18. Jh. auf den Fundamenten einer ehemaligen Moschee. Daneben sind die Reste der maurischen Alcazaba erhalten.

Cabra

Zuheros thront wie ein riesiges weißes Adlernest auf einem Berggipfel.

Von der Straße nach ► Priego de Córdoba zweigt nach 6 km von Cabra ein Sträßchen zu der aus dem 16. Jh. stammenden **Ermita de la Virgen de la Sierra** ab, wo, inmitten des wunderschönen Parque Natural de la Sierra Subbética, die Schutzpatronin von Cabra verehrt wird. Aus über 1200 m Höhe bietet sich eine **spektakuläre Aussicht**.

★
Zuheros
Von der landschaftlich schönen Strecke ins 25 km nordöstlich gelegene Baena zweigt bei Doña Mencía ein Sträßchen zum reizenden Dörfchen Zuheros ab, dessen weiße Häuser über einer gewaltigen Schlucht hängen und sich um die Ruinen einer maurischen Burg schmiegen. Bei der Aussichtsterrasse zeigt das Archäologische Museum Funde aus der **Cueva de los Murciélagos**: Diese **Fledermaushöhle** liegt 4 km von Zuheros entfernt (ausgeschildert) in den Bergen und offenbart auf einer einstündigen Tour herrliche **Tropfsteingebilde und Wandmalereien** aus dem Neolithikum.

★
Baena
Rund um Baena hat sich die Landschaft verändert: Olivenbäume haben die Rebstöcke abgelöst. Zentrum dieses **D.O.-Olivenölgebiets** ist die sehr malerisch an eine Bergkuppe geschmiegte Kleinstadt Baena, die nicht nur bekannt ist für die Herstellung von qualitativ sehr hochwertigem Olivenöl, sondern auch für ihre **Tambourinspieler**, die in der Karwoche mit fantastischen Uniformen die Osterprozessionen begleiten. Die **Oberstadt** (Barrio alto), in der einige Renaissancepaläste erhalten sind, ist noch teilweise von einem Mauerring umschlossen. Die dreischiffige spätgotische Kirche Santa María, Hauptkirche der Stadt, besitzt vor ihrer Hauptkapelle ein schönes platereskes Gitter und zeigt ihre Schätze, vor allem Goldschmiedearbeiten,

in der Sakristei. Der Glockenturm ist aus dem Minarett der maurischen Moschee entstanden. In der Kirche des 1510 gegründeten ...rs Madre de Dios fällt die große Marienfigur (15. Jh.) der Vir... la Antigua auf, hält sie doch ...irne in ihrer Hand. An den ...en sieht man über 60 Gemäl... t Szenen aus dem Leben Jesu; ...ecke der Hauptkapelle ist mit ...os ausgekleidet. El Llano ... sich die **Unterstadt**. An der ...de España steht die der Ma... von Guadalupe geweihte ...hrtskirche, in der eine direkt ...e Wand aufgetragene Ölmale... d schöne Artesonado-Decken ...wundern sind.

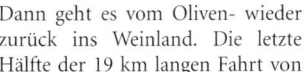

Dann geht es vom Oliven- wieder zurück ins Weinland. Die letzte Hälfte der 19 km langen Fahrt von

> ! **TIPP**
>
> **Kostprobe**
> Selbstverständlich muss man in Baena das Olivenöl probieren. Der richtige Ort dafür ist die Ölmühle der Familie Nuñez de Prado in der Avenida Cervantes, die seit dem 18. Jh. existiert. Hier kann man sich jederzeit über die Herstellung des kalt gepressten Öls informieren und danach den wunderbar gelben Saft auch erstehen (Öffnungszeiten: Sommer Mo. – Fr. 9.00 – 14.00, 16.00 – 18.00, Sa. 9.00 – 13.00 Uhr; Tel. 957 67 01 41).

Baena nach dem nordwestlich gelegenen **Castro del Río** führt am Río Guadajoz entlang, in dessen Umgebung vielfältige Spuren von Besiedlung aus neolithischer, iberischer, karthagischer, römischer und maurischer Zeit gefunden wurden. Der Ort Castro del Río selbst entstand um eine römische Brücke über den Fluss; aus dieser Zeit stammen auch die Reste der Stadtmauer und die Fundamente der maurischen Burgruine. Besonders sehenswert ist das platereske Portal der Kirche La Asunción, die auf das 13. Jh. zurückgeht. Stolz zeigt man im Rathaus die Zelle, in der **Miguel de Cervantes** im Jahr 1592 für drei Monate einsaß. Er hatte als Steuereintreiber den groben Fehler begangen, von einem Geistlichen Abgaben zu verlangen, obwohl der Klerus Steuerfreiheit genoss. Es heißt, Cervantes habe hier seinen Don Quijote begonnen.

Über den hübschen Weinbauort Espejo, den die Burg der Herzöge von Osuna dominiert, erreicht man schließlich wieder den Ausgangspunkt Montilla.

 ◄ Espejo

Nerja

H 8

Provinz: Málaga **Höhe:** 21 m ü. d. M.
Einwohnerzahl: 21 800

Nerja, an der Mündung des Río Chillar ins Mittelmeer gelegen, war schon unter den Mauren als Narixa (wasserreiche Quelle) bekannt und erlebte in dieser Zeit seine Blüte.

Balcón de Europa: während der maurischen Epoche Festungsturm, heute Aussichtsterrasse mit traumhaftem Panorama

Badeort mit berühmter Höhle

Heute ist es ein viel besuchter Badeort, der zwar mit Neubauvierteln und Vergnügungszeilen nicht vom Touristenboom verschont geblieben ist, aber dennoch zu den stilleren Orten an der Sonnenküste gehört. Berühmt sind die Tropfsteinhöhlen von Nerja, in denen alljährlich zwischen der zweiten Juli- und der ersten Augusthälfte das Sommerfestival mit Musik und Ballett stattfindet.

Sehenswertes in Nerja und Umgebung

Nerja

Die Kuppel der Ermita de las Angustias im alten Teil von Nerja (16. Jh.) wurde von Alonso Cano mit Fresken ausgemalt.

✱
Balcón de Europa ▶

Gegenüber vom Rathaus, wo einst eine Burg stand, ragt der Balcón de Europa auf das Meer hinaus. Von dieser hoch über dem Meer gelegenen **Aussichtsterrasse** hat man einen herrlichen Blick auf die abwechslungsreiche Küste und das Gebirge im Hinterland. Zu beiden Seiten des Balkons erstrecken sich die Strände Nerjas, von denen die Playa de la Burriana ganz im Osten und die Playa de la Torrecilla ganz im Westen die besten sind.

✱ ✱
Cueva de Nerja
Jul. / Aug. tgl.
10.00 – 19.30;
übrige Monate tgl.
10.00 – 14.00,
16.00 – 18.30 ▶

Die 1959 von Kindern entdeckte Cueva de Nerja liegt wenige Kilometer nordöstlich oberhalb des Dorfs Maro. Sie bilden ein **über 4 km langes System von Tropfsteinhöhlen**, von dem ein ca. 1400 m langer Abschnitt besichtigt werden kann. Die Höhle besticht mit bizarren Stalaktiten- und Stalagmitenbildungen – spektakulär der riesige Tropfstein in der Sala del Cataclismo –, aber auch durch die mittels künstlicher Beleuchtung hervorgerufenen farbenprächtigen Ef-

▶ NERJA ERLEBEN

AUSKUNFT (OFICINA DE TURISMO)
C. Carmen, 1, E-29780 Nerja
Tel. 952 52 15 31
Fax 952 52 62 87
www.nerja.org / turismo

ESSEN

► Erschwinglich
La Marea
Plaza Cantarero, 9
Tel. 952 52 57 78
Der Name und die blaue Innenaus-
stattung sagen an, was hier auf den
Tisch kommt: Fisch und Meeres-
früchte.

► Preiswert
Bar-Restaurante El Pulguilla
C. Almirante Ferrándiz, 26
Tel. 952 52 13 84
Tapas-Bar und Restaurant.

El Refugio
Diputación, 12
Tel. 952 52 41 39
Gute Adresse für Paella, Fisch und
Meeresfrüchte, entweder im
rustikalen Restaurant oder auf
der Straßenterrasse.

ÜBERNACHTEN

► Komfortabel
Parador de Nerja
Almuñécar, 8
Tel. 952 52 00 50
Fax 952 52 19 97
www.parador.es, 73 Z.
Modernes Gebäude mit schönem
Garten; über der Küste und mit
Zugang zum Strand.

► Günstig
Paraíso del Mar
Prolongación Carabeo, 22
Tel. 952 52 16 21

Fax 952 52 23 09,
www.hotelparaisodelmar.com, 10 Z.
Zwei Häuser im andalusischen Stil in
fantastischer Lage auf einer Klippe
über dem Meer. Dazu ein rührend
bemühter Gastgeber – das verspricht
einen erholsamen Aufenthalt.

FEST

Festival de las Cuevas
Ende Juli / Anfang August findet ein
Musik- und Ballettfest in den Höhlen
statt (Tel. 952 52 95 20).

Bizarr sind die Tropfsteinhöhlen von Nerja.

fekte. In der Höhle hinterließen Menschen aus dem Mesolithikum Felsmalereien und Gegenstände. Schädelreste, Keramik, Werkzeuge und andere Gegenstände werden im kleinen archäologischen Museum am Eingang gezeigt.

Acueducto del águila

Nicht die Römer, sondern der einheimische Architekt Francisco Cantarero baute im 19. Jh. den vierstöckigen Aquädukt, der bei Maro nahe der N-340 die Schlucht von La Coladilla überquert.

La Axarquía

Der Küsten- und Hinterlandabschnitt der Costa del Sol zwischen Nerja und ▶ Málaga wird auch La Axarquía genannt. Da die Berge der Sierra Alhama, Sierra Tejeda und Sierra Almijara sie vor kalten Nordwinden schützt, ist La Axarquía bekannt für ein ausgesprochen mildes Klima. Das nutzten schon die Mauren, die hier Wein, Obst und Seidenraupen züchteten und sich nach dem Fall von Granada in die Bergeinsamkeit zurückzogen. Auch heute noch ist es still in den Dörfern der Axarquía.

Frigiliana ▶

So auch im 5 km nördlich von Nerja gelegenen Frigiliana, wo Málaga-Wein gekeltert wird. Das für seine Verschönerungsaktionen ausgezeichnete Dorf ist mit seinem auf maurische Zeiten zurückreichenden Ortskern außerordentlich hübsch und bietet eine herrliche Aussicht auf Nerja und das Meer. Die Gassen sind so eng, dass keine Autos durchpassen. Frigiliana war eine moriskische Hochburg: Keramiktafeln an den Häusern erzählen von einem – niedergeschlagenen – Aufstand der Morisken gegen die Christen 1569, der Batalla del Peñon.

> **! TIPP**
>
> **Leckeres aus Frigiliana**
> Nicht nur süßen Málaga gibt es in Frigiliana zu erstehen. In vielen Geschäften werden auch im Ort produziertes Olivenöl und – eine Rarität – Honig aus Zuckerrohr (miel de caña) verkauft.

Rundfahrt durch die Axarquía

Eine kleine Rundfahrt durch die Axarquía führt von Nerja nach Westen durch den Ferienort Torrox-Costa und von dort nach Torrox, das 4 km weiter nördlich charmant in den Bergen liegt. Es wurde im 12. Jh. von den Mauren gegründet. Von Torrox geht es auf kurvenreicher und landschaftlich schöner Strecke in das 15 km entfernte Cómpeta, dessen weiß getünchte Häuser inmitten eines Weinanbaugebiets an einem Berghang kleben. Im **Museo del Vino** kann man den hier aus der Moscatel-Traube hergestellten Dessertwein kosten. Dann geht es wieder zurück zur Küste und zwar über Archez, Corumbela und Vélez-Málaga, einem hübschen von der Höhe grüßenden Städtchen, dessen Stadtbild weiße Kubenhäuser und die maurische Alcazaba prägen.

Auf dem Rückweg passiert man zwischen Caleta de Vélez und Algarrobo die **Necrópolis von Trayamar**, wo punische und phönizische Gräber entdeckt wurden, die teilweise aus dem 8. Jh. v. Chr. stammen. Die wichtigsten Fundstücke sind im Museum der Alcazaba in ▶Málaga ausgestellt.

✳ Niebla

B 7

Provinz: Huelva   **Höhe:** 39 m ü. d. M.
Einwohnerzahl: 4000

**Das Städtchen Niebla, im Weinbaugebiet Condado de Huelva gele-
gen, ist eine der wenigen spanischen Ortschaften, deren Kern noch
vollständig von einem mittelalterlichen Mauerring umgeben ist –
ein imposanter Anblick, wenn man sich von Osten her nähert.**

Erste Bekanntschaft mit der langen Geschichte der Stadt macht man
bei der Anfahrt über die Brücke über den Río Tinto, die die Römer
gebaut haben. Aus deren Ilipula machten die Westgoten den Bischofssitz Elebla. Die Mauren nannten die Stadt Lebla und errichteten die massive Stadtbefestigung; zunächst zum Kalifat von Córdoba
gehörend, wurde sie nach dessen Zerfall Hauptstadt eines maurischen Kleinreichs, einer Taifa. Nach halbjähriger Belagerung konnte
Alfons X. 1257 die Bollwerke überwinden.

**Alte Mauern
und Wein**

Sehenswertes in Niebla und Umgebung

Gewaltig umgürten die Festungsmauern auf 3 km Länge das Städtchen. Iberer, Westgoten, Römer und vor allem die Mauren bauten an
den **Wällen mit insgesamt 46 Türmen**. Fünf Tore führen hinein: im
Süden die Puerta del Agua, im Norden die Puerta de Sevilla mit römischen und maurischen Spuren sowie die Puerta del Agujero, im

✳
Murallas

*Niebla umgibt eine mittelalterliche Stadtmauer: Wegen deren rötlichen
Schimmers nannten die Mauren die Stadt »die Rote«.*

 # NIEBLA

**AUSKUNFT
(OFICINA DE TURISMO)**
Plaza Santa María, s/n, E-21840 Niebla
Tel. 959 36 22 70
Fax 959 36 38 31

ESSEN

▶ **Preiswert**
El Galeria
Adelfa, 4
Tel. 959 36 33 08
Leckeres aus dem Meer.

Nordwesten die Puerta de Socorro mit einem Hufeisenbogen, schließlich im Südosten die Puerta de Buey, an der die Kunst der maurischen Handwerker noch am deutlichsten abzulesen ist.

Gleich bei der Puerta de Sevilla liegt die im 15. Jh. erbaute **Burg der Guzmanes**, 1813 von den Franzosen zerstört, inzwischen aber restauriert. Einige Räume wie Küche und Kerker sind wieder hergerichtet worden oder enthalten Ausstellungen, so auch über die Falknerei, denn **Jagdfalken aus Niebla** waren in Europa und im Orient begehrt (Öffnungszeiten: tgl. 10.00 – 18.00, Juni – Sept. bis 22.00 Uhr).

San Martin Als **Merkwürdigkeit** ohnegleichen entpuppt sich die Kirche San Martín hinter der Puerta del Soccorro: In den 1920er-Jahren, als sie unbenutzt war, musste das Kirchenschiff einer Straße weichen, Apsis und Glockenturm bzw. Hauptportal blieben aber beiderseits der Straße stehen. Die Kirche geht auf eine Moschee zurück, die Alfons X. der jüdischen Gemeinde von Niebla als Synagoge geschenkt hatte, die ab dem 14. Jh. wiederum in eine Kirche im mudejaren, später gotischen Stil umgebaut worden ist.

Santa Maria de la Granada Am zentralen Hauptplatz steht die auf eine westgotische Vorgängerin zurückgehende Kirche Santa María de la Granada. Zwei ihrer Portale stammen aus dem 10. und 11. Jh., als sie unter maurischer Herrschaft von den Christen benutzt werden durfte. Erst im 13. Jh. erfolgte die Umwandlung in eine Moschee; aus dieser Zeit stammen die Hufeisenarkaden der Eingangsfront. Im 15. Jh. wurde das Gebäude zur Kirche gemacht, wobei das Minarett als Glockenturm beibehalten wurde. Innen sind der Mihâb und der Bischofsthron erhalten.

Bollulos Par del Condado Bollulos Par del Condado, 15 km östlich von Niebla an der Kreuzung von A-49 und A-483, wird »Stadt des Weins« genannt. Hier sollte man die spritzigen Weißweine oder auch die schweren Dessertweine des Anbaugebiets Condado de Huelva probieren. Am besten in einem der Bodegóns, wo es zu essen und die Weine zu kaufen gibt.

Dolmen de Soto Die A-472 führt zum ca. 8 km westlich gelegenen Dolmen de Soto, einer Jungsteinzeit-Grabstätte mit 20 m langem Gang zur Totenkammer mit Felszeichnungen (Öffnungszeiten: Sommer Mo. – Fr. 9.00 bis 14.00 Uhr).

✱ Osuna

E 7

Provinz: Sevilla   **Höhe:** 326 m ü. d. M.
Einwohnerzahl: 17 300

Ganz am Südrand der heißen Ebene des Guadalquivir ziehen sich die Häuser von Osuna einen Hang hinauf. Die Stadt war Sitz der Herzöge von Osuna, die ihrer Heimatstadt wunderbare barocke Paläste und Kirchen bescherten, was einen Spaziergang durch die Altstadt zu einem Erlebnis werden lässt.

Osuna hieß unter den Römern Urso und unterstützte lange Zeit Pompejus gegen Julius Cäsar, bis dieser es unterwarf. Die Mauren, die die Stadt Oxuna nannten, verloren sie 1239 an den kastilischen König, der sie dem Calatrava-Orden übereignete; dieser trat sie an die Herren von Girón ab. 1548 gründete Juan Téllez de Girón die Universität, an der sich nur Studenten einschreiben konnten, die sich zum Dogma der Unbefleckten Empfängnis bekannten. Diese Hochschule, schon von Miguel de Cervantes gerühmt, machte Osuna zu einem geistigen Zentrum im Spanien des 16. und 17. Jh.s. Philipp II. verlieh Pedro Téllez

Barocke Herzogsstadt

! TIPP

Ins Casino

Ein idealer Platz, von dem man das Treiben auf der Plaza Mayor entspannt bei einem Kaffee verfolgen kann, ist die Terrasse des in den 1920er-Jahren gebauten Casinos. Die Innenräume sind mit herrlichen Kachelwänden und Decken in einer Mischung aus Jugend- und Mudejarstil ausgestattet (unbedingt ansehen!).

 OSUNA ERLEBEN

AUSKUNFT (OFICINA DE TURISMO)

Carrera, 82 (Antiguo Hospital)
E-41640 Osuna
Tel. / Fax 954 81 57 32
www.eu-osuna.org

ESSEN

► Erschwinglich
Restaurante Doña Guadalupe
Plaza Guadalupe, 6
Tel. 954 81 05 58
Serviert wird Gemüse, Fleisch und frischer Fisch auch im Freien an einem hübschen kleinen Platz. Eines der besten Restaurants der Stadt.

► Preiswert
Casa Curro
Plaza Salitre, 5
Tel. 955 82 07 58
Die leckersten Tapas in Osuna.

Mesón del Duque
Plaza de la Duquesa de Osuna, 2
Tel. 954 81 28 45
Traditionelle andalusische Gerichte.

ÜBERNACHTEN

► Günstig
Hostal Caballo Blanco
Granada, 1
Tel. 954 81 18 52
Freundliches Hostal in ruhiger Lage.

de Girón 1562 den Titel des Herzogs von Osuna; im 17. und 18. Jh. war dieses Adelsgeschlecht eines der mächtigsten Spaniens.

Sehenswertes in Osuna

Vier der hauptsächlich aus dem 17. Jh. stammenden Adelspaläste Osunas verdienen wegen ihrer Schönheit hervorgehoben zu werden: in der C. San Pedro der Palacio del Marqués de la Gomera mit prachtvoller barocker Fassade, die ein Balkon dominiert, auf den eine extravagante, von gedrehten Säulen eingefasste Tür hinausführt; nicht minder schön in derselben Straße der Palacio del Cabildo Colegial, dessen Fassade mit weißen Schmuckkacheln verziert ist und über dem Portal eine Nachbildung der Giralada von Sevilla zeigt; schließlich der Palacio de los Cepedas (heute Gericht; C. de la Huerta) und der Palacio de Govantes y Herdara in der C. Sevilla.

✳ Adelspaläste

Die auf der Höhe gelegene, dreischiffige Kollegiatskirche wurde von 1535 bis 1539 mit drei platteresken Portalen erbaut. In der Capilla Mayor hängen vier Gemälde von Ribera (Hieronymus, Petrus, Sebastian, Bartholomäus), die in der Zeit der Regentschaft des dritten Herzogs von Osuna als Vizekönig von Neapel, wo Ribera hauptsächlich wirkte, nach Osuna kamen; ein anderes Ribera-Gemälde zeigt Christus am Kreuz. Zu den weiteren Schätzen zählen eine Madonnenfigur von Alonso Cano, ein Retablo von Sebastián Fernández, die katalanische Madonna mit dem Granatapfel und ein flämisches Triptychon (beide 16. Jh.), schließlich die aus der Kirche Santo Domingo stammende Skulptur Cristo de la Misericordia von Juan de Mesa. Durch den platteresken, von einer doppelstöckigen Arkadenreihe umlaufenen Patio del Capellán erreicht man die Grabkapelle der Herzöge von Osuna (Santo Sepulcro oder Panteón). Juan Téllez de Girón ließ sie 1545 errichten; die herrlichen Stuckarbeiten, die Gemälde, der Figurenschmuck und das kleine, aber prächtige Chorgestühl verhalfen ihr zu dem **Beinamen Escorial von Osuna** (Öffnungszeiten: Di. – So. 10.00 – 13.30 und 16.00 – 19.00 Uhr).

✳ La Colegiata

✳ ◀ Santo Sepulcro

🕐

Der Convento de la Encarnación gegenüber der Kirche wurde 1549 als Hospital gegründet. Hier sollte man einen Blick in den mit farbigen Azulejos ausgekleideten Kreuzgang werfen und das Museo de Arte Sacro besuchen, das sich in vier Sälen der Sakralkunst widmet (gleiche Öffnungszeiten wie La Colegiata).

Convento de la Encarnación

Cervantes erwähnt in seinem Don Quijote die Universität gegenüber der Ostfassade der Colegiata. Die ehemalige Universität (bis 1824) umschließt einen platteresken Innenhof mit Galerie.

Antigua Universidad

← *Der Palacio del Cabildo Colegial ist mit einer Nachbildung der Giralda von Sevilla verziert.*

Museo Arqueológico

🕐

Zwischen La Colegiata und der Plaza Mayor steht die Torre del Agua, ein almohadischer Turm aus dem 12. Jh. und damit ältestes Gebäude der Stadt, in dem das Archäologische Museum untergebracht ist. Beachtung verdienen Kopien römischer Bronzearbeiten (Öffnungszeiten: Mai – Sept. Di. – So. 11.30 – 13.30, 16.00 – 19.00; Okt. – April Di. – So. 11.30 – 13.30, 15.30 – 18.30 Uhr).

Umgebung von Osuna

Estepa

✳

Camarín de la Vera Cruz ▶

Das am Fuß der gleichnamigen Sierra gelegene Estepa 24 km östlich von Osuna war das karthagische Astapa, dessen Bewohner sich 207 v. Chr. lieber selbst verbrannten, als sich Scipio Africanus zu ergeben. Die mächtige Torre del Homenaje ist der augenfälligste Rest des Castillo; von der Terrasse der bei der Burg liegenden gotischen Kirche Santa María de la Asunción bietet sich eine schöne Rundsicht. Die Pfarrkirche Iglesia del Carmen besitzt ein aufwändig verziertes Hauptportal mit schwarzen Azulejos. Dank des mit Jaspis belegten Camarín de la Vera Cruz, der 1745 von Nicolás Bautista Morales geschaffen wurde, zählt die Kirche Nuestra Señora de los Remedios zu den wichtigsten barocken Kirchenbauten Andalusiens.

✳ Priego de Córdoba

G 7

| **Provinz:** Córdoba | **Höhe:** 652 m ü. d. M. |
| **Einwohnerzahl:** 23 500 | |

Die Kleinstadt Priego de Córdoba liegt in herrlicher Berglandschaft am Rand des Naturparks Sierra Subbética. Außerdem besitzt Priego noch einen Stadtkern mit typisch andalusischem Charme.

Barocke Perle in der Provinz

Wie in alten Zeiten ist die Kleinstadt noch heute ein Zentrum der Textilverarbeitung und Olivenölherstellung, wenn auch in geringerem Maß als im 17. und 18. Jahrhundert. In jener Zeit durchlebte Priego dank der Seidenproduktion eine Periode des Wohlstands, was den Bau **aufwändigst ausgestatteter Barockkirchen** ermöglichte.

Sehenswertes in Priego de Córdoba

Castillo

Quasi am Eingang zum maurischen Stadtviertel erhebt sich die im 13. und 14. Jh. erbaute Burg, aus der der dreistöckige, quadratische und mit Zwillingsfenstern versehene Bergfried herausragt.

✳ ✳

Nuestra Señora de la Asunción

Die 1525 begonnene Kirche Nuestra Señora de la Asunción, gegenüber der Burg gelegen, wurde im 18. Jh. barock umgebaut. Zahlreiche Altäre schmücken die Seitenschiffe; der Hauptaltar hat das Leben Christi und die Himmelfahrt Mariä zum Thema. Als unumstrittener

Höhepunkt erweist sich der Sagrario, den man durch das linke Seitenschiff betritt. Diese oktogonale, von Balustraden umlaufene Kapelle stattete Francisco Javier Pedrejas 1772 – 1784 mit biblischen Szenen in überschwänglichem Stuck aus. Den Pfeilern vorgesetzt sind Apostelfiguren, in der Mitte sind die Kirchenväter dargestellt.

Unverkennbar maurisch ist der Grundriss des alten Stadtviertels Barrio de la Villa, das hinter der Nuestra Señora de la Asunción beginnt und mit seinen Gassen, blumengeschmückten Fassaden und winzigen Plätzen zu einem Spaziergang einlädt. Von hier gelangt man auch zur Aussichtsterrasse El Adarve hoch über dem Tal. Von dort kann man einen wunderbaren Ausblick auf die Umgebung genießen.

✷
Barrio de la Villa

✷
◀ El Adarve

In der Iglesia de San Pedro an der gleichnamigen Plaza bei der Burg zeigt der mit Blattgold und gedrehten Säulen verzierte Hauptaltar den Schutzpatron der Kirche. Die Kapelle dahinter birgt eine Immaculada, die dem Künstlerkreis um Alonso Cano zugeschrieben wird.

Iglesia de San Pedro

Unterhalb der Iglesia de San Pedro liegt der im 16. Jh. erbaute einstige Schlachthof und Markt der Stadt. Ein manieristisches Portal öffnet sich in den zentralen Patio mit Säulenarkaden, Ecktürmen und einer steinernen Wendeltreppe, die zum früheren Schlacht- und heutigen Ausstellungsraum führt.

Carnicerías Reales

Über die Placa de la Constitucion mit dem Rathaus geht es in die C. Río zur Iglesia de las Angustias, deren Innenraum 1773 im Rokokostil vollendet wurde. Von Bedeutung sind die barocke Pietà des Hauptaltars und die Figuren der Heiligen Familie von José Risueño.

Iglesia de las Angustias

 PRIEGO DE CÓRDOBA ERLEBEN

Casa Niceto Alcalá-Zamora

Folgt man der Straße bergab, erreicht man das originalgetreu eingerichtete Geburtshaus von Niceto Alcalá-Zamora (1877 – 1949), der von 1931 bis 1939 **Präsident der Zweiten Spanischen Republik** war. Im Erdgeschoss befindet sich das Tourismusbüro der Stadt (Öffnungszeiten: Di. – Sa. 10.00 – 13.30, 16.30 – 19.00, So. 10.00 – 13.30).

Fuente del Rey

Die C. Río läuft an der Iglesia del Carmen vorbei zur monumentalen im 19. Jh. errichteten Brunnenanlage Fuente del Rey. Aus **139 Marmorschlünden** strömt das Wasser ins Hauptbecken, in dessen Mitte Neptun auf einem Wagen die Wellen durchpflügt. Der erste Brunnen hier war die im 16. Jh. angelegte Fuente de Salud etwas oberhalb.

Weitere Kirchen

Im Ostteil der Innenstadt befinden sich zwei weitere interessante Kirchen: die aus dem 16. Jh. stammende Iglesia de la Aurora, deren herrliche Fassade ein typisches Beispiel für den Barock dieser Region ist, und nicht weit davon die Iglesia de San Francisco, die eine enorme Anzahl an barocken Seitenaltären birgt und deren Hauptaltar Christus an der Geißelsäule darstellt.

Museo Histórico

In der Carrera de las Monjas im Westteil der Stadt stellt das Stadtmuseum vor allem archäologische Funde der Umgebung aus. Hier sind auch das Museo de Paisaje mit zeitgenössischer Landschaftsmalerei sowie ein Museum zur Erinnerung an den einheimischen Maler Adolfo Lozano Sidro eingerichtet, der lange Zeit in diesem Haus lebte (Öffnungszeiten: Di. – Fr. 10.00 – 13.30, 18.00 – 20.30, Sa. 10.00 bis 13.30, 17.00 – 19.30, So. 10.00 bis 13.30 Uhr).

Umgebung von Priego de Córdoba

Carcabuey

7 km westlich von Priego liegt das Dörfchen Carcabuey inmitten wunderschöner Berg- und Hügellandschaft am Fuße einer massiven Burgruine. Unübersehbar ist auch die imposante Iglesia de la Asunción aus dem frühen 17. Jahrhundert.

Alcalá la Real

Schon von weitem grüßt die mächtige Burg des 24 km östlich gelegenen Alcalá la Real. Das im 13. bis 15. Jh. erbaute Castillo de la Mota kündet noch immer von der Stärke des maurischen Al-Kalaat de Zayde, das nach der Eroberung durch die Christen Schutz für viele Flüchtlinge aus den maurisch gebliebenen Gebieten bot. Vom Turm der Burgkapelle überblickt man gut das ringsum liegende Olivenland. Im Ort selbst finden sich noch Reste der Stadtbefestigung, die Kirche Santa María, in der der Bildhauer Martínez Montañés getauft wurde, ein platereker Brunnen sowie am Hauptplatz das klassizistische Rathaus.

Montefrío

Ganz spektakulär sitzt Montefrío, 44 km südöstlich, **zwischen zwei von Kirchen gekrönten Bergvorsprüngen**. Während die von Diego de Siloé entworfene Iglesia de la Villa auf den Ruinen der mauri-

Montefrío, bewacht vom Castillo de la Villa, liegt in einer einzigartigen Hügellandschaft.

schen Alcazaba steht, gehörte die barocke Iglesia de San Antonio einst zu einem Franziskanerkloster. In der Ortsmitte fällt der klassizistische Rundbau der Iglesia de la Encarnación auf, der von einer mächtigen Kuppel überwölbt wird.

8 km weiter östlich in Richtung Illora kommt man zur ausgedehnten neolithischen Fundstätte **Peña de los Gitanos**, wo Megalithgräber und Höhlenmalereien entdeckt wurden.

★ El Puerto de Santa María

C 8

Provinz: Cádiz   **Höhe:** 6 m ü. d. M.
Einwohnerzahl: 40 200

18 km nördlich von ►Cádiz, wo der Río Guadalete in den Atlantik mündet, werden im Hafen von El Puerto de Santa María die Weine aus dem traditionellen Sherry-Dreieck Jerez de la Frontera – Sanlúcar de Barrameda – El Puerto verschifft. Doch auch in der Stadt selbst werden Sherry und vor allem Brandy in so traditionsreichen Bodegas wie Osborne und Terry hergestellt.

Andalusiens Sherry-Hafen

Die Bodega Osborne hat Spanien gar ein nationales Symbol beschert: den **überdimensionalen Werbestier**, der im ganzen Land unübersehbar an den großen Straßen steht – nach Protesten mittlerweile sogar als nationales Kulturgut geschützt, nachdem einige Madrider Bürokraten ihn wegen Landschaftsverschandelung abschaffen wollten. Im Sommer strömen die Sevillaner zum Baden an die Strände zwischen hier und ►Sanlúcar de Barrameda; ihnen ist die Altstadt von El Puerto mit ihren Adelspalästen aus dem 18. Jh. und zahllosen Tapas-Bars gerade recht für eine Abwechslung, die sie u. a. auch im Spielkasino geboten bekommen.

> **! TIPP**
>
> **Mariscos aus Cartuchos**
>
> El Puerto ist berühmt für seine ausgezeichneten Meeresfrüchte. Viele Tapas-Bars reihen sich an der Ribera del Marisco auf, und zu den besten zählen Romerijo 1 und 2, wo frisch gegrillte, frittierte oder gekochte Meeresfrüchte (mariscos) nach Gewicht verkauft und zum Mitnehmen in Papiertüten (cartuchos) gefüllt werden. Dazu lässt man sich am besten draußen auf der Terrasse nieder.

Geschichte

El Puerto de Santa María ist eine griechische Gründung und war schon als Portus Menesthei römische Hafenstadt. Die Mauren wurden 1264 von Alfons X. vertrieben. Dieser sorgte für den Wiederaufbau des Hafens, der große Bedeutung für Fahrten in die neuen Kolonien besaß. Von hier startete Kolumbus zu seiner zweiten Reise; Männer wie Juan de la Cosa, ein Steuermann Kolumbus' und erster Kartograf der Neuen Welt, sowie Amerigo Vespucci waren zu Gast.

Sehenswertes in El Puerto de Santa María

Fuente de las Galeras

Wo das Fährschiff Adriano III anlegt, wurden aus dem im 18. Jh. errichteten Brunnen Fuente de las Galeras die Segler mit Wasser versorgt. Das auch Vaporcito genannte Schiff ist von Cádiz aus eine originelle Anreisemöglichkeit nach El Puerto – 45 Minuten dauert die Fahrt über die Bahía – und die Rückfahrt ist noch eindrucksvoller, denn man sieht das Panorama von Cádiz von der See her.

Wenig nördlich steht an der Plaza del Castillo das zinnenbewehrte Castillo de San Marcos, das die Mauren im 13. Jh. bauten und das später Sitz der Herzöge von Medinaceli war. Christoph Kolumbus und Juan de la Cosa nahmen hier Quartier. Gut erhalten sind noch sechs Türme und der Mauerring. Die Burgkapelle war Bestandteil der Moschee, wie Reste des Mihrâb, kufische Schriftzeichen und Hufeisenbögen belegen. Dem achteckigen Hauptturm sieht man deutlich die Gestalt des einstigen Minaretts an.

★
Castillo de San Marcos

⊙
Öffnungszeiten:
Di. – Sa.
10.00 – 14.00

▶ EL PUERTO DE SANTA MARÍA ERLEBEN

AUSKUNFT (OFICINA DE TURISMO)

C. Luna, 22,
E-11500 El Puerto de Santa María
Tel. 956 54 24 13, Fax 956 54 22 46
www.elpuertodesantamaria.es
Umzug geplant in den Palacio de Aranibar, Plaza del Castillo.

ESSEN

► Erschwinglich
Los Portales
C / Ribera del Marisco, 7
Tel. 956 54 21 16
www.losportales.com
Das beste Restaurant an der »Ribera del Marisco« bietet ausgezeichnete Küche der Küste von Cádiz, d.h. Frisches aus dem Meer.

Mesón del Asador
Misericordia, 2
Tel. 956 54 03 27
Für alle, denen es einmal nicht nach Fisch und Meeresfrüchten ist: Fleisch satt, das man sogar selbst am Tisch grillen kann.

ÜBERNACHTEN

► Komfortabel
Monasterio de San Miguel
Virgen de los Milagros, 27
Tel. 956 54 04 40
www.monsteriosanmiguel.net, 150 Zi.
Sehr schönes Haus, in herrlichem Barockkloster im Zentrum.

► Günstig
Los Cántaros
Curva, 6
Tel. 956 54 0240
www.hotelloscantaros.com
39 Z.
Im ehemaligen Frauengefängnis liebevoll eingerichtetes Haus an der Plaza del Cárcel, einem der Brennpunkte des Nachtlebens von El Puerto – also nicht immer ganz ruhig.

FESTE

Virgen del Carmen
Seefahrerfest am 16. Juli

Virgen de los Milagros
Weinlesefest am 8. September

Die Bodega, deren Logo der Osborne-Stier ist, produziert besten Sherry und Brandy.

Fundación Rafael Alberti
Von der Burg führt die C. Santo Domingo nach Nordwesten zum Geburtshaus des **Lyrikers Rafael Alberti** (1902 – 1999), das heute in ein kleines Museum umgewandelt ist (Öffnungszeiten: Di. – So. 11.00 – 14.30 Uhr).

Iglesia Mayor Prioral
Von Albertis Geburtshaus ist es nicht weit zur Plaza de España, an der sich die dreischiffige gotische Iglesia Mayor Prioral Nuestra Señora de los Milagros erhebt. Ihre Fassade aus dem 13. Jh. ist erhalten geblieben; außerordentlich schön ist das platereske Südportal Puerta del Sol, das zwischen Säulenpaaren im Tympanon Maria im Kreise von Heiligen zeigt. Ihren Namen erhielt die Kirche von der unter einem Kuppelbaldachin in der Capilla Mayor aufgestellten Marienfigur aus dem 13. Jahrhundert. Maria, die Schutzpatronin der Stadt, soll Alfons X. bei der Eroberung erschienen sein.

Museo Municipal
Gegenüber der Kirche stellt in der Casa Palacio Marquesa de la Candia das städtische Museum die Stadtgeschichte vor (Öffnungszeiten: Di. – Fr. 10.00 – 14.00, Sa. und So. 10.30 – 14.00 Uhr).

Plaza Isaac Peral
Östlich der Iglesia Mayor liegt die Plaza Isaac Peral. Sie ist der offizielle Mittelpunkt der Stadt, denn hier steht das alte Rathaus, der Palacio Imblusqueta. Auf dem Weg dorthin kommt man an der Casa de los Leones vorbei, wo eine Ausstellung sich der Kunst des Barock in El Puerto widmet (Öffnungszeiten: tgl. 10.00 – 14.00 und 18.00 bis 20.00 Uhr).

★
Bodegas
Die Bodegas von El Puerto können natürlich besichtigt werden. Die vielleicht schönste ist die **Bodega Terry**, wo man nicht nur **Wein** und **Brandy** probieren, sondern auch edle **andalusische Rösser** und

prächtige Kutschen bewundern kann (Anmeldung Tel. 956 15 15 00). Die bekannteste Bodega ist natürlich **Osborne**; in der Kellerei in der Innenstadt wird Sherry, außerhalb an der A-4 wird Brandy produziert (Tel. 956 86 91 00; Mo. – Fr. 10.30 – 13.00, Sa. 10.30 – 12.00 Uhr). Klein, aber fein ist die Bodega von **Gutiérrez Colosia**, ein Familienbetrieb direkt am Río Guadalete liegt. Manchmal erzählt der Herr des Hauses pesönlich von den Geheimnissen der Sherry-Herstellung (Tel. 956 85 28 52; Mo. – Fr. 13.00, Sa. 12.30 u. 13.30 Uhr).

Die 1880 gebaute Stierkampfarena etwas nördlich von Osborne ist nach denen von Madrid und Sevilla die **drittgrößte Spaniens**: 15 000 Aficionados passen hinein (Besichtigung: Di. – So. 11.00 – 13.30 und 18.00 – 19.30 Uhr).

★
Plaza de Toros

Jenseits vom Handelshafen ist Anfang der 1990er-Jahre der Sporthafen Puerto Sherry entstanden, mit 790 Liegeplätzen einer der größten in Andalusien. An ihn schließt sich der recht schöne Stadtstrand Playa Santa Catalina an.

Puerto Sherry

Umgebung von El Puerto de Santa María

Wer von El Puerto ins nur wenige Kilometer westlich gelegene Rota will, muss dennoch lange fahren, denn die Straße umkurvt das Gelände des US-Marine- und Luftwaffenstützpunkts. Trotzdem lohnt es sich, denn der Ort entpuppt sich als sehr angenehmer, nicht überlaufenen Badeort mit langen, piniengesäumten Stränden im Norden, hübscher Strandpromenade und kleinem Yachthafen.

★
Rota

Nördlich von Rota entstand rund um einen 18-Loch-Golfplatz die Feriensiedlung Costa Ballena mit 4 km langem Strand, wo Ferienkomfort und Umweltverträglichkeit vereint werden sollen.

◄ Costa Ballena

El Rocío

Provinz: Huelva   **Höhe :** 36 m ü. d. M.
Einwohnerzahl: 800

El Rocío am Nordrand des Nationalparks ►Coto de Doñana ist der berühmteste Wallfahrtsort Andalusiens. Die Romería del Rocío, bei der die Pilger den Coto durchwandern, zieht alljährlich zu Pfingsten Zehntausende an.

Die bei der Romería del Rocío verehrte Marienfigur, im 13. Jh. aus Holz geschnitzt und mit Schmuck und Brokatmantel aus dem 18. Jh. bekleidet, wird in der in den 1960er-Jahren erbauten Wallfahrtskirche aufbewahrt. Um die Kirche herum versammeln sich die Häuser der Wallfahrtsbruderschaften; teils wirkt der Ort wie aus einem Wes-

Berühmtester
Wallfahrtsort
Andalusiens

◄ weiter auf S. 364

DREI TAGE LÄRM UND FRÖMMIGKEIT

An 362 Tagen im Jahr ist El Rocío ein staubiges 800-Seelen-Nest mit einem merkwürdig großen Platz und einer bemerkenswerten weißen Kirche. Von Pfingstsamstag bis Pfingstmontag aber findet hier die ausgelassenste Wallfahrt Andalusiens statt, die Romería del Rocío – so ausgelassen, dass mittlerweile selbst die Kirche das Treiben eher zurückhaltend beobachtet.

Verehrt wird **Unsere Liebe Frau vom Morgentau** (Nuestra Señora del Rocío), auch La Paloma Blanca (Weiße Taube) und Clavel de las Marismas (Nelke der Marismas) genannt. Der Morgentau ist als **Fruchtbarkeitssymbol** zu verstehen.

Der Legende zufolge soll schon in frühchristlicher Zeit an diesem Ort eine schwarze Madonnenfigur verehrt worden sein, die nach dem Einfall der Mauren versteckt wurde und über die Jahrhunderte in Vergessenheit geriet. Erst im 13. Jh. will ein Jäger sie in einem hohlen Baum im Wäldchen namens La Rocina wieder gefunden haben. **König Alfons X.** ließ 1725 eine Kapelle errichten, die fortan Ziel von Pilgern aus ganz Andalusien wurde. Der Kult gewann Anhänger im übrigen Spanien und es bildeten sich seit dem 17. Jh. Bruderschaften (span. cofradías oder hermandades), die bis heute zur Madonnenfigur pilgern.

Weinselige Stimmung

Aus allen Landesteilen strömen zu Pfingstsamstag die Pilger zu Hunderttausenden nach El Rocío. Die meisten kommen mit dem Auto, doch die traditionsbewussten an die 80 andalusischen Bruderschaften **marschieren, reiten, fahren** – mit Sondergenehmigung – in mehreren Tagen quer durch den **Nationalpark von Sanlúcar de Barrameda** heran. Die Caballeros reiten im besten Feiertagsanzug, die Señoras und Señoritas in bunten **Flamencokleidern** hinter ihnen auf der Kruppe des Pferdes. Sie begleiten die zweirädrigen, girlandengeschmückten Prozessionskarren (carretas), die von Eseln oder Ochsen gezogen werden. Nachts lagern die Pilger feiernd und singend (und trinkend) um **Lagerfeuer**, auf denen sie ihre Mahlzeit zubereiten. Nach der Ankunft begrüßt die Bruderschaft von Rocío ihre Gäste und es beginnt ein **dreitägiges Volksfest**, das Tag und Nacht mit Musik, Tanz, üppigen Speisen und viel Alkoholischem begangen wird. Jede Bruderschaft kehrt zum Feiern in eine Kneipe ein. Höhepunkte sind am Pfingstsamstag die Messe und die Prozession, bei der die Marienfigur in einem **tumultartigen Umzug** von der Bruderschaft von Almonte – und nur von ihr – herumgetragen wird, begleitet vom Lärm der Knallfrösche und Musikinstrumente. Tags darauf ziehen die Pilger wieder ab – und hinterlassen Berge von Müll, auch und gerade entlang des Wegs quer durch den Nationalpark.

tern, wenn ein Reiter oder ein Pferdegespann um die Ecke biegt. El Rocío bietet an seinen östlichen und südöstlichen Ortsrändern auch hervorragende Möglichkeiten zur Vogelbeobachtung im Coto de Doñana (z. B. Observatorio del Madre de Rocío mit Informationszentrum); mit dem Auto kann man auf einer Piste über Villamanrique de la Condesa zum Beobachtungspunkt Cerrado Garrido fahren (30 km; die kürzere Strecke von 15 km nur mit Allradantrieb!).

Matalascañas Matalascañas liegt 16 km südöstlich von El Rocío. Die Retortensiedlung mit fünf großen Hotelkomplexen bietet alle Möglichkeiten der Freizeitgestaltung am Meer – schön ist es hier nicht, der Strand aber wunderbar.

 # EL ROCÍO ERLEBEN

★ ★ **Ronda**

Provinz: Málaga   **Höhe:** 723 m ü. d. M.
Einwohnerzahl: 36 800

Ronda gilt als die Wiege des heutigen Stierkampfs. So wurde Ronda zum Wallfahrtsort für Stierkampfaficionados, darunter so berühmte wie Ernest Hemingway und Orson Welles. Das allein aber würde Ronda noch nicht zu einem absoluten Muss auf einer Andalusienreise machen: Es ist die fantastische Lage der Stadt.

In Ronda lebte die **Stierkämpferdynastie der Romeros**. Francisco, José, Juan und Pedro Romero gehörten zu den berühmtesten Toreros ihrer Zeit und es war Pedro (1754 – 1839), der die Regeln der Schule von Ronda ausarbeitete und noch im Alter von 80 Jahren in die Arena trat. Die Schule von Ronda lehrt den Kampf gegen den Stier mit Capa, Muleta und Espada, mit denen der Torero bzw. der Matador dem Stier zu Fuß und nicht mehr zu Pferd entgegentritt, dabei nicht die geringste Furcht zeigen soll und die Schande mehr zu fürchten hat als die Attacken des Stieres. In die Literatur ist Ronda ebenfalls eingegangen: Das Vorbild für **Prosper Merimées Carmen**, Inbegriff der glutäugigen Verführerin und unsterblich geworden durch **Bizets Oper**, soll im Schmugglernest Ronda den Männern den Kopf verdreht haben. Auch Schriftsteller, denen weniger am Stierkampf lag, weilten in der Stadt: **James Joyce** vollendete hier den Ulysses; berühmt geworden ist der Aufenthalt **Rainer Maria Rilkes**. Atemberaubend liegt die Stadt auf der Kante eines nach Westen in senkrechten Felswänden abstürzenden Felsplateaus, das die 40 – 90 m breite und bis 160 m tiefe Schlucht des Río Guadalevín (El Tajo) in zwei Teile spaltet. Auf diesen beiden Höhen verteilt sich Ronda – im Süden die wunderbare maurische Altstadt (La Ciudad), mit der Neustadt (El Mercadillo) im Norden durch drei Brücken verbunden.

Wiege des Stierkampfs in atemraubender Lage

Ronda ist eine der ältesten Städte Spaniens. Auf der uneinnehmbar scheinenden Höhe gründeten schon die Iberer eine Siedlung. Ihnen folgten die Karthager, die von den Römern verjagt wurden und ihre Kolonie Arunda gründeten. Die Herrschaft der Mauren währte über 770 Jahre; im 11. Jh. war der Ort als Madinat Runda Sitz eines Taifaherrschers. Erst 1485, nach einwöchiger Belagerung, fiel Ronda durch Verrat an die Katholischen Könige, die anschließend die Neustadt gründeten. Während Napoleons Feldzug erlitt Ronda 1808 schwere Verwüstungen. In den Jahren danach entwickelte es sich zu einer Hochburg der Schmuggler und Straßenräuber, über die ein Großteil der illegalen Waren von Gibraltar in den Norden lief. Die Umtriebe der Dunkelmänner, die in der Bevölkerung durchaus Rückhalt hatten, nahmen so überhand, dass **eigens zu ihrer Bekämpfung 1844 die Guardia Civil gegründet** wurde.

Geschichte

⏵ RONDA ERLEBEN

AUSKUNFT (OFICINA DE TURISMO)

Paseo de Blas Infante, E-29400 Ronda
Tel. 952 18 71 19
Fax 952 18 71 47
www.turismoderonda.es

ESSEN

► Fein und teuer

④ *Tragabuches*
José Aparicio, 1
Tel. 952 19 02 91

*Tragabuches (Schluckesser) war
Stierkämpfer und Bandit.*

Der Shooting Star an Rondas Restauranthimmel: einfallsreich variierte andalusische Küche.

► Erschwinglich

① *Don Miguel*
C. Villanueva, 4 u. 8
Tel. 952 87 10 90
Hier sitzt man auf der Terrasse direkt über der Schlucht unterhalb des Puente Nuevo – zur andalusischen Küche gibt es den Atem raubenden Blick in die Tiefe.

③ *Pedro Romero*
Virgen de la Paz, 18
Tel. 952 87 11 10
In diesem mit vielen Stierkampfdevotionalien ausgestatteten Restaurant wird sehr gut bodenständig gekocht, z. B. Rabo de Toro.

► Preiswert

② *Patatín Patatán*
C. Lorenzo Borrego, 7
Angesagte, witzig eingerichtete Tapas-Bar.

ÜBERNACHTEN

► Komfortabel

② *En Frente Arte*
Real, 40
Tel. 952 87 90 88
Fax 952 87 72 17
www.enfrentearte.com
Sehr farbenfroh eingerichtete Zimmer, Pool und Sauna, Terrasse über der Schlucht.

Molino del Santo
Ronda Estación, Benaoján
Tel. 952 16 71 51
www.molinodelsanto.com
Kleiner edler Landgasthof außerhalb nahe der Bahnstation, mit bodenständig-raffinierter Kost.

④ *Husa Reina Victoria*
Dr. Fleming, 25
Tel. 952 87 12 40
Fax 952 87 10 75, 89. Z.
www. hotelhusareinavictoria.com
Aus allen Winkeln strömt der unwiderstehliche Charme der vorigen Jahrhundertwende. Rainer Maria Rilke verbrachte hier den Winter 1912 / 1913 im Zimmer 208 (heute Gedenkzimmer); herrliche Terrasse direkt über dem Steilabfall, grandiose Ausblicke. Man muss ja nicht gleich übernachten im Reina Victoria. Wer denselben Ausblick genießen will wie Rainer Maria Rilke, kann dies auch von der Terrasse des Restaurants und der Bar tun – unvergesslich an einem Sommerabend.

⑤ *Parador de Ronda*
Plaza de España, s / n
Tel. 952 87 75 00
Fax 952 87 81 88
www.parador.es, 78 Z.
Modernes Hotel hinter historischer Fassade, in zentraler Lage direkt über der Tajo-Schlucht und in Nachbarschaft zur Stierkampfarena.

⑥ *San Gabriel*
C. Marqués de Moctezuma, 19
Tel. 952 19 03 92
www.hotelsangabriel.com
Sehr gediegen, fast elegant eingerichtetes Hotel in der Altstadt.

► **Komfortabel / Günstig**
⑦ *Jardín de la Muralla*
Espíritu Santo, 13
Tel. 952 87 27 64
Fax 952 87 74 81
www.jardindelamuralla.com
In fantastischer Aussichtslage hoch auf der Stadtmauer an der Kirche Espíritu Santo. Traumhafte, terrassierte Gartenanlage

► **Günstig**
③ *Virgen de los Reyes*
Lorenzo Borrego, 13
Tel. 952 87 11 40, 52 Z.
Solide, gut geführte, günstige Unterkunft in der Neustadt.

Baedeker-Empfehlung

① *La Alavero de los Baños*
C. Hoyo San Miguel
Tel. / Fax 952 87 91 43
www.alaveradelosbanos.com/
Sehr gemütliches andalusisches Landhaus an ungewöhnlichem Platz: Nicht hoch oben über der Schlucht, sondern unten nahe den maurischen Bädern, was auch die Einrichtung inspiriert. Herrliche Abende auf der Terrasse sind garantiert. Zwei Mal in der Woche öffnet das Hausrestaurant, das – der Lage angemessen – hervorragende arabische Gerichte serviert werden.

FESTE

Fiestas de Pedro Romero
Die Zeiten der Gebrüder Romero werden lebendig, wenn Ronda jährlich um den 12. September herum die nach Stierkampferfinder Pedro Romero benannte Fiesta feiert. Wer sich Stierkampf nicht antun will, kann sich trotzdem am großen Umzug, Flamenco und der Prämierung der Kutschen erfreuen.

✶✶ El Tajo

Jeder Besucher Rondas wird zuallererst einen Blick in die Schlucht des Río Guadalevín werfen wollen. Sie entstand durch einen tektonischen Bruch, durch den sich der Fluss über mehrere Kaskaden seinen Weg bahnte. Der Name Tajo hat nichts mit dem zentraliberischen Strom gleichen Namens zu tun, er bedeutet Einschnitt oder drastische Schmarre, denn tatsächlich wirkt die Schlucht wie mit dem Beil in den Fels gehauen.

✶✶
Puente Nuevo

Diesen Blick bietet die schönste und eindrucksvollste der insgesamt drei Brücken über die Schlucht, der Puente Nuevo. Die dreibogige, 70 m lange, aber über 150 m hohe Brücke wurde zwischen 1751 und 1793 von José Martín de Aldehuela erbaut. Angeblich hat er sich von eben dieser Brücke in den Tod gestürzt. Fakt ist jedoch, dass er im Alter von 72 Jahren eines natürlichen Todes in Málaga gestorben ist.

Ronda Orientierung

1 Puente Árabe	**10** Santa María la Mayor	**Übernachten**
2 Baños Árabes	**11** Casa del Marqués	① La Alavera de los Baños
3 Puente Romano	de Moctezuma	② En Frente Arte
4 Casa del Marqués	**12** Palacio de Mondragón	③ Vírgen del Ros Reyes
de Salvatierra	**13** Puerta de Almocábar	④ Reina Victoria
5 Casa del Rey Moro		⑤ Parador de Ronda
6 Museo Lara	**Essen**	⑥ San Gabriel
7 Museo Histórico Popular	① Don Miguel	⑦ Jardín de la Muralla
del Bandolero	② Patatín Patatán	
8 Museo Peinado	③ Pedro Romero	
9 Minarett	④ Tragabuches	

Hoch über der Schlucht El Tajo liegt das einstige Schmugglernest Ronda, wo der Stierkampf seine Wurzeln hat.

Der Blick von der Brücke hinab, unter der Schwalben und Krähen hindurchrauschen, raubt wahrlich den Atem. Über dem mittleren Bogen sieht man eine Tür und einen Balkon: den Eingang zum **ehemaligen Gefängnis**, wo nun eine Ausstellung die Geschichte des Bauwerks erklärt (Öffnungszeiten: Mo.–Fr. 10.00–19.00, Sa., So. 10.00 bis 15.00 Uhr).

Hinab in die Schlucht

Die verwegene Konstruktion offenbart sich allerdings nur von unten richtig. Drei Wege führen von der Altstadt hinab: Der kürzere windet sich wenig rechts der Casa de Mondragón von der Plaza del Campanillo am Abhang des Stadtfelsens in steilen Kehren hinunter und trifft nach einiger Strecke auf den Hauptweg Camino de los Molinos. Dieser ist die längere Variante, beginnt am Südende der Altstadt rechts der Puerta de Almocóbar und führt zu den verfallenen Mühlen am Flussufer. Wo sich beide Wege treffen, zweigt rechts ein sehr steiler Pfad zum maurischen Tor Arco árabe (Arco del Cristo) ab, einem Rest der Stadtbefestigung. Von hier hat man die beste Aussicht auf die Kaskaden, den Puente Nuevo und die auf der Felswand hockenden Häuser. Weniger mühevoll ist der Abstieg zu den **unteren Flussbrücken** und den arabischen Bädern. Man wendet sich auf der Altstadtseite nach links und kommt schließlich zur Puerta de Felipe V, einem 1742 erbauten Stadttor, von dem sich südwärts die gut erhaltene Stadtmauer bis zur Kirche Espíritu Santo überschauen lässt. Dahinter überspannt der Puente Viejo (Puente de la Mina; 1616) in einem 30 m hohen Hufeisenbogen den Fluss; von ihm sieht man hinab auf den wohl schon von den Römern angelegten Puente de San

◀ weiter auf S. 374

DIE CORRIDA –
LETZTE BASTION DES MACHISMO

Was für viele Mitteleuropäer und inzwischen selbst auch für Spanier nichts weiter als ein blutiges Spektakel ist, ist für die Aficionados, die Kenner und Begeisterten des Stierkampfs, eine hohe Kunst. Sie sprechen von der »arte de lidiar«, von der Kunst, den Stier zu bannen, im Kampf gegen ihn zu bestehen und ihn nicht nur körperlich zu besiegen.

Die Stierkämpfe aufzugeben, hieße für Spanier allerdings, einen Teil einer tief verwurzelten Kultur, ja ein Stück der eigenen Identität zu verlieren. Für viele Spanier ist die Corrida de toros eine der letzten Annäherungen an den **archaischen Kampf** zwischen Mensch und Tier. Ein Kampf, bei dem es nicht nur einen Verlierer geben kann und bei dem dem Tier mehr Wert beigemessen wird als bei manch anderer kultureller Äußerung unserer Zeit. Die **klassische Landschaft des Stierkampfs** ist Andalusien, auch wenn in allen großen Städten Spaniens, in einigen Ländern Lateinamerikas und selbst in Südfrankreich sich die Matadores dem Stier in der Arena stellen. Die größte **Plaza de Toros** besitzt zwar Madrid, doch im andalusischen Ron-

Einüben der großen Pose

Bei der Anprobe

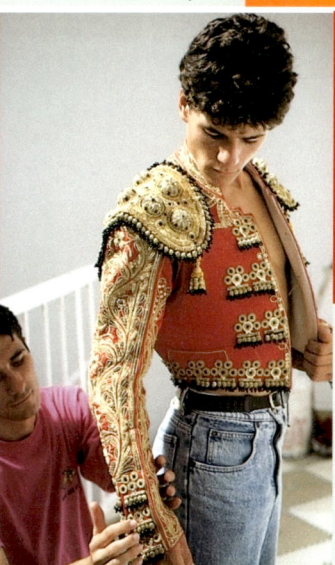

da befindet sich die älteste.

So verwundert es nicht, dass **die gefeiertsten Toreros aller Zeiten** meist Andalusier waren und sind: Manolete, Lagartijo, Joselito, Paquirri und El Cordobés – einige von ihnen haben ihr Leben in der Arena verloren.

Die »**toros bravos**«, diese vor Kraft strotzenden halbwilden Tiere, werden größtenteils seit vielen Generationen von andalusischen **Züchterdynastien** herangezogen. In den Provinzen Sevilla, Huelva und Cádiz liegen deren riesige Latifundien, geradezu und nach wie vor der Inbegriff alter Señorito-Herrlichkeit.

Ursprünge

Die historischen Spuren des Kampfes zwischen dem Stier und dem Menschen sind alt, sie verlieren sich bis in prähistorische Zeiten in verschiedenen Kulturkreisen.

Bis das heute gültige **Regelwerk der Corrida** sich im Verlauf des 18. Jh.s herausbilden konnte, gab es die unterschiedlichsten Formen des Kampfes. Während und nach der **Reconquista** waren es meist nur **Angehörige der obersten Schichten**, die bei Festen am Hof und bei Waffenübungen **zu Pferd** gegen den Stier antraten. Im Verlauf des **18. Jh.s** – die Bourbonen tolerierten die Kampfspiele bei Hofe immer weniger – waren es dann **Dienstleute** der Adligen, die **ohne Pferd** vor

Publikum gegen den Stier kämpften und damit die heutige Form des Stierkampfs begründeten.

Gleichzeitig begann die **systematische Aufzucht** von »toros bravos« in der Umgebung des Städtchens Utrera und heute reichen die Stammbäume der berühmtesten Stiere bis in diese Zeit zurück.

Goya hat in seinem Radierungszyklus »Tauromaquia« den historischen Moment illustriert, als der berittene Stierkämpfer Ende des 18. Jh.s in den Hintergrund gedrängt wurde und durch den Torero a pie, den Stierkämpfer zu Fuß, ersetzt wurde.

Drama in drei Akten

Stierkämpfe finden im Allgemeinen zur Feria oder zu anderen lokalen Festen statt. Von Ostern bis Ende Herbst versammeln sich dann die Aficionados zu Tausenden am späten Nachmittag in der kreisrunden Plaza de Toros. Wer kann, weicht der fast unerträglichen Hitze der auf der Sonnenseite gelegenen »Sol-Plätze«

aus und erwirbt eine weit teurere Karte für die beschattete **»Sombra-Seite«**.

Fast immer sind es drei Toreros oder Matadores, die mit ihrer Cuadrilla – den Helfern – an einem Nachmittag sechs Stiere zu töten haben.

Das Zeremoniell beginnt mit dem **farbenprächtigen Einzug** aller Beteiligten unter Pasodoble-Klängen. Die über und über pailettenbestickten Uniformen (sog. **Lichtanzüge**) sind ein Relikt aus den adligen Zeiten des Stierkampfes.

Bevor der Stier getötet werden kann, muss er zuerst von der Cuadrilla **gereizt und geschwächt** werden. Mit der grellfarbenen weiten Capa wird er in **Erregung** gebracht, damit seine Kräfte dem Publikum offenbar werden und der Torero seine Stärken und Schwächen kennen lernen kann. Nach diesem ersten Kontakt zwischen Matador und Toro erscheinen die berittenen Picadores. Während der Stier das gepanzerte Pferd des Picadors angreift, versucht dieser, ihn durch **Lanzenstiche in den Nacken** zu schwä-

chen. Danach treten die **Banderillas** auf. Mit tänzelnden, schnellen Schritten laufen sie dem Stier frontal entgegen und stechen ihm im letzten Augenblick ein Paar Banderillas, mit Flitterwerk und Widerhaken versehene Spitzstäbe, in den Nacken. Erst wenn drei Paar Banderillas gesetzt sind, tritt der Matador wieder auf und es beginnt der **Höhe- und Endpunkt des Kampfes**.

Die Geschicklichkeit des Menschen muss über die Brachialgewalt des um 500 Kilo schweren Tiers siegen.

Mit dem scharlachroten Tuch, der Muleta, muss der Torero den **Stier bannen und ihn an seinem Körper vorbeiführen**. In Andalusien heißt es: »Einen Stier kann man nur einmal betrügen, beim zweiten Mal sucht er den Körper«. Jede der tänzerischen Bewegungen (»paso«) hat einen eigenen Namen in der **Stierkampf-Terminologie**.

Erst wenn der Wille des Stieres gebrochen ist und der Torero wagt, sich mit dem Rücken zum Tier vom Publikum feiern zu lassen, kann der

Todesstoß erfolgen. Der Stier muss den Kopf senken, damit der estoque genannte Degen in einen ganz bestimmten Bereich seines Nackens eindringen kann und **das Herz trifft**. Matadore, die dieses Ziel verfehlen, werden vom Publikum gnadenlos ausgebuht und verspottet.

Archaisches Relikt

Ernest Hemingway, selbst ein Aficionado, hat in seinem Roman »Tod am Nachmittag« wie kein anderer die Angst und Achtung des Toreros vor dem Stier, die spielerische Leichtigkeit, aber auch die tiefe Trauer dieses rituellen Tötungsakts in der Arena beschrieben.
Mut, Todesverachtung und **Körperkraft**, aber auch **Ästhetik** und bei manchen Bewegungen **Erotik** vereinigen sich in den heißen Nachmittagsstunden einer Corrida in einer einzigen Figur, dem Torero. Er ist die Verkörperung des sprichwörtlichen, im Grunde jedoch bereits der Vergangenheit angehörigen andalusischen Machismo schlechthin.

Die Matadora

Daran ändert nichts, dass es sogar eine Frau – **Cristina Sánchez** – zur anerkannten Matadora gebracht hat. Letztendlich ist sie **am Machismo gescheitert**, denn trotz ihrer Kämpfe in den wichtigsten Arenen Spaniens wollten die männlichen Toreros nicht mehr mit ihr auftreten. Nach ihrem letzten Kampf am 12. Oktober 1999 in Las Ventas in Madrid zog sie sich im Alter von 27 Jahren zurück.

Entzauberung der Tauromaquia

Volle Arenen, laute Anfeuerungsschreie und ein strahlender Sieger – all das ist schon längst Vergangenheit. Heute sind die Ränge oft leer bis auf ein paar Touristen, die die Beine hochlegen und eigentlich gar nicht wissen, welche Bedeutung dieses Spektakel einmal hatte. Glaubt man den Alten, ging es um Ehre, Stolz und Fairplay, doch diese Ideale sind schon lange passé und haben Korruption und Geldmacherei Platz machen müssen. Der 2002 verstorbene **Stierkampfkritiker Joaquín Vidal** schätzte, dass circa 90 % der Stiere manipuliert seien. So spekulieren die Zuschauer heute, ob der Stier frisiert ist, d. h. ob man ihm die Hörner gekürzt hat, um seine Treffsicherheit zu schwächen oder ob er mit Drogen vollgepumpt wurde; auch das Tier absichtlich gegen die Bande zu lenken, sodass es sich die Halswirbel verletzt, ist Betrug, aber meist nicht zu beweisen. Durch Ticketverkäufe können die Stierkämpfe schon längst nicht mehr finanziert werden, also wird auf öffentliche Gelder zurückgegriffen.

★ ★
Baños árabes ▶

Miguel. Hier ließen sich die Maurenherrscher um 1300 eine große von Hufeisenbögen in drei Räume unterteilte Badeanstalt bauen (Öffnungszeiten wie Puente Nuevo).

★ La Ciudad (Altstadt)

Museo Lara

☉
Öffnungszeiten:
tgl. 11.00 – 20.00

Nach kurzem Weg vom Puente Nuevo auf der C. Arminan kommt man links zum Palacio de los Condes de las Islas Batanas. Hier ist das Museo Lara zu Hause, **Spaniens größte Privatsammlung**. Sie bietet ein riesiges Spektrum, u. a. Waffen, Volkskunst, Archäologisches und vor allem sehr schöne Uhren.

★
Museo del Bandolero

☉

Fast am Ende der Straße kommt man zu zwei Museen, dem Museo de Caza (Jagdmuseum) und dem weitaus interessanteren Museo del Bandolero, das sehr lebendig das Räuberwesen in und um Ronda anhand von Waffen, Steckbriefen, Puppen und **Lebensläufen berühmter Räuber** schildert, so auch von Diego Mateos, genannt el bandido generoso, der 1781 gehängt und dann geviertelt wurde (Öffnungszeiten: tgl. 10.30 – 20.00 Uhr).

Plaza de la Duquesa de Parcent

Die C. Armiñan mündet in die Plaza de la Duquesa de Parcent, an der sich die Kirche **Santa María la Mayor** (16. Jh.) erhebt. Sie war ursprünglich eine Moschee und wird noch von vier maurischen Kuppeln überwölbt; der Glockenturm steht auf den Grundmauern des ehemaligen Minaretts. Originell ist der dreistöckige Vorbau; der dreischiffige Innenraum birgt ein Renaissance-Stuhlwerk sowie links im Eingangsbereich Reste des maurischen Mihrábs. Die Ostseite des Platzes nimmt der sehr schöne Arkadenbau des Rathauses ein, den der Infant Juan nach der Eroberung Rondas bewohnte.

Barrio de San Francisco

Von der Plaza lässt sich ein Abstecher zum südlichsten Zipfel Rondas machen, dem Barrio de San Francisco. Hier haben Teile der Stadtbefestigung die Zeit überdauert, vor allem die maurische Puerta de Almocábar, die jahrhundertelang der Hauptzugang zur Stadt war und unter Karl V. um ein weiteres Tor ergänzt wurde. Von beiden Toren ziehen die Mauerreste der 1808 zerstörten Alcazaba weg. Die festungsartige Kirche Espíritu Santo ließen die Katholischen Könige nach der Eroberung Rondas bauen.

★
Palacio de Mondragón

Zurück auf der Plaza de la Duquesa de Parcent, geht es durch die Gasse links um Santa María herum zum im 16. Jh. über dem Abgrund erbauten Palacio de Mondragón. Er besitzt ein schönes Renaissanceportal mit einem typischen maurischen Doppelfenster darüber, zwei sehr schöne mudejare Innenhöfe und eine Terrasse, von der man eine herrliche Aussicht genießt. Der Palast, in dem auch die Katholischen Könige residierten, beherbergt heute das Museo Municipal zu Geschichte, Volks- und Naturkunde der Region (Öffnungszeiten wie Puente Nuevo).

Auf dem Rückweg passiert man noch zwei Adelshäuser:den Renaissancepalast Casa del Marqués de Moctezuma, der trotz seines Namens keinen Bezug zum Aztekenherrscher hat und in dem 1810 Joseph Bonaparte Quartier nahm – heute Museum für den in Ronda geborenen Maler Joaquín Peinado (1898–1975); schräg gegenüber die **Casa del Gigante** aus dem 14. Jh., der ursprünglichste arabische Palast Rondas mit allen entsprechenden Schmuckelementen und schönem Patio (Öffnungszeiten wie Puente Nuevo).

Casa del Marqués de Moctezuma

Auf der Hauptstraße zurück Richtung Puente Nuevo, zweigt vor der Brücke rechts die Cuesta Santo Domingo ab. Hier erhebt sich die Casa del Rey Moro, zu der auch ein Terrassengarten und ein Aussichtsturm gehören. Ihr Name täuscht, denn das jetzige Gebäude wurde im 18. Jh. gebaut; wahrscheinlich stand hier jedoch zuvor ein arabischer Palast. Aus dieser Zeit stammt jedenfalls eine vom Haus zum Fluss hinunterführende Felsentreppe mit 365 Stufen, auf der christliche Sklaven in Eimerketten das Wasser heraufhieven mussten.

★ Casa del Rey Moro

Ein Stück die Gasse hinab erkennt man den Palacio del Marqués de Salvatierra an seinem außergewöhnlichen Schmuck am Balkon über dem Portal: Den Giebel stützen je zwei nackte Indianerfiguren, Anklang an die spanischen Eroberungen in Süd- und Mittelamerika. Vom Palast kann man weiter zu den unteren Flussbrücken gehen.

★ Palacio del Marqués de Salvatierra

Im Ostteil der Altstadt kommt man zur Kapelle **Templete Virgen de los Dolores** von 1734; dass hier die Richtstätte Rondas war, belegen die Fabelwesen mit einem Strick um den Hals.

Mercadillo (Neustadt)

Auf der anderen Seite des Puente Nuevo öffnet sich die Plaza de España, die der Parador dominiert – kein historisches Gebäude, sondern völlig neu gebaut. In der Neustadt wird eingekauft und ausgegangen. Hauptgeschäftsstraße ist die Fußgängerzone Carrera de Espinel, die in die C. Virgen de la Paz mündet.

Gegenüber dieser Einmündung zieht die 1785 erbaute Plaza de Toros, die **älteste Stierkampfarena Spaniens** und Wirkungsstätte der Romeros, die Stierkampfbegeister-

Stierkämpfer Cayetano Ordóñez vor der Arena von Ronda

🕐
Öffnungszeiten:
Sommer tgl.
10.00–20.00;
Winter bis 19.00

ten an. Auch wer sich nicht für dieses Spektakel erwärmen kann, sollte die Arena besichtigen, denn sie ist durch das zweigeschossige, 66 m durchmessende Zuschauerrund auch architektonisch interessant. In den Räumen der Arena ist ein sehenswertes **Stierkampfmuseum** eingerichtet, das vielfältige Erinnerungen an berühmte Stierkämpfer enthält, vor allem an die Romeros und die Ordoñez, dazu Fotos prominenter Besucher wie Hemingway, Orson Welles und Walter Scheel.

★ ★
Aussichts-
promenade

Hinter der Arena verläuft die Aussichtspromenade über dem Felsabsturz, von deren vergitterten Vorsprüngen man einen herrlichen Blick auf das fast 200 m tief eingeschnittene Flusstal und über die Vega auf das Gebirge ▶Sierra de Grazalema hat. In der Parkanlage Alameda del Tajo steht ein Denkmal für Pedro Romero.

Umgebung von Ronda

★
Serranía
de Ronda

Südöstlich von Ronda erstreckt sich das karge Felsengebirge der Serranía de Ronda; in einem unter Naturschutz gestellten Teil, der Sierra de las Nieves, nur über eine schlechte Straße erreichbar, leben noch Iberische Steinböcke und Königsadler. Hier ist die Pinsapotanne heimisch, eine naturgeschichtlich alte Koniferenart. Bei einem Ausflug lernt man malerische Dörfer wie Yunquera oder Tolox kennen.

★
Cueva de
la Pileta

🕐
Führungen:
tgl. 10.00–13.00,
16.00–18.00;
Nov.–April
bis 17.00
Reservierung
Tel. 952 16 73 43

Auf der Richtung ▶Arcos de la Frontera führenden, landschaftlich sehr ansprechenden A-473 erreicht man nach 12 km bei La Quinta eine Abzweigung nach links und kommt an Montejaque vorbei nach Benaoján (11 km); von dort sind es noch einmal 4 km auf einem schmalen Gebirgssträßchen zur Tropfsteinhöhle Cueva de la Pileta. In diesen 1911 entdeckten Höhlen wurden – neben Knochen und Werkzeugen – realistische **Tiermalereien aus der Steinzeit** ähnlich denen im kantabrischen Altamira gefunden, jedoch älter als diese. Die älteste Zeichnung ist eine ca. 25 000 Jahre alte Pferdedarstellung (▶Abb. S. 35). Es werden immer nur Gruppen bis zu 25 Personen eingelassen; es kann also sein, dass man längere Zeit warten muss. Die Führung durch die Höhle, in der eine ständige Temperatur von 15 °C und 100 % Luftfeuchtigkeit herrschen, ist abenteuerlich, denn man muss sich mit ausgegebenen Petroleumlampen den Weg selbst leuchten.

Weitere Höhlen in der nahen Umgebung sind die Cueva del Hundidero, wo der Río Guadiaro verschwindet, und die Cueva del Gato, wo er wieder zum Vorschein kommt.

Gaucín

Verlässt man Ronda Richtung Marbella, nimmt man kurz außerhalb der Stadt die A-369 für einen Ausflug tief in die Serranía. Nach knapp 30 km erreicht man das malerische Bergdorf Gaucín, in dem sich sehr viele Künstler niedergelassen haben, die an Wochenenden gerne auch ihre Ateliers öffnen.

Die Burg und die Kirche La Encarnación beherrschen Olvera.

Ronda la Vieja (12 km nordöstlich der Stadt) geht auf das römische Acinipo zurück, von dem noch Reste des Theaters erhalten sind.

Ronda la Vieja

Auf einer Fahrt nach ▶Arcos de la Frontera sollte man sich Olvera ansehen, ein Weißes Dorf in schöner Lage, das beherrscht wird von der Kirche La Encarnación aus dem 16. Jh. und als Kontrapunkt dazu vom Burgfelsen mit dem im 12. Jh. erbauten Castillo.

✳
Olvera

Von Olvera sind es 15 km südwestwärts nach Setenil, einem Städtchen in fantastischer Lage in einem ausgewaschenen Flusstal. Es wird von einem gotischen Kirchenbau beherrscht; wesentlich interessanter jedoch sind die zahlreich in den Fels hineingebauten Wohnhäuser.

✳
Setenil

▶dort

Sierra de Grazalema

✳ Sanlúcar de Barrameda

C 8

Provinz: Cádiz   **Höhe:** 0 – 30 m ü. d. M.
Einwohnerzahl: 65 800

Sanlúcar ist die Heimat des knochentrockenen Manzanilla-Weins, der ausschließlich den örtlichen Bodegas entstammt und seinem viel bekannteren Konkurrenten aus Jerez de la Frontera, dem Sherry, in nichts nachsteht; Sanlúcar wird aber auch landesweit gerühmt für seine Meeresspezialitäten – und dazu passt wiederum wunderbar ein Manzanilla.

Geschichte Sanlúcar de Barrameda, 1246 den Mauren abgenommen, war Sitz der Herzöge von Medina Sidonia und Hafen von Sevilla. Von hier trat **Christoph Kolumbus** im Mai 1498 seine dritte Reise nach Amerika an, auch **Hernán Cortes** segelte von hier in die Neue Welt; schließlich stach 1519, von Sevilla kommend, **Fernão de Magalhães** (Magellan) von Sanlúcar zur ersten Umsegelung der Erde in See.

Sehenswertes in Sanlúcar de Barrameda

Orientierung Sanlúcar besteht aus drei Teilen: Oben auf der Höhe liegt das Barrio alto, die historische Altstadt, und unten am Strand Bajo de Guía, das Fischer- und Restaurantviertel; das Scharnier zwischen beiden bildet das Barrio bajo (Unterstadt) mit Calle Ancha und Calle de San Juan, die sich an der Plaza del Cabildo treffen. Hier tummeln sich abends in den Bars Einheimische und Touristen. Auf der anschließenden Plaza de San Roque findet jeden Morgen der Markt statt.

> **! TIPP**
>
> **Manzanilla kosten**
> Hier kann der Manzanilla gekostet werden: Bodega Antonio Barbadillo mit Manzanilla-Museum nahe der Burg (Luís de Eguilaz, 11; Führungen auf Englisch Di. – Sa. 11.00); Bodega Delgado Zuleta, deren Manzanilla »La Goya« auch bei der Hochzeit des Kronprinzenpaares serviert wurde (Straße Richtung Chipiona km 1,5; Tel. 956 36 07 80).

Von der Plaza de San Roque – linker Hand vorbei an der kleinen Dreifaltigkeitskirche mit ihrer prachtvollen Artesonadodecke aus dem 15. Jh. – steigt man auf der C. Bretones hinauf zum Altstadthügel. Dabei passiert man die so genannten **Covachas**, einen spätgotischen Fassadenteil des Palasts der Herzöge von Medina Sidonia, bestehend aus zehn Bögen mit Fabelwesenschmuck.

★
Nuestra Señora
de la O
Oben liegt an der C. Caballeros rechts der Palacio de Orléans y Borbón, Mitte des 19. Jh.s für Antonio de Orléans und seine Frau erbaut, nun Rathaus; links geht es zur von Isabel de Cerda 1360 gestifteten Kirche Nuestra Señora de la O. Sie zeigt sich bis auf ihr prächtiges mudejares Portal äußerlich unscheinbar, doch dieses kündigt schon die Fülle der Ausstattung an. Den einschiffigen, mit Kacheln verkleideten und reich mit Stuckarbeiten versehenen Raum schließt eine wunderbare getäfelte Renaissancedecke ab; nicht minder schön ist die Capilla Mayor ausgemalt, in der der Hauptaltar von Esquivel (18. Jh.) steht. Links davon öffnet sich die ebenfalls prachtvoll bemalte Capilla del Sagrario, die von einer durchbrochenen Kuppel abgeschlossen wird.

Palacio de los
Duques de
Medina Sidonia
An die Kirche schließt der Palacio de los Duques de Medina Sidonia an, der Sitz der Herzöge von Medina Sidonia. Er wurde im 16. Jh. begonnen und im 17. Jh. ausgebaut (Besichtigung: So. 11.00 – 12.00 Uhr, Tel. 956 36 01 61; Café im Patio).

▶ SANLÚCAR DE BARRAMEDA ERLEBEN

AUSKUNFT (OFICINA DE TURISMO)

Calzada del Ejército, s/n, E-11540
Sanlúcar de Barrameda
Tel. 956 36 61 10
Fax 956 36 61 32
www.aytosanlucar.org

ESSEN

► Fein und teuer

Mirador de Doñana
Bajo de Guía, s / n
Tel. 956 36 42 05
Eine der besten Adressen in der Stadt;
Fisch und Meeresfrüchte werden auf
der Terrasse serviert, von der man
einen wunderbaren Blick auf den
Guadalquivir und den Nationalpark
am anderen Ufer hat.

► Preiswert

Casa Balbino
Plaza del Cabildo, 1
Tel. 956 36 05 13
Hier überzeugen die fantastische Ta-
pas-Auswahl (lecker: Tortillas mit
Krabben) und die vielen Manzanillas
– ein Muss in Sanlúcar.

Casa Juan
Bajo de Guía, 26
Tel. 956 36 26 95
Günstige Adresse an der Res-
taurantmeile am Guadalquivir.

ÜBERNACHTEN

► Günstig

Los Helechos
Pl. Madre de Dios, 9
Tel. 956 36 13 49
Fax 956 37 13 64
www.hotelloshelechos.com, 54 Z.
Nahe der Altstadt bietet das Hotel
eine angenehme und geschmackvoll
eingerichtete Unterkunft. Zwei Innenhöfe sorgen für Licht und andalusische Atmosphäre.

Tartaneros
Tartaneros, 8
Tel. 956 38 53 93
www.hoteltartarenos.com, 22 Z.
Anmutige Jugendstilschönheit im
Zentrum.

Posada de Palacio
Caballeros, 9 – 11
Tel., Fax 956 36 50 60
www.posadadepalacio.com, 11 Z.
Posada bedeutet Gasthof, doch der
Name täuscht: Das Hotel im Zentrum
ist in einem Adelspalast des 17. Jh.s
eingerichtet.

La Española
In Chipiona, Isaac Peral, 4
Tel. 956 37 37 71, Fax 956 37 30 35
www.hotellaespanola.com, 21 Z.
Hübsches, gutes Hotel im Ortszen-
trum.

FESTE

Feria de la Manzanilla
Ende Mai

Romería del Rocío
Zu Pfingsten überqueren die Pilger
von hier aus den Guadalquivir (s.
Baedeker-Special S. 362).

Das gibt es nicht überall: Turf am Strand von Sanlúcar

Carreras de Caballo de Sanlúcar
Das muss man gesehen haben – jedenfalls, wenn man im August in Andalusien ist. Dann nämlich werden an den Stränden Sanlúcars Pferderennen abgehalten, die zu den spektakulärsten Veranstaltungen in Andalusien gehören. Die genauen Termine bestimmt der Gezeitenwechsel, deshalb im Tourismusbüro nachfragen oder im Internet unter www.carrerassanlucar.es

Exaltación al Río Guadalquivir
Bootsprozession zur Lobpreisung des Flusses.

Castillo de Santiago
An den Bodegas Antonio Barbadillo vorbei erreicht man das über der Altstadt thronende Castillo de Santiago (13.–15. Jh.), die Burg der Herzöge von Medina Sidonia, von der man eine herrliche Aussicht auf die Stadt und den Nationalpark Coto de Doñana am gegenüberliegenden Ufer des Guadalquivir hat.

Barrio bajo
Im Barrio bajo sind noch zwei Kirchen an der C. de Santo Domingo interessant: Santo Domingo mit dem Grab der Herzöge von Medina Sidonia (17. Jh.) und San Francisco, deren Fassade der englische König Heinrich VIII. stiftete.

Bajo de Guía
Die Unterstadt von Sanlúcar de Barrameda, Bajo de Guía genannt, erstreckt sich entlang der Flussmündung. Hier reiht sich ein Fischrestaurant ans andere. Ihre Ware beziehen sie von der **Fischauktion**, die werktags um 17.00 Uhr im 4 km flussaufwärts gelegenen Hafen Bonanza stattfindet – ein lohnender Ausflug. Von dort segelten Kolumbus und Magellan los.

In den Nationalpark Coto de Doñana ▶
Bajo de Guía ist auch ein guter Ort für einen Ausflug per Schiff in den Nationalpark ▶Coto de Doñana: Zuerst Informationen holen im älteren Dokumentationszentrum oder in der neueren **Fábrica de Hielo** (mit großer Ausstellung zu Natur und Geschichte, Filmen und Aussichtsterrasse), dann mit der »Real Fernando« am gegenüberlie-

In einer der Bars im Barrio bajo lässt man den Tag entspannt ausklingen.

genden Ufer entlangschippern. Dieser Ausflug dauert ca. 4 Stunden und umfasst auch zwei Landgänge; Tickets in der Fábrica de Hielo (Abfahrt: tgl. 10.00, Juni – Sept. auch 17.00, April, Mai, Okt. auch 16.00 Uhr; Tel. 956 36 38 13, www.visitasdonana. com).

Umgebung von Sanlúcar de Barrameda

In südwestlicher Richtung verstecken sich **weite und feine Badestrände** bis zum Badeort **Chipiona**, ein bei den Andalusiern sehr beliebtes Seebad. An Wochenenden voll Trubel, unter der Woche eher beschaulich, hat Chipiona bislang die Betonsünden der Costa del Sol vermieden und auf weniger hohe Apartmenthäuser gesetzt, die sich allerdings ständig vermehren. Schönster Strand ist die sich südlich vom Leuchtturm entlangziehende Playa de Regla, an den die Wellen des Atlantik rollen; das Strandleben kann jedoch durch den beständig pfeifenden Wind und den feinen Sand getrübt sein. Am Ende des Strands steht fast am Rand des Wellensaums die Kirche Santuario Nuestra Señora de la Regla, die ein von Seeleuten verehrtes Gnadenbild bewahrt. Die Plaza de España mit der kachelverzierten Kirche Nuestra Señora de la O im Ortskern Chipionas erweist sich als lauschiges Plätzchen; auch eine Burg gibt es. Sehr stolz ist man in Chipiona auf den 69 m hohen und damit **höchsten Leuchtturm Spaniens** aus dem Jahr 1867.

★ ★ Sevilla

C/D 7

Provinz: Sevilla
Einwohnerzahl: 704 000

Höhe: 8 m ü. d. M.

... ist einer der heißesten Orte des europäischen Festlands. ... wunder also, dass die Stadt erst erwacht, wenn man anders- ... on ins Bett geht – die Nächte Sevillas, wenn man von Bar zu ... ht, haben es in sich. Zwar wird beileibe nicht überall getanzt ... esungen, wie das Klischee es will, dennoch ist Sevilla wohl ... dalusischste aller Städte Andalusiens, was immer noch in ... ten und volkstümlichen Vierteln zu spüren ist.

... wenn Sevilla mit den Zeugnissen der maurischen Vergangen- ... on ►Córdoba oder ►Granada nicht mithalten kann, so ist hier ... nthese aus muslimischer und christlicher Baukunst am über- ... ndsten gelungen, zu bestaunen in Kathedrale und Alcázar, in ... schen Stil für den Christenkönig Pedro den Grausamen erbaut.

Hauptstadt Andalusiens

Highlights *Sevilla*

Semana Santa
Die Stadt während der Karwoche – das ist Sevilla im Ausnahmezustand: Trauern und danach wild feiern. Nirgends in Spanien wird sie so prunkvoll zelebriert.
► Seite 386

Kathedrale
Nur Superlative: die größte Kirche welt- weit nach St. Peter in Rom und nach der Londoner St. Pauls Cathedral, weltgrößte gotische Kirche mit dem größten Altar der Welt und großartiger Aussicht von der Giralda auf die Dächer von Sevilla.
► Seite 394

Real Alcázar
Der Königspalast ist ein Schmuckstück aus Mudéjar-Innenhöfen, Sälen und arabi- schen Gärten.
► Seite 397

Barrio de Santa Cruz
Malerisches Viertel mit kleinen Plätzen und weißen blumengeschmückten Häuschen.
► Seite 401

Museo de Bellas Artes
Eine der besten Kunstsammlungen Spaniens.
► Seite 403

Casa de Pilatos
Schönster Stadtpalast Sevillas neben dem Alcázar.
► Seite 404

Plaza de Toros de la Maestranza
Berühmte Stierkampfarena mit Corridas von Weltrang.
► Seite 406

Torre del Oro
Zinnenbewehrter Turm, im 13. Jh. zum Schutz des Hafens erbaut, in dem sich heute das Meeresmuseum befindet.
► Seite 407

← *Plaza de España – gebautes Zitat der spanischen Architekturgeschichte*

▶ SEVILLA ERLEBEN

AUSKUNFT
(OFICINA DE TURISMO)
www.turismo.sevilla.org

Plaza del Triunfo, 1
E-41013 Sevilla
Tel. 954 21 00 05

Avda. de la Constitución, 21b
E-41004 Sevilla
Tel. 954 22 14 04

Edificio Laredo
Planta baja
Plaza San Francisco, 19
E-41001 Sevilla
Tel: 954 59 52 88

ESSEN

▶ **Fein und teuer**
④ *Casa Robles*
Alvarez Quintero, 58
Tel. 954 21 31 50
Hier probiert man die sevillanisch

Eine Institution: El Rinconcillo

gehobene Küche in einem der besten
Restaurants der Stadt. Wem das zu
teuer ist, der kann sich an den
ausgezeichneten Tapas versuchen.

⑥ *Egaña Oriza*
San Fernando, 41
Tel. 954 22 72 54
Gediegenes Ambiente, feinste spa-
nische Küche wird in einem ehe-
maligen Palast serviert.

③ *Taberna del Alabardero*
Zaragoza, 20
Tel. 954 50 27 21
www.tabernadelalabardero.com
Ist dafür berühmt, sevillanische
Gerichte in den Olymp der ver-
feinerten Küche gehoben zu haben –
in einem alten Stadtpalast. Deutlich
günstigeres Mittagsmenü und Tapas

▶ **Erschwinglich**
① *Ancora*
Virgen de las Huertas, s/n
Tel. 954 27 38 49
Gut besuchtes Fischrestaurant im
Triana-Viertel.

⑤ *Bar Giralda*
Mateos Gago, 1
Tel. 954 22 82 50
Edle Bar mit preisgekrönten Tapas.

⑦ *El Rinconcillo*
Gerona, 40 u. Alhóndiga, 2
Tel. 954 22 31 83
Traditionsbar seit 1670, hier trifft
man sich am Tresen und plaudert
unter einem Himmel voller Schinken.

② *Sol y Sombra*
Castilla, 151; Tel. 954 33 39 35
Die Tapas-Bar gehört zu den besten
der Stadt.

▶ Preiswert

Wahrscheinlich die schönste Art des Essengehens in Sevilla: ein Bummel durch die Tapa-Bars, die sich im Barrio de Santa Cruz, um die Plätze im Centro und auch im Triana-Viertel aneinanderreihen.

ÜBERNACHTEN

▶ Luxus

① *Alfonso XIII*

San Fernando, 2
Tel. 954 91 70 00
Fax 954 91 70 99
www.alfonsoxiii.com, 146 Z.
Grandhotel der Extraklasse, erbaut zur Weltausstellung 1929, Flaggschiff der andalusischen Hotellerie und sehr teuer. Hier wohnt der spanische König, wenn er Sevilla besuchten; auch andere gekrönte Häupter zählen zu den Gästen.

▶ Komfortabel

⑥ *Las Casas de la Judería*

Cp. Santa María la Blanca, 5
Tel. 954 41 51 50
www.casasypalacios.com, 118 Z.
Fast schon ein eigenes Viertel im Viertel Barrio de Santa Cruz: Mehrere Häuser des Duque de Béjar, untereinander mit Patios und Gewölbegängen verbunden, bilden dieses Stadthotel, das mit stilvollen Zimmern und Brunnenhöfen verzaubert.

▶ Günstig

③ *Europa*

Jimios, 5
Tel. 954 45 00 443
Fax 954 21 00 16
www.hoteleuropasevilla.com, 16 Z.
Stilvolles Haus aus dem 18. Jh. zwischen Plaza Nueva und Kathedrale.

⑦ *Patio de la Cartuja*

Lumbreras, 8 – 10
Tel. 954 90 02 00
www.patiosdesevilla.com, 56 Ap.
Eine kleine Perle abseits vom großen Luxus am Nordende der Alameda de Hércules: Stilvolle, komfortabel-schlicht eingerichtete, großzügige Apartments gruppieren sich um einen zentralen Patio.

⑤ *Un Patio en Santa Cruz*

Doncellas, 15
Tel. 954 53 94 13, Fax 954 53 94 61
www.patiosantacruz.com
Kleine, aber geschmackvoll eingerichtete Zimmer im Barrio de Santa Cruz. Herrrlicher Blick von der Dachterrasse zur Kathedrale. Zimmer zur Gasse verlangen, da diejenigen auf den Hof nur kleine Fenster haben.

② *Simón*

García de Vinuesa, 19
Tel. 954 22 66 60, Fax 954 56 22 41
www.hotelsimonsevilla.com, 29 Z.
Traditionelles, familiäres Haus unweit der Kathedrale.

④ *Los Seises*

Segovias, 6
Tel. 954 22 94 95
Fax 954 22 43 34
www.hotellosseises.com, 43 Z.
Architektonisches Kleinod aus dem 16. Jh. mit geschmackvollem Interieur in unmittelbarer Nähe der Kathedrale. Die Giralda sieht man von der Dachterrasse aus.

Edel: Vittorio y Lucchino

SHOPPING

Die Haupteinkaufszone liegt zwischen der Plaza Nueva und der Plaza San Francisco und nördlich d. Plaza del Duque de la Victoria. Hauptein-kaufsmeile der Stadt ist die Calle Sierpes, die Mode (z. B. das international bekannte Modedesignerduo Vittorio y Lucchino), Spanisches (z. B. Tücher und Schals bei Molina, Sierpes 11, oder Spitzen bei Artesanía Textil in Nr. 70, Sevillarte mit Fächern u. Kunstgewerbe), Schmuck und auch Konditorwaren bietet. Insbesondere Fächer erfreuen sich großer Beliebt-heit, entweder als Souvenier oder in Spanien sogar passend zum Braut-kleid. Flohmärkte gibt es sonntags auf der Alameda de Hércules u. jeden Donnerstag nicht weit weg davon in der C. Feria. Ein Besuch im Barrio Triana lohnt sich für alle, die Keramik suchen, z. B. in der C. San Jorge (z. B. Ceramica Santa Ana in Nr. 31) und um die Plaza Callao.

Agua de Sevilla
C. Rodrigo Caro, 3
Schick: Parfum mit Orangenblüten-duft und andere feine Düfte.

Daniela
C. San Eloy, 25
Wer für schöne Schuhe schwärmt, wird hier seine Freude haben.

PLAZA DE TOROS DE LA MAESTRANZA

Paseo de Cristóbal Colón, 12
Vorverkauf Tel. 954 50 13 82
Fax 954 50 15 59
Im Juni und Juli sind Corridas von Weltrang mit berühmten Matadores zu sehen. Am 12. Oktober endet hier mit der Feria de San Miguel die Stierkampfsaison.

FESTE

Semana Santa
Von allen Feierlichkeiten zur Semana Santa (Karwoche) sind diejenigen von Sevilla am eindrucksvollsten. Am Palmsonntag beginnen die Umzüge der Bruderschaften (Cofradias oder Hermandades) in den einzelnen Stadtvierteln, bei denen sie üppigst geschmückte Heiligenschreine (Pasos) durch die Straßen tragen. Die Träger (Costaleros) müssen dabei Schwerst-arbeit verrichten – die Pasos wiegen mehrere Zentner und die Gassen sind eng. Zu jeder Prozession gehören auch die in Kutten und Spitzhüte gehüllten Büßer (Nazarenos oder Penitentes). Die gemeinsame Haupt-prozession aller 58 Bruderschaften findet in der Nacht zum Karfreitag und am Karfreitagmorgen statt und endet in der Kathedrale.

Feria de Abril
Die Feria de Abril (Beginn in der zweiten Woche nach Ostern) ist das sechstägige weltliche Hauptfest Sevil-las. Auf dem riesigen Festgelände im Viertel Los Remedios stellen Familie, Freunde und Organisationen Zelte und Pavillons auf, in denen – in privater Runde! – bis in die frühen Morgen gesungen und getanzt wird. Öffentlich dagegen sind die täglich stattfindenden prächtigen Reiter- und Kutschenumzüge und natürlich die täglichen Stierkämpfe in der Arena La Maestranza.

Diese Fülle großartiger Kunstdenkmäler aus allen Epochen der lebendigen Stadtgeschichte rechtfertigt durchaus den alten Spruch »Quien no ha visto Sevilla, no ha visto maravilla« – »Wer Sevilla nicht gesehen hat, hat noch kein Wunder gesehen«. Sevilla ist die Geburtsstadt der Maler **Diego Velázquez** (1599–1660) und **Bartolomé Esteban Murillo** (1617–1682). Gedenktafeln erinnern an Szenen aus Cervantes' Werken; bekannt ist **Sevilla als Opernschauplatz**: Mozarts »Don Juan« und »Figaros Hochzeit« sowie Bizets »Carmen« spielen hier und um den Laden von Rossinis »Barbier von Sevilla« streiten sich mehrere Straßen. Durch die Hauptstadt Andalusiens und viertgrößte Stadt Spaniens strömt der Río Guadalquivir, der hier das andalusische Tiefland erreicht. Obwohl fast 100 km vom Meer entfernt, macht sich die Flut hier noch bemerkbar und erlaubt größeren Seeschiffen das Einlaufen in die vor der Stadt liegenden Hafen. Denn die andere Seite Sevillas ist die einer Industriestadt, die Nahrungsmittel, Textilien und Metallprodukte erzeugt, und die einer Millionenstadt, die ein Gürtel von z. T. ärmlichsten Vierteln umgibt – die Arbeitslosenrate ist hoch und in deren Schlepptau auch die Kleinkriminalität. Daran hat auch die Ausrichtung der Weltausstellung EXPO '92 wenig ändern können. Zwar wurde die Infrastruktur wesentlich verbessert – Sevilla ist seither mit Madrid durchgehend per Autobahn und durch den Hochgeschwindigkeitszug AVE verbunden, der im neuen Bahnhof Santa Justa einfährt – und auch das Stadtbild hat sich geändert, zum einen durch das Ausstellungsgelände, zum anderen durch neue Brücken, von denen die elegante **La Barqueta** zum **neuen Wahrzeichen** geworden ist. Der erhoffte anhaltende Aufschwung allerdings blieb aus: Nach Schließung der EXPO standen die 22 000 Beschäftigten auf der Straße, Folgearbeitsplätze blieben aus, denn vor allem der als Anschlussnutzung gedachte Technologiepark war kein Erfolg. So blieb lediglich der 1997 eröffnete Vergnügungspark Isla Mágica auf dem alten Expo-Gelände.

TIPP

Nicht zu spät!

Wer die Semana Santa oder die Feria de Abril in Sevilla erleben will, sollte schon mehrere Monate vorher eine Unterkunft buchen – und sich nicht über den saftigen Festaufschlag wundern.

Geschichte

»Herkules erbaute mich, Julius Caesar umgab mich mit Mauern und der heilige König nahm mich ein«, verkündet eine Inschrift an der Puerta de Jerez. Ob nun tatsächlich Herkules auf seinem Weg an den Atlantik bei Cádiz, wo er die Rinder des Geryones stehlen sollte, Sevilla gründete, bleibt Legende. Tatsächlich existierte aber, als die Römer gegen 206 v. Chr. kamen und die Karthager vertrieben, eine Siedlung namens Hispalis, die für Caesar als Colonia Iulia Romula sowohl Hafenstadt als auch wichtiger Posten gegen seinen Rivalen Pompeius war, zu dem Córdoba hielt.

712 beendeten die Mauren die westgotische Herrschaft, nannten die Stadt Ichbilija, kümmerten sich aber wenig um ihre Eroberung. Erst

◀ Unter den Mauren

Sevilla Orientierung

ISLA DE
LA CARTUJA

Convento de
San Clemento

C. de Becquer

¹Hospital Regional
Muralla

2

Convento de
Santa Clara

⑦ Calatrava

Relator

C. San Luis

Ronda de Capuchinos

Río Guadalquivir

Telecabina

3 ⚰ ✝ 4 ✝

Mercado ✝ 5

San Lorenzo

Alameda
de
Hercules

San Luis ✝

LA MACARENA

✝ 7 ✝ 6

San Vicente

Baños

Parlamento
de Andalucía

✝ 8

9

C E N T R O

Estación
de Autobuses

10

PLAZA de la
Encarnación

Casa de la
Condesa de
Lebrija

11

12 ✝

13 ✝

⑦ Pl. Ponce
de León

Imagen

P

Huelva, Itálica

P

15

16

17

18

①

③

Plaza
Nueva

14 ①

19

20

② TRIANA

③

Plaza
de Toros

②

④

④

Catedral

21

23 ✝

Sta. Cruz

SANTA
CRUZ

⑥

Santa Ana

Dos de Mayo

27

28

26

25

⑤ Pl.
Triunfo

24

Alcázar

Estación
de Cádiz

EL ARENAL

29

Jardines
del Alcázar

⑥

Puerta de
Jerez

①

Universidad
(Fábrica de
Tábacos)

30

Pl. de
D. Juan
de Austria

31

Palos
de la
Frontera

Plaza
de Cuba

Av. de Carlos V

200 m

©*Baedeker*

①

32

Glorieta
S. Diego

Av. de Portugal

LOS
REMEDIOS

Capitania
Plaza de
España

General

Museo Arqueológico
Jerez

①

Museo de Artes
y Costumbres
Populares

mit dem Zerfall des Omaijadenreichs endete dieser Zustand und Sevilla wurde Hauptstadt einer Taifa. Die Almohaden Jûsuf Abu Ja'kub (1163–1184) und Ja'kub Ibn Jûsuf (1184–1198) bauten Sevilla aus, sodass es selbst Córdoba zeitweise an Einwohnerzahl übertraf.

Ferdinand III. der Heilige eroberte die Stadt 1248 mit Hilfe des maurischen Königs von Granada und wählte sie zur Residenz. Sein Nachfolger Alfons X. verlieh ihr einen Ehrentitel, weil sie ihn in der Auseinandersetzung um die Thronfolge mit seinem Sohn Sancho unterstützte – ein Umstand, der sich noch heute im Stadtwappen in den Buchstaben NO-DO zeigt, was die Abkürzung für »No me ha dejado« – »Sie hat mich nicht verlassen« sein soll. Unter Pedro I. dem Grausamen entstand im 14. Jh. der Alcázar. ◄ Reconquista

Als Kolumbus von seiner ersten Entdeckungsfahrt zurückkehrte, bereitete ihm Sevilla einen triumphalen Empfang. Hier wurde auch die Reise von Amerigo Vespucci vorbereitet und **Magellan brach von Sevilla zur Weltumsegelung auf.** Als Sitz der 1503 gegründeten Casa de la Contratación, dem Handelskontor mit den Kolonien, hielt Sevilla das **Monopol im Überseehandel** und entwickelte sich zum **Haupthafen Spaniens.** Hier legten die goldbeladenen Schiffe an und in der Staatlichen Münze, der Moneda, wurde das indianische Edelmetall eingeschmolzen. Der Reichtum zog viele Künstler an, sodass die Stadt im 17.Jh.s mit der Schule von Sevilla, deren Hauptvertreter Murillo und Zurbarán waren, ihre **kulturelle Blüte** erlebte. ◄ Blütezeit

Als der Guadalquivir zu versanden begann, verlegte die Krone 1717 den Haupthafen für die Kolonien nach Cádiz und Sevilla verlor seine Bedeutung. In der Auseinandersetzung um eine Verfassung nach dem Ende der napoleonischen Besatzung war Sevilla auf Seiten der Konstitutionalisten. Mit der Ibero-Amerikanischen Ausstellung versuchte man 1929 noch einmal, die Vergangenheit zu beleben; 1936 fiel die Stadt sehr früh an die Francotruppen. Bis in die Gegenwart ◄ Niedergang

1 Puerto Macarena	9 Casa de las Dueñas	18 Casa de Pilatos	25 Archivo de Indias
2 Basilica de la Macarena	10 Museo de Bellas Artes	19 Museo del baile Flamenco	26 Museo de Arte Contemporáneo
3 Omnium Sanctorum	11 Universidad Vieja	20 Monolitos Romanos	27 Teatro La Maestranza
4 Santa Marina	12 San Pedro	21 Santa Maria La Blanca	28 Hospital de la Caridad
5 San Julián	13 Santa Catalina	22 Acueducto	29 Torre del Oro (Museo Marítimo)
6 Convento de Santa Paula	14 Ayuntamiento	23 Palacio Arzobispal	30 Palacio San Telmo
7 Santa Isabel	15 San Salvador	24 Hospital de los Venerables	31 Estación de Autobuses
8 San Marcos	16 Convento de San Leandro		32 Teatro Lope de Vega
	17 San Illdefonso		

Essen

① Ancora
② Sol y Sombra
③ Taberna de Alabardero
④ Casa Robles
⑤ Bar Giralda
⑥ Egaña Oriza
⑦ El Rinconcillo

Übernachten

① Alfonso XIII
② Simón
③ Europa
④ Los Seises
⑤ Un Patio en Santa Cruz
⑥ Las Casas de la Judería
⑦ Patio de la Cartuja

Während der Semana Santa feiert Sevilla mit Prunk die Madonna – und das Leben.

konnte Sevilla nicht mehr an seine große Vergangenheit anknüpfen und auch die großartige Expo '92, 500 Jahre nach Kolumbus' erster Fahrt veranstaltet, hatte außer neuen architektonischen Highlights keine nachhaltigen Wirkungen.

✶ ✶ Catedral de Santa María de la Sede

Die Kathedrale wurde 1402–1506 an Stelle der maurischen Hauptmoschee erbaut. Schon die Westgoten hatten an diesem Platz über einem römischen Tempel eine Kirche errichtet, die unter den Mauren lange Zeit unangetastet blieb. Erst die Almohaden ersetzten sie ab 1172 durch die Große Moschee, von der heute noch die Giralda und der Orangenhof erhalten sind. Die Christen bauten die Moschee zunächst nur geringfügig um, doch als sie nach einem Erdbeben baufällig wurde, beschloss man den Neubau einer Kirche. Es ist nicht

✓ NICHT VERSÄUMEN

- **La Giralda:** Ursprünglich als Minarett erbauter Glockenturm
- **Patio de los Naranjos:** Er ist von der Großen Moschee erhalten geblieben.
- **Capilla Mayor:** Sie birgt das größte Altarbild der Welt.

bekannt, von wem die Pläne für die Kathedrale stammen. Erster bekannter Baumeister war jedenfalls der Flame Isambret, unter seinen Nachfolgern findet man Pedro de Toledo, Simón und Alfonso Rodriguez, Jean Norman und Simon von Köln; nach dem Einsturz der Kuppel im Jahr 1511 errichteten Enrique de Egas und Gil de Hontañón sie neu. Am 18. März 1995 heiratete Elena María Isabel Dominica von Silos Bourbon und Griechenland – das älteste Kind des spanischen Königspaares – in der Kathedrale von Sevilla den adligen Bankier Jaime de Marichalar.

Von den reich geschmückten Portalen sind besonders beachtenswert die Puerta del Bautismo (Portal der Taufe) und die Puerta del Nacimiento (Portal der Geburt) links bzw. rechts der Puerta Mayor an der Westfassade, deren Figuren von Lorenzo Mercadante und Pedro Millán in den Tympana Geburt und Taufe Jesu und in den Gewänden Sevillaner Stadtteilige darstellen. Links folgt an der Nordseite die hufeisenbogige Puerta del Perdón. An der Ostseite liegen die Puerta de Oriente, die Puerta de los Palos mit dem Relief Anbetung der Hl. Drei Könige von Perrin sowie die Puerta de las Campanillas mit dem Einzug in Jerusalem vom selben Künstler. Die Puerta de San Cristóbal aus dem 19. Jh., auch Puerta de la Lonja genannt, öffnet sich am südlichen Querschiff.

Außenansicht

◄ Portale

Zwischen der Puerta de los Palos und der Puerta de Oriente steigt an der Nordseite der Kathedrale die **Giralda** – einst **Minarett der Großen Moschee** (1184–1196 erbaut) – auf, das **Wahrzeichen** Sevillas. Auf römischen Sockeln strebt der Ziegelsteinbau der Baumeister Ahmed ibn-Basso und Ali al-Gomara in die Höhe, überzogen von einem rautenförmigen sog. Sebka-Muster und unterbrochen von Zwillingsfenstern, deren Säulenkapitelle aus dem Palast von ►Medina Azahara entnommen wurden. In maurischer Zeit schlossen vier vergoldete Kupferkugeln den Turm ab, bis

Erst 1568 setzte man der Giralda die Glockenstube auf.

man 1568 die Glockenstube aufsetzte. Diese besteht aus dem Gestühl mit 24 Glocken und der »Matrarca«, einem Holzgehänge mit den in der Karwoche statt der Glocken benutzten Klappern. Die Spitze der 97 m hohen Giralda (Wetterfahne, wörtlich »Die sich dreht«) krönt die 4 m hohe Windfahne »Giraldillo«, eine den Glauben verkörpernde weibliche Figur von Bartolomé Morel mit dem Banner Konstantins. Auf einer sanft ansteigenden Rampe, 2,50 m breit, sodass zwei Reiter nebeneinander hinaufreiten konnten, steigt man zur 70 m hoch liegenden Galerie hinauf, von wo man eine herrliche Aussicht auf die Dächer Sevillas hat.

Durch die Puerta del Perdón oder die Puerta de Oriente geht man zunächst in den **Patio de los Naranjos** (Orangenhof). Im Ostflügel ist die im 13. Jh. gegründete Bibliothek des Domkapitels untergebracht. Den Westabschluss des Orangenhofs bildet der **Sagrario**. In der Capilla de la Granada in der Südostecke des Hofs sind Teile der westgotischen Vorgängerkirche gefunden worden. In derselben Ecke öffnet sich der Hufeisenbogen der Puerta de Lagarta (Tor der Eidechse), so benannt nach dem darüber angebrachten Holzkrokodil. Hier liegt der Eingang zum Inneren der Kathedrale.

Das größte Altarbild der Welt: der Retablo in der Kathedrale von Sevilla

Der **Innenraum** bildet den eindrucksvollsten gotischen Kirchenraum Spaniens, der sich besonders durch die Klarheit seiner Proportionen und die Schönheit der Linienführung auszeichnet. Beleuchtung und Spiegel ermöglichen ein genaues Studium von Gewölbekonstruktion und -schmuck. Unter den insgesamt 75 **Glasgemälden** aus dem 16.–19. Jh. ragen diejenigen von Enrique Alemán (1478–1483) in der Capilla de San José, von dem Flamen Arnao de Vergara (1525–1538; »Jungfrau der Barmherzigkeit«) und von dessen Landsmann Arnao de Flandes (1525–1557; in der Capilla de los Evangelistas) hervor.

Vom Eidechsentor wendet man sich nach halbrechts zum **Chor**. Die sich jenseits der Vierung anschließende **Capilla Mayor** grenzen an drei Seiten prachtvolle Gitter von Fray Francisco de Salamanca, Sancho Muñoz und Bartolomé de Jaén ein. Alles überragt hier der mächtige **Retablo**.

In der Achse mit der Capilla Mayor schließt die **Capilla Real** das Mittelschiff ab. Der 38 m lange Renaissancebau wurde 1551–1575 an Stelle der alten königlichen Grabkapelle von Martín Gainza, Hernán Ruiz und Juan de Madea erbaut und 1773 mit einem Gitter abgeschlossen, auf der die Übergabe der Schlüssel Sevillas an Ferdinand dargestellt ist. Zu den Ausstattungsstücken gehören Gemälde u. a. von Cano und Murillo sowie Fahne, Schwert und sogar ein Finger des hl. Ferdinand. Von der Capilla Real geht es in die Krypta hinab,

Catedral de Sevilla *Orientierung*

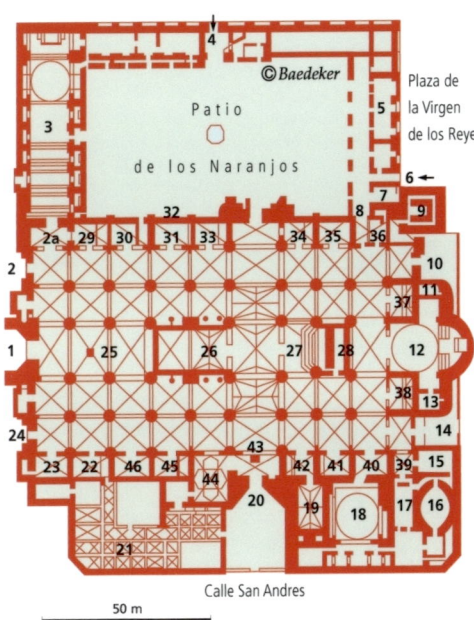

1 Puerta Mayor
2 Puerta del Bautismo
2a Giraldillo
3 Sagrario
4 Puerta del Perdón
5 Biblioteca Colombina
6 Puerta de Oriente
7 Capilla de la Granada (Granatapfelkapelle)
8 Puerta del Lagarto (Eidechsenpforte)
9 Giralda
10 Puerta de los Palos
11 Sala Capitular

12 Capilla Real
13 Sakristei
14 Puerta de las Campanillas (Portal der Glöckchen)
15 Contaduría Mayor
16 Sala Capitular
17 Antecabildo
18 Sacristía Mayor
19 Sacristía de los Cálices (Sakristei der Kelche)
20 Puerta de San Cristóbal (Puerta de la Lonja)
21 Dependencias de la Hermandad Sacramental
22 Capilla de Santa Ana
23 Capilla de San Laureano
24 Puerta del Nacimiento
25 Grabplatte des Fernando Colón
26 Coro
27 Capilla Mayor
28 Sacristía Alta
29 Capilla de San Antonio
30 Capilla de Escalas
31 Capilla de Santiago
32 Capilla Sacramental
33 Capilla de San Francisco
34 Capilla de las Doncellas
35 Capilla de los Evangelistas
36 Capilla del Pilar
37 Capilla de San Pedro
38 Capilla de la Concepción Grande
39 Capilla del Mariscal
40 Antesala (Vorraum)
41 Capilla de San Andrés
42 Capilla de Dolores
43 Grabdenkmal des Kolumbus
44 Capilla de la Antigua
45 Capilla de San Hermenegildo
46 Capilla de San José

Plaza de la Virgen de los Reyes

Patio de los Naranjos

©Baedeker

Calle San Andres

50 m

CATEDRAL DE SANTA MARÍA DE LA SEDE

★ ★ Die Kathedrale sollte auf Wunsch des Domkapitels so groß sein, »dass sie uns (die Domherren) für verrückt erklären«. Es ist gelungen: Mit 115 m Länge, 74 m Breite und einer Höhe von 40 m in der Vierung ist sie die größte gotische Kirche der Welt geworden.

⏲ Öffnungszeiten:
Juli, Aug. Mo.–Sa. 9.30–16.30,
So. 14.30–18.30; übrige Monate:
Mo.–Sa. 11.00–17.30, So. 14.30–18.30

① Giralda
Der Turm wurde als Minarett der Hauptmoschee von 1184–1196 errichtet und entspricht in seiner quadratischen Gestalt der in Nordwestafrika üblichen Gestaltung des Turms für den Muezzin.

② Galerie
Auf einer Rampe steigt man zur 70 m hoch liegenden Aussichtsgalerie hinauf.

③ Brunnen
Der achteckige Brunnen in der Mitte des Patio de los Naranjos ist der Rest der moslemischen Midhâ, des Brunnens für religiöse Waschungen.

④ Bibliothek
Im Ostflügel des Patio de los Naranjos ist die im 13. Jh. gegründete Bibliothek des Domkapitels untergebracht, die u. a. Handschriften von Kolumbus und die Bibel Alfons' des Weisen besitzt.

⑤ Sagrario
Der Sagrario (1618–1662), ein schöner Barockbau, birgt einen Retablo, der eine »Kreuzabnahme« von Pedro Roldán trägt.

⑥ Kirchenschiff
Théophile Gautier beschreibt den fünfschiffigen, auf mächtigen Bündelpfeilern ruhenden Innenraum so: »Im Mittelschiff könnte Notre-Dame von Paris erhobenen Hauptes spazieren gehen. Pfeiler wie dicke Türme, die einem so zerbrechlich erscheinen, dass man schaudert, steigen aus dem Boden und fallen von den Gewölben herab wie Stalaktiten in der Höhle eines Riesen«.

⑦ Chor
Den Chor schließt ein Gitter von 1519 ab; eine Arbeit von Nufro Sánchez und Dancart ist das gotische Chorgestühl (1475–1479). Die Capilla

de la Concepción Chica an der Chorsüdwand bewahrt die »La Cieguecita« (»Die Blinde«) genannte Holzplastik der Jungfrau Maria von Martínez Montañés; am Trascoro sieht man ein die Übergabe von Sevilla darstellendes Gemälde von Pacheco und das Tafelbild der »Virgen de los Remedios« (15. Jh.).

⑧ Capilla Mayor
Dominierend ist hier der Retablo, mit 23 m Höhe und 20 m Breite ist dies das größte Altarbild der Welt. Die Mitte nimmt das Bild der »Virgen de la Sede« ein, umgeben von 45 holzgeschnitzten Darstellungen aus dem Leben Christi und Mariä. Die Predella zeigt geschnitzte Ansichten Sevillas.

⑨ Capilla Real
Vor dem Retablo mit dem Bildnis der »Virgen de los Reyes« (13. Jh.) ruhen in einem 1729 gefertigten Silberschrein die Gebeine Ferdinands III. des Heiligen, links davon Ferdinands Sohn Alfons X. der Weise, rechts Ferdinands Gemahlin Beatrix von Schwaben.

⑩ Sacristia Mayor
Sie birgt wertvollste Kunstgegenstände, darunter die Schlüssel von Sevilla (1248), ein Reliquiar Alfons' X. in Form eines Triptychons (»Tablas Alfonsinas«), eine Kreuzreliquie der hl. Helene, der Bronzekandelaber »Tenebrario« von Bartolomé Morel und das Gemälde »Kreuzabnahme« von Pedro de Campaña.

⑪ Capilla de San Antonio
Darin befinden sich die Gemälde »Taufe Christi« und »Das Christkind erscheint dem heiligen Antonius von Padua« von Murillo sowie ein Werk von Jordaens.

⑫ Capilla de Santiago
In dieser Kapelle ist ein Jakobusbild von Juan de Roelas, ein Bild von Valdés Leal (»Hl. Laurentius«) und über dem Grabmal des Erzbischofs Gonzalo de Menadas' Terrakotta-Relief der »Virgen del Cojín« aus der Werkstatt Andrea de la Robbias zu sehen.

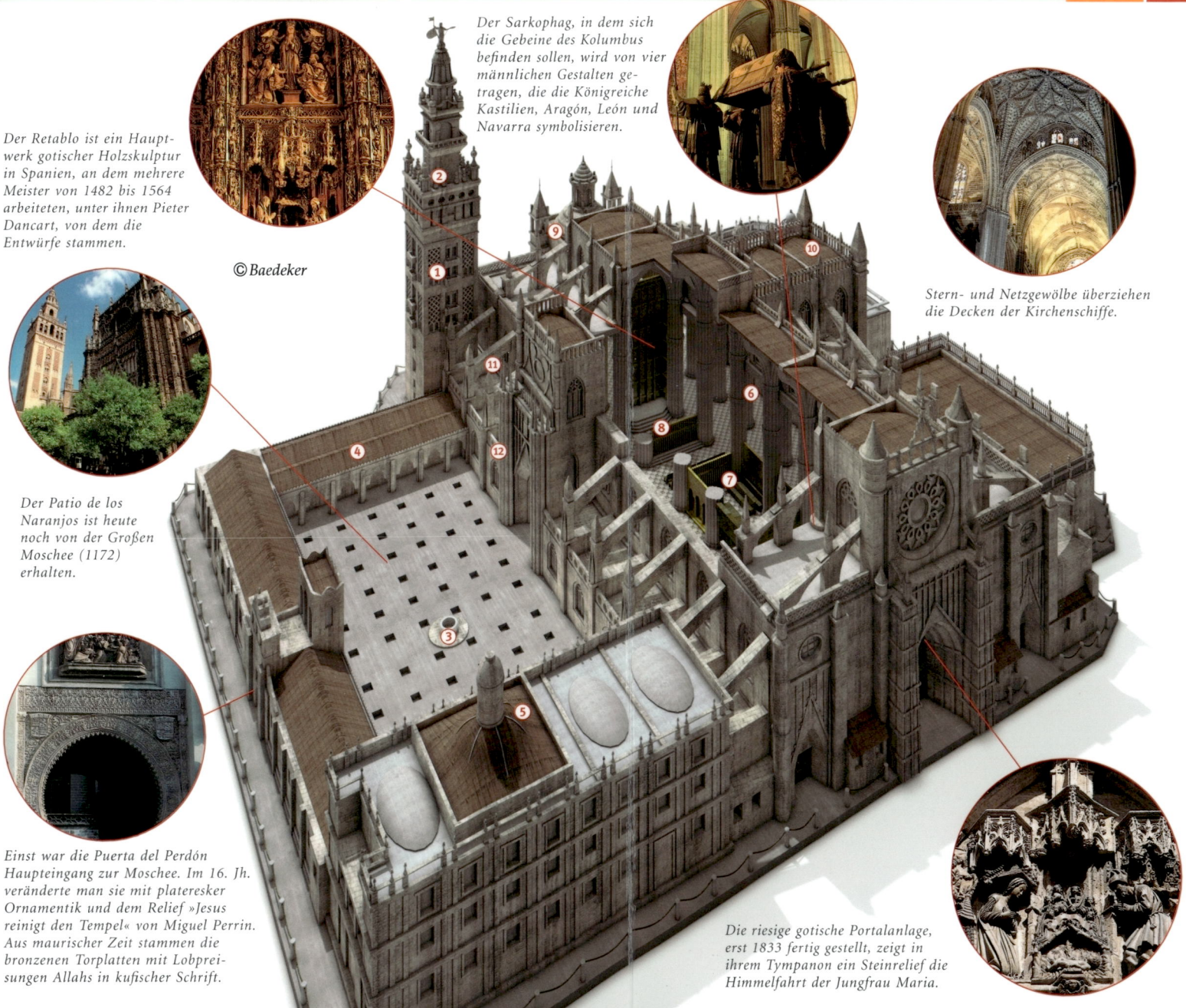

Der Retablo ist ein Hauptwerk gotischer Holzskulptur in Spanien, an dem mehrere Meister von 1482 bis 1564 arbeiteten, unter ihnen Pieter Dancart, von dem die Entwürfe stammen.

©Baedeker

Der Sarkophag, in dem sich die Gebeine des Kolumbus befinden sollen, wird von vier männlichen Gestalten getragen, die die Königreiche Kastilien, Aragón, León und Navarra symbolisieren.

Stern- und Netzgewölbe überziehen die Decken der Kirchenschiffe.

Der Patio de los Naranjos ist heute noch von der Großen Moschee (1172) erhalten.

Einst war die Puerta del Perdón Haupteingang zur Moschee. Im 16. Jh. veränderte man sie mit platteresker Ornamentik und dem Relief »Jesus reinigt den Tempel« von Miguel Perrin. Aus maurischer Zeit stammen die bronzenen Torplatten mit Lobpreisungen Allahs in kufischer Schrift.

Die riesige gotische Portalanlage, erst 1833 fertig gestellt, zeigt in ihrem Tympanon ein Steinrelief die Himmelfahrt der Jungfrau Maria.

wo Pedro der Grausame, seine Geliebte María de Padilla und mehrere Infanten begraben sind. Hier sieht man auch die Statuette der Virgen de las Batallas (14. Jh.), die der hl. Ferdinand in der Schlacht mit sich geführt haben soll. Die Capilla de San Pedro links neben der Capilla Real birgt ein Retablo von Zurbarán mit neun Szenen aus dem Leben Petri. Rechts der Capilla Real betritt man die ovale **Sala Capitular** (1530–1592), die ganz beherrscht wird von dem Gemälde »Unbefleckte Empfängnis« von Murillo.

★
Sacristía
Mayor ▶

Die Sacristía Mayor ist ein im 16. Jh. erbauter Prachtbau von Diego de Riaño und Diego de Siloé mit schöner Kuppeldecke. In der 1529 erbauten **Sacristía de los Cálices** neben der Sacristía Mayor sind vor allem die zahlreichen Gemälde von Interesse; darunter befinden sich von Goya »Hl. Justa und Rufina«, von Morales »Pietà«, von Valdés Leal »Hl. Drei Könige« und von Murillo »Hl. Familie«. Von großem Können zeugt auch das berühmte Kruzifix von Martínez Montañés. Ob im **Grabmal des Christoph Kolumbus** tatsächlich dessen Gebeine ruhen, war lange fraglich, denn der Leichnam hat eine wahre Odyssee erlebt. Nach Kolumbus' Tod 1506 wurde er bei Sevilla bestattet, doch 1596 nach Santo Domingo auf Haïti überführt und von dort nach Havanna auf Kuba, wo 1892 das von Arturo Mélida geschaffene Grabdenkmal in der Kathedrale errichtet wurde. Als Kuba im Spanisch-Amerikanischen Krieg von 1898 verloren ging, schaffte man das Grabmal an seinen heutigen Platz. Jüngst durchgeführte DNA-Analysen der Knochen haben ergeben, dass tatsächlich die Gebeine von Kolumbus im Sarg liegen

Seitenkapellen ▶

Von den Seitenkapellen sind besonders beachtenswert die Capilla de la Virgen de la Antigua (rechts vom Kolumbusgrab) am Ort des ehemaligen Mihrâbs der Moschee mit dem Fresko der Jungfrau und dem Renaissancegrabmal des Erzbischofs Diego Hurtado de Mendoza, ein Werk des Italieners Domenico Fancelli von 1509, sowie danach die Capilla de San Hermenegildo mit dem gotischen Grabmal von Erzbischof Juan de Cervantes von Lorenzo Mercadante und einem Zurbarán-Gemälde; weiterhin sehenswert am linken Pfeiler der Puerta Mayor der Altar del Angel de la Guarda, benannt nach dem berühmten Gemälde des Schutzengels Raphael von Murillo (1666); dann gegenüber der Puerta Mayor die in den Boden eingelassene Grabplatte von Fernán Colón, illegitimer Sohn von Kolumbus. Von den Kapellen an der Nordwand ist gleich die erste neben dem Giraldillo interessant, die Capilla de San Antonio, außerdem die Capilla de Santiago, danach an der Puerta de los Naranjos das Bild der Virgen de Belén von Alonso Cano, jenseits des Tors schließlich die Capilla de los Evangelistas.

Zwischen Kathedrale und Alcázar

**Palacio
Arzobispal**

Die Giraldaseite der Kathedrale zeigt zur Plaza de la Virgen de los Reyes, dessen Nordseite der barocke Palacio Arzobispal (Erzbischöflicher Palast) einnimmt.

Rechts vor dem Alcázar an der Plaza del Triunfo fällt das strenge Gebäuderechteck der Casa Lonja auf, 1583 – 1598 nach Plänen von Juan de Herrera im Hochrenaissancestil erbaut, um die Börse aufzunehmen, die vordem im Orangenhof abgehalten wurde.

*

Casa Lonja

Im ersten Stock ist seit 1781 das Archivo General de Indias eingerichtet, das **fast 40 000 spanische Dokumente über die Entdeckung und Eroberung Amerikas und der Philippinen** bewahrt.
Dazu gehören u. a. Autografen von Magellan, Pizarro und Cortés, das Tagebuch von Kolumbus und Stadtpläne der spanischen Gründungen in der Neuen Welt – eine Fundgrube nicht nur für Forscher, denn die wertvollsten Stücke sind in Vitrinen ausgestellt bzw. werden in einem Video gezeigt.

*

◄ Archivo General de Indias

⏱
Öffnungszeiten:
Mo. – Sa.
9.30 – 17.00,
So. 10.00 – 14.00

Rechts hinter der Casa Lonja zeigt im alten Kornspeicher des Rathauses das Museo de Arte Contemporáneo zeitgenössische Kunst (Öffnungszeiten: Di. – Fr. 10.00 – 20.00, Sa., So. 10.00 – 14.00 Uhr).

Museo de Arte Contemporáneo

** Reales Alcázares

Der unmittelbar gegenüber der Kathedrale liegende Alcázar war ursprünglich die Burg der maurischen Herrscher, die vom 9. Jh. an daran bauten. Nach der Einnahme Sevillas durch Ferdinand III. zogen die christlichen Könige hier ein. Pedro der Grausame (1350 bis 1369) beschloss dann, seiner Geliebten María de Padilla eine königliche Behausung zu bauen. Dazu ließ er maurische Baumeister und Handwerker aus dem mit ihm verbündeten Granada und aus Toledo kommen, die den heute nach ihm benannten Palastteil erstellten und damit das schönste Zeugnis mudejarer Baukunst in Spanien schufen. Die Katholischen Könige veränderten einige Räume, und unter Karl V. wurde ein weiterer Anbau errichtet.

⏱
Öffnungszeiten:
April – Sept. tgl.
9.30 – 19.00;
Okt. – März tgl.
9.30 – 17.00

Man betritt den von hohen Mauern umgebenen Alcázar von der Plaza del Triunfo durch die Puerta del León und gelangt in den mit Orangen und Blumen bepflanzten Patio del León, dessen Mauergeviert teilweise noch aus almohadischer Zeit stammt.

Patio del León

Links liegen der 1330 unter Alfons XI. erbaute Salón de Justicia und dahinter der Patio de Yeso, der seinen Namen »Gipshof« den Stuckornamenten und Bauteilen der siebenbogigen Galerie verdankt, die zum großen Teil aus Medina Azahara herangeschafft wurden.

Patio de Yeso

Geradeaus kommt man vom Patio del León auf den weitläufigen Patio de la Montería, einst Vorhof zu den Privatgemächern der Almohaden und Versammlungsplatz der Jagdgesellschaften, unter den Christen als Paradeplatz benutzt.
In den beiden unteren Räumen des rechten Gebäudetrakts wurde Weltgeschichte gemacht. Hier, im sog. **Cuarto del Almirante**, handelte Isabella die Katholische mit Kolumbus den Vertrag aus, der ihm

Patio de la Montería

Alcázar von Sevilla Orientierung

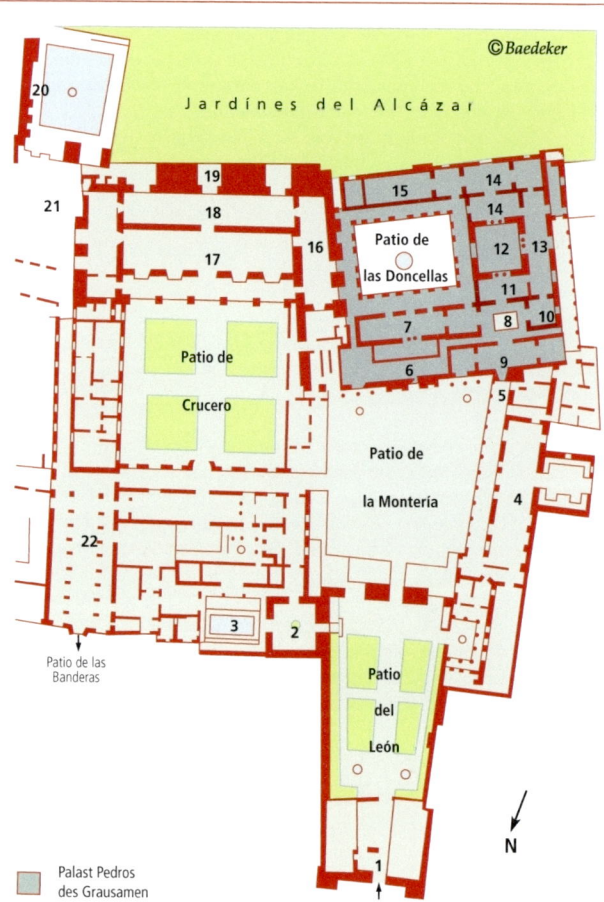

©Baedeker

Jardínes del Alcázar

Patio de las Doncellas

Patio de Crucero

Patio de la Montería

Patio de las Banderas

Patio del León

N

Palast Pedros des Grausamen

1 Puerta del León
2 Salón de Justicia
3 Patio de Yeso
4 Cuarto del Almirante
5 Treppe zu den königlichen Gemächern im Obergeschoss
6 Pasillo
7 Dormitorio de los Reyes moros

8 Patio de las Muñecas
9 Sala de los Príncipes
10 Gemächer der Katholischen Könige
11 Schlafgemach Philipps II.
12 Salón de Embajadores
13 Comedor
14 Gemächer der María de Padilla

15 Salón Carlos V
16 Capilla
17 Salón de Tapices
18 Salón del Emperador
19 Baños de María de Padilla
20 Galería de los Grotescos
21 Puerta de Marchena
22 Marstall

seine Entdeckungsreise ermöglichte, und hier empfing sie ihn nach seiner zweiten Reise. Hier hatte von 1503 an die Casa de Contratación ihren Sitz, die allein für den Handel – genauer: Ausbeutung – mit der Neuen Welt zuständige Kammer. Die mit Seefahrerbildnissen und einer schönen Kassettendecke gestalteten Räume werden heute für offizielle Anlässe genutzt. Im hinteren Raum hängt Alejo Fernández' Bildnis der Virgen de los Navigantes, der Schutzheiligen der Seefahrer. Links neben der Tür zu den Admiralitätsräumen führt eine prachtvolle, meist abgesperrte Treppe hinauf in die Gemächer der Katholischen Könige.

Die prächtige Fassade des Palasts Pedros des Grausamen schließt den Hof ab. Der Eingang öffnet sich zwischen zwei Vielpassbögen, darüber nach einer Reihe von Sebka-Mustern zwei Zwillings- und ein Drillingsfenster, gefolgt von einer lateinischen Inschrift zum Lobe Pedros und einem kufischen Schriftband aus blauer Keramik, das verkündet: »Es gibt keinen Eroberer außer Allah« – der christliche König war wohl des Arabischen nicht mächtig.

✶ ✶
Palast Pedros des Grausamen

Im Vorraum, dem Pasillo, wendet man sich nach links und geht durch einen engen Gang in den Patio de las Doncellas (Mädchenhof), den bezaubernden Mittelpunkt des Palasts. Von 1369 bis 1379 erbaut, zeigt er prachtvolle Zackenbogen und durchbrochene Oberwände, getragen von 52 Marmorsäulen, dazu Azulejoverkleidungen und Stuckornamente; die Verspieltheit der Dekore und Formen erinnert an die Alhambra in Granada. Im 16. Jh. wurde die Galerie mit

✶ ✶
◄ Patio de las Doncellas

Arabische Schriftzeichen und Azulejos mit geometrischen Mustern schmücken den Salon de los Embajadores auf das Schönste.

Rundbögen im Stil der Renaissance aufgesetzt. Mit Blick auf die Westwand liegt links der mit einer prachtvollen Kassettendecke ausgestattete Salón de Carlos V; rechts sieht man das herrlich gekachelte Dormitorio de los Reyes moros, wo trotz des Namens die Maurenkönige nicht schliefen.

★★
Salón de
los Embajadores ▶

Geradeaus betritt man den Salón de los Embajadores (Gesandtensaal). Dieser älteste und schönste Saal im Alcázar, zweistöckig angelegt, wird von einer prachtvollen Stalaktitenkuppel von 1420 aus Zedernholz abgeschlossen. Unter der Kuppel verläuft eine Freskoreihe mit Bildnissen spanischer Könige von der Westgotenzeit bis zu Philipp II. Was jedoch die Einzigartigkeit des Raums ausmacht, ist der Überschwang der arabischen Schriftzeichen und geometrischen Muster auf Azulejos, aus Lärchenholz und aus Gips, die im warmen, goldgelben Licht erstrahlen. Der Raum sah u. a. die glanzvolle Vermählung von Karl V. mit der portugiesischen Thronerbin Isabella im Jahr 1526.

Der Saal öffnet sich nach drei Seiten mit vollendeten Hufeisenbögen zu den Nachbarräumen, die in ihrem Glanz dem Gesandtensaal nur wenig nachstehen. Geradeaus verläuft der lang gestreckte Comedor, der Speisesaal Philipps II., dessen geschnitzte Decke Juan de Simancas schuf; rechts geht es durch das Schlafgemach Philipps II. in den stimmungsvollen kleinen **Patio de las Muñecas** (Puppenhof), der seinen Namen den puppenhaften Gesichtern in den Arkadenzwickeln verdankt und Mittelpunkt der königlichen Privaträume war. Auch hier stammen viele Bauteile aus Medina Azahara. Von hier gelangt man geradeaus in die Sala de los Príncipes, wo der einzige Sohn der Katholischen Könige, Juan, geboren wurde. Links vom Puppenhof liegen die mit sehr schönen Artesonadodecken abgeschlossenen Gemächer der Katholischen Könige, die wiederum mit dem Comedor verbunden sind. Links des Gesandtensaals richtete Pedro der Grausame seiner Favoritin María de Padilla zwei Wohnräume ein; ihretwegen hielt er seine rechtmäßige Gemahlin Doña Blanca de Borbón in ▶Medina Sidonia gefangen.

Gemächer der
María de Padilla ▶

**Palast
Karls V.**

Links vom Patio de la Montería erreicht man über den Patio del Crucero den Palast Karls V., dessen große Räume die Kühle der Renaissance ausstrahlen. Hier sind u. a. zwölf großartige Brüsseler Gobelins aufgehängt, die die Belagerung von Tunis durch die Truppen des Kaisers im Jahr 1535 darstellen. Sie wurden nach Entwürfen von Jan Vermeyen, Augenzeuge des Kriegszugs, von Willem Pannemaker ausgeführt und waren 1554 fertig gestellt. Die Hauskapelle ist reich mit Kacheln ausgekleidet.

★
Gobelins ▶

★★
**Gärten
des Alcázar**

Die Gärten des Alcázar vereinigen auf wunderbare Weise die Gartenbaukunst des Islam mit der der Renaissance – auf der einen Seite das Spiel mit Formen und Farben der Pflanzen, Wasserläufe und Grotten, auf der anderen Seite die Strenge, die in der Geometrie der Anlagen zutage tritt. Ein Spaziergang durch die Blütenpracht führt zu alten Badeanlagen, zur Galería de los Grotescos am großen Zierbecken mit einem bronzenen Merkur in der Mitte und daneben die platereske Puerta de Marchena von einem Palast der Herzöge von Arcos; inmitten der weitläufigen Anlage steht der Pabellón de Carlos V, 1543 von Juan Hernández aufgestellt.

Durch die Hallen des Marstalls, in dem einige Kutschen zu sehen sind, verlässt man den Alcázar und findet sich auf dem von weißen Mauern umschlossenen und mit Orangenbäumen bestandenen Patio de las Banderas wieder. Dieser Flaggenhof gehörte ursprünglich ebenfalls zum Alcázar und diente als Waffenhof.

Patio de las Banderas

✳ Barrio de Santa Cruz

Unmittelbar östlich an den Alcázar angrenzend, lädt der Barrio de Santa Cruz, das Judenviertel (Judería) aus maurischer Zeit, zum Bummel ein – auch wenn manches etwas zu herausgeputzt wirkt. Auf engen Gassen wie dem Callejón del Agua, wo der römische Aqädukt verlief, oder der C. de Pimienta, wo ein Pfefferhändler zu Hause war, wandert man über blumengeschmückte Plätze und schaut in Schatten spendende Patios. Am Abend ist das Viertel einer der lebhaftesten Plätze Sevillas.

Lange bleibt keiner in einer Bar, denn es wird weitergezogen – die Nächte in Sevilla sind lang.

Hospital de los Venerables Sacerdotes

🕐

Die Kapelle des im 17. Jh. errichteten Priesterheims Hospital de los Venerables Sacerdotes kann einige beachtliche Kunstwerke vorweisen, darunter Fresken und Gemälde von Valdés Leal, einen Elfenbeinchristus von Alonso Cano sowie Skulpturen bzw. Gemälde von Roelas, Rubens und Sassoferrato (Öffnungszeiten: tgl. 10.00 bis 14.00, 16.00 – 20.00 Uhr).

Casa Murillo

🕐

Vor der Iglesia de Santa Cruz, der größten Kirche des Viertels, zweigt nach rechts die C. Santa Teresa ab. Das Haus Nr. 8 war wohl das Wohnhaus des Malers Bartolomé Esteban Murillo; heute ist zum Museum umgewidmet, das allerdings keine Gemälde enthält, sondern die **Lebensumstände des Malers** vorführt. Den Convento de las Descalzas gegenüber gründete die hl. Teresa von Ávila (Öffnungszeiten: Di. – Sa. 10.00 – 14.00, 17.00 – 20.00, So. 10.00 – 14.00 Uhr).

Plaza de Santa Cruz

Vom Murillo-Haus sind es wenige Schritte bis zur Plaza de Santa Cruz, deren Mitte das schmiedeeiserne Kreuz La Cerrajería von 1692 ziert. Schließlich kommt man am östlichen Ende des Viertels zur Kirche Santa María la Blanca, bis 1391 Synagoge; sie besitzt Kuppelmalereien von 1659 und eine Abendmahlszene von Murillo.

Zwischen Kathedrale und Plaza La Campana

★
Ayuntamiento

Auf der Plaza de San Francisco nördlich der Kathedrale fanden Hinrichtungen, Turniere und Stierkämpfe statt. An seiner Westseite erhebt sich das Ayuntamiento (Rathaus), ein stattlicher Renaissancebau (1527 – 1564) von Diego de Riaño. Die reich verzierte Fassade gilt als eine der reizvollsten Schöpfungen des platereksen Stils.

★
Museo del baile Flamenco

🕐

Östlich des Rathauses ein neuer Stern am Flamenco-Himmel: Das Flamencomusem macht mit modernster Technik den Flamenco, seine Ursprünge und Varianten und natürlich auch viel Zubehör wie Kostüme und Instrumente hör- und erlebbar. In dem Gebäude aus dem 18. Jh. werden auch Kunstausstellungen veranstaltet und es gibt einen Flamenco-Laden (Rojas Marcos, 3; April – Okt. tgl. 9.00 bis 19.00, Nov. – März bis 18.00 Uhr).

Calle Sierpes

An der Nordseite der Plaza beginnt die C. Sierpes (Schlangenstraße), die Hauptgeschäftsstraße der Stadt. Sie wird als besonders elegant gelobt, doch zeigt sie sich im Grunde auch nicht anders als andere Fußgängerzonen. Allerdings bekommt sie in der Sommerhitze ihre eigene Atmosphäre durch die in der Höhe quer über die Straße gespannten Sonnensegel. Sie endet an der Plaza La Campana, wo in der Semana Santa Tribünen für die Carerra oficial, die große Prozession, aufgebaut sind.

San Salvador

Von der C. Sierpes zweigt nach rechts die C. Jovellanos Gállegos zur Kirche San Salvador ab. Sie nimmt den Platz der einstigen Freitagsmoschee ein und wurde 1671–1712 errichtet; der Glockenturm auf der Basis des Minaretts entstand schon im 14. Jahrhundert. San Salvador ist nach der Kathedrale die zweitgrößte Kirche Sevillas und beeindruckt besonders durch ihre machtvolle Vierungskuppel. Innen beachtenswert sind vor allem der riesige barocke Retablo sowie Werke von Montañés (»Ecce homo«), Juan de Mesa (»Cristo del Amor«) und Murillo (ebenfalls »Ecce homo«).

Haus Nr. 8 an der von der Kirche nach Norden verlaufenden C. de la Cuna ist der **Palacio Lebrija** (16. Jh.), ein schönes Beispiel für ein Sevillaner Adelshaus. Heute ist hier eine Sammlung von römischen Mosaiken und Funden aus ►Itálica zu sehen (Mo.–Fr. 10.30–19.30, Sa. 10.00–14.00, 16.00–18.00, So. 10.00–14.00 Uhr).

Die Kirche der 1502 in einem Jesuitenkolleg gegründeten Alten Universität (Universidad Vieja), wenig rechts des Palacio Lebrija, besitzt einen großen Retablo und Gemälde u. a. von Roelas, Alonso Cano und Pacheco.

Universidad Vieja

An der Plaza de la Encarnación nördlich der Alten Universität grub man bereits in den 1990er-Jahren Reste der römischen Kolonie aus. Viel spektakulärer aber: die pilzartige, gigantische Überdachung des Areals, entworfen von Jürgen H. Mayer. Sie überdeckt nicht nur das Grabungsgelände, sondern auch eine neue Markthalle.

Metropol Parasol

Von der Plaza La Campana auf der C. de Alfonso XII Richtung Guadalquivir gehend, erreicht man das Museo de Bellas Artes, das seit 1835 im ehemaligen Convento de la Merced (17. Jh.) untergebracht ist. Die Sammlungen sind **nach denen des Prado in Madrid die bedeutendsten Spaniens** und umfassen spanische Maler des 17. und 18. Jh.s. In den insgesamt 14 Sälen, dessen prächtigster die ausgemalte ehemalige Klosterkirche ist, sind ausgestellt: Francisco de Zurbarán: »Hl. Hieronymus«, »Der hl. Bruno besucht Papst Urban II.«, »Christus am Kreuz«, »Apotheose des Thomas von Aquin«; Bartolomé Esteban Murillo: »Der hl. Thomas von Villanueva verteilt Almosen«, »Unbefleckte Empfängnis«, »Die hl. Justa und Rufina« und »Vi-

★★
Museo de Bellas Artes

⏱
Öffnungszeiten:
Di.–Sa.
9.00–20.30,
So. 9.00–14.30

*Zurbaráns »Apotheose des
hl. Thomas von Aquin«*

sion des hl. Franziskus«; El Greco:
»Bildnis seines Sohnes Jorge Manuel«; Francisco Pacheco: »Porträt
des Ehepaares Orantes«, »Vermählung der hl. Ines«; Uceda: »Heilige
Familie«; Uceda/Vazquez: »Verklärung des hl. Hermengildus«;
schließlich Lucas Cranachs »Kalvarienberg« und »Jüngstes Gericht«
von Maerten de Vos.

Casa de Pilatos und Umgebung

Ca. 500 m östlich von der Kirche
San Salvador steht an der Plaza de
Pilatos die **Casa de Pilatos**. Dieser
heute den Herzögen von Medinaceli gehörende Palast vereint Elemente des Mudejar, der Gotik und

★ ★
Patio ►

⏱
Öffnungszeiten:
März – Sept. tgl.
9.00 – 19.00,
Okt. – Feb.
bis 18.00

der Renaissance so gelungen, dass er fast auf eine Stufe mit dem Alcázar zu stellen ist. Der Palast entstand von 1492 an und war um
1520 vollendet. Da der Bauherr 1519 nach Palästina gereist war, will
der Volksmund seither wissen, das Gebäude sei eine Nachahmung
des Hauses von Pontius Pilatus in Jerusalem. Das Haus ist um einen
einzigartigen Patio angelegt, den man durch ein triumphbogenartiges
Portal aus Carrara-Marmor betritt, eine Arbeit des Genueser Künstlers d'Aprile von 1532. Der Hof präsentiert sich als zweistöckiges Geviert von Arkaden, deren Rundbogen mit mudejaren Mustern verziert sind. Farbige Azulejos bedecken die Wände, in die Nischen eingelassen sind die Büsten von 24 römischen Kaisern. Antikisierende
Statuen griechisch-römischer Göttinnen haben in den Ecken Platz
gefunden; die Mitte des Hofs nimmt ein Delfinbrunnen mit einem
Januskopf ein. Im **Untergeschoss** liegt rechts der Salón del Pretorio,
der so genannte Goldene Saal, der sich durch herrlichen Fayenceschmuck und eine mudejare Kassettendecke auszeichnet. Dem Eingangsportal gegenüber kommt man in die Hauskapelle und ihren
Vorraum, beide mit Artesonadodecken ausgestattet; es folgt ein Saal
mit Renaissanceskulpturen und der Salón de la Fuente. Im linken
Gebäudetrakt zeigt ein Museum griechisch-römische Skulpturen,
u. a. eine griechische Dionysos-Statue, einen Hermeskopf aus dem
5. Jh. v. Chr. und als Glanzstück aus derselben Zeit eine Statue der
Minerva / Athene, von der manche behaupten, sie stamme vom legendären Phidias. Ins **Obergeschoss** führt ein prächtiges Treppenhaus. Hier sieht man Kunst aus der Sammlung der Herzöge, darunter auch bedeutende Archivalien wie eine Handschrift aus der Zeit
Karls des Kahlen; unter den Deckengemälden ragt die Apotheose des
Herkules (1609) von Pacheco heraus.

Casa de Pilatos – Sevillas prächtigster Stadtpalast

Die Kirche Santa Catalina wenig nördlich des Palasts zeichnet sich durch ihre außerordentlich kunstfertige Artesonadodecke aus. In der gotischen Kirche San Pedro westlich von Santa Catalina wurde der Maler Diego Velázquez getauft.

Santa Catalina und San Pedro

La Macarena

Die nördliche Fortsetzung der C. Sierpes führt an der Plaza del Duque de la Victoria vorbei hinein ins Kleine-Leute-Viertel La Macarena, das durch den Einzug des Regionalparlaments von Andalusien in das ehemalige Hospital de Cinco Llagas deutlich aufgewertet wurde.

Parlamento de Andalucía

Zentrum des Viertels ist die Alameda de Hércules, ein großer Park, an dessen Südseite seit 1574 zwei von einem römischen Tempel stammende hohe Granitsäulen mit den Statuen des Herkules und Julius Caesars stehen.

Alameda de Hércules

Westlich davon befindet sich die mudejare Kirche San Lorenzo, deren schöner Hochaltar mit dem Bildnis des hl. Laurentius ein Werk von Montañés ist; die viel verehrte Christusstatue Nuestro Señor de Gran Poder in einer Seitenkapelle stammt von Juan de Mesa.

San Lorenzo

Auch den Hauptaltar der Kirche des nördlich gelegenen Convento de Santa Clara (16. Jh.) schuf Montañés; eindrucksvoller allerdings ist die Artesonadodecke. Ferdinand III. gründete am Ende des 13. Jh.s das Kloster beim Palast seines Sohnes Fadrique. Von diesem Gebäude steht noch der Turm.

Convento de Santa Clara

Convento de San Clemente

Wenig weiter nördlich liegt am Ufer des Guadalquivir der Convento de San Clemente, im 13. Jh. von Ferdinand III. und Alfons X. gegründet. Sehenswert in der Klosterkirche sind die Fresken von Valdés Leal, die Artesonadodecke, die Azulejosockel von 1558 und das Grabmal der Maria von Portugal, Mutter Pedros des Grausamen.

★

Puente de la Barqueta

Gegenüber vom Kloster verbindet der Puente de la Barqueta die Innenstadt mit dem ehemaligen Weltausstellungsgelände. Der kühn geschwungene Bogen der Hängebrücke ist zu einem **neuen Wahrzeichen der Stadt** geworden.

Stadtmauer

Am Nordrand des Viertels ist zwischen der Puerta Macarena und der Puerta de Córdoba ein ansehnliches Stück der almohadischen, noch auf römische Anlagen zurückgehenden Stadtmauer erhalten. Sie war 6 km lang und besaß zwölf Tore.

Basílica de la Macarena

Bei der Puerta Macarena erhebt sich die Kirche San Gil, an die die neue Basílica de la Macarena angebaut ist. Hier wird die Virgen de la Macarena verwahrt, Schutzheilige der Stierkämpfer und am meisten verehrte Prozessionsfigur der Stadt. Im Museum kann man die zahlreichen Schmuckkleider für das Gnadenbild und die Prozessionsaltäre (Pasos) besichtigen.

Convento de Santa Paula

Vom östlichen Ende der Stadtmauer ist es nicht mehr weit zum Convento de Santa Paula, im 15. Jh. von den Marqueses de Montemayor gegründet und eines der schönsten Klöster der Stadt. Das belegt das farbenfrohe Kirchenportal von Nicola Pisano, und setzt sich fort im Freskenschmuck des Gewölbes über dem Altar; das Klostermuseum zeigt voll Stolz Gemälde von Ribera (»Hl. Hieronymus«, »Anbetung der Hirten«) und eine »Unbefleckte Empfängnis« von Alonso Cano.

Casa-Palacio de las Dueñas

Am Weg zurück zum Zentrum auf der Hauptstraße San Luis liegt westlich dieser Straße die Casa-Palacio de las Dueñas (15. Jh.), die einen schönen Patio im Mudejarstil umschließt.

Am Río Guadalquivir

★

Paseo de Cristóbal Colón

Im Südwesten der Altstadt beginnt am Puente de Isabel II der Paseo de Cristóbal Colón. Auf der Uferseite lädt eine schöne Parkanlage zum Spazieren ein; in den Gassen der Innenstadt zu findet man viele Bars und Restaurants.

★

Plaza de Toros La Maestranza ►

🕐

Der Paseo streift die 1761 begonnene Plaza de Toros, mit 14 000 Plätzen **die größte Andalusiens** und eine der berühmtesten Stierkampfarenen Spaniens, zu der auch ein Stierkampfmuseum gehört (Führungen: tgl. 9.30 – 19.00, Mai bis Okt. bis 20.00, an Tagen mit Stierkämpfen nur bis 15.00 Uhr). Es folgt das Kulturzentrum La Maestranza, einer der vielen Neubauten, mit denen Sevilla anlässlich der Weltausstellung beglückt wurde.

Während der Feria, dem größten gesellschaftlichen Ereignis des Landes, fährt man mit der Kutsche an der Plaza de Toros vor.

An dessen Rückseite steht man vor dem Hospital de la Caridad (1661–1664), gestiftet vom Calatravaritter Miguel de Mañara, der nach einer Todesvision seinen ausschweifenden Lebenswandel völlig änderte. Mit der Ausstattung der Hospitalkirche beauftragte er zwei der größten Künstler seiner Zeit, Murillo und Valdés Leal – die heute hier zu sehende **Gemäldesammlung** gilt daher als die **zweitbedeutendste Sevillas** nach der im Museo de Bellas Artes.

Die Kuppelfresken stammen von Valdés Leal. Pedro Roldán schuf die Skulpturen des Altaraufsatzes mit dem Thema Grablegung Christi, während wiederum Valdés Leal den Hintergrund malte. Von Murillo sieht man »Johannes der Täufer«, »Verkündigung«, vor allem aber »Wunderbare Brotvermehrung«, »Moses schlägt Wasser aus dem Fels« und »Die hl. Elisabeth von Thüringen pflegt die Aussätzigen«. Von geradezu deprimierender Düsternis sind die beiden Werke von Valdés Leal zum Thema Vergänglichkeit des irdischen Daseins: Auf dem Gemälde »In ictu oculi« schreitet der Tod über Papst- und Königskrone, Bücher, Rüstung und Prunkgewänder hinweg; »Finis gloriae mundi« zeigt die beiden verwesten Leichname eines Calatravaritters und eines Erzbischofs.

Am Flussufer steht die Torre del Oro, nach der Giralda das **zweite Wahrzeichen Sevillas** und eines der bedeutendsten maurischen Bauwerke der Stadt. Der zwölfeckige Turm wurde um 1220 unter den Almohaden als Wach- und Leuchtturm erbaut; er hatte am anderen Ufer ein Gegenstück, zu dem eine schwere Kette gespannt werden konnte, sodass der Hafen gesperrt war.

Hospital de la Caridad

★

◄ Gemälde-sammlung

🕐 Öffnungszeiten: Mo. – Sa. 9.00 – 13.30, 15.30 – 18.30, So. 9.00 – 13.00

★

Torre del Oro / Museo Maritimo

! **TIPP**

Sevilla per Boot

Am Turm legen tgl. ab 11.00 Uhr die Boote zu den einstündigen Kreuzfahrten auf dem Guadalquivir ab – Sevilla aus einer ganz anderen Perspektive. Mit einer Bordfiesta locken die Nachtfahrten um 22.15 Uhr – bei freiem Sangría-Ausschank, was nicht jedem Passagier gut tut.

Unter Pedro dem Grausamen diente er als Schatzhaus und Gefängnis. **Ursprünglich war das Dach mit Goldazulejos gedeckt** – daher der Name –, der heutige Aufsatz ist 1760 errichtet worden. Im Turm befasst sich das Museo Marítimo (Marinemuseum) mit der Vergangenheit Sevillas als Hafenstadt (Öffnungszeiten: Di. – Fr. 10.00 bis 14.00, Sa., So. 11.00 – 14.00 Uhr).

Südstadt

Im weitläufigen und grünen südlichen Teil der Innenstadt Sevillas lohnen vor allem der Parque de María Luisa mit seinen Museen und die Plaza de España. Man beginnt den Spaziergang am besten von der Puerta de Jerez beim Luxushotel Alfonso XIII. hin zum **Palacio de San Telmo**, einem großen Barockgebäude von Leonarda de Figueroa. Es war als Seemannsschule gedacht und dient heute als Priesterseminar (Universidad Pontífica). Das hohe Barockportal von 1734 erinnert an einen Altar; an der dem Hotel zugewandten Seite sind zwölf Statuen berühmter Sevillaner aufgestellt.

✱ **Fábrica de Tabacos**

Direkt benachbart ist die ehemalige Tabakfabrik (Fábrica de Tabacos), ein 1757 errichteter riesiger Bau, der zum Zeitpunkt seiner Fertigstellung an Größe in Spanien nur vom Escorial bei Madrid übertroffen wurde. Hier ließ Prosper Merimée seine **Carmen** Zigarren drehen – in der Realität taten dies auf dem Höhepunkt der Produktion im 19. Jh. bis zu 10 000 Arbeiterinnen; die Fabrik wurde 1965 geschlossen. Heute gehört das Gebäude zur Universität, was u. a. bedeutet, das man problemlos herumspazieren kann.

✱ **Parque de María Luisa**

Gegenüber der Tabakfabrik beginnt der Parque de María Luisa, eine ausgedehnte, von der Infantin María Luisa Fernanda de Borbón gestiftete Gartenanlage. Das als englischer Garten angelegte Gelände erfuhr einschneidende Veränderungen durch die Bauten der hier 1929 / 1930 abgehaltenen Ibero-Amerikanischen Ausstellung. Davon diesen sind gleich am Eingang noch zu sehen das einstige Kasino, heute Teatro Lope de Vega, dann die Plaza de España, die Gebäude um die Plaza de América und ein kleiner Pavillon am Paseo de las Delicias, Costuero de la Reina (Schneiderei der Königin) genannt, heute Büro der Stadtinformation.

✱ **Plaza de España**

Unbedingt schön ist die halbkreisförmige Plaza de España (s. auch Foto S. 382) an der Avda. de María Luisa sicher nicht, **originell und sehenswert** aber allemal. Absicht des Architekten Aníbal González war es, in dem riesenhaften Palacio Español alle Stilrichtungen der

Auf der Plaza de España mit ihren Sitzbänken und Wasserläufen kann man sich ein bisschen Ruhe gönnen.

spanischen Architekturgeschichte zu zitieren. In der Mitte erhebt sich der Palacio Central, von dem zwei Galerien zu den beiden 82 m hohen Ecktürmen leiten, die an die Giralda erinnern sollen. Das gesamte Gebäude ist mit Azulejos bedeckt, auf denen die Wappen der spanischen Provinzen und der großen Städte prangen; auch die venezianischen Brücken über den Wasserlauf vor dem Gebäude sind mit Azulejos überzogen. Die Plaza und ihr kleiner Kanal werden von kaum einem Sevillaner Brautpaar für das obligate Foto ausgelassen.

Im Südteil umstehen drei ehemalige Ausstellungspavillons die Plaza de América: Pabellón Real (Königlicher Pavillon), Pabellón Mudejar und Pabellón del Renacimiento (Pavillon der Renaissance).

Plaza de América

Im Pabellón Mudejar zeigt das Museo de Artes y Costumbres Populares (Volkskundemuseum) u. a. Trachten, Kunsthandwerk, Möbel, Porzellan und häusliche Gerätschaften aus der Vergangenheit Sevillas. Das Museo Arqueológico stellt im Pabellón del Renacimiento Funde aus dem westlichen Andalusien von der Frühzeit bis zu den Mauren aus. Im Erdgeschoss werden frühzeitliche und iberische Stücke gezeigt. Glanzstück ist der aus dem 8. und 7. Jh. v. Chr. stammende, 21 Stücke umfassende **Goldschatz von Carambolo** (bei Sevilla). Die iberische Kultur ist vor allem durch Grabbeigaben vertreten. Das Hauptgewicht der Ausstellungen im Obergeschoss liegt auf Funden aus ▶ Itálica. Herausragend sind einige der schönsten Mosaiken von

◀ Museo de Artes y Costumbres Populares

◀ Museo Arqueológico

dort, eine Hermesstatue und der Kopf der Hispania, der in Mulva in der Provinz Sevilla, dem römischen Flavium Munigense, gefunden wurde. Weiterhin zu sehen sind ansprechende Stücke römischer Bildhauerkunst, so ein Alexanderkopf und zwei Aphrodite-Statuen. Den Abschluss bildet eine Sammlung maurisch-arabischer Stücke (Öffnungszeiten beider Museen: Di.–Sa. 9.00 bis 20.30, So. 9.00 bis 14.30 Uhr).

Auf dem rechten Ufer des Guadalquivir

Barrio de Triana

Auf dem rechten Ufer des Guadalquivir liegt das Stadtviertel Triana, dessen Name sich vom römischen Kaiser Trajan ableitet. Auf dieser Flussseite, zwischen den heutigen Brücken San Telmo und Isabell II, erstreckten sich die Kais für die Schiffe aus der Neuen Welt.

Nahe des Puente San Telmo **legte Magellan zur Weltumsegelung ab**. Triana war das Viertel der Gitanos, Seeleute und Töpfer, und diese Tradition lebt in den vielen hier noch existierenden Keramikläden fort. Auch der überdachte Markt gleich bei der Brücke Isabell II lockt mit buntem Treiben.

Zwar findet man die viel besungene Volkstümlichkeit nicht mehr unverfälscht vor, doch sind das Nachtleben und die Gastronomie des Triana einen Besuch wert. Von vielen Restaurants und Bars am Flussufer bietet sich ein sehr schöner Blick auf das nächtlich erleuchtete Sevilla.

Ungefähr auf halber Strecke zwischen den beiden Brücken steht die Kirche **Santa Ana**, die Alfons der Weise um 1280 im Mudejarstil errichten ließ; sie ist die älteste Kirche der Stadt. Zu ihrer Ausstattung gehören das Gnadenbild der Virgen de la Rosa, die Erscheinung der hl. Justa und Rufina von Alejo Fernández sowie am Hochaltar Gemälde von Pedro de Campaña.

> ! **TIPP**

Auf ins Tablao

Sevilla zählt zu den Flamenco-Zentren Andalusiens. Getanzt und vorgeführt wird er in den so genannten Tablaos, wo allerdings oft recht hohe Eintrittspreise verlangt werden. Zu den besten zählen: Los Gallos, El Arenal, C. Rodo, 7 (Tel. 954 21 64 92), Patio Sevillano, Paseo Cristóbal Colón, 11a (Tel. 954 21 41 20) und El Placio Andaluz, Avda. María Auxiliadora (Tel. 954 53 47 20). Spontaner, aber auch ohne Gewähr, geht es in manchen Bars und Bodegas zu: La Sonanta, C. San Jacinto, 31 (im Triana; Do. ab 22.00 Uhr), El Mundo, C. Siete Revueltas (Di. ab 23.00 Uhr) und El Tamboril, Plaza de Santa Cruz (an fast allen Wochenenden).

Isla de la Cartuja

1992 war Sevilla Schauplatz der **Weltausstellung EXPO '92**, die mit dem **Hauptthema Zeitalter der Entdeckungen** ganz im Zeichen der 500-Jahr-Feier der Entdeckungsfahrt des Kolumbus von 1492 stand. Als Ausstellungsgelände wurde die Guadalquivir-Insel La Cartuja nördlich des Barrio de Triana ausgewählt, die man mittels einer Magnetschwebebahn, einer Kabinenbahn (Telecabina) und den beiden Brückenneubauten Alamillo und La Barqueta von Santiago Calatrava mit der Altstadt verband.

Mittelpunkt war als Königlicher Pavillon das einzige alte Gebäude auf der Insel, das 1401 gegründete Kartäuserkloster Santa María de las Cuevas, in dem Kolumbus seine Fahrt plante und das von 1839 an von dem Engländer Pickman als Keramikfabrik genutzt wurde. Deren alte Brennöfen können besichtigt werden.

Ansonsten ist im Kloster nun das Centro Andaluz de Arte Contemporáneo zu Hause (CAAC), das zeitgenössische Kunst präsentiert (Öffnungszeiten: April–Sept. Di.–Sa. 10.00–21.00, So. 10.00 bis 15.00; Okt.–März Di.–Sa. 10.00–20.00, So. 10.00–15.00 Uhr).

◀ Centro Andaluz de Arte Contemporáneo

Von den 70 Länderpavillons sind inzischen viele abgerissen worden; hoch fliegende Pläne, einen Hochtechnologie-Forschungspark auf die Beine zu stellen, hat man mangels Beteiligung deutlich revidiert. Trotzdem ist das alte Expo-Gelände zu einer Attraktion Sevillas geworden: als **Hightech-Freizeitpark** Isla Mágica (Magische Insel). Hier dreht sich alles um Entdeckungen und so rauscht man nun waghalsig durch die Wasserfälle des Iguaçu, erlebt im Kuppelkino Movimás die Abenteuerwelt im Vergessenen Tempel oder verfolgt eine (fast) echte Seeschlacht zwischen zwei Galeonen auf dem künstlichen See im Herzen der Anlage.

◀ Isla Mágica

Im Puerto de Indias führen Akteure in historischen Kostümen vor, wie es in Sevilla zuging, als es der wichtigste Hafen des spanischen Königreichs für die Goldschiffe aus Süd- und Mittelamerika war (Öffnungszeiten: tgl. ab 11.00 Uhr, saisonal unterschiedliche Schließungszeiten, s. www.islamagica.es).

🕐

Umgebung von Sevilla

▶dort

Itálica

Von Sevilla auf der A-472 nach Westen passiert man zunächst Castilleja de la Cuesta, wo Hernán Cortés (1485–1547), der Eroberer von Mexiko, starb. Nach etwa 20 km sieht man auf einem Hügel das Städtchen Sanlúcar la Mayor. Die einstige maurische Siedlung besitzt noch eine verfallene Burg; von den drei Kirchen ist die gotische Iglesia Santa María von 1214 mit einem alten Minarett als Glockenturm und dem Hufeisenportal die interessanteste.

Sanlúcar la Mayor

20 km südwestlich von Sevilla wartet Alcalá de Guadaira – beliebt sind die Pasteten von dort – mit der größten almohadischen Festung in Spanien auf. Schon die Römer erkannten die strategische Bedeutung des Orts und legten ein Kastell an. Darauf errichteten die Mauren ihre Burg, die zum Schlüssel Sevillas wurde – dennoch konnte sie Ferdinand der Heilige recht mühelos einnehmen.

Alcalá de Guadaira

Das kastilische Königsgeschlecht hat hier einen seiner Ursprünge: Alfons XI. schenkte die Burg seiner Geliebten Leonor, die ihm Heinrich von Trastamara gebar. Dieser ließ seinen Halbbruder Pedro den Grausamen ermorden, wurde dadurch kastilischer König und Gründer der Dynastie, aus der Isabella die Katholische hervorging.

★
Castillo ►

Gewaltig erstreckt sich der zinnenbewehrte Mauerring der Burg mit seinen acht Türmen auf dem Hügel über der Stadt. Enttäuschung macht sich vielleicht beim Eintritt breit, denn außer dem Ring ist so gut wie nichts mehr erhalten, auch nicht von den riesigen Kornspeichern in den Katakomben, aus denen Sevilla mit Mehl versorgt wurde. Von den Kirchen der Stadt sind die dreischiffige Santiago (15./16. Jh.) wegen ihres kachelverzierten Turms und Santa Clara mit einem Altarrelief von Martínez Montañés interessant.

Parque Natural Sierra del Norte

50 km nördlich von Sevilla beginnt die Einsamkeit der Sierra Morena: Im Parque Natural Sierra del Norte bahnen sich Flüsse ihren Lauf durch die Hügellandschaft, in der sich Weideflächen mit Eichen- und Mischwäldern abwechseln und Heimat für Adler, Geier, Rotwild und Wildschweine bieten. In Constantina, einem sehr hübschen Städtchen auf einem Bergrücken mit sehenswerter Altstadt, der Morería, die wie die Burgruine aus maurischer Zeit stammt, kann man sich im **Informationsbüro des Naturparks** über alle gebotenen Aktivitäten wie Wandern, Reiten und Fischen informieren. Constantina lag in römischer Zeit an einer wichtigen Handelsstraße und erzeugte einen Wein, der sogar in Rom gerühmt wurde. Im westlich von Constantina ländlich-idyllisch gelegenen El Pedrosowird Kork verarbeitet. Auf römischen und maurischen Fundamenten steht die gotische, barock umgestaltete Pfarrkirche. Der schon von den Iberern besiedelte Bergort nordwestlich von Constantina wurde von den Römern übernommen und von den Mauren zur Festung ausgebaut – daher der Name Cazalla de la Sierra, was befestigte Stadt bedeutet. Herrenhäuser säumen die Straße zwischen der großen Ortskirche und der Plaza. Im ehemaligen Franziskanerkloster bietet eine **Anisbrennerei** inmitten verblassten Barocks auch Kostproben.

El Pedroso ►

Cazalla de la Sierra ►

★★ Sierra de Cazorla, Segura y Las Villas

K 5/6

Provinz: Jaén
Einwohnerzahl: 20 300

Höhe: 650 – 2107 m ü. d. M.

Im äußersten Nordosten Andalusiens steigen aus dem hügeligen Getreide- und Olivenland der Provinz Jaén die Sierra de Cazorla und die Sierra de Segura auf über 2000 m Höhe auf, getrennt durch den Oberlauf des hier entspringenden Guadalquivir. Hier verläuft die Wasserscheide zwischen Mittelmeer, in das der Río Segura fließt, und Atlantik, den der Guadalquivir sucht.

Wildromantische Berglandschaft

Die höchsten Erhebungen des Nationalparks sind El Empañada (2107 m ü. d. M.) und El Cabañas (2036 m ü. d. M.). Zusammen mit

Auf einem schroff abfallenden Felsen liegt die Templerburg la Iruela.

der Sierra de Las Villas bilden die beiden Gebirge das mit über 214 000 ha **größte Naturschutzgebiet Andalusiens**, den Parque Natural Sierra de Cazorla, Segura y Las Villas. Wandern und Naturbeobachtung stehen in dieser wildromantischen, manchmal wirklich gottverlassenen Bergwelt an erster Stelle; Frühjahr und Herbst sind dafür die besten Zeiten.

Pflanzen- und Tierwelt des Naturparks sind gleichermaßen berühmt. Einzigartig ist die ausgedehnte Waldfläche, die die seit der Antike in ganz Iberien durchgeführten Abholzungsaktionen wohl wegen ihrer Unzugänglichkeit überstanden hat. Neben allerlei Laubbäumen gedeihen hier vor allem drei Kiefernarten: Aleppokiefer, Strandkiefer und in höchsten Lagen die Schwarzkiefer. Sehr selten ist das nur hier vorkommende Cazorla-Veilchen; daneben wachsen u. a. Orchideen, Narzissen, Zistrosen und eine endemische Fettkrautart. Mit Geduld und Glück kann man den Iberischen Steinbock, Mufflons und Damwild beobachten; am Himmel kreisen Stein- und Zwergadler, Gänse- und Schmutzgeier.

Pflanzen und Tiere

Sehenswerte Orte und Plätze im Naturpark

Von Úbeda (▶ Baeza · Úbeda) kommend, sieht man schon von weitem, wie sich Cazorla vor den hoch aufragenden Flanken des Gebirgsmassivs duckt. Nach achtjähriger Belagerung durch die Truppen von Rodrigo Ximénez de Rada, Erzbischof von Toledo, wurde Cazorla 1240 den Mauren entrissen.

Cazorla

Das hübsche Städtchen – enge Gassen, nette Plätze – ist der Hauptort des Fremdenverkehrs in die Sierras und bietet als solcher viele Unterkunftsmöglichkeiten und genügend Restaurants und Bars, letztere vor allem um die Plaza de la Corredera. Cazorla besitzt zwei Festungen. Die auf die Mauren zurückgehende Burg La Yedra überragt auf einem Felsrücken die Plaza de Santa María und ist heute Heimat des **Museo del Alto Guadalquvir**. Es beschäftigt sich mit der Geschichte der Sierra (Ausstellung im Bergfried) und zeigt in seiner zweiten Abteilung Volkskunst, bäuerliches Gerät und Kleidung. Die Plaza ist im Übrigen ein angenehm lebendiger Ort; ihr Name kommt von der von Vandelvira entworfenen, von Napoleons Truppen in Brand ge-

● SIERRA DE CAZORLA, SEGURA Y LAS VILLAS ERLEBEN

AUSKUNFT (OFICINA DE TURISMO)

Plaza Francisco Martínez, 1
E-23470 Cazorla
Tel. 953 72 00 00
www.cazorla.es
Vor jeder längeren Wanderung sollte man sich hier zunächst kundig machen und Wanderkarten besorgen. Auch Informationen zu Pensionen und Campingplätzen werden hier erteilt. Unter der angegebenen Internet-Adresse findet man mehrere Vorschläge für Wanderungen mit genauen Karten (»Rutas senderísmos« anklicken).

TOUREN

Bewährter Veranstalter für geführte Touren mit Geländewagen: TurisNat in Cazorla, Paseo del Santo Cristo, 19, Tel. 953 72 13 51
www.turisnat.es

ESSEN

▶ Erschwinglich
Juan Carlos
Plaza Consuelo Mendieta, 2
Tel. 953 72 12 01
Hier kommen Wild aus den Wäldern und Forellen aus den Bächen der Sierra de Cazorla auf den Tisch.

▶ Preiswert
Bar Las Vegas
Plaza de la Corredera, 18
Tel. 953 72 02 77
Gute Tapas und Raciones

ÜBERNACHTEN

▶ Günstig
Parador de Cazorla
Crta. de Sierra Sacejo, s / n
Tel. 953 72 70 75
Fax 953 72 70 77
www.parador.es, 33 Z.
In den einsamen, wilden Bergen des Nationalparks Sierra de Cazorla – sehr hübsch und genau das Richtige für Naturfreunde!

Ciudad de Cazorla
In Cazorla, Plaza de la Corredera, 9
Tel. 953 72 17 00
Fax 953 71 04 20
www.hotelciudaddecazorla.com, 35 Z.
Neuerer Bau am zentralen Platz von Cazorla, einfach und gut.

FEST

La Virgen y San Roque
Vom 15. bis 19. August treibt man in Hornos de Santiago, fast wie in Pamplona, Stiere durch die Stadt.

steckten Kirche. An der Plaza ist in einer alten Fleischerei das Centro temático de especies untergebracht, das die Tierwelt der Sierras vorstellt; einige Tiere kann man leibhaftig im Naturparkzentrum (Centro de interpretación) ebenfalls an der Plaza sehen. Die zweite Festung, die Templerburg La Iruela, passiert man an der Straße zum Naturpark, wo sie rechts auf einer Felsnadel thront.

14 km südwestlich von Cazorla liegt Quesada, ein typisch andalusisches Dorf, das in einem Museum seinen berühmtesten Sohn ehrt, den Maler Rafael Zabaleta.

◄ Quesada

Von Cazorla führt eine kurvige Straße nach Burunchel, wo der Naturpark beginnt. Von dort kommt man zum Aussichtspunkt auf der Passhöhe Puerta de las Palomas, wo man mit etwas Glück (am Morgen!) Greifvögel sehen kann. Man fährt weiter zur Abzweigung der Straße zum Stausee Embalse del Tranco; hier kann man auch die Richtung nach Vadillo wählen, von wo man den Parador und die **Quelle des Guadalquivir** erreicht. Die Hauptstrecke – die A-319 – geht jedoch im Tal des Guadalquivir Richtung Stausee, wo man bei Kilometer 17 zum **Informationszentrum Torre del Vinagre** mit seiner naturkundlichen Ausstellung über Geologie, Pflanzen und Tiere des Gebirges kommt. Auch ein Jagdmuseum und einen botanischen Garten gibt es hier. Am Südufer des Sees werden im Freigehege Parque Cinegético die Großtiere der Sierra gehalten. Wer die Fahrt über den See hinaus ausdehnen will, kommt zum etwas rechts der Hauptstrecke malerisch auf der Höhe liegenden **Hornos**, das eine Burg auf Zyklopenmauern überragt.

Von Cazorla zum Embalse del Tranco

Im Norden des Naturparks liegt Segura de la Sierra, einst Mittelpunkt einer Taifa, wie die Burg aus jener Zeit beweist. Nach der Eroberung durch die Christen wurde der Ort dem Santiago-Orden übergeben, der an vielen Häusern sein Kreuzeszeichen hinterließ. Von der Höhe der Feste genießt man überwältigende Ausblicke auf das Gebirge. Sehenswert ist der Fuente de Carlos V, ein kolossaler Renaissancebrunnen.

✶ Segura de la Sierra

✶ Sierra de Grazalema

Provinz: Cádiz, Málaga   **Höhe:** 300 – 1654 m ü. d. M.

Nicht allein die einmalig schöne Landschaft des Naturschutzgebietes lockt – mitten hindurch führt auch die Route der »Weißen Dörfer« (Ruta de los Pueblos Blancos) zu so malerischen Orten wie El Bosque, Benamahoma, Grazalema, Ubrique und Zahara de la Sierra.

Auf den ersten Blick erstaunt es, dass die Sierra de Grazalema, westlicher Ausläufer der Serranía de Ronda, die **regenreichste Gegend**

Natur und Weiße Dörfer

Siesta auf der Plaza de España in Grazalema – das öffentliche Leben orientiert sich am Stand der Sonne.

Andalusiens ist. Beim zweiten Blick registriert man aber den ungewöhnlichen Pflanzenreichtum, den die vor allem winterlichen Niederschläge gedeihen lassen. Sie kommen durch die relative Nähe zum Atlantik zustande, denn die von dort herantreibenden Wolken finden ihr erstes Hindernis in der Sierra, deren höchste Erhebung der Pico de Torreón (1654 m ü. d. M.) ist. Allen Dörfern ist der blendend weiße Kalkanstrich ihrer Häuser gemein. Die Tünche ist nicht nur schön, sie reflektiert auch Sonnenstrahlen und hält dadurch die Häuser innen kühl. Früher diente der Kalkverputz auch zur Desinfektion, um Epidemien in dicht bebauten maurischen Siedlungen zu verhindern. Vor allem **Grazalema** bietet ausgezeichnete Unterkunfts- und Wandermöglichkeiten und besitzt in schönster Lage einen bezaubernden Dorfkern mit guten Bars; **Zahara de la Sierra** ganz am Nordostrand des Parks ist ein wirkliches Schmuckstück mit malerischem Ortskern und maurischer Burg.

Pflanzen und Tiere

In den Wäldern der als Naturpark unter Schutz gestellten Sierra de Grazalema gedeihen vor allem Steineichen, Portugiesische Eichen, Korkeichen und Johannisbrotbäume. Hier – hauptsächlich an den Nordhängen der Sierra del Pinar – wächst die Igeltanne (Pinsapotanne), eine naturgeschichtlich sehr alte Art. Weiterhin kommen Orchideen und Pfingstrosen vor. In den Bergen tummeln sich der Iberische Steinbock und Rehe; in manchen Bächen leben noch Fischotter. Gänsegeier, Steinadler, Mittelmeersteinschmätzer und Blaumerle gehören zu den hier lebenden Vogelarten.

Zwei Hauptstrecken durchqueren den Naturpark: in Nord-Süd-Richtung die wunderbare Aussichten bietende Bergstrecke A-2304 von Grazalema über Ubrique nach Alcalá de los Gazules und in West-Ost-Richtung die A-372 von Arcos de la Frontera kommend über El Bosque nach Grazalema und weiter nach Ronda. Die Parkverwaltung hat insgesamt acht Wanderwege markiert, von denen vier nur von einer begrenzten Zahl von Besuchern pro Tag begangen werden dürfen. Karten, Informationen und die **Erlaubnis zur Wanderung** erhält man in den **Informationszentren** in El Bosque und Grazalema.

Zugang

Wer nicht wandern will, kann mit dem Fahrzeug auf den angegebenen Strecken den Naturpark erkunden. Von der Straße von Zahara aus blickt man auf die rechter Hand liegenden großen Igeltannenbestände der Sierra del Pinar. Dieses Gebiet darf nur mit einer **Sondererlaubnis** betreten werden. Von den darauf folgenden Aussichtspunkten Mirador del Pinsapar und Puerto de las Palomas hat man jedoch eine gute Sicht auf den Wald und kann bei einigem Glück auch Vögel beobachten. Nach Grazalema in Richtung Ubrique wird die Landschaft kahl; von Ubrique kann man nach El Bosque fahren. Dieser Ort ist Ausgangspunkt der zweiten Strecke, die am Südhang der Sierra del Pinar über den Pass Puerto del Boyar führt, von wo man wiederum sehr gute Aussichten genießen kann.

►Los Alcornocales

**Parque Natural
Los Alcornocales**

 SIERRA DE GRAZALEMA ERLEBEN

**AUSKUNFT
(CENTRO DE RECEPCIÓN
DEL PARQUE)**
Avda. de la Diputación, s/n,
E-11670 El Bosque
Tel. 956 176 063
Fax 956 71 63 69

Zweigstelle in Zahara de la Sierra,
Plaza de Zahara, 3
Tel. 956 12 31 14

ESSEN
► **Erschwinglich**
Venta Julián
In El Bosque
Tel. 956 71 60 57
www.ventajulian.com
Hausspezialität sind Forellen.

► **Preiswert**
Torreón
In Grazalema, Agua, 44
Tel. 956 13 23 13
Gute Hausmannskost.

ÜBERNACHTEN
► **Günstig**
Villa Turistica de Grazalema
In Grazalema, El Olivar, s / n
Tel. 956 13 21 36, www.tugasa.com
Im Regionalstil gebaute Apartmentanlage außerhalb von Grazalema.

Hostal Casa de las Piedras
Las Piedras, 32
Tel. 956 13 20 14
www.casasdelaspiedras.com, 30 Z.
Winkeliges, gemütliches Haus im alten Ortskern.

★★ Sierra Nevada

(Parque Nacional de la Sierra Nevada)

H–K 7/8

Provinz: Granada   **Höhe:** XXX m ü. d. M.

Als gewaltige Gebirgskette von fast 110 km Länge erstreckt sich die Sierra Nevada zwischen dem Río Almería im Osten und dem Valle de Lecrín im Westen. Aus ihrem Massiv ragen die höchsten Gipfel der Iberischen Halbinsel empor: der Pico de Veleta (3428 m ü. d. M.) und der Cerro de Mulhacén (3481 m ü. d. M.) – dieser verdankt seinen Namen der Legende, wonach auf ihm Muley Hacen, der Vater des letzten Königs von Granada, Boabdil, begraben sein soll.

Spaniens höchstes Gebirge

Die Sierra Nevada ist seit 1986 **Biosphärenreservat der UNESCO, seit 1989 Naturpark** und das Kerngebiet schließlich seit 1999 Nationalpark. Sie ist eher **etwas für Spezialisten**, die sich Wanderungen in hochalpinen Regionen zutrauen und den Blick für seltene Pflanzen haben, denn obwohl die Sierra Nevada einen weit gehend kahlen Eindruck macht, wird ein geübter Botaniker ein reiches Feld finden: Über 2000 Pflanzenarten wachsen hier, davon über 60 endemische Arten. Tiere wie der Iberische Steinbock leben zurückgezogen; berühmt ist die Sierra für ihre Schmetterlinge. Wanderer sollten sich vorher im Besucherzentrum mit Karten versorgen und über Schutzhütten informieren. Die Südflanke der Sierra, die ► Alpujarras, ist leichter zugänglich. Sie war schon zu maurischen Zeiten der Obstgarten Granadas.

Obwohl geschützt, ist die Sierra Nevada von November bis in den Mai hinein ein hervorragendes **Wintersportgebiet**, wo auch Weltcuprennen ausgetragen werden. Über 70 km Abfahrten, dazu Langlaufloipen, Fun- und Snowboardpisten und zwei Skistadien, durch Kabinen-, Sesselbahnen und Schlepplifte erschlossen, stehen in **Europas südlichstem Skigebiet** bereit. Auch wer nur des Après-Skis wegen kommt, wird kaum enttäuscht sein. Den Reiz macht aber vor allem die Nähe zum Mittel-

SIERRA NEVADA

AUSKUNFT (CENTRO DE VISITANTES EL DORNAJO)

Crta. de la Sierra Nevada, km 23
Tel. 958 34 06 25
Auskunft auch in den Tourismusbüros in Granada (s. dort)
www.nevasport.com

ÜBERNACHTEN

► Komfortabel

Meliá Sierra Nevada
Plaza de Pradollano, s / n
Tel. 958 48 04 00
Fax 958 48 12 04
www.solmelia.com, 221 Z.
Die Nr. 1 für Skifahrer.

Gipfelerlebnis: Der Pico de Velata ist nach dem Mulhacén der zweithöchste Berg der Iberischen Halbinsel.

meer aus: Wo kann man schon morgens per Ski zu Tal brausen und nachmittags im Meer baden? Informationen: Tel. 902 70 80 90; www.sierranevadaski.com.

Fahrt in die Gipfelregion

Dieser in den schneefreien Sommermonaten problemlose Ausflug in die grandiose Bergwelt ist auch mit dem Bus möglich (Autobuses Bonal ab Busbahnhof Granada). Die Fahrt endet seit der Deklaration zum Nationalpark unterhalb des Pico de Veleta bei der Residencia Universitaria in 2600 m Höhe.

Die A-395 klettert von ▶Granada von der Hitze der Vega hinauf in die oft sturmgepeitschten Höhen; warme Kleidung gegen Kälte und Wind sollte man dabei haben. Besonders eindrucksvoll ist der Übergang von der südlichen Landschaft der grünen Vega von Granada zur schneebedeckten Gipfelregion des Gebirges; immer wieder bieten sich an verschiedenen Haltepunkten überwältigende Aussichten. Von Granada fährt man zunächst über dem rechten Ufer des Río Genil talaufwärts und erreicht nach 6 km Cenes de la Vega (737 m ü. d. M.). Weiter talaufwärts überquert man den Río Genil und passiert zur Linken die Abzweigung nach Pinos Genil am Embalse de Canales. Hier bietet sich das **Informationszentrum** als erster Stopp an (Öffnungszeiten: tgl. 9.30 – 14.30, 16.30 – 19.30 Uhr), nicht zuletzt ⊕ auch wegen der Aussichtsterrasse seiner Caféteria. Dann geht es in vielen Windungen mit mittlerer Steigung (8 – 12 %) an dem anfangs noch mit Olivenbäumen bestandenen Hang bergan; dabei bietet sich ein prächtiger Rückblick ins Tal, bei klarer Sicht bis Granada. Nach etwa 20 km wird die 1500-m-Grenze überschritten; wenig später hört der Baumwuchs auf.

Solynieve
Nach weiteren 8 km erreicht man an der 2000-m-Grenze das Wintersportgebiet von Solynieve (2000 – 2600 m ü. d. M.). Im Winter mag es hier auszuhalten sein; im Sommer offenbart sich jedoch der **Kahlschlag für die Skipisten** an den ohnehin spärlich bewachsenen Hängen und die Bauwut. Eine 4 km lange Zubringerstraße verbindet Solynieve mit der Siedlung **Prado Llano** (2100 m ü. d. M.), von wo aus eine Kabinenbahn nach Süden zur Hotelsiedlung Borreguiles (2600 m ü. d. M.) führt; von dort gehen Sessel- und Schlepplifte zu höher gelegenen Pisten ab, darunter einer zum Pico de Veleta.

Zum Pico de Veleta
Die Straße umfährt aber Solynieve und führt vorbei am links oberhalb gelegenen Hotel (2500 m ü. d. M.), dem höchstgelegenen Spaniens, zur sog. Residencia Universitaria (2550 m ü. d. M.). Ein wenig höher folgt der Kontrollpunkt Hoya de la Mora. Hier ist die Fahrt zu Ende; es verkehren aber von Juni bis September Kleinbusse der Parkverwaltung bis in die Gipfelregion des Pico de Veleta. Bei klarem Wetter ist die Aussicht grandios: im Osten der Mulhacén, im Westen die Vega von Granada und im Süden schimmert das blaue Meer. An der Nordflanke des Veleta, in 2850 m Höhe, betreibt das deutsch-französische Institut für Radioastronomie im Millimeterwellenbereich (IRAM) ein 30-Meter-Radioteleskop.

Nach Capileira
Gut ausgerüstete Wanderer können vom Endhaltepunkt der Busse das Asphaltsträßchen weiterverfolgen und so in fünf bis sechs Stunden die Sierra Nevada per pedes überqueren. Die Wanderung endet bei einer Kleinbushaltestelle am Südhang im Gebiet Cascajar Negro, von wo es in die Alpujarras nach Capileira weitergeht. Das Ganze kann man natürlich auch mit dem Mountainbike absolvieren.

★ Tarifa

D 9

Provinz: Cádiz **Höhe:** 7 m ü. d. M.
Einwohnerzahl: 17 200

Das Meer vor Tarifa an der Nahtstelle zwischen dem friedlichen Mittelmeer und dem unberechenbaren Atlantik ist das beste Windsurfrevier Europas: Hier begegnen sich die wärmeren Ostwinde mit den stürmischen Böen aus Westen, die mit bis zu 8,5 m / s blasen und stürmen, weshalb sich hier die Cracks der Szene über das Wasser jagen lassen. Dieses Völkchen gibt dem Ort ein ganz eigenes Gepräge, nicht zuletzt was das Nachtleben angeht.

► TARIFA ERLEBEN

AUSKUNFT (OFICINA DE TURISMO)

Paseo de la Alameda, s/n,
E-11380 Tarifa
Tel. 956 68 09 93
Fax 956 68 04 31
www.aytotarifa.com

ESSEN

► Erschwinglich

Perulero
Plaza San Hiscio
Tel. 956 68 19 97
Andalusische Küche, solide zubereitet
udn schmackhaft.

Souk
Mar Tireno, 64
Tel. 956 62 70 65
Afrika ist nah, also sollte man einmal
die spanisch-marokkanischen
Gerichte probieren.

► Preiswert

Café Central
Sancho VI el Bravo, 10
Tel. 956 68 05 90
Treff von Surfern und Einheimischen.

ÜBERNACHTEN

► Günstig

El Beaterio
Plaza del Ángel, 2
Tel. / Fax 956 68 09 24,
www.beaterio.com,9 Z.
Hübsche Apartments im liebevoll
restaurierten Barockkloster mitten in
Tarifa.

Hurricane
Crta. Nac. 340, km 78
nördlich von Tarifa
Tel. 956 68 49 19
www.hurricanehotel.com
Mit nettem Restaurant, internationa-
lem Publikum und eigener Surfschule.

Punta Sur
Ctra. Nac. Cádiz, km 77
Tel. 956 68 43 26
www.hotelpuntasur.com
Direkt auf der Surfermeile mit
baumbestandenem Garten.

Misiana
Sancho IV El Bravo, 16
Tel. 956 62 70 83
Fax 956 62 70 55
www.misiana.com, 12 Z.
Im Herzen der Altstadt, geschmack-
volle Zimmer, farbenfroh eingerichtete Bar; auf junges Publikum
eingestellt.

Cien por Cien Fun
Crta. de Cádiz, km 76
Tel. 956 68 03 30
Fax 956 68 00 13
www.tarifa.net/100fun, 22 Z.
»100 % Fun« sagt alles: Windsurfer-
ambiente pur, das bedeutet karibisch-
tropisches Ambiente, mexikanisches
Restaurant, bunt-schrilles Surferpub-
likum, Strand, Wellen und Wind vor
der Tür. 9 km außerhalb von Tarifa.

Nichts für Anfänger:
Surfing vor Tarifa

Afrika in Sicht: Blick über die Dächer von Tarifa

Europas Surfrevier Nr. 1
Nur knapp 14 km sind es von Tarifa nach Afrika – sie ist damit die **südlichste Stadt des europäischen Festlands**. Hüben der letzte Hauch Spaniens, schon auffällig mit orientalischen Ingredienzen vermischt; drüben die Lichter von Tanger, die nach Europa herüberscheinen. Hier treffen sich Atlantik und Mittelmeer und entsprechend wechselhaft ist auch das Wetter, was sich vor allem in beständig wehenden Winden äußert. Davon profitiert der Fremdenverkehr, denn wer surfen oder eine andere ähnlich geartete Trendsportart betreiben will (angesagt ist auch Kiting), kommt nach Tarifa. Andernfalls freut man sich einfach an dem alten Ortskern. Der ständige Wind hat im Übrigen bewirkt, dass hier 1993 das **größte Windkraftwerk Europas** in Betrieb genommen wurde.

Geschichte
Schon Iberer und Phönizier ließen sich an diesem **strategisch wichtigen Platz** nieder; die Römer nannten ihre Kolonie Iulia Traducta. Die Vandalen unter Geiserich schifften sich 429 n. Chr. hier ein, um die römische Provinz Africa zu erobern. Für die Mauren war der Besitz der Stadt als Brückenkopf für die Überfahrt nach Marokko besonders wichtig; sie schickten 710 Tarif ibn-Malik, die Gegend zu erkunden – ihm verdankt die Stadt ihren Namen. Erst 1292 eroberten die Christen sie zurück. Im 18. Jh. war Tarifa Aufmarschgebiet gegen die sich in Gibraltar festsetzenden Briten. Inzwischen macht Tarifa

auf traurige Weise von sich reden, denn immer wieder werden am Strand völlig oder gar ertrunkene Immigranten aus Afrika gefunden, die die Meerenge in kaum seetüchtigen Booten überquert haben.

Sehenswertes in Tarifa

Die winkelige Altstadt war einst von Mauern umschlossen; heute sind noch einige Teile gut erhalten, darunter die Puerta del Mar und die Puerta de Jerez, letzteres versehen mit einer Azulejo-Gedenktafel, die an die Rückeroberung 1292 erinnert. Hier betritt man die Altstadt mit Rathaus und der dreischiffigen Kirche San Mateo. Hinter deren barocker Fassade verbirgt sich ein spätgotisches Kirchenschiff; im rechten Kirchenschiff verdient neben einer Christusstatue von Pedro de Mena ein westgotischer Grabstein besondere Beachtung.

Altstadt

Die Burg geht auf die Zeit Abd ar-Rahmans III. im 10. Jh. zurück; sie wurde im 13. Jh. umgebaut. Ihr Name erinnert an Alonso Pérez de Guzmán, Kommandant nach der Eroberung im Jahr 1292. Die Mauren belagerten die Burg sofort wieder, nahmen den neunjährigen Sohn Guzmáns als Geisel und drohten ihn zu ermorden, falls Guzmán nicht aufgeben wollte.
Der Legende nach soll dieser den Mauren seinen Dolch mit der Aufforderung zugeworfen haben, sie sollten ihn nehmen, falls sie keine eigene Waffe hätten, seinen Sohn umzubringen – was sie tatsächlich auch taten. Die Fensternische, an der sich dies alles abgespielt haben soll, ist heute nicht zu sehen. Guzmán hat die Burg gehalten, wofür ihm König Sancho den Ehrentitel El Bueno (Der Gute) verlieh und ihm ► Sanlúcar de Barrameda schenkte. Später erhielt er den Titel eines Herzogs von Medina Sidonia und begründete eines der mächtigsten Adelsgeschlechter Spaniens. Die restaurierte Burg wird von der wuchtigen Torre de Guzmán mit besagter Nische beherrscht. Von hier hat man einen herrlichen Blick auf die Stadt, den unterhalb liegenden Fischerhafen und die Meerenge von Gibraltar.

Castillo de Guzmán el Bueno

🕐
Öffnungszeiten:
Di. – Sa.
10.00 – 14.00,
17.00 – 19.00,
So. 10.00 – 14.00,
17.00 – 18.00

! TIPP

Whalewatching
Die Meerenge ist Durchzugsgebiet für verschiedene Walarten – eine gute Gelegenheit, sie vom Boot aus zu beobachten. Seriöser Veranstalter ist die Schweizer Meeresforschungsorganisation FIRMM, C. Pedro Cortés, 3, Tel. 956 62 70 08, www.firmm.org.

Der Leuchtturm von Tarifa markiert den südlichsten Punkt des europäischen Festlands, die Punta Marroquí oder Punta de Tarifa, die allerdings **Militärsperrgebiet** ist. Doch auch so erblickt man hier, an der schmalsten Stelle der Meerenge von Gibraltar, die 13,4 km entfernte afrikanische Küste und kann bei klarem Wetter sogar einzelne Häuser in den Dörfern und Städten unterscheiden. Marokko live bietet ein Kurzausflug nach Tanger mit der Fähre von Tarifa aus (Fahrtzeit 40 Min.; Reisepass mitnehmen).

★

Punta Marroquí

Umgebung von Tarifa

Strände

Nach Nordwesten ziehen sich fast 10 km lang sehr schöne und fein-sandige Strände, die Playa de los Lances und die Playa de Valdeva-queros, hinter der eine Riesendüne aufsteigt. Einzig der sandgebläse-artige Wind kann das Badevergnügen erheblich trüben.

Bolonia

Einen wunderbaren Strand mit herrlicher Düne besitzt auch Bolonia, ca. 15 km westlich über eine Abzweigung von der N-340 zu errei-chen. Er allein lohnt sich schon, doch ist Bolonia auch ein **Ziel für Hobby-Archäologen**, denn hier am Strand wurden die **Ruinen des römischen Baelo Claudia** ausgegraben. Diese 700 Jahre lang bewohn-te, von einer 4 m hohen Mauer umgebene Stadt lebte vom Fischfang und der Herstellung der als Würze im ganzen Imperium beliebten Paste namens garum, wovon Steintröge, in denen die Fische gesalzen wurden, Zeugnis ablegen. Die Ruinenstadt der Römer enthält sämtli-che Teile einer römischen Stadt. Freigelegt wurden das Forum mit ei-nem halbkreisförmigen Brunnen, Reste von drei Tempeln, der Ther-men und des Theaters sowie das Stadttor aus der Zeit des Kaisers Claudius.

🕐
Öffnungszeiten:
März – Okt. Di. – Sa.
9.00 – 19.00;
Nov. – Feb.
9.00 – 18.00

✶ ✶
Puerto del Cabrito

Die N-340 führt von Tarifa östlich bergauf zu der Passhöhe Puerto del Cabrito in der Sierra del Algarrobo, von wo sich ein großartiger Blick über die Meerenge hinweg auf Afrika bietet.

Torremolinos

F 8

Provinz: Málaga
Einwohnerzahl: 65 400

Höhe: Meereshöhe

Wenn der Massentourismus an der Costa del Sol eine Heimat hat, dann in Torremolinos. Seine Beliebtheit verdankt dieser Badeort seinem fast 9 km langen Strand inmitten einer weiten Bucht, dem angenehmen Klima und natürlich den zahllosen preisgünstigen Un-terkunftsmöglichkeiten – allein 50 000 Hotelbetten warten auf Gäste.

Ferienmaschine an der Costa del Sol

Bevor in den 1960er-Jahren die Touristenscharen einfielen, war Tor-remolinos ein verschlafenes Nest, das aus einer im 19. Jh. neben eini-gen Mühlen und dem Wachturm Torre de Pimentel gegründeten Siedlung hervorging, die dem Ort den Namen gaben. Weltberühmt wurde er durch den Roman »Die Kinder von Torremolinos« von James A. Michener, Kultbuch der Hippiegeneration.
Eine kilometerlange Reihe von Betonburgen bestimmt heute das Bild von Torremolinos. Das Zentrum wird durch das Leben um die alte Straße San Miguel bestimmt; die beiden früheren Fischerviertel La

▶ TORREMOLINOS ERLEBEN

AUSKUNFT (OFICINA DE TURISMO)
Plaza Blas Infante, 1,
E-29620 Torremolinos
Tel. 952 37 95 11, Fax 95 23 79 51
www.ayto-torremolinos.org

ESSEN
► **Erschwinglich**
Frutos
Avda. de la Riviera, 80
Urb. Los Álamos
Tel. 902 09 55 90
Stammkunden sind Malagueños und Urlauber, die sehr guten Fisch essen möchten.

ÜBERNACHTEN
► **Komfortabel**
Tropicana
C / Trópico, 6
Tel. 952 38 66 00, Fax 952 38 05 68
www.hoteltropicana.es, 84 Z.
Sehr gutes Hotel inmitten eines tropischen Gartens, mit eigenem Strand.

► **Günstig**
Miami
Aladino, 14
Tel. 952 38 52 55
www.residencia.miami.com, 26 Z.
Angenehmes Strandhotel im Landhausstil mit leicht exotischen Touch.

Carihuela und El Bajondilla haben sich weit gehend dem Tourismus angepasst. Seit 1988, als Torremolinos seine Selbstständigkeit von Málaga erreichte, hat der Stadtrat einige Anstrengungen unternommen, das ramponierte Ansehen des Ferienorts durch Baumaßnahmen und Säuberung der Strände wieder zu verbessern. Und gepflegt sind die Strände wirklich.

Wassersport, Sport- und Unterwasserfischerei, Segeln, Stierkampf, Golf, Tennis und Reiten werden als Zeitvertreib angeboten. Wer Spaß und Vergnügen sucht, hat unter zahllosen Discos und Bars die Wahl. An der N-340 liegt der große Atlantis Aquapark. **Freizeitspaß**

Umgebung von Torremolinos

Die Gemeindebezirke von Benalmádena Costa, ► Fuengirola und dem sich nördlich anschließenden Málaga bilden heute **einen der größten Tourismuskomplexe Europas** – mit allen Vorzügen wie kurzen Wegen sowie Dienstleistungen aller Art, aber auch mit negativen Folgen wie Überfüllung und Lärm. Benalmádena Costa bietet mit dem Torrequebrada **Europas größtes Spielcasino**, den Vergnügungspark Tívoli in Arroyo de la Miel, einen trendigen Yachthafen und den Parque Submarino Sea Life, wo man Haie im Unterwasserbecken beobachten kann. Das landeinwärts gelegene **Benalmádena Pueblo** zeigt, was aus den Dörfern ohne Tourismus geworden wäre. Es hat auch ein hübsches Museum, das präkolumbianische Kunst und archäologische Funde aus der Umgebung ausstellt. **Benalmádena Costa**

Úbeda

►Baeza · Úbeda

Utrera

D 7

Provinz: Sevilla
Einwohnerzahl: 50 000

Höhe: 49 m ü. d. M.

Die Kleinstadt Utrera liegt südöstlich von Sevilla inmitten der fruchtbaren, landwirtschaftlich geprägten Campiña de Sevilla.

Sehenswertes in Utrera und Umgebung

Utrera
Sehenswert sind Utreras Kirchen, allen voran die 1369 geweihte Santa María de la Asunción mit ihrem schönen Renaissanceportal mit Figuren der Schutzheiligen und der Apostel. In der Kirche ist der Graf von Arcos begraben. Im 15. Jh. entstand die Kirche Santiago, deren Turm eine Figur des Heiligen ziert. Die außerhalb Richtung Sevilla liegende Wallfahrtskirche Nuestra Señora de la Consolación besitzt ein schönes Renaissanceportal, churriguereske Altäre und vor allem eine prachtvolle Artesonadodecke. Die wundertätige Madonna soll Utrera 1962 vor einer Überschwemmung bewahrt haben.

El Arahal
24 km nordöstlich von Utrera kommt man nach El Arahal, einst Zentrum der Aufständischen der Landarbeiterbewegung. Davon ist heute nur noch wenig zu bemerken. So besichtigt man die Kirche La Victoria mit Teilen eines mudejaren Kreuzgangs, die mit farbigen Azulejos verkleideten Türme von Santa María Magdalena und die in der Kirche gezeigten Choralbücher aus dem 16. und 17. Jh., Portal und Kuppel der barocken Kirche Vera Cruz und schließlich das Hospital de la Misericordia.

Der Name sagt es: **Morón**, 36 km östlich von Utrera, war Grenzstadt zum maurischen Gebiet. Aus dieser Zeit stammen die Reste der 1240 von den Christen eroberten Burg. In die Kirche San Miguel tritt man durch ein Portal mit Renaissance- und Mudejar-Elementen; innen findet man ein Renaissance-Chorgitter sowie einen Retablo, an dem Montañés gearbeitet hat.

▶ **UTRERA**

**AUSKUNFT
(OFICINA DE TURISMO)**
Casa de la Cultura,
C. Rodrigo Caro, 3, E- 41710 Utrera
Tel. 955 86 09 31
Fax 955 86 01 81
www.utrera.org

FEST
Flamencofestival
Im Juni.

✳ Vejer de la Frontera

D 9

Provinz: Cádiz
Einwohnerzahl: 12 900

Höhe: 218 m ü. d. M.

Vejer de la Frontera ist eines der schönsten Weißen Dörfer Andalusiens, denn es klebt förmlich auf einem Felsen über dem Río Barbate landeinwärts an der Costa de la Luz. Diese wunderbare Lage offenbart sich, wenn man sich von der Küstenstraße her nähert.

Der Zusatz de la Frontera verweist auf die Geschicke von Vejer, einer phönizischen Gründung, als Feste an der Grenze zum maurischen Reich. Sie wurde Mitte des 13. Jh.s von Ferdinand dem Heiligen zurückerobert. Das populärste Fest der Stadt ist die Fiesta del Toro Embolao am Ostersonntag, eine Stierhatz in den Gassen.

Weißes Dorf in herrlicher Lage

Sehenswertes in Vejer und Umgebung

Weniger einzelner Gebäude oder Kunstschätze wegen sollte man Vejer besuchen, vielmehr reizt der unverkennbar maurische Charakter der schmalen, steilen Gassen mit den leuchtend weißen Würfelhäusern, die immer wieder bezaubernde Einblicke in blumengeschmückte Patios bieten, abgelöst von versteckten Plätzen und Abschnitten der Stadtmauer. Über dem Häusergewirr thronen die Reste der Burg, von der man die Stadt, die Küste und das Hinterland überblickt. Hier oben ragt auch der Turm der Pfarrkirche Divino Salvador heraus, die aus einer Moschee entstand. Andalusische Ruhe strahlt die palmengesäumte Plaza de España aus.

Vejer

Das 15 km westlich von Vejer gelegene **Conil de la Frontera** ist ein beliebter Badeort an der Costa de la Luz.
Ohne bedeutende Sehenswürdigkeiten (von der maurischen Burg ist nur die Torre Guzmán erhalten), lebt der Ort vor allem vom Tourismus dank herrlicher langer Sandstrände – Playa de Bateles, Playa del Palmar –, die nach Süden bis zum Cabo de Trafalgar reichen, während Richtung Norden nach

 TIPP

Frischfisch mit Anemonen
Trotz des immer wichtiger werdenden Touristengeschäfts ist der Fischfang nach wie vor eine der Haupteinnahmequellen der Bewohner von Conil de la Frontera, sodass in den Bars und Restaurants frischer Fisch zu haben ist. Spezialität sind Ortiguillas – in Olivenöl gebackene Seeanemonen.

der Playa de Fontanilla von Fuente del Gallo an bis Roche die Steilküste verläuft, von der man aber immer wieder in wunderschöne Badebuchten hinabsteigen kann. In der Saison wird es hier recht voll, denn in den Pinienwäldern, die den Küstenstreifen säumen, reihen sich viele Campingplätze aneinander.

▶ VEJER DE LA FRONTERA ERLEBEN

AUSKUNFT (OFICINA DE TURISMO)

C. Marqués de Tamarón, 10,
E-11150 Vejer de la Frontera
Tel. 956 45 17 36
Fax 956 45 16 20
www.turismovejer.com

ESSEN

▶ Erschwinglich

Mesón Judería
Judería, 5
Tel. 956 44 76 57
Das Restaurant ist bei Einheimischen
beliebt – wegen seiner sehr guten
Küche und wegen des schönen Blicks
auf die Stadt.

▶ Preiswert

Mesón Pepe Julián
Juan Relinque, 7
Tel. 956 45 10 98
Günstige, gute Tapas-Bar. Wer größe-
ren Hunger hat, kann im Restaurant
Platz nehmen.

ÜBERNACHTEN

▶ Komfortabel

*Hospedaría del Convento
de San Francisco*
La Plazuela, s / n

Plaza de España in Vejer

Tel. 956 45 10 01, Fax 956 45 10 04
www.tugasa.com, 25 Z.
Das im Franziskanerkloster aus dem
17. Jh. eingerichtete Hotel, zentral in
der Oberstadt gelegen, überzeugt
durch sein Ambiente und ein sehr
gutes Preis-Leistungs-Verhältnis.

Melia Atlanterra
In Zahara de los Atunes,
Bahía de Plata
Tel. 956 43 90 00, Fax 956 43 90 51
www.solmelia.com, 284 Z.
Luxuriöses Bungalow-Hotel mit
großem Sportangebot.

▶ Günstig

Flamenco Conil
In Conil de la Frontera, Fuente del
Gallo, s / n
Tel. 956 44 07 11
Fax 956 44 05 42, 114 Z.
Sehr gutes, großes, aber durchaus
ansehnliches Hotel 3 km außerhalb
auf einer Klippe über dem Strand.

Diufain
In Conil, Avda. Fuente de Gallo
Tel. 956 44 25 51
Fax 956 44 30 30
www.hoteldiufain.com, 30 Z.
Recht neues Hotel im andalusischen
Landhausstil in ruhiger Lage, 600 m
vom Strand.

Casas Karen
In Caños de Meca,
Fuente del Madroño, 6
Tel. 956 43 70 67
Fax 956 43 72 33
www.casaskaren.com
Zwei Apartments und fünf schöne,
komfortable Ferienhäuser am Fuß des
Naturparks Pinar de Barbate und
einen Spaziergang vom Cabo de
Trafalgar entfernt.

Das unspektakuläre Cabo de Trafalgar (Kap Trafalgar), 16 km südlich von Vejer, ist in die Geschichte eingegangen durch die **berühmte Seeschlacht vom 21. Oktober 1805**, in der eine englische Armada unter Lord Nelson die französisch-spanische Flotte unter Villeneuve und Gravina schlug. Nelson fand den Tod, auch Gravina wurde tödlich verwundet; Villeneuve geriet in Gefangenschaft, außerdem starben über 5000 Seeleute.

Cabo de Trafalgar

Östlich vom Kap beginnt die Steilküste von Caños de Meca, wegen der Badegrotten und der von überhängenden Pflanzen herabschießenden Süßwasserströme ein sehr reizvoller Küstenabschnitt. Der Ort Caños de Meca selbst ist ein umtriebiger Sommerbadeort, den viele Sevillanos, vor allem jüngere, bevölkern. Von einem Apartmenthotelkomplex abgesehen, gibt es hier kleine, preiswerte Hotels, Campingplätze und kleine Ferienhäuser als Unterkunft.

★
Steilküste von Caños de Meca

◀ Abb. S. 430

Von Vejer erreicht man über Barbate de Franco, wo Generalissimo Franco zum Auftakt des Bürgerkrieges 1936 an Land ging, auf einer schmalen Küstenstraße den Ort Zahara de los Atunes, der vom **Tunfischfang** lebt.
Die Fische werden von Mai bis Juni bei der Almadraba auf traditionelle, archaisch anmutende Weise gefangen, die von manchen als grausam empfunden wird: Mehrere Boote kreisen mit ihren Netzen einen Schwarm ein, die Fischer stechen dann jeden einzelnen der Tunfische mit Harpunen ab. Auch wenn diese Methode sehr blutig erscheint, wird damit im Gegensatz zur industriell betriebenen Fischerei immerhin der Bestand nicht gefährdet. Man muss ja nicht unbedingt dabei zuschauen – Zahara de los Atunes bietet nämlich auch einsame herrliche Strände.

Zahara de los Atunes

Vélez Blanco

L 6

Provinz: Almería   **Höhe:** 1125 m ü. d. M.
Einwohnerzahl: 2200

Im äußersten Norden der Provinz Almería liegt in den östlichen Ausläufern der Sierra de María das Städtchen Vélez Blanco, das vom Mandel- und Olivenanbau lebt. Mit der Burg der Markgrafen von Vélez besitzt es einen der schönsten Festungsbauten in Andalusien.

Erst 1488 wurde Vélez Blanco, wo bereits die Römer eine Befestigung besaßen, von den Christen zurückerobert. 1503 kam der Ort an den Markgrafen von Vélez.

»Indalo«:
Symbol der Provinz Almería

Sehenswertes in Vélez Blanco und Umgebung

Die Burg, das Castillo de los Fajardo, erhebt sich hoch über den weißen Häuschen des Orts. Sie ist, wie die Burg von La Calahorra (▶ Guadix, Umgebung), ein Werk der Renaissance, 1506 begonnen und 1515 vollendet, doch im Gegensatz zu jener filigraner mit ihrem unregelmäßigen Grundriss, den langen Zinnenreihen und der den Bergfried mit den anderen Burgteilen verbindenden Rampe, entworfen von dem italienischen Baumeister Francesco Florentini. Leider ist von ihrem Innenleben so gut wie nichts zu sehen: Fast die gesamte Einrichtung, vor allem auch der herrliche Patio, wurde 1904 von einem französischen Kunsthändler aufgekauft und 1913 an den New Yorker Millionär und vormaligen Präsidenten des Metropolitan Museum of Art George Blumenthal weiterverkauft. Er vermachte den Patio dem Museum, wo er seit 1964 aufgebaut ist.

★
Castillo de Vélez Blanco

Nur knapp 1 km südlich des Orts fand man in der **Cueva de los Letreros** steinzeitliche Felsmalereien, Menschen und Tiere darstellend. Die menschliche Figur ist als Indalo zum Symbol der Provinz Almería geworden.

In **Vélez Rubio**, der früheren Hauptstadt der Grafschaft Vélez beeindruckt die barocke Kirche Santa María de la Encarnación.

Vélez Blanco und Vélez Rubio liegen im **Nationalpark der Sierra de María**. Dieses zerklüftete, bis zu 1500 m hohe Gebirge wurde in den 1990er-Jahren zum Naturschutzgebiet erklärt. Ausgangspunkt für Wanderungen ist das Dorf María 6 km westlich von Vélez Blanco; über die Pflanzen- und Tierwelt und Wandermöglichkeiten informieren das Besucherzentrum 3 km außerhalb von María Richtung Orce oder die Auskunft im Almacen del Trigo in Vélez Blanco.

 ## VÉLEZ BLANCO

AUSKUNFT (OFICINA DE TURISMO)
im Almacen del Trigo
Avenida Marqués de los Vélez, s/n
E-04830 Vélez Blanco
Tel. 950 41 53 54

ESSEN
▶ **Preiswert**
El Molino del Reloj
Curtidores; Crta. A-317, km 163
Tel. 950 41 56 00
In der alten Mühle gibt es vor allem
Fleisch vom Grill.

ÜBERNACHTEN
▶ **Günstig**
Casa de los Arcos
San Francisco, 2
Tel. 950 61 48 05
Fax 950 61 49 47
www.hotelcasadelosarcos.com, 14 Z.
In einem Palast aus dem 18. und 19.
Jh. mit aussichtsreichem Bogengang.
Schöne Zimmer.

← *An der Steilküste von Caños de Meca*

GLOSSAR ZU KUNST & ARCHITEKTUR

Ajaraca Rautenmuster an maurischen Bauten
Ajímez Zwillingsfenster mit Mittelsäule
Alcázar (arab. a-kasr) Maurische Burg oder Palastanlage
Alcazaba Schloss
Alfiz Rechteckiger Rahmen um Bogenfenster und Portale
Aljibe Arabische Zisterne
Archivolte Bogenlauf an romanischen und gotischen Portalen
Artesonado Reich verzierte Kasetten- oder Felderdecke mit geometrischen
    Mustern
Ayuntamiento Rathaus
Azulejos Bemalte und glasierte Kacheln (urspr. blau = azul)
Camarín Altarnische hinter dem Hauptaltar
Capilla Mayor Hauptkapelle mit dem Hochaltar
Cartuja Kartause
Casa Haus, im engeren Sinn Adelshaus
Castillo Burg
Churriguerismus Barockstil mit überreicher Ornamentik, benannt nach dem
    Bildhauer und Baumeister José Benito Churriguera (1665 - 1725)
Cimborio Vierungskuppel
Claustro Kreuzgang
Colegio Konvikt, Erziehungsanstalt
Concepción Empfängnis
Convento Konvent, Kloster
Coro Chor, die Sitze der Gesitlichkeit
Crucero Querschiff
Custodia Meist silbernes Gehäuse für die Monstranz
Ermita Kleine Landkirche, Wallfahrstkapelle
Estrella Fensterrose
Fuente Brunnen
Gewände »Schnittflächen an Fenstern oder Portalen, oft mit Säulen oder
    Skulpturen besetzt
Herrera-Stil (Feierlich-strenger Renaissancestil, benannt nach dem Baumeister
    Juan de Herrera (1530 – 1597)
Isabellinischer Stil Spätgotischer, nach Isabella der Katholischen (1451 – 1504)
    benannter Stil, der gotische und maurische Elemente verschmelzt und
    sich durch reichste Ornamentik und Skulpturenschmuck auszeichnet
Kapitell Meist verzierter oberer Teil einer Säule
Mantilla Kopftuch aus Spitzen und Tüll
Manuel-Stil Portugiesischer Zierstil der ersten Hälfte des 16. Jh.s;
    charakteristisch sind Formen der Neuen Welt (Muscheln, Korallen) und
    Seefahrermotive (Tauwerk).
Maßwerk Geometrische Bauornamentik der Gotik
Medrese Koranschule

Mezquita (arab. mesdschid) Moschee
Midhâ Wasserbecken für rituelle Waschungen im Vorhof einer Moschee
Mihrâb Richtung Mekka weisende Gebetsnische in Moscheen
Mirador Söller, Dachterrasse, Aussichtspunkt
Mozarabischer Stil Baustil der unter den Mauren lebenden Christen
Mudejar-Stil Stil der von den Christen unterworfenen Mauren, in dem sich
     gotische und maurische Elemente vereinen
Muqarnas Hohlformen und Stuckaturen mit Stalaktiteneffekt
Nave Kirchenschiff
Palacio Schloss, Palast
Parroquia Pfarrkirche
Paso Prozessionsgruppe mit Heiligenfiguren
Patio Innenhof maurisch-spanischer Häuser
Plateresker Stil Filigran-ornamentaler Baustil; Name leitet sich von der
     Verwandschaft zu den Formen von Silberschmiedearbeiten
     (span. platero = Silber) her.
Puerta del Perdón Name des Haupttors vieler Kathedralen, weil den hier
     Eintretenden Ablass zugesichert war
Predella Unterbau des Retablos
Reja Konvikt, Erziehungsanstalt
Retablo Mit Gemälden oder Skulpturen geschmückter Altaraufsatz
Sagrario Sakristei
Sala Capitular Kapitelsaal
Seo Kathedrale (von. span. seda = Bischofsstuhl)
Sillería Chorgestühl
Taifa Unabhängiges Emirat
Trascoro Umfassungswand des Coro
Trassagrario Rückseite des Hochaltars
Triforium Rückseite des Hochaltars
Trasagrario Laufgang unter den Fenstern von Mittelschiff, Querschiff und Chor
Tympanon Meist skulpturengeschmücktes Bogenfeld zwischen Türsturz
     und Portalbogen

REGISTER

BILDNACHWEIS

VERZEICHNIS DER KARTEN
& GRAFISCHEN DARSTELLUNGEN

IMPRESSUM

Ausstattung:
206 Abbildungen, 43 Karten und grafische
Darstellungen, eine große Reisekarte
Text:
Rainer Eisenschmid, Reinhard Zakrzewski,
Martina Johnson, Wieland Höhne
Bearbeitung:
Baedeker Redaktion
(Vanessa Brinktrine, Rainer Eisenschmid)
Kartografie:
Franz Huber, München; Falk Verlag, Ostfildern
(Reisekarte)
3D-Illustrationen:
jangled nerves, Stuttgart
Gestalterisches Konzept:
independent Medien-Design, München
(Kathrin Schemel)

Chefredaktion:
Rainer Eisenschmid, Baedeker Ostfildern
12. Auflage 2011

Urheberschaft:
Karl Baedeker Verlag, Ostfildern

Nutzungsrecht:
MAIRDUMONT GmbH & Co KG; Ostfildern

Sprachführer in Zusammenarbeit mit
Ernst Klett Sprachen GmbH, Stuttgart,
Redaktion PONS Wörterbücher

Printed in China
Gedruckt auf 100% chlorfrei gebleichtem Papier

i atmosfair

Reisen bereichert und verbindet Menschen und Kulturen. Jedoch wer reist, erzeugt auch CO_2. Dabei trägt der Flugverkehr mit bis zu 10% zur globalen Erwärmung bei. Wer das Klima schützen will, sollte sich somit nach Möglichkeit für die schonendere Reiseform entscheiden (wie z. B. die Bahn). Wenn keine Alternative zum Fliegen besteht, kann man mit atmosfair handeln und klimafördernde Projekte unterstützen.

atmosfair ist eine gemeinnützige Klimaschutzorganisation unter der Schirmherrschaft von Klaus Töpfer. Die Idee: Flugpassagiere spenden einen kilometerabhängigen Beitrag für die von ihnen verursachten

nachdenken • klimabewusst reisen

atmosfair ⟶

Emissionen und finanzieren damit Projekte in Entwicklungsländern, die dort den Ausstoß von Klimagasen verringern helfen. Dazu berechnet man mit dem Emissionsrechner auf **www.atmosfair.de** wieviel CO_2 der Flug produziert und was es kostet, eine vergleichbare Menge Klimagase einzusparen (z.B. Berlin – London – Berlin 13 Euro). atmosfair garantiert die sorgfältige Verwendung Ihres Beitrags. Auch der Karl Baedeker Verlag fliegt mit *atmosfair*. Unterstützen auch Sie unser Klima. Alle Informationen dazu auf www.atmosfair.de.

BAEDEKER VERLAGSPROGRAMM

- Ägypten
- Algarve
- Allgäu
- Amsterdam
- Andalusien
- Argentinien
- Athen
- Australien
- Australien • Osten
- Bali
- Baltikum
- Barcelona
- Bayerischer Wald
- Belgien
- Berlin • Potsdam
- Bodensee
- Brasilien
- Bretagne
- Brüssel
- Budapest
- Bulgarien
- Burgund
- Chicago • Große Seen
- China
- Costa Blanca
- Costa Brava
- Dänemark
- Deutsche Nordseeküste
- Deutschland
- Deutschland • Osten
- Djerba • Südtunesien
- Dominik. Republik
- Dresden
- Dubai • VAE
- Elba
- Elsass • Vogesen
- Finnland
- Florenz
- Florida
- Franken
- Frankfurt am Main
- Frankreich
- Frankreich • Norden
- Fuerteventura
- Gardasee
- Golf von Neapel
- Gomera
- Gran Canaria
- Griechenland
- Griechische Inseln
- Großbritannien
- Hamburg
- Harz
- Hongkong • Macao
- Indien
- Irland
- Island
- Israel
- Istanbul
- Istrien • Kvarner Bucht
- Italien
- Italien • Norden
- Italien • Süden
- Italienische Adria
- Italienische Riviera
- Japan
- Jordanien
- Kalifornien
- Kanada • Osten
- Kanada • Westen
- Kanalinseln
- Kapstadt • Garden Route
- Kenia
- Köln
- Kopenhagen
- Korfu • Ionische Inseln
- Korsika
- Kos
- Kreta
- Kroatische Adriaküste • Dalmatien
- Kuba
- La Palma
- Lanzarote
- Leipzig • Halle
- Lissabon
- Loire
- London
- Madeira
- Madrid
- Malediven
- Mallorca
- Malta • Gozo • Comino
- Marokko
- Mecklenburg-Vorpommern
- Menorca
- Mexiko
- Moskau
- München

BAEDEKER ENGLISH

LIEBE LESERINNEN, LIEBE LESER,

ein herzliches Dankeschön, dass Sie sich für einen Baedeker Allianz Reiseführer entschieden haben. Er wird Sie zuverlässig auf Ihrer Reise begleiten und Sie nicht im Stich lassen.
Natürlich beschreibt er die wichtigen Sehenswürdigkeiten, aber er empfiehlt auch die nettesten Kneipen und Bars, dazu Hotels für den großen und kleinen Geldbeutel, gibt Tipps für Restaurants, Shopping und für vieles mehr, was eine Reise zum Erlebnis macht. Dafür haben unsere Autoren Sorge getragen. Sie sind für Sie regelmäßig nach Andalusien gereist und haben all ihre Erfahrungen und Kenntnisse in diesen Reiseführer gepackt.

Trotzdem: Die Erfahrung zeigt, dass Fehler und Änderungen nach Drucklegung, für die der Verlag keine Haftung übernehmen kann, nicht ausgeschlossen werden können. Für Kritik, Berichtigungen und Verbesserungsvorschläge sind wir Ihnen außerordentlich dankbar. Schreiben Sie uns, mailen Sie uns oder rufen Sie an:

▶ **Verlag Karl Baedeker GmbH**
Redaktion
Postfach 3162
D-73751 Ostfildern
Tel. (0711) 4502-262, Fax -343
E-Mail: info@baedeker.com

Besuchen Sie uns auch im Internet unter www. baedeker.com. Hier finden Sie jeden Monat den aktuellen Reisetipp der Redaktion und das gesamte Verlagsprogramm. Hier können Sie auch lesen, wer Karl Baedeker war und wie er seinen ersten Reiseführer geschrieben hat. Mit seinen über 180 Jahren ist der Karl Baedeker Verlag der älteste Reiseführer-Verlag der Welt.

www.baedeker.com

⊙ ZU GEWINNEN: **STADTREISE NACH LONDON**

Unter allen Einsendungen verlost der Verlag am Jahresende – unter Ausschluss des Rechtswegs – eine Städtekurzreise für zwei Personen nach London.
Freuen Sie sich auf ein spannendes Wochenende in London. Natürlich ist ein Baedeker Allianz Reiseführer London auch dabei!